全国导游人员资格考试系列教材

ZHENGCE YU FALÜ FAGUI

政策与法律法规

第9版

全国导游人员资格考试教材编写组◎编

北京·旅游教育出版社

图书在版编目（CIP）数据

政策与法律法规 / 全国导游人员资格考试教材编写组编. -- 9 版. -- 北京 : 旅游教育出版社, 2024. 7.
(全国导游人员资格考试系列教材). -- ISBN 978-7-5637-4727-6

Ⅰ. F592.0; D922.296

中国国家版本馆CIP数据核字第202481DA05号

全国导游人员资格考试系列教材

政策与法律法规

（第9版）

全国导游人员资格考试教材编写组 编

责任编辑	陈卫伟
出版单位	旅游教育出版社
地　　址	北京市朝阳区定福庄南里 1 号
邮　　编	100024
发行电话	（010）65778403　65728372　65767462（传真）
本社网址	www.tepcb.com
E - mail	tepfx@163.com
排版单位	北京旅教文化传播有限公司
印刷单位	文畅阁印刷有限公司
经销单位	新华书店
开　　本	710毫米 × 1000毫米　1/16
印　　张	26.75
字　　数	401 千字
版　　次	2024 年 7 月第 9 版
印　　次	2024 年 7 月第 1 次印刷
定　　价	46.00 元

（图书如有装订差错请与发行部联系）

修订说明

作为专业的全国旅游教材出版机构，我社曾于1994年配合国家旅游局人教司编写出版了全国第一套导游人员资格考试教材。该套教材是全国诸多同类教材中历史最久、使用面最广、内容最权威的教材，对帮助广大考生学习导游专业知识、规范全国导游人员考试起到了积极的推动作用。为适应旅游业蓬勃发展的需要，我们不断对该套教材进行修订。该套教材因其权威性、实用性和先进性一直广受好评，畅销不衰。

为给国家和社会选拔合格和更高素质的导游人才，国家旅游局从2016年起实行全国统一的导游人员资格考试制度。过去的几年里，我社在以往导游考试教材的基础上根据新大纲修订编写出新的导游考试教材。该套教材为考生顺利通过导游考试发挥了积极作用。今年，根据社会对考试情况的反馈，文化和旅游部又及时修订了大纲以适应新形势的发展要求。我社在前几年统编教材的基础上组织了一批有多年旅游行业管理、一线旅游院校教学、导游人才培训和丰富命题经验的专家组成教材编写组。编写组人员认真研究新大纲、讨论编写内容及体例，以服务考生为基本宗旨，严格按照新大纲修订编写了全国导游人员资格考试系列教材。

此套教材优点突出、特色鲜明，具体情况如下：

第一，教材编写与大纲紧密贴合。此套教材完全根据国家新大纲规定科目编写，每本书的框架也是根据大纲要求考生掌握的内容来制定的。此套教材根据大纲“了解”“熟悉”“掌握”三个层级对内容的要求确定重点与非重点，内容全面涵盖要点，细处高度契合大纲条目，论述详略得当，条目清楚，知识点明晰，便于考生识记，从容应考。

第二，编写团队由旅游业内一线专家和学者组成。作者是多年从事旅游行政管理、旅游院校教学和旅游人才选拔培训的一线人员，有着丰富的实践经验和深厚的理论修养。他们的编写态度严谨认真、精益求精。编审团队也是由社内最专业的编辑和社外专家组成，进一步保证了知识的准确性、权威性。

第三，教材内容既有近三十年专业导游人员资格考试教材的深厚积淀，又体现了与时俱进的时代特色和先进性。此套教材既秉承了原教材的优点，又紧紧抓住旅游业发展对导游人员素质提出的新要求，反映了国家旅游及相关行业的演变进程及新成果。

第四，教材备考体系全方位、立体化、高效能。根据新大纲的规定科目，我们的全国导游人员资格考试系列教材包括《政策与法律法规》《导游业务》《全国导游基础知识》《地方导游基础知识》。同时，我社还开发了与之配套的《全国导游人员资格统一考试模拟试题汇编》，来帮助考生梳理每个科目的核心内容和重要知识点，并进行同步强化练习，巩固掌握知识点。为了提高导游的实操能力，本次教材修订充分体现了立体化教材的特点，根据内容增加了随堂练、微课视频、法律法规文件、实操文本、经典图片等实用性的拓展知识。这些知识都是针对导游需要掌握的重点、难点而精心制作和遴选的，有助于打通教与学过程中的关键脉络。除此之外，我社还将在纸质书出版后，及时在“我是导游”小程序上推出与此配套的在线题库、在线模拟试卷、导游词，帮助考生随时随地利用碎片时间高效学习备考。

最后，感谢所有参与此套教材论证、编写的专家、学者，以及对此套教材提出宝贵意见的用户和读者！我们将以优质的服务、专业的知识为考生尽心竭力地服务，为国家导游人才的选拔和培养贡献自己的一份力量。

旅游教育出版社

2024 年 7 月

政策与法律法规在线题库

全真模拟冲刺试卷套装

时事政治在线题库

CONTENTS

目 录

法规文件

第一章 以中国式现代化全面推进中华民族伟大复兴

【学习目标】

了解习近平新时代中国特色社会主义思想的重大意义、精神实质、丰富内涵、实践要求和原创性理论贡献；党的二十大主题，新时代十年的三件大事与三个历史性时刻。熟悉新时代坚持和发展中国特色社会主义的总目标、总任务、总体布局、战略布局，新时代党和国家取得的历史性成就，发生的历史性变革，推进马克思主义中国化时代化的根本途径，全面建成社会主义现代化强国总的战略安排。掌握习近平新时代中国特色社会主义思想的世界观、方法论和贯穿其中的立场观点方法；习近平法治思想、习近平文化思想的主要内容；中国式现代化的中国特色、本质要求和重大原则，新时代新征程中国共产党的中心任务，全面建设社会主义现代化国家的首要任务。

第一节　新时代新征程坚持和发展中国特色社会主义的政治宣言和行动纲领

一、全面学习领会习近平新时代中国特色社会主义思想

习近平新时代中国特色社会主义思想是当代中国马克思主义、21 世纪马克思主义，是中华文化和中国精神的时代精华，实现了马克思主义中国化时代化新的飞跃。

(一) 习近平新时代中国特色社会主义思想的重大意义

习近平新时代中国特色社会主义思想深入回答时代之问，不断引领时代前

进，是新时代精神的精华；习近平新时代中国特色社会主义思想深化对共产党执政规律、社会主义建设规律、人类社会发展规律的认识，开辟了马克思主义中国化新境界；习近平新时代中国特色社会主义思想植根于坚持和发展中国特色社会主义新的伟大实践，在指导实践、推动实践发展中展现出强大真理力量和独特思想魅力；习近平新时代中国特色社会主义思想推动构建新型国际关系和人类命运共同体，为世界和平与发展作出重大贡献。

（二）习近平新时代中国特色社会主义思想的主要内容

习近平新时代中国特色社会主义思想的核心要义，就是坚持和发展中国特色社会主义。党的二十大报告明确指出："十九大、十九届六中全会提出的'十个明确''十四个坚持''十三个方面成就'概括了这一思想的主要内容，必须长期坚持并不断丰富发展。"习近平新时代中国特色社会主义思想的精神实质和丰富内涵，也集中体现在其中。

"十个明确"是习近平新时代中国特色社会主义思想的核心内容。党的十九届六中全会通过的《中共中央关于党的百年奋斗重大成就和历史经验的决议》概括了"十个明确"，即明确中国特色社会主义最本质的特征和中国特色社会主义制度的最大优势；明确坚持和发展中国特色社会主义的总任务；明确新时代我国社会的主要矛盾；明确中国特色社会主义事业总体布局和战略布局；明确全面深化改革总目标；明确全面推进依法治国总目标；明确必须坚持和完善社会主义基本经济制度；明确党在新时代的强军目标；明确中国特色大国外交；明确全面从严治党的战略方针。这是习近平新时代中国特色社会主义思想的核心内容，集中体现了以习近平同志为核心的党中央对中国特色社会主义建设规律的新认识。

"十四个坚持"是习近平新时代中国特色社会主义思想中的"基本方略"。党的十九大报告概括了"十四个坚持"，并称之为"新时代坚持和发展中国特色社会主义的基本方略"，即坚持党对一切工作的领导、坚持以人民为中心、坚持全面深化改革、坚持新发展理念、坚持人民当家作主、坚持全面依法治国、坚持社会主义核心价值体系、坚持在发展中保障和改善民生、坚持人与自然和谐共生、坚持总体国家安全观、坚持党对人民军队的绝对领导、坚持"一国两制"和推进祖国统一、坚持推动构建人类命运共同体、坚持全面从严治党，这既是习近平新时代中国特色社会主义思想的重要组成部分，也是党在实践中全面贯彻落实这一重要思想的基本要求。

"十三个方面成就"是习近平新时代中国特色社会主义思想的重要组成部分。《中共中央关于党的百年奋斗重大成就和历史经验的决议》在"开创中国特色社会主义新时代”部分，系统概括总结了党的十八大以来以习近平同志为核心的党中央推动党和国家事业在坚持党的全面领导、全面从严治党、经济建设、全面深化改革开放、政治建设、全面依法治国、文化建设、社会建设、生态文明建设、国防和军队建设、维护国家安全、坚持“一国两制”和推进祖国统一、外交工作等十三个方面取得的历史性成就，这既是在习近平新时代中国特色社会主义思想指导下取得的重大成就，又为习近平新时代中国特色社会主义思想的创新发展提供了现实基础和实践动力。

（三）习近平法治思想和习近平文化思想

习近平法治思想和习近平文化思想是习近平新时代中国特色社会主义思想的重要组成部分，是其科学理论体系的“法治篇”和“文化篇”，两者紧密关联、相互作用，是新时代全面依法治国和社会主义文化建设的指导思想和根本遵循。

1. 习近平法治思想

（1）习近平法治思想的提出。党的十八大以来，习近平总书记在领导全面依法治国的伟大实践中，深刻回答了新时代为什么实行全面依法治国、怎样实行全面依法治国等一系列重大问题，提出了一系列全面依法治国新理念新思想新战略，创新发展了中国特色社会主义法治理论，创立了习近平法治思想。2020 年 11 月召开的中央全面依法治国工作会议正式提出“习近平法治思想”，明确了习近平法治思想在全面依法治国、建设法治中国中的指导地位。习近平法治思想是一个内涵丰富、论述深刻、逻辑严密、系统完备的科学理论体系，是马克思主义法治理论中国化的最新成果，是习近平新时代中国特色社会主义思想的重要组成部分，是全面依法治国的根本遵循和行动指南。

（2）习近平法治思想的主要内容。习近平法治思想内涵丰富、论述深刻、逻辑严密、系统完备，就其主要方面来看，就是习近平总书记在会议上的重要讲话中精辟概括的“十一个坚持”，即坚持党对全面依法治国的领导；坚持以人民为中心；坚持中国特色社会主义法治道路；坚持依宪治国、依宪执政；坚持在法治轨道上推进国家治理体系和治理能力现代化；坚持建设中国特色社会主义法治体系；坚持依法治国、依法执政、依法行政共同推进，法治国家、法治政府、法治社会一体建设，坚持全面推进科学立法、严格执法、公正司法、全民守法；坚持统筹推进国内法治和涉外法治；坚持建设德才兼备的高素质法治工作队伍；坚持抓住领导干部这个“关键少数”。

（3）党的二十大报告是习近平法治思想的丰富和发展。党的二十大报告丰富和发展了习近平法治思想，拓展了全面推进依法治国、加快建设法治中国的广阔空间。习近平总书记在党的二十大报告中专章部署全面依法治国和法治建设工作，这也是在历次党的代表大会报告中，第一次专章部署“坚持全面依法治国，推进法治中国建设”。在法治建设专章中，习近平总书记第一次提出“在法治轨道上全面建设社会主义现代化国家”的战略命题，要求“全面推进国家各方面工作法治化”，进一步丰富和发展了习近平法治思想，深化了对中国共产党执政规律、社会主义法治建设规律、人类法治文明发展规律的认识，是中国共产党推进法治中国建设的纲领性文献，进一步宣示了中国共产党矢志不渝推进法治建设的坚定决心，全面依法治国、法治中国建设在党和国家工作全局中的地位更加突出、作用更加重大。

党的二十大报告提出全面依法治国“关系党执政兴国，关系人民幸福安康，关系党和国家长治久安”的重大判断，深刻阐明了全面依法治国在治国理政中的全局性、战略性、基础性、保障性地位，标志着我们党对全面依法治国重大意义的认识达到新境界。报告还擘画了法治中国建设未来 5 年的主要目标任务和到 2035 年的总体目标，即未来五年，中国特色社会主义法治体系更加完善；到 2035 年，基本建成法治国家、法治政府、法治社会。因此，我们要坚持走中国特色社会主义法治道路，建设中国特色社会主义法治体系、建设社会主义法治国家，围绕保障和促进社会公平正义，坚持依法治国、依法执政、依法行政共同推进，坚持法治国家、法治政府、法治社会一体建设，全面推进科学立法、严格执法、公正司法、全民守法，全面推进国家各方面工作法治化。在新时代新征程上，全面依法治国各项工作都要围绕这个目标任务和整体布局扎实推进。

2. 习近平文化思想

（1）习近平文化思想的提出。进入新时代，文化在振奋民族精神、维系国家认同、促进经济社会发展和人的全面发展等方面作用充分凸显。党的十八大以来，习近平总书记把宣传思想文化工作摆在治国理政的重要位置，出席一系列重要会议、发表一系列重要讲话、作出一系列重要指示批示，对网信、文艺、新闻、哲学社会科学、思政、文化传承发展等各个领域，进行统筹谋划、分类指导、部署推进。2023 年 10 月 7 日至 8 日，全国宣传思想文化工作会议在北京召开。与以往相比，这次会议的名称增加了“文化”二字，会议最重要的成果就是首次提出了习近平文化思想。习近平文化思想丰富和发展了马克思主义文化理论，构成了习近平新时代中国特色社会主义思想的文化篇，使习近平新时代中国特色社会主义思想得到进一步完善，标志着我们党对中国特色社会主义文化建设规律的认识达到了新高度，表明我们党的历史自信、文化自信达到了新高度。

（2）习近平文化思想的主要内容。习近平文化思想内涵丰富，思想深邃，博大精深，为我们在新时代新征程继续推动文化繁荣、建设文化强国、建设中华民族现代文明提供了强大思想武器和科学行动指南。就习近平文化思想主要方面来讲，集中体现为“七个着力”，即着力加强党对宣传思想文化工作的领导；着力建设具有强大凝聚力和引领力的社会主义意识形态；着力培育和践行社会主义核心价值观；着力提升新闻舆论传播力引导力影响力公信力；着力赓续中华文脉、推动中华优秀传统文化创造性转化和创新性发展；着力推动文化事业和文化产业繁荣发展；着力加强国际传播能力建设、促进文明交流互鉴。“七个着力”指出了新时代党的宣传思想文化工作蓝图和实践方法，为全面建设社会主义现代化国家、全面推进中华民族伟大复兴提供了坚强思想保证、强大精神力量和有利文化条件，为做好新时代新征程宣传思想文化工作指明了方向。

（3）习近平文化思想是“两个结合”的重大成果。习近平总书记强调，在五千多年中华文明深厚基础上开辟和发展中国特色社会主义，把马克思主义基本原理同中国具体实际、同中华优秀传统文化相结合是必由之路。“两个结合”这一重大论断，是习近平总书记在庆祝中国共产党成立100周年大会上首次提出的，随后，先后写入《中共中央关于党的百年奋斗重大成就和历史经验的决议》和党的二十大报告。习近平文化思想坚守马克思主义这个魂脉和中华优秀传统文化这个根脉，是“两个结合”的重大成果，既有文化理论观点上的创新和突破，又有文化工作布局上的部署要求，明体达用、体用贯通，谱写了马克思主义文化理论发展新篇章。习近平文化思想是一个内涵丰富的思想体系，对马克思主义文化理论作出了原创性贡献，其中关于“第二个结合”的重大创新观点，深刻揭示了中国特色社会主义文化建设规律，让马克思主义成为中国的，中华优秀传统文化成为现代的，让经由“结合”而形成的新文化成为中国式现代化的文化形态，让我们掌握了思想和文化主动，并有力地作用于道路、理论和制度。

（四）习近平新时代中国特色社会主义思想的原创性理论贡献

习近平新时代中国特色社会主义思想贯通着马克思主义哲学、政治经济学、科学社会主义，对新时代党和国家事业发展的一系列重大理论和实践问题进行了深邃思考和科学判断，深刻回答了新时代坚持和发展什么样的中国特色社会主义、怎样坚持和发展中国特色社会主义，建设什么样的社会主义现代化强国、怎样建设社会主义现代化强国，建设什么样的长期执政的马克思主义政党、怎样建设长期执政的马克思主义政党等重大时代课题，以全新的视野深化了对共产党执政规律、社会主义建设规律、人类社会发展规律的认识。“十个明确”“十四个坚持”“十三个方面成就”彼此呼应、相互贯通，明确了新时代坚持和发展中国特色社会主义的总目标、总任务、总体布局、战略布局和发展方向、发展方式、发展动力、战略步骤、外部条件、政治保证等基本问题，构成了系统全面、逻辑严密、内涵丰富、内在统一的科学理论体系。

习近平新时代中国特色社会主义思想实现了马克思主义的原创性丰富和发展。主要表现在习近平新时代中国特色社会主义思想确立了观察中国特色社会主义历史方位的新时代观；总结“两个结合”（把马克思主义基本原理同中国具体实际相结合、同中华优秀传统文化相结合）作为坚持和发展马克思主义的科学方法论；提炼以“六个必须坚持”（必须坚持人民至上、必须坚持自信自立、必须坚持守正创新、必须坚持问题导向、必须坚持系统观念、必须坚持胸怀天下）为核心的原创性世界观方法论；创新发展马克思主义现代化理论，概括提出并深入阐述中国式现代化理论。

二、新时代十年的伟大变革

党的十八大以来，在以习近平同志为核心的党中央坚强领导下，在习近平新时代中国特色社会主义思想指引下，我们全面贯彻党的基本路线、基本方略，采取一系列战略性举措，推进一系列变革性实践，实现一系列突破性进展，取得一系列历史性成果，经受住了来自政治、经济、意识形态、自然界等方面的风险挑战考验，党和国家事业取得历史性成就、发生历史性变革，推动我国迈上全面建设社会主义现代化国家新征程。

（一）新时代十年的三件大事与三个历史性胜利

党的二十大报告中指出：“十年来，我们经历了对党和人民事业具有重大现实意义和深远历史意义的三件大事：一是迎来中国共产党成立一百周年，二是中国特色社会主义进入新时代，三是完成脱贫攻坚、全面建成小康社会的历史任务，实现第一个百年奋斗目标。这是中国共产党和中国人民团结奋斗赢得的历史性胜利，是彪炳中华民族发展史册的历史性胜利，也是对世界具有深远影响的历史性胜利。”深刻把握新时代的“三件大事”和“三个历史性胜利”，对我们深化对新时代十年伟大变革的重要认识、走好全面建设社会主义现代化国家新征程具有极为重大的意义。

党的十八大以来，中国特色社会主义进入新时代，党和国家事业取得历史性成就、发生历史性变革。新时代十年伟大变革在党史、新中国史、改革开放史、社会主义发展史、中华民族发展史上具有里程碑意义。对此，可以从四个方面来理解。在新时代的革命性锻造中，走过百年奋斗历程的中国共产党更加坚强有力；在新时代的伟大奋斗中，中国人民焕发出更为强烈的历史自觉和主动精神；在新时代的伟大实践中，我国发展实现历史性大跨越；在新时代的伟大进程中，科学社会主义在21世纪的中国焕发出新的蓬勃生机。

（二）新时代党和国家取得的历史性成就、发生的历史性变革

十年来，党和国家事业取得历史性成就、发生历史性变革，推动我国迈上全面建设社会主义现代化国家新征程。具体包括以下方面：

（1）创立了新时代中国特色社会主义思想，明确坚持和发展中国特色社会主义的基本方略，提出一系列治国理政新理念新思想新战略，实现了马克思主义中国化时代化新的飞跃。

（2）全面加强党的领导，明确中国特色社会主义最本质的特征是中国共产党领导，中国特色社会主义制度的最大优势是中国共产党领导，中国共产党是最高政治领导力量，坚持党中央集中统一领导是最高政治原则，确保党发挥总揽全局、协调各方的领导核心作用。

（3）对新时代党和国家事业发展作出科学完整的战略部署，提出实现中华民族伟大复兴的中国梦，以中国式现代化推进中华民族伟大复兴，统揽伟大斗争、伟大工程、伟大事业、伟大梦想，明确"五位一体"总体布局和"四个全面"战略布局，明确我国社会主要矛盾是人民日益增长的美好生活需要和不平衡不充分的发展之间的矛盾，并紧紧围绕这个社会主要矛盾推进各项工作。

（4）实现了小康这个中华民族的千年梦想，打赢了人类历史上规模最大的脱贫攻坚战，全国八百三十二个贫困县全部摘帽，近一亿农村贫困人口实现脱贫，九百六十多万贫困人口实现易地搬迁，历史性地解决了绝对贫困问题，为全球减贫事业作出了重大贡献。

（5）提出并贯彻新发展理念，我国经济实力实现历史性跃升，我们加快推进科技自立自强，全社会研发经费支出从一万亿元增加到二万八千亿元，居世界第二位，研发人员总量居世界首位。基础研究和原始创新不断加强，一些关键核心技术实现突破，进入创新型国家行列。

（6）以巨大的政治勇气全面深化改革，加强改革顶层设计，敢于啃硬骨头，敢于涉险滩，国家治理体系和治理能力现代化水平明显提高。

（7）实行更加积极主动的开放战略，我国成为一百四十多个国家和地区的主要贸易伙伴，货物贸易总额居世界第一，吸引外资和对外投资居世界前列，形成更大范围、更宽领域、更深层次对外开放格局。

（8）坚持走中国特色社会主义政治发展道路，全面发展全过程人民民主，社会主义法治国家建设深入推进。

（9）确立和坚持马克思主义在意识形态领域指导地位的根本制度，社会主义核心价值观广泛传播，意识形态领域形势发生全局性、根本性转变。

（10）深入贯彻以人民为中心的发展思想，人民生活全方位改善，共同富裕取得新成效。

（11）坚持绿水青山就是金山银山的理念，全方位、全地域、全过程加强生态环境保护，生态环境保护发生历史性、转折性、全局性变化。

（12）贯彻总体国家安全观，国家安全得到全面加强，平安中国建设迈向更高水平。

（13）确立党在新时代的强军目标，大刀阔斧深化国防和军队改革，人民军队现代化水平和实战能力显著提升。

（14）全面准确推进“一国两制”实践，推动香港进入由乱到治走向由治及兴的新阶段；提出新时代解决台湾问题的总体方略，坚决反对“台独”分裂行径，坚决反对外部势力干涉，牢牢把握两岸关系主导权和主动权。

（15）全面推进中国特色大国外交，推动构建人类命运共同体，坚定维护国际公平正义，我国国际影响力、感召力、塑造力显著提升。

（16）深入推进全面从严治党，以党的政治建设统领党的建设各项工作，持之以恒正风肃纪，开展了史无前例的反腐败斗争，反腐败斗争取得压倒性胜利并全面巩固。

三、深刻领会党的二十大的主题

（一）主题

2022 年 10 月 16 日至 10 月 22 日，中国共产党第二十次全国代表大会在北京召开。习近平总书记在党的二十大报告的开篇部分开宗明义地指出，“大会的主题是：高举中国特色社会主义伟大旗帜，全面贯彻新时代中国特色社会主义思想，弘扬伟大建党精神，自信自强、守正创新，踔厉奋发、勇毅前行，为全面建设社会主义现代化国家、全面推进中华民族伟大复兴而团结奋斗。”

（二）重要意义

“高举中国特色社会主义伟大旗帜，全面贯彻新时代中国特色社会主义思想”强调的是“旗帜”和“思想”问题，旗帜就是方向，思想就是行动指南。开宗明义亮明党的政治方向和指导思想，是要郑重宣示，在新时代新征程上全党必须坚持以马克思主义中国化时代化最新成果为指导，坚定中国特色社会主义道路自信、理论自信、制度自信、文化自信，坚持道不变、志不改，确保党和国家事业始终沿着正确方向胜利前进。

“弘扬伟大建党精神”强调的是党的基因和血脉问题，是要郑重宣示，全党必须恪守坚持真理、坚守理想，践行初心、担当使命，不怕牺牲、英勇斗争，对党忠诚、不负人民的伟大建党精神，坚定历史自信，传承优良传统，赓续红色血脉，保持党同人民群众的血肉联系，保持谦虚谨慎、艰苦奋斗的政治本色和敢于斗争、敢于胜利的意志品质，确保党始终成为中国特色社会主义事业的坚强领导核心。

“自信自强、守正创新，踔厉奋发、勇毅前行”强调的是精神状态问题，是要郑重宣示，全党必须保持自信果敢、自强不息的精神风貌，保持定力、勇于变革的工作态度，永不懈怠、锐意进取的奋斗姿态，使各项工作更好地体现时代性、把握规律性、富于创造性，确保党和国家事业始终充满旺盛生机和强劲活力。

“全面建设社会主义现代化国家、全面推进中华民族伟大复兴”强调的是奋斗目标问题，是要郑重宣示，全党必须紧紧扭住新时代新征程党和国家的中心任务，集中一切力量，排除一切干扰，全面建成社会主义现代化强国、实现第二个百年奋斗目标，以中国式现代化全面推进中华民族伟大复兴。

“团结奋斗”强调的是时代要求问题，团结才能胜利，奋斗才能成功，我们取得的一切成就都是团结一致、不懈奋斗的结果。中华民族伟大复兴，绝不是轻轻松松、敲锣打鼓就能实现的。在新的征程上，我们需要应对的风险和挑战、需要解决的矛盾和问题比以往更加错综复杂，必须坚决维护全党团结统一，不断巩固全国各族人民大团结，加强海内外中华儿女大团结，形成同心共圆中国梦的强大合力。

第二节　新时代新征程中国共产党的使命任务

一、新时代新征程中国共产党的中心任务

党的二十大报告提出，从现在起，中国共产党的中心任务就是团结带领全国各族人民全面建成社会主义现代化强国、实现第二个百年奋斗目标，以中国式现代化全面推进中华民族伟大复兴。

建设社会主义现代化强国、实现中华民族伟大复兴，是中华民族的最高利益和根本利益，是中国共产党矢志不渝的奋斗目标。新中国成立以后，我们党对社会主义现代化建设进行了艰辛探索。毛泽东同志提出，我们的任务“就是要安下心来，使我们可以建设我们国家现代化的工业、现代化的农业、现代化的科

学文化和现代化的国防”。改革开放新时期，邓小平同志根据新的实际和历史经验确立了我国实现社会主义现代化的正确道路。他指出：“我们从八十年代的第一年开始，就必须一天也不耽误，专心致志地、聚精会神地搞四个现代化建设。”改革开放以来党的历次全国代表大会都对推进社会主义现代化建设作出战略部署。在实践探索中，我们党取得了加快实现现代化、巩固和发展社会主义的一系列重大成果，极大推进了社会主义现代化建设的历史进程。经过十八大以来在理论和实践上的创新突破，我们党成功推进和拓展了中国式现代化。

二、中国式现代化的中国特色、本质要求和重大原则

（一）中国式现代化的中国特色

中国式现代化，是中国共产党领导的社会主义现代化，既有各国现代化的共同特征，更有基于自己国情的中国特色。

1. 中国式现代化是人口规模巨大的现代化

我国十四亿多人口整体迈进现代化社会，规模超过现有发达国家人口的总和，艰巨性和复杂性前所未有，发展途径和推进方式也必然具有自己的特点。我们始终从国情出发想问题、作决策、办事情，既不好高骛远，也不因循守旧，保持历史耐心，坚持稳中求进、循序渐进、持续推进。

2. 中国式现代化是全体人民共同富裕的现代化

共同富裕是中国特色社会主义的本质要求，也是一个长期的历史过程。我们坚持把实现人民对美好生活的向往作为现代化建设的出发点和落脚点，着力维护和促进社会公平正义，着力促进全体人民共同富裕，坚决防止两极分化。

3. 中国式现代化是物质文明和精神文明相协调的现代化

物质富足、精神富有是社会主义现代化的根本要求。物质贫困不是社会主义，精神贫乏也不是社会主义。我们不断厚植现代化的物质基础，不断夯实人民幸福生活的物质条件，同时大力发展社会主义先进文化，加强理想信念教育，传承中华文明，促进物的全面丰富和人的全面发展。

4. 中国式现代化是人与自然和谐共生的现代化

人与自然是生命共同体，无止境地向自然索取甚至破坏自然必然会遭到大自然的报复。我们坚持可持续发展，坚持节约优先、保护优先、自然恢复为主的方针，像保护眼睛一样保护自然和生态环境，坚定不移走生产发展、生活富裕、生态良好的文明发展道路，实现中华民族永续发展。

5. 中国式现代化是走和平发展道路的现代化

我国不走一些国家通过战争、殖民、掠夺等方式实现现代化的老路，那种

损人利己、充满血腥罪恶的老路给广大发展中国家人民带来深重苦难。我们坚定站在历史正确的一边、站在人类文明进步的一边，高举和平、发展、合作、共赢旗帜，在坚定维护世界和平与发展中谋求自身发展，又以自身发展更好维护世界和平与发展。

中国式现代化既切合中国实际，体现了社会主义建设规律，也体现了人类社会发展规律，拓展了发展中国家走向现代化的途径，为人类对更好社会制度的探索提供了中国智慧和中国方案。

（二）中国式现代化的本质要求

中国式现代化的本质要求是：坚持中国共产党领导，坚持中国特色社会主义，实现高质量发展，发展全过程人民民主，丰富人民精神世界，实现全体人民共同富裕，促进人与自然和谐共生，推动构建人类命运共同体，创造人类文明新形态。

（三）中国式现代化的重大原则

在前进的道路上，推进中国式现代化，总结历史和现实经验，遵循客观发展规律，我们必须牢牢把握五个重大原则：

1. 坚持和加强党的全面领导

坚决维护党中央权威和集中统一领导，把党的领导落实到党和国家事业各领域各方面各环节，使党始终成为风雨来袭时全体人民最可靠的主心骨，确保我国社会主义现代化建设正确方向，确保拥有团结奋斗的强大政治凝聚力、发展自信心，集聚起万众一心、共克时艰的磅礴力量。

2. 坚持中国特色社会主义道路

坚持以经济建设为中心，坚持四项基本原则，坚持改革开放，坚持独立自主、自力更生，坚持道不变、志不改，既不走封闭僵化的老路，也不走改旗易帜的邪路，坚持把国家和民族发展放在自己力量的基点上，坚持把中国发展进步的命运牢牢掌握在自己手中。

3. 坚持以人民为中心的发展思想

维护人民根本利益，增进民生福祉，不断实现发展为了人民、发展依靠人民、发展成果由人民共享，让现代化建设成果更多更公平惠及全体人民。

4. 坚持深化改革开放

深入推进改革创新，坚定不移扩大开放，着力破解深层次体制机制障碍，不断彰显中国特色社会主义制度优势，不断增强社会主义现代化建设的动力和活力，把我国制度优势更好转化为国家治理效能。

5. 坚持发扬斗争精神

增强全党全国各族人民的志气、骨气、底气，不信邪、不怕鬼、不怕压，知难而进、迎难而上，统筹发展和安全，全力战胜前进道路上各种困难和挑战，依靠顽强斗争打开事业发展新天地。

其中，坚持和加强党的全面领导强调的是领导力量问题，坚持中国特色社会主义道路强调的是前进方向问题，坚持以人民为中心的发展思想强调的是发展目的问题，坚持深化改革开放强调的是发展动力问题，坚持发扬斗争精神强调的是方式手段问题。

三、全面建设社会主义现代化国家的首要任务

党的二十大报告指出，高质量发展是全面建设社会主义现代化国家的首要任务。必须完整、准确、全面贯彻新发展理念，坚持社会主义市场经济改革方向，坚持高水平对外开放，加快构建以国内大循环为主体、国内国际双循环相互促进的新发展格局。

（一）高质量发展为全面建设社会主义现代化国家提供更为坚实的物质基础

从主要国家现代化历程看，持续推进工业化进程、保持经济持续增长是实现现代化的物质基础。改革开放以来，我们坚持以经济建设为中心，牢牢把握发展这一党执政兴国的第一要务，推动我国经济快速发展，取得了举世瞩目的经济发展成就。但我国是一个发展中大国，仍处于社会主义初级阶段，我国人均国内生产总值同发达国家相比差距仍然较大，经济实力、科技实力、人力资本水平、产业基础能力和现代化程度等同世界先进水平相比还有距离。只有经济总量规模继续扩大和发展质量效益进一步提高，我国的社会事业发展、文化事业繁荣、生态环境美好、国际地位提升、安全能力增强等各方面建设的物质条件才能不断得到夯实，全面建成社会主义现代化强国才能有更为坚实的物质技术基础。

（二）高质量发展是全面建设社会主义现代化国家的基本路径

高质量发展是体现新发展理念的发展。在新发展理念引领下，我国经济实力实现历史性跃升，国内生产总值从 54 万亿元增长到 114 万亿元，人均国内生产总值超1.2万美元，经济总量占世界经济的比重达18.5%，稳居世界第2位。当前，我国经济发展中的矛盾和问题集中体现在推进高质量发展还有许多卡点瓶颈，主要是科技创新能力还不强、供给体系质量还不高、资源要素投入消耗较大、绿色生产生活方式还未完全形成等。同时，全球范围新一轮科技革命和产业变革深入发展，深刻改变全球产业面貌和分工格局。如果创新驱动、节约

集约、绿色低碳的高质量发展方式不能尽快形成，发展中的矛盾和问题进一步累积，就可能影响到经济持续健康发展乃至现代化建设顺利推进。新时代新征程的发展，必须深入贯彻落实习近平经济思想，实现高质量发展。要优化生产函数，提高全要素生产率，不断塑造发展新动能新优势，确保中国式现代化持续顺利推进。

（三）高质量发展是确保现代化建设能不断满足人民对美好生活需要的根本支撑

发展归根到底是为了让人民过上美好生活。新中国成立以来，我国人民生活实现了从温饱不足到总体小康再到全面小康的历史性跨越。但也要看到，我国人民群众生活品质还不高，群众在就业、教育、医疗、托育、养老、住房等方面面临不少难题。同时人民美好生活需要日益广泛，不仅对物质文化生活提出了更高要求，而且在民主、法治、公平、正义、安全、环境等方面的要求也日益增长。高质量发展就是能够很好满足人民日益增长的美好生活需要的发展。要推动实现投资有回报、企业有利润、员工有收入、政府有税收、环境有改善的高质量发展，完善分配制度，促进高质量充分就业，不断提升人民生活品质，促进物的全面丰富和人的全面发展，推动全体人民共同富裕取得更为明显的实质性进展。

（四）高质量发展是推动现代化建设行稳致远的重要保障

高质量发展是以安全为前提的发展。当今世界并不太平，逆全球化思潮抬头，局部冲突和动荡频发，全球粮食安全、能源安全、资源安全、产业链供应链安全等问题更加凸显。作为发展中的大国，应对好各种风险挑战、维护国家安全的任务依然紧迫。要统筹发展和安全，推动高质量发展，实现重要产业、基础设施、战略资源、重大科技等关键领域安全可控，完善防范和化解重大风险的制度和政策，坚决守住安全底线，确保现代化事业不会错失机遇、不会被打断进程，在坚定维护世界和平与发展中谋求自身发展，并以自身发展更好维护世界和平与发展。

第三节　不断夺取全面建设社会主义现代化国家新胜利

一、在新时代更好坚持和发展中国特色社会主义

新时代坚持和发展中国特色社会主义的总目标是“在全面建成小康社会的基础上，分两步走在本世纪中叶建成富强民主文明和谐美丽的社会主义现代化

强国”，总任务是“实现社会主义现代化和中华民族伟大复兴”。

（一）深刻领悟全面建成社会主义现代化强国的战略安排

党的二十大报告提出，全面建成社会主义现代化强国，总的战略安排是分两步走：从2020年到2035年基本实现社会主义现代化；从2035年到本世纪中叶把我国建成富强民主文明和谐美丽的社会主义现代化强国。这一战略安排，明确了全面建成社会主义现代化强国的时间表、路线图，展现了中华民族伟大复兴的壮丽前景，令人鼓舞、催人奋进。

全面建成社会主义现代化强国两步走战略安排，既体现了我们党在社会主义现代化建设战略目标上的一贯性、整体性，又符合实践发展的连续性、阶段性和时代性。全面建成社会主义现代化强国两步走战略安排，具有坚实的基础、科学的依据、可靠的保障，是完全有把握实现的。全面建成社会主义现代化强国两步走战略安排，将不断实现人民对美好生活的向往，也将深刻改变世界现代化的格局。

（二）准确把握到2035年我国发展的总体目标

党的二十大报告围绕基本实现社会主义现代化，从八个方面进一步明确了到2035年我国发展的目标任务，提出了新的更高要求。

（1）经济实力、科技实力、综合国力大幅跃升，人均国内生产总值迈上新的大台阶，达到中等发达国家水平。我国已进入高质量发展阶段，从经济发展能力和条件看，有希望、有潜力在质量效益明显提升基础上保持长期平稳发展，到2035年实现经济总量或人均国内生产总值比2020年翻一番。我国人均国内生产总值2021年达到12 551美元、超过世界平均水平，到2035年将达到中等发达国家水平。经济结构优化升级，全要素生产率大幅提升，社会生产力水平显著提高。

（2）实现高水平科技自立自强，进入创新型国家前列。国家创新体系效能全面提升，国家战略科技力量和高水平人才队伍居世界前列，基础研究和原始创新能力全面增强，关键核心技术实现重大突破和自主可控，更多科技前沿领域实现并跑和领跑。全社会研发经费投入强度、基础研究经费投入占研发经费投入比重达到主要发达国家水平。我国全球创新指数排名进入世界前列，科技进步贡献率大幅提升。

（3）建成现代化经济体系，形成新发展格局，基本实现新型工业化、信息化、城镇化、农业现代化。转变发展方式取得决定性进展，经济质量效益和核心竞争力显著提高。形成以国内大循环为主体、国内国际双循环相互促进的新发展格局，生产、分配、流通、消费更多依托国内市场，参与国际经济合作和竞争新优势明显增强，国民经济实现良性循环。由制造大国迈入制造强国，产业链供应链基本安全可控、韧性显著增强，实现产业基础高级化、产业链现代化。数字经济与实体经济深度融合，公共服务、社会治理等领域数字化智能化水平大幅提升。以城市群为主体、大中小城市和小城镇协调发展的城镇化格局基本形成，常住人口城镇化率、户籍人口城镇化率大幅提高，以人为核心的新型城镇化基本实现，城市品质明显提升。乡村振兴取得决定性进展，农业综合生产能力明显提高，国家粮食安全和重要农产品有效供给得到更好保障，现代乡村产业体系基本形成。

（4）基本实现国家治理体系和治理能力现代化，全过程人民民主制度更加健全，基本建成法治国家、法治政府、法治社会。中国特色社会主义根本制度、基本制度、重要制度更加完善。社会主义民主政治建设进一步发展，全过程人民民主更加广泛、更加充分、更加健全，人民当家作主制度体系更加完善。依法治国得到全面落实，形成完备的法律规范体系、高效的法治实施体系、严密的法治监督体系、有力的法治保障体系，形成科学立法、严格执法、公正司法、全民守法的良好格局。

（5）建成教育强国、科技强国、人才强国、文化强国、体育强国、健康中国，国家文化软实力显著增强。建成服务全民终身学习的现代教育体系，劳动年龄人口平均受教育年限进一步提高，普及有质量的学前教育，实现优质均衡的义务教育，全面普及高中阶段教育，职业教育服务能力显著提升，高等教育竞争力明显提升，总体实现教育现代化。基本实现科学技术现代化，建成更多世界主要科学中心和创新高地，一大批国家科研机构、研究型大学和科技领军企业进入世界前列，形成高水平开放创新生态。人才结构更加优化，人才质量显著提升，各类高层次人才更多涌现，成为世界重要人才中心。文化事业进一步繁荣，现代文化产业体系基本形成，国民思想道德素质、科学文化素质明显提高。体育综合实力和国际影响力居世界前列。人均预期寿命提高到八十岁以上，人口长期均衡、可持续发展。中华文化影响力、中华民族凝聚力显著增强。

（6）人民生活更加幸福美好，居民人均可支配收入再上新台阶，中等收入群体比重明显提高，基本公共服务实现均等化，农村基本具备现代生活条件，社会保持长期稳定，人的全面发展、全体人民共同富裕取得更为明显的实质性进展。人民生活水平和质量显著提升，拥有更好的教育、更稳定的工作、更满意的收入、更可靠的社会保障、更高水平的医疗服务、更舒适的居住条件、更优美的环境、更丰富的精神文化生活。低收入群体规模显著减少，基本形成以中等收入群体为主体的橄榄型社会结构。公共服务体系健全完善，实现基本公共服务覆盖全民、兜住底线、均等享有。农村基础设施和公共服务明显改善，基本建成具备现代生产生活条件的宜居宜业和美乡村。改革发展成果更多更公平惠及全体人民，城乡区域发展差距和居民生活水平差距明显缩小，人的全面发展能力持续提升，人民获得感、幸福感、安全感更加充实、更有保障、更可持续。

（7）广泛形成绿色生产生活方式，碳排放达峰后稳中有降，生态环境根本好转，美丽中国目标基本实现。清洁低碳、安全高效的能源体系和绿色低碳循环发展的经济体系基本建立，各类主要资源利用效率、主要污染物排放强度、碳排放强度接近发达国家平均水平，碳排放总量力争在 2030 年前实现达峰后稳中有降。大气、水、土壤等环境状况明显改观。生态安全屏障体系基本建立，森林、草原、荒漠、河湖、湿地、海洋等自然生态系统状况实现根本好转，形成生产空间安全高效、生活空间舒适宜居、生态空间山青水碧的国土开发格局。

（8）国家安全体系和能力全面加强，基本实现国防和军队现代化。平安中国建设达到更高水平，国家安全法治体系、战略体系、政策体系、人才体系和运行机制更加健全，粮食安全、能源安全、重要产业链供应链安全和公共安全保障能力全面提高。坚持富国和强军相统一，军事理论、军队组织形态、军事人员、武器装备现代化全面推进，国防和军队建设达到世界先进水平。

（三）统筹推进“五位一体”总体布局、协调推进“四个全面”战略布局

“五位一体”总体布局，指中国特色社会主义事业总体布局，包括经济建设、政治建设、文化建设、社会建设、生态文明建设。“四个全面”战略布局，指中国特色社会主义事业战略布局，包括全面建成小康社会、全面深化改革、全面依法治国、全面从严治党。党的十九届五中全会在战略目标上，从“全面建成小康社会”发展为“全面建设社会主义现代化国家”暨“协调推进全面建设社会主义现代化国家、全面深化改革、全面依法治国、全面从严治党的战略布局”。党的二十大报告从 12 个方面对各领域各方面工作作出部署，这是根据“五位一体”总体布局、“四个全面”战略布局确定的。

1. 中国特色社会主义经济建设、政治建设、文化建设、社会建设、生态文明建设等方面的重大部署

在经济建设方面，强调“加快构建新发展格局，着力推动高质量发展”，要求构建高水平社会主义市场经济体制、建设现代化产业体系、全面推进乡村振兴、促进区域协调发展、推进高水平对外开放；在政治建设方面，强调“发展全过程人民民主，保障人民当家作主”，要求加强人民当家作主制度保障、全面发展协商民主、积极发展基层民主、巩固和发展最广泛的爱国统一战线；在文化建设方面，强调“推进文化自信自强，铸就社会主义文化新辉煌”，要求建设具有强大凝聚力和引领力的社会主义意识形态、广泛践行社会主义核心价值观、提高全社会文明程度、繁荣发展文化事业和文化产业、增强中华文明传播力影响力；在社会建设方面，强调“增进民生福祉，提高人民生活品质”，要求完善分配制度、实施就业优先战略、健全社会保障体系、推进健康中国建设；在生态文明建设方面，强调“推动绿色发展，促进人与自然和谐共生”，要求加快发展方式绿色转型、深入推进环境污染防治、提升生态系统多样性稳定性持续性、积极稳妥推进碳达峰碳中和。

2. 教育科技人才、法治建设、国家安全等方面的重大部署

在教育科技人才方面，强调“实施科教兴国战略，强化现代化建设人才支撑”，要求办好人民满意的教育、完善科技创新体系、加快实施创新驱动发展战略、深入实施人才强国战略；在法治建设方面，强调“坚持全面依法治国，推进法治中国建设”，要求完善以宪法为核心的中国特色社会主义法律体系、扎实推进依法行政、严格公正司法、加快建设法治社会；在国家安全方面，强调“推进国家安全体系和能力现代化，坚决维护国家安全和社会稳定”，要求健全国家安全体系、增强维护国家安全能力、提高公共安全治理水平、完善社会治理体系。

3. 国防和军队建设、港澳台工作、外交工作等方面的重大部署

在国防和军队建设方面，强调“实现建军一百年奋斗目标，开创国防和军队现代化新局面”，要求全面加强人民军队党的建设、全面加强练兵备战、全面加强军事治理、巩固提高一体化国家战略体系和能力；在港澳台工作方面，强调“坚持和完善‘一国两制’，推进祖国统一”，要求全面准确坚定不移贯彻“一国两制”、促进香港澳门长期繁荣稳定、解决台湾问题推进祖国统一大业；在外交工作方面，强调“促进世界和平与发展，推动构建人类命运共同体”，要求坚定奉行独立自主的和平外交政策、推动构建新型国际关系、坚定奉行互利共赢的开放战略、积极参与全球治理体系改革和建设。

4. 坚持党的全面领导和全面从严治党的重大部署

中国共产党领导是中国特色社会主义最本质的特征和中国特色社会主义制度的最大优势。中国共产党是最高政治领导力量，坚持党中央集中统一领导是最高政治原则。奋进新时代新征程，全面建设社会主义现代化国家、全面推进中华民族伟大复兴，关键在党，必须持之以恒坚持和加强党的全面领导。党的十八大以来，以习近平同志为核心的党中央一以贯之、坚定不移推进全面从严治党向纵深发展，解决了党内许多突出问题，把新时代党的建设新的伟大工程推进到新阶段。但党面临的执政考验、改革开放考验、市场经济考验、外部

环境考验将长期存在，精神懈怠危险、能力不足危险、脱离群众危险、消极腐败危险将长期存在。有鉴于此，党的二十大报告强调，全党必须牢记，全面从严治党永远在路上，党的自我革命永远在路上，决不能有松劲歇脚、疲劳厌战的情绪，必须持之以恒推进全面从严治党，深入推进新时代党的建设新的伟大工程，以党的自我革命引领社会革命。明确提出要落实新时代党的建设总要求，健全全面从严治党体系，全面推进党的自我净化、自我完善、自我革新、自我提高，使我们党坚守初心使命，始终成为中国特色社会主义事业的坚强领导核心。为此，党的二十大报告从七个方面，对全面从严治党、深入推进新时代党的建设新的伟大工程作出具体部署，强调要坚持和加强党中央集中统一领导、坚持不懈用新时代中国特色社会主义思想凝心铸魂、完善党的自我革命制度规范体系、建设堪当民族复兴重任的高素质干部队伍、增强党组织政治功能和组织功能、坚持以严的基调强化正风肃纪、坚决打赢反腐败斗争攻坚战持久战。只有如此，才能为我们奋进新时代新征程，全面建设社会主义现代化国家，全面推进中华民族伟大复兴锻造坚强的领导核心，确保实现我们党在新时代新征程的使命任务。

二、推进马克思主义中国化时代化的根本途径

习近平新时代中国特色社会主义思想是当代中国马克思主义、21 世纪马克思主义，是中华文化和中国精神的时代精华，实现了马克思主义中国化时代化新的飞跃。这一重要思想博大精深，涵盖改革发展稳定、内政外交国防、治党治国治军各领域各方面，必须长期坚持并不断丰富发展。党的二十大报告展开论述了“两个结合”，是我们理解和把握习近平新时代中国特色社会主义思想的关键。

（一）“两个结合”是推进马克思主义中国化时代化的根本途径

习近平总书记在党的二十大报告中指出：“只有把马克思主义基本原理同中国具体实际相结合、同中华优秀传统文化相结合，坚持运用辩证唯物主义和历史唯物主义，才能正确回答时代和实践提出的重大问题，才能始终保持马克思主义的蓬勃生机和旺盛活力。”这深刻阐明了推进马克思主义中国化时代化的根本途径是“两个结合”。

当前，世界百年未有之大变局加速演进，新征程上我们党肩负的使命任务艰巨繁重、面对的风险挑战复杂严峻，给我们党治国理政带来新的考验，也给理论创新提出新的更高要求。我们要认真贯彻党的二十大精神，更加自觉地坚持“两个结合”，不断推进实践基础上的理论创新。一方面，要立足全面建设社

会主义现代化国家的实际，深入研究回答实践遇到的新问题、改革发展稳定存在的深层次问题、人民群众急难愁盼问题、国际变局中的重大问题、党的建设面临的突出问题，不断提出真正解决问题的新理念新思路新办法。另一方面，要深入挖掘运用中华文化丰富宝藏，坚持古为今用、推陈出新，把马克思主义思想精髓同中华优秀传统文化精华贯通起来、同人民群众日用而不觉的共同价值观念融通起来。通过不断回答中国之问、世界之问、人民之问、时代之问，充分激发中华文化的内在生命力，推动党的创新理论更好地与时俱进，展现更加强大的真理力量和实践伟力。

（二）习近平新时代中国特色社会主义思想是坚持“两个结合”的最新理论成果

党的十八大以来，习近平总书记领导党和人民坚持把马克思主义基本原理同中国具体实际相结合，在创造新时代中国特色社会主义伟大成就、开辟马克思主义中国化时代化新境界的过程中，鲜明强调要坚定文化自信，作出推动中华优秀传统文化创造性转化、创新性发展的一系列重大决策。2021 年 7 月，习近平总书记在庆祝中国共产党成立 100 周年大会上明确提出“坚持把马克思主义基本原理同中国具体实际相结合、同中华优秀传统文化相结合”。习近平总书记是创造性运用优秀传统文化的典范，结合时代要求提炼概括出许多重大创新理念和思想。比如，关于以人民为中心的发展思想，吸收借鉴了天下为公、民为邦本、为政以德等传统治国理念；关于新时代好干部标准，吸收借鉴了任人唯贤、选贤与能、正己修身、以德为先等古代吏治思想；关于人类命运共同体，吸收借鉴了协和万邦、讲信修睦、亲仁善邻、和而不同等传统邦交之道；等等。实践证明，习近平新时代中国特色社会主义思想是在坚持“两个结合”中形成的，是当代中国马克思主义、21 世纪马克思主义，是中华文化和中国精神的时代精华。

三、坚持好运用好贯穿党的创新理论的立场观点方法

党的二十大报告第一次全面概括了贯穿于党的最新创新理论的世界观和方法论，即必须坚持人民至上、坚持自信自立、坚持守正创新、坚持问题导向、坚持系统观念、坚持胸怀天下。

（一）坚持人民至上，站稳人民立场

人民性是马克思主义的本质属性，也是我们党不断开辟马克思主义中国化时代化的本质特征。坚持人民至上，深刻彰显了马克思主义的唯物史观；深刻揭示了中国共产党长期执政的最大底气；深刻增强了中国式现代化的厚重内涵。

（二）坚持自信自立，勇于变革创新

独立自主，是中华民族精神之魂，是中国共产党立党立国之本；自信自立，是不断开辟马克思主义中国化时代化新境界的根本点和强大力量所在。要坚定道路自信，因为这是一条植根中国大地、具有厚重文明传统、坚持以人民为中心、充满变革创新精神的道路。要坚定理论自信，推进马克思主义中国化时代化是一个追求真理、揭示真理、笃行真理的过程。要坚定制度自信，深化制度改革、促进制度完善、彰显制度优势，成为新时代十年伟大变革的强大动力，也成为不断开辟马克思主义中国化时代化新境界的最鲜明标志。要坚定文化自信，把社会主义先进文化、革命文化、中华优秀传统文化有机结合起来，铸就社会主义文化新辉煌。

（三）坚持守正创新，把握历史主动

这是中国共产党人特有的精神品格，是新时代党的理论创新和实践创新的突出标志。坚持守正创新，奋力进行新时代伟大社会革命；不断开创实现中华民族伟大复兴新境界；加快推进国家治理现代化步伐；坚决打好化险为夷、转危为机的主动战。

（四）坚持问题导向，强化问题意识

这是在深入回答和解决重大现实问题中把握历史主动、创造发展机遇，是习近平总书记一贯倡导并率先垂范的理论品格和实践风格。坚持问题导向，是推进马克思主义中国化时代化的本质要求；是确保各项重大改革举措落到实处的内在要求；是我国发展进入新阶段的迫切要求；必须发扬斗争精神、增强斗争本领。

（五）坚持系统观念，提高整体思维

要提高战略思维能力，对战略问题判断准确，在战略举措上谋划科学，就能赢得主动、推动事业发展。要提高历史思维能力，知古鉴今，站在历史演进高度，运用历史眼光认识发展规律、把握前进方向。要提高辩证思维能力，全面贯彻“五位一体”总体布局和“四个全面”战略布局，在切合中国国情、符合事物规律上不断开创中国式现代化新局面。提高创新思维能力，解放思想、实事求是，破除迷信、超越陈规，抓住机遇、知难而进，创造性地推动伟大社会革命和伟大自我革命。要提高底线思维能力，对当代中国共产党人来说，就是要重点“防控那些可能迟滞或中断中华民族伟大复兴进程的全局性风险”。

（六）坚持胸怀天下，推进人类文明

用厚重的历史眼光传承中华文明，用宽广的时代视野包容世界文明，“以文明交流超越文明隔阂、文明互鉴超越文明冲突、文明共存超越文明优越”的

"大文明观"，是以习近平为代表的当代中国共产党人开辟马克思主义中国化时代化新境界所特有的博大胸怀和宽广视野。坚持胸怀天下，不断铸就中华文化新辉煌；深刻揭示人类文明本质特征和发展趋势；更好促进人类文明进步；推动构建人类命运共同体。

随堂练

法规文件

第二章 全面推进法治中国建设

【学习目标】

了解《中共中央关于全面推进依法治国若干重大问题的决定》所提出的全面依法治国的重大意义和指导思想。熟悉全面依法治国的“五大体系、六大任务”。掌握全面依法治国的总目标和基本原则。

第一节 概 述

一、依法治国的科学含义与基本内容

(一)科学含义

党的十五大报告指出，依法治国，就是广大人民群众在党的领导下，依照宪法和法律规定，通过各种途径和形式管理国家事务，管理经济文化事业，管理社会事务，保证国家各项工作都依法进行，逐步实现社会主义民主的制度化、法律化，使这种制度和法律不因领导人的改变而改变，不因领导人看法和注意力的改变而改变。

(二)基本内容

中国共产党第十八届中央委员会第四次全体会议(以下简称“十八届四中全会”)于 2014 年 10 月 20 日至 23 日召开，首次专题讨论、部署全面推进依法治国的问题，通过了《中共中央关于全面推进依法治国若干重大问题的决定》(以下简称《决定》)。

《决定》直面我国法治建设领域的突出问题，立足我国社会主义法治建设实际，明确提出了全面推进依法治国的指导思想、总目标、基本原则，提出了关于依法治国的一系列新观点、新举措，回答了党的领导和依法治国的关系等

一系列重大理论和实践问题，对科学立法、严格执法、公正司法、全民守法、法治队伍建设、加强和改进党对全面推进依法治国的领导作出了全面部署，有针对性地回应了人民群众呼声和社会关切。[①]

二、全面推进依法治国的重大意义

（一）贯彻“四个全面”战略布局的法治保障

2015年，在省部级主要领导干部学习贯彻十八届四中全会精神全面推进依法治国专题研讨班的讲话中，习近平总书记提出了“四个全面”战略布局，即全面建成小康社会、全面深化改革、全面依法治国、全面从严治党。其中，全面依法治国具有举足轻重的基础性、保障性作用。正如习近平总书记强调的，“没有全面依法治国，我们就治不好国、理不好政，我们的战略布局就会落空。要把全面依法治国放在‘四个全面’的战略布局中来把握，深刻认识全面依法治国同其他三个‘全面’的关系，努力做到‘四个全面’相辅相成、相互促进、相得益彰”。

（二）实现国家治理体系和治理能力现代化的必然要求

党的十八届三中全会把完善和发展中国特色社会主义制度、推进国家治理体系和治理能力现代化作为全面深化改革的总目标，并提出了建设法治中国的历史性任务。习近平总书记指出，推进国家治理体系和治理能力现代化，当然要高度重视法治问题，采取有力措施全面推进依法治国，建设社会主义法治国家，建设法治中国。

（三）确保党和国家长治久安的根本要求

在中国这样一个地域辽阔、人口众多、民族众多、国情复杂的发展中的社会主义大国，中国共产党要跳出“历史周期率”，实现长期执政，确保人民幸福安康、党和国家长治久安，就必须坚定不移地厉行法治，全面推进依法治国。这不仅有助于改革和完善党的领导方式和执政方式、防止党内腐败问题的滋生和蔓延、巩固党的执政地位，也是维护社会和谐稳定、实现党和国家长治久安的根本保障。

三、全面推进依法治国的指导思想

（一）中国特色社会主义理论体系是长期坚持的行动指南

党的十八大报告指出，中国特色社会主义理论体系，是包括邓小平理论、

---

① 来源于习近平关于《中共中央关于全面推进依法治国若干重大问题的决定》的说明。

“三个代表”重要思想、科学发展观在内的科学理论体系，是对马克思列宁主义、毛泽东思想的坚持和发展。党的十九大报告指出，中国共产党紧密结合新的时代条件和实践要求，以全新的视野深化对共产党执政、社会主义建设、人类社会发展规律的认识，形成了新时代中国特色社会主义思想。新时代中国特色社会主义思想，是对马克思列宁主义、毛泽东思想、邓小平理论、“三个代表”重要思想、科学发展观的继承和发展，是马克思主义中国化最新成果，是全党全国人民为实现中华民族伟大复兴而奋斗的行动指南，必须长期坚持并不断发展。

（二）坚持党的领导、人民当家作主、依法治国有机统一是唯一的正确道路

在党的领导、人民当家作主、依法治国的有机统一体中，党的领导是核心，是人民当家作主和依法治国的根本政治保证；人民当家作主是社会主义民主政治的本质要求和基本目标，这是由社会主义制度的本质属性决定的；依法治国是党领导人民治理国家的基本方略，事关我们党执政兴国、人民幸福安康、党和国家长治久安。同时，党的领导、人民当家作主和依法治国之间具有内在的统一性，三者的有机统一决定着社会主义民主法治乃至中国特色社会主义伟大事业的兴衰成败，直接关系着我们党、国家和人民的前途命运。

（三）“四个维护”是永远的价值追求

坚决维护宪法法律权威，依法维护人民利益、维护社会公平正义、维护国家安全稳定，是全面推进依法治国永远的价值追求。宪法和法律是执政党的主张、国家主权意志、人民共同意志的集中体现，是通过科学民主立法程序形成的普遍行为规范，因此全面推进依法治国必须维护宪法的最高权威，把宪法作为保证党和国家兴旺发达和长治久安的根本法。依法维护人民利益、维护社会公平正义、维护国家安全稳定，是社会文明进步的显著标志，也是加强社会主义法治、建设文明强国、实现中国梦的基本要求。

（四）实现中华民族伟大复兴的中国梦是崇高使命和奋斗目标

党的十八大报告提出，全面落实经济建设、政治建设、文化建设、社会建设、生态文明建设五位一体总体布局，是全面建成小康社会、实现中华民族伟大复兴的中国梦的必由之路，也是全面推进依法治国的崇高使命和奋斗目标。全面推进依法治国需要用法律制度和法治机制为社会主义经济建设、政治建设、文化建设、社会建设、生态文明建设提供重要的法治支撑和保障，使法治贯穿改革发展稳定的全过程，覆盖国家治理和社会管理各个领域，充分发挥社会主义制度的最大优势，使中国梦更具有吸引力与凝聚力。

四、全面推进依法治国的总目标

当代中国的法治发展是一项庞大且复杂的社会系统工程，它的推进与实施有其确定的内在发展目标。《决定》指出，全面推进依法治国，总目标是建设中国特色社会主义法治体系，建设社会主义法治国家。亦即在中国共产党领导下，坚持中国特色社会主义制度，贯彻中国特色社会主义法治理论，形成完备的法律规范体系、高效的法治实施体系、严密的法治监督体系、有力的法治保障体系、完善的党内法规体系，坚持依法治国、依法执政、依法行政共同推进，坚持法治国家、法治政府、法治社会一体建设，实现科学立法、严格执法、公正司法、全民守法，促进国家治理体系和治理能力现代化。

五、全面推进依法治国的基本原则

（一）坚持中国共产党的领导

党的领导和社会主义法治具有内在的一致性，是有机统一和共生共存的。坚持和实现党对全面依法治国的领导，既是我国社会主义法治建设的一条基本经验，也是社会主义法治建设的根本要求。一方面，社会主义法治必须坚持党的领导，党的领导既是中国特色社会主义最本质的特征，也是社会主义法治最根本的保证。另一方面，党的领导必须依靠社会主义法治，依法治国是实现党的领导的基本途径。

（二）坚持人民主体地位

人民是社会主义国家和社会的主人，也是依法治国的主体。人民当家作主是依法治国的前提和目标，而人民当家作主最根本的政治制度就是人民代表大会制度。从总体上看，坚持人民主体地位就必须坚持法治建设，为了人民、依靠人民、造福人民、保护人民，充分发挥人民的主体作用，以保障人民根本权益为出发点和落脚点，保证人民依法享有广泛的权利和自由，承担应尽的义务，维护社会公平正义，促进共同富裕。

（三）坚持法律面前人人平等

平等是社会主义法律的基本属性，也是社会主义法治的基本要求。坚持法律面前人人平等，要求法律对所有社会成员一视同仁。任何组织和个人都必须遵守宪法和法律，都必须在宪法和法律范围内活动，都必须依照宪法和法律行使权力或权利、履行职责或义务，不得享有超越宪法和法律的特权。任何在社会中处于弱势的公民都应当受到公平对待，不得受到歧视。因此，坚持法律面前人人平等的原则，有助于维护国家法制统一，切实保障宪法和法律的有效实施。

（四）坚持依法治国和以德治国相结合

道德是法律的精神内涵，法律是道德的制度底线。国家和社会治理需要法律和道德共同发挥作用。在全面推进依法治国的进程中，必须一手抓法治，一手抓德治，既重视发挥法律的规范作用，以法治体现道德观念，强化法律对道德建设的促进作用，又重视发挥道德的教化作用，以道德滋养法治精神，强化道德对法治文化的支撑作用，从而实现法律和道德相辅相成、法治和德治相得益彰，不断提高国家治理体系和治理能力的现代化水平。

（五）坚持从中国实际出发

全面推进依法治国，加快建设法治中国，基本的立足点是坚持从中国实际出发。中国特色社会主义道路、理论体系、制度是全面推进依法治国的根本遵循，统一于中国特色社会主义建设的伟大实践中。全面推进依法治国，必须从我国国情和实际出发，突出中国特色、实践特色、时代特色，坚持在中国特色社会主义道路、在中国特色社会主义理论体系的指引下，在中国特色社会主义制度框架内厉行法治，走中国特色社会主义法治道路，建设社会主义法治国家。

第二节　构建依法治国五大体系

一、完备的法律规范体系

完备的法律规范体系是建设中国特色社会主义法治体系的前提。2011 年 3 月 10 日，吴邦国在十一届全国人大四次会议上宣布，中国特色社会主义法律体系已经形成，国家和社会生活各方面总体上实现了有法可依。法律体系的形成不等于法律体系的完备，法律体系是法治体系的逻辑起点，其形成后，还要完善、发展，达到完备状态。我国现行的法律体系和制度构建与中国特色社会主义法治体系的要求还有一定的差距，形成完备的法律规范体系仍然有许多工作要做。正如《决定》指出的，有的法律法规未能全面反映客观规律和人民意愿，针对性、可操作性不强，立法工作部门化倾向、争权诿责现象较为突出。

党的十九大报告指出，深化依法治国实践要求推进科学立法、民主立法、依法立法，以良法促进发展、保障善治。因此，只有健全立法体制，深入推进科学立法、民主立法，加强重点领域立法，才能为建设中国特色社会主义法治体系夯实基础。

二、高效的法治实施体系

习近平总书记指出，法律的生命力在于实施，法律的权威也在于实施。“法令行则国治，法令弛则国乱。”尽管当代中国法治实施工作已经取得了明显成效，但在现实生活中，有法不依、执法不严、违法不究的现象还比较严重，执法体系权责脱节、多头执法、选择性执法现象仍然存在，执法司法不规范、不严格、不透明、不文明现象较为突出，所以必须采取有效措施，保证法律的公正有效实施，加快形成高效的法治实施体系，从而推动建设中国特色社会主义法治体系的时代进程。当前，加强宪法实施，坚持依宪执政是形成高效的法治实施体系的首要任务；坚持严格执法，完善执法程序是形成高效的法治实施体系的重要内容；保证公正司法，确保司法机关依法独立公正行使职权是维护社会公平正义的最后一道防线；推进全民守法，这在法治实施体系中具有基础性的意义。

三、严密的法治监督体系

习近平总书记强调：“要加强对权力运行的制约和监督，把权力关进制度的笼子里。”这就要求以约束公权力为重点，形成科学有效的权力运行制约和监督体系。监督体系由党内监督、人大监督、民主监督、行政监督、司法监督、审计监督、社会监督、舆论监督等方面构成。其中关键是行政监督和司法监督。为此，首先要强化对行政权力的制约和监督，行政权力的严格规范、公正行使，对于实现国家的公共管理职能至关重要；其次要加强对司法活动的监督，坚持公正司法是实现司法功能、维护社会公正的基本要求。

四、有力的法治保障体系

有力的法治保障体系是建设中国特色社会主义法治体系的必要条件，是推进法治中国建设的必然要求，是宪法、法律得以贯彻实施的重要手段。建设新时代中国特色社会主义法治体系是一项庞大和复杂的系统工程。如果缺乏有力的法治保障体系，是难以持久的；而形成有力的法治保障体系，关键是要做好制度保障、组织和人才保障、物质和基础保障。首先，坚持中国特色社会主义制度是中国特色社会主义法治体系的制度保障，中国特色社会主义制度从根本上保障了社会主义法治体系的建设。其次，不仅要建设一支高素质的法治专门队伍，而且要大力加强法律服务队伍建设，进一步创新法治人才培养机制，从而为形成有力的法治保障体系奠定扎实的组织和人才基础。最后，加大法治建设财政经费投入力度，建立强有力的经费保障体系。

五、完善的党内法规体系

完善的党内法规体系是建设中国特色社会主义法治体系的根本保障。加强党内法规体系化的建设是推进党的建设、保持党的先进性的重要方式与保障，也是进一步提升党的执政能力的客观要求。全面推进依法治国，既要求党依据宪法法律治国理政，也要求党依据党内法规管党治党。在建设中国特色社会主义法治体系的时代条件下，必须努力形成国家法律法规和党内法规制度相辅相成、相互促进、相互联系、相互保障的格局。正如习近平总书记所指出的，“要完善党内法规制定体制机制，注重党内法规同国家法律的衔接和协调，构建以党章为根本、若干配套党内法规为支撑的党内法规制度体系，提高党内法规执行力”。为此，首先要完善以党章为根本、民主集中制为核心的党内法规制度，形成一个以党章为根本、涵盖党内根本制度、基本制度和具体制度的完善系统、配套协调的党内法规制度体系；其次要推进党内法规同国家法律的衔接和协调，坚持以党章和宪法为基本遵循、党纪严于国法；最后党的各级组织和党员干部要遵守党的纪律和国家法律，进一步增强遵守党的纪律和国家法律的自觉性和主动性。

第三节　推进依法治国六大任务

一、完善中国特色社会主义法律体系

（一）健全宪法实施和监督制度

《决定》指出：“坚持依法治国首先要坚持依宪治国，坚持依法执政首先要坚持依宪执政。”宪法作为党和国家治国理政的最高依据，确立了宪法在全面依法治国中的根本法地位和至上权威。主要包括：①完善宪法监督制度；②健全宪法解释程序机制；③加强备案审查制度和能力建设。

（二）完善立法体制

完善立法体制是党从中国特色社会主义法律体系已经形成的新的历史起点上提出的一项重要的制度要求，对于加强和改进立法工作、提高立法质量、形成完备的社会主义法律体系、全面推进依法治国具有重大的意义。主要包括：①加强党对立法工作的领导；②健全人大主导的立法体制机制；③加强和改进政府立法制度建设；④明确立法权力边界。

(三)深入推进科学立法、民主立法

立法质量直接关系和影响法治质量。完善法律体系必须抓住提高立法质量这个关键，把深入推进科学立法、民主立法作为提高立法质量的根本路径。主要包括：①加强人大对立法工作的组织协调；②健全立法机关和社会公众沟通机制。

(四)加强重点领域立法

加强重点领域立法就是按照构建系统完备、科学规范、运行有效的制度体系的要求，围绕中国特色社会主义事业“五位一体”总体布局，重点在完善社会主义市场经济体制、加强民主法治建设、促进文化事业发展、保障和改善民生、推进社会治理体制创新、保护生态环境等领域，着力研究和加强立法工作，推动法律体系完善发展。主要包括：①完善市场经济法律制度；②推进社会主义民主政治法治化；③建立健全文化法律制度；④加强社会建设领域法律制度建设；⑤用严格的法律制度保护生态环境。

二、加快建设法治政府

(一)依法全面履行政府职能

依法全面履行政府职能是深入推进依法行政、加快建设法治政府的必然要求。针对当前政府履行职能中存在的突出问题，主要明确以下要求：①完善行政组织和行政程序法律制度；②严格按照法定职责实施行政行为；③推行政府权力清单制度；④推进各级政府事权规范化、法律化。

(二)健全依法决策机制

决策是一种重要的行政权力，行使决策权是否依法合规，事关法治政府建设的方向和目标，事关经济社会可持续发展和人民群众切身利益。主要包括：①明确重大行政决策的法定程序，即公众参与、专家论证、风险评估、合法性审查和集体讨论决定；②积极推行政府法律顾问制度；③建立重大决策终身责任追究制度及责任倒查机制。

(三)深化行政执法体制改革

行政执法体制是行政执法的载体，也是行政体制的重要组成部分，更是法律法规实施体制的关键环节。行政执法是指由行政执法主体结构、法定执法职权和义务、执法程序和运行机制等构成的有机体系及相关法律制度。主要包括：①根据不同层级政府事权和职能，合理配置执法力量；②推行综合执法，完善市、县两级政府行政执法管理；③严格行政执法主体资格，加强行政执法队伍建设；④健全行政执法和刑事司法衔接机制，坚决制止以罚代刑。

（四）坚持严格规范公正文明执法

法律法规制定后，必须严格遵守和执行，否则形同虚设。行政机关是实施法律法规的重要主体，担负着严格执法的重要职责，因此要准确把握、严格规范公正文明执法的基本要求，大力推进法治政府建设。主要包括：①依法惩处各类违法行为，完善执法程序；②建立健全行政裁量权基准制度；③全面落实行政执法责任制。

（五）强化对行政权力的制约和监督

通过加强党内监督、人大监督、民主监督、行政监督、司法监督、审计监督、社会监督、舆论监督制度建设，努力形成科学有效的权力运行制约和监督体系，增强监督合力和实效。主要包括：①加强对政府内部权力的制约，这是强化对行政权力制约的重点；②完善审计制度，保障依法独立行使审计监督权。

（六）全面推进政务公开

全面推进政务公开是加快行政管理体制改革、建设服务型政府的具体体现。主要包括：①推进决策公开、执行公开、管理公开、服务公开、结果公开；②推行行政执法公示制度；③推进政务公开信息化。

三、提高司法公信力

（一）完善确保司法机关依法独立公正行使审判权和检察权的制度

人民法院、人民检察院依法独立公正行使审判权和检察权，是宪法确定的原则，突出了人民群众期盼的公平正义，构成依法治国的重要基础。不受行政机关、社会团体和个人的干涉，是依法独立公正行使审判权、检察权的根本前提，也是实现社会公平正义的必然要求。主要包括：①建立领导干部干预司法活动、插手具体案件处理的记录、通报和责任追究制度；②健全行政机关依法出庭应诉、支持法院受理行政案件、尊重并执行法院生效裁判的制度；③建立健全司法人员履行法定职责保护机制。

（二）优化司法职权配置

作为司法体制改革的核心内容，司法职权的优化配置主要体现在制约和配合两方面，既要充分考虑制约要素，以达到对司法权的制约，实现司法公正，又要合理设置配合要素，使司法权得以顺畅运行，提高司法效率。主要包括：①健全公安机关、检察机关、审判机关、司法行政机关相互配合、相互制约的体制机制；②完善司法体制，推动实行审判权和执行权相分离的体制改革试点；③最高人民法院设立巡回法庭，审理跨行政区域重大行政和民商事案件；④合理调整行政诉讼案件管辖制度；⑤改革法院案件受理制度，变立案审查制为立案登记制；⑥完善审级制度；⑦完善对行政强制措施实行司法监督制度；⑧探索建立检察机关提起公益诉讼制度；⑨明确司法机关内部各层级权限，健全内部监督制约机制；⑩加强职务犯罪线索管理，健全受理、分流、查办、信息反馈制度。

（三）推进严格司法

审判是人民法院审理案件、作出裁判的活动，是诉讼的中心环节。充分发挥审判特别是庭审的作用，推进严格司法，是确保案件处理质量和司法公正的重要保障。主要包括：①健全事实认定符合客观真相、办案结果符合实体公正、办案过程符合程序公正的法律制度；②加强和规范司法解释和案例指导，统一法律适用；③推进以审判为中心的诉讼制度改革；④全面贯彻证据裁判规则；⑤实行办案质量终身负责制和错案责任倒查问责制。

（四）保障人民群众参与司法

我国是人民民主专政的社会主义国家，人民是国家的主人，有权参与各项国家事务的管理，行使国家权力。司法权作为国家权力的重要组成部分，不论是权力的产生，还是权力的运行，都应全面贯彻人民主权的宪法原则。主要包括：①完善人民陪审员制度，把完善人民陪审员制度作为深入推进司法民主的基本立足点；②构建开放、动态、透明、便民的阳光司法机制，推进审判公开、检务公开、警务公开和狱务公开。

（五）加强人权司法保障

尊重和保障人权，是一个国家法治文明的重要体现，也是我国一项重要的宪法原则。我国《宪法》明确规定“国家尊重和保障人权”，但是宪法不具有直接司法性，宪法原则和制度的落实，需要其他部门法的制度设计和贯彻实施。主要包括：①强化诉讼过程中当事人和其他诉讼参与人的知情权、陈述权、辩护辩论权、申请权、申诉权的制度保障；②健全落实罪刑法定、疑罪从无、非法证据排除等法律原则的法律制度；③完善对限制人身自由司法措施和侦查手段的司法监督，加强对刑讯逼供和非法取证的源头预防；④切实解决执行难，制定强制执行法；⑤加快建立失信被执行人信用监督、威慑和惩戒法律制度；⑥落实终审和诉讼终结制度；⑦健全国家司法救助制度，完善法律援助制度。

（六）加强对司法活动的监督

司法权承担着判断是非曲直、解决矛盾纠纷、制裁违法犯罪、调节利益关系等重要职责，加强对司法活动的监督就必须健全监督制约的制度机制，让司法权在制度的笼子里运行。主要包括：①完善检察机关行使监督权的法律制度；

②完善人民监督员制度；③依法规范司法人员与当事人、律师、特殊关系人、中介组织的接触、交往行为；④健全司法机关内部监督制约机制。

四、推进法治社会建设

（一）推动全社会树立法治意识

推动全社会树立法治意识，这是法治社会建设的精神保障。建设法治社会，首先需要推动全社会树立法治意识，使人民群众认识到法律既是保障自身权利的有力武器，也是自身必须遵守的行为规范。主要包括：①深入开展法治宣传教育；②健全普法宣传教育机制；③加强社会诚信建设，健全公民和组织守法信用记录；④加强公民道德建设。

（二）推进多层次多领域依法治理

多层次多领域依法治理就是围绕社会的多方主体开展的新型治理模式，在很大程度上依赖健全的社会自治体系，促使人民团体、社会组织、行业协会等积极参与法治事业的进程。推进多层次多领域依法治理是创新社会治理、推进国家治理体系和治理能力现代化的必然要求。主要包括：①坚持系统治理、依法治理、综合治理、源头治理，提高社会治理法治化水平；②发挥人民团体和社会组织在法治社会建设中的积极作用；③依法妥善处置涉及民族、宗教等因素的社会问题。

（三）建设完备的法律服务体系

完备的法律服务体系是全面推进依法治国的必备要素。法律服务主要包括律师、公证、基层法律服务、法律援助等。社会公众对于法律服务的需求会随着依法治国的全面推进和公民法律意识的觉醒而日益增长。主要包括：①健全公共法律服务体系建设；②完善法律援助制度；③发展律师、公证、涉外等法律服务业；④健全统一司法鉴定管理体制。

（四）健全依法维权和化解纠纷机制

健全依法维权与化解纠纷机制，不仅是法治社会建设的重要内容，而且是有效维护人民群众合法权益的必然要求，也是维护社会和谐稳定的迫切需要。主要包括：①强化法律在维护群众权益、化解矛盾纠纷中的权威地位；②构建对维护群众利益具有重大作用的制度体系；③健全社会矛盾纠纷预防化解机制；④深入推进社会治安综合治理，健全落实领导责任制。

五、加强法治工作队伍建设

(一)建设高素质法治专门队伍

我国专门的法治队伍主要包括在人大和政府从事立法工作的人员、在行政机关从事执法工作的人员、在司法机关从事司法工作的人员。建设高素质法治专门队伍，主要措施包括：①把思想政治建设放在首位；②把善于运用法治思维和法治方式推动工作的人选拔到领导岗位上来；③畅通干部和人才交流渠道；④推进法治专门队伍正规化、专业化、职业化，提高职业素养和专业水平；⑤建立法官、检察官逐级遴选制度。

(二)加强法律服务队伍建设

法律服务队伍包括律师、公证员、基层法律工作者、人民调解员和法律服务志愿者队伍。建设一支完备的法律服务队伍，是全面推进依法治国的必然要求，也是构建完备的法律服务体系的基础工程。主要包括：①加强律师队伍思想政治建设；②完善律师执业权利保障机制；③严格规范律师执业行为；④加强律师行业党的建设；⑤理顺公职律师、公司律师管理体制机制；⑥发展公证员、基层法律服务工作者、人民调解员队伍，推动法律服务志愿者队伍建设。

(三)创新法治人才培养机制

在当代中国，创新法治人才培养机制，对于培养高素质的法学人才，为全面推进依法治国提供人才保障具有重要的意义。主要包括：①基本要求，即加强马克思主义法学思想和中国特色社会主义法治理论教育，加强法学基础理论研究，创新法学教育模式，全面提升法治人才培养质量；②重要保障，即打造一支高素质的法治人才培养专家与教师队伍，健全政法部门和法学院校、法学研究机构人员双向交流机制。

六、加强和改进党对全面推进依法治国的领导

(一)坚持依法执政

坚持依法执政，是指党依据宪法和法律，实施对国家和社会的领导。依法执政是依法治国的关键。提高党的依法执政能力、加强和改善党的领导，是改革和完善中国共产党的领导方式和执政方式的重要途径。主要包括：①维护宪法法律权威；②健全党领导依法治国的制度和工作机制；③加强各级党组织在依法治国中的领导和监督作用；④加强党委对政法工作的领导，完善政法委员会的职责。

(二)加强党内法规制度建设

党内法规是政党政治的产物，它既是管党治党的重要依据，也是建设社会

主义法治国家的有力保障，更是实施依法治国方略的必然要求。中国共产党作为中国唯一的执政党，在领导和推进依法治国的过程中，既要依据宪法法律治国理政，也要依据党内法规管党治党。治国必先治党，治党务必从严。主要包括：①完善党内法规体系；②严格依照党规党纪管党治党；③依法依纪反对不良风气和行为。

（三）提高党员干部法治思维和依法办事能力

法治思维的根本要义是对权力行使的规制，依法办事是党和政府治国理政的行为方式，衍生于法治思维。《决定》进一步要求提高党员干部法治思维和依法办事能力，并把法治建设成效作为衡量各级领导班子和领导干部工作实绩的重要内容，纳入政绩考核指标体系。主要包括：①提高党员干部法治思维，即党员干部要自觉提高运用法治思维和法治方式深化改革、推动发展、化解矛盾、维护稳定的能力；②提升党员干部依法办事能力，即党员干部要带头遵守法律、运用逻辑推理解决问题、依法进行重大决策。

（四）推进基层治理法治化

基层是各类社会活动的主要场域，是全面推进依法治国的基础和重点。离开了基层治理的法治化，就不可能实现国家治理体系和治理能力的现代化，也就不可能实现法治中国建设的伟大目标。主要包括：①充分发挥基层党组织在全面推进依法治国中的战斗堡垒作用；②加强基层法制机构建设，强化基层法治队伍建设；③建立重心下移、力量下沉的法治工作机制，推进上级法治干部下基层活动。

（五）深入推进依法治军、从严治军

改革开放以来，党大力推进依法治国、国家法制与军事法制一体建设，依法治国与依法治军相互促进。法治成为治国理政的基本方式，法治精神深入人心，法治水准不断提高，同时依法治军也确立为军队建设的重要指导方针。主要包括：①党对军队的绝对领导是依法治军的核心和根本要求；②坚持在法治轨道上积极稳妥推进国防和军队改革；③健全适应现代军队建设和作战要求的军事法规制度体系；④完善执法制度，健全执法监督机制；⑤健全军事法制工作体制，建立完善领导机关法制工作机构；⑥提高官兵法治理念和法治素养。

（六）依法保障“一国两制”实践和推进祖国统一

我国始终坚持以“一国两制”方针实现祖国的和平统一，坚持依法促进港澳台长期的稳定与繁荣。主要包括：①依法保障香港、澳门长期稳定繁荣；②坚持“一国两制”的基本方针推进两岸和平统一；③加强内地同香港和澳门、祖国大陆同台湾的执法司法协作，共同打击跨境违法犯罪活动。

（七）加强涉外法律工作

涉外法律是中国特色社会主义法律体系中的重要内容，主要包括国际贸易、海外投资和国际争议解决。在依法治国的过程中，我们应当重视加强涉外法律的建设。主要包括：①完善涉外法律法规体系，促进构建开放型经济新体制；②积极参与国际规则制定，推动依法处理涉外经济、社会事务；③强化涉外法律服务，维护我国公民、法人在海外及外国公民、法人在我国的正当权益；④深化司法领域国际合作，完善我国司法协助体制，扩大国际司法协助覆盖面。

随堂练

法规文件

第三章
国家“十四五”发展规划及旅游业专项发展规划

【学习目标】

了解《中华人民共和国国民经济和社会发展第十四个五年规划和2035年远景目标纲要》关于我国进入新发展阶段的发展环境，“十四五”时期经济社会发展的指导思想、必须遵守的原则和战略导向；《“十四五”旅游业发展规划》关于“十四五”旅游业发展的指导思想、基本原则与发展目标。熟悉《中华人民共和国国民经济和社会发展第十四个五年规划和2035年远景目标纲要》关于我国2035年远景目标和“十四五”时期经济社会发展主要目标，文化建设的三项重要任务，社会主义文化繁荣发展工程；《“十四五”旅游业发展规划》关于推进智慧旅游发展及专栏1国家智慧旅游建设工程，优化旅游空间布局及专栏3旅游城市布局，构建科学保护利用体系及专栏6国家文化公园建设，完善旅游产品供给体系及专栏7美好生活度假休闲工程等任务措施。

第一节　中华人民共和国国民经济和社会发展第十四个五年规划和2035年远景目标纲要

一、新发展阶段的发展环境

“十四五”时期，我国进入新发展阶段，发展基础更加坚实，发展条件深刻变化，进一步发展面临新的机遇和挑战。

(一) 决胜全面建成小康社会取得决定性成就

1. “十三五”时期是全面建成小康社会决胜阶段

以习近平同志为核心的党中央带领全党全国各族人民砥砺前行、开拓创新，奋发有为推进党和国家各项事业。全面深化改革取得重大突破，全面依法治国取得重大进展，全面从严治党取得重大成果，国家治理体系和治理能力现代化加快推进，中国共产党领导和我国社会主义制度优势进一步彰显。

2. “十三五”时期经济运行总体平稳，经济结构持续优化

国内生产总值突破 100 万亿元。创新型国家建设成果丰硕，取得一批重大科技成果。决战脱贫攻坚取得全面胜利。区域重大战略扎实推进。污染防治力度加大，生态环境明显改善。金融风险处置取得重要阶段性成果。对外开放持续扩大，共建“一带一路”成果丰硕。人民生活水平显著提高，教育公平和质量较大提升，高等教育进入普及化阶段，建成世界上规模最大的社会保障体系。公共文化服务水平不断提高，文化事业和文化产业繁荣发展。国防和军队建设水平大幅提升。国家安全全面加强，社会保持和谐稳定。

3. “十三五”规划目标任务胜利完成

“十三五”时期，我国经济实力、科技实力、综合国力和人民生活水平跃上新的大台阶，全面建成小康社会取得伟大历史性成就，中华民族伟大复兴向前迈出了新的一大步，社会主义中国以更加雄伟的身姿屹立于世界东方。

(二) 我国发展环境面临深刻复杂变化

1. 发展仍然处于重要战略机遇期

当今世界正经历百年未有之大变局，新一轮科技革命和产业变革深入发展，国际力量对比深刻调整，和平与发展仍然是时代主题，人类命运共同体理念深入人心。同时，国际环境日趋复杂，不稳定性不确定性明显增加，世界经济陷入低迷期，经济全球化遭遇逆流，全球能源供需版图深刻变革，国际经济政治格局复杂多变，世界进入动荡变革期，单边主义、保护主义、霸权主义对世界和平与发展构成威胁。

2. 发展不平衡不充分问题仍然突出

我国已转向高质量发展阶段，制度优势显著，治理效能提升，经济长期向好，物质基础雄厚，人力资源丰富，市场空间广阔，发展韧性强劲，社会大局稳定，继续发展具有多方面优势和条件。同时，我国发展不平衡不充分问题仍然突出，重点领域关键环节改革任务仍然艰巨，创新能力不适应高质量发展要求，农业基础还不稳固，城乡区域发展和收入分配差距较大，生态环保任重道远，民生保障存在短板，社会治理还有弱项。

3. 面临世界百年未有之大变局，机遇和挑战并存

必须统筹中华民族伟大复兴战略全局和世界百年未有之大变局，深刻认识我国社会主要矛盾变化带来的新特征新要求，深刻认识错综复杂的国际环境带来的新矛盾新挑战，增强机遇意识和风险意识，立足社会主义初级阶段基本国情，保持战略定力，办好自己的事，认识和把握发展规律，发扬斗争精神，增强斗争本领，树立底线思维，准确识变、科学应变、主动求变，善于在危机中育先机、于变局中开新局，抓住机遇，应对挑战，趋利避害，奋勇前进。

二、“十四五”时期经济社会发展的指导方针

（一）指导思想

高举中国特色社会主义伟大旗帜，深入贯彻党的十九大和十九届二中、三中、四中、五中全会精神，坚持以马克思列宁主义、毛泽东思想、邓小平理论、“三个代表”重要思想、科学发展观、习近平新时代中国特色社会主义思想为指导，全面贯彻党的基本理论、基本路线、基本方略，统筹推进经济建设、政治建设、文化建设、社会建设、生态文明建设的总体布局，协调推进全面建设社会主义现代化国家、全面深化改革、全面依法治国、全面从严治党的战略布局，坚定不移贯彻创新、协调、绿色、开放、共享的新发展理念，坚持稳中求进工作总基调，以推动高质量发展为主题，以深化供给侧结构性改革为主线，以改革创新为根本动力，以满足人民日益增长的美好生活需要为根本目的，统筹发展和安全，加快建设现代化经济体系，加快构建以国内大循环为主体、国内国际双循环相互促进的新发展格局，推进国家治理体系和治理能力现代化，实现经济行稳致远、社会安定和谐，为全面建设社会主义现代化国家开好局、起好步。

（二）必须遵循的原则

1. 坚持党的全面领导

坚持和完善党领导经济社会发展的体制机制，坚持和完善中国特色社会主义制度，不断提高贯彻新发展理念、构建新发展格局能力和水平，为实现高质量发展提供根本保证。

2. 坚持以人民为中心

坚持人民主体地位，坚持共同富裕方向，始终做到发展为了人民、发展依靠人民、发展成果由人民共享，维护人民根本利益，激发全体人民积极性、主动性、创造性，促进社会公平，增进民生福祉，不断实现人民对美好生活的向往。

3. 坚持新发展理念

把新发展理念完整、准确、全面贯穿发展全过程和各领域，构建新发展格

局，切实转变发展方式，推动质量变革、效率变革、动力变革，实现更高质量、更有效率、更加公平、更可持续、更为安全的发展。

4. 坚持深化改革开放

坚定不移推进改革，坚定不移扩大开放，加强国家治理体系和治理能力现代化建设，破除制约高质量发展、高品质生活的体制机制障碍，强化有利于提高资源配置效率、有利于调动全社会积极性的重大改革开放举措，持续增强发展动力和活力。

5. 坚持系统观念

加强前瞻性思考、全局性谋划、战略性布局、整体性推进，统筹国内国际两个大局，办好发展安全两件大事，坚持全国一盘棋，更好发挥中央、地方和各方面积极性，着力固根基、扬优势、补短板、强弱项，注重防范化解重大风险挑战，实现发展质量、结构、规模、速度、效益、安全相统一。

（三）战略导向

“十四五”时期推动高质量发展，必须立足新发展阶段、贯彻新发展理念、构建新发展格局。把握新发展阶段是贯彻新发展理念、构建新发展格局的现实依据，贯彻新发展理念为把握新发展阶段、构建新发展格局提供了行动指南，构建新发展格局则是应对新发展阶段机遇和挑战、贯彻新发展理念的战略选择。必须坚持深化供给侧结构性改革，以创新驱动、高质量供给引领和创造新需求，提升供给体系的韧性和对国内需求的适配性。必须建立扩大内需的有效制度，加快培育完整内需体系，加强需求侧管理，建设强大国内市场。必须坚定不移推进改革，破除制约经济循环的制度障碍，推动生产要素循环流转和生产、分配、流通、消费各环节有机衔接。必须坚定不移扩大开放，持续深化要素流动型开放，稳步拓展制度型开放，依托国内经济循环体系形成对全球要素资源的强大引力场。必须强化国内大循环的主导作用，以国际循环提升国内大循环效率和水平，实现国内国际双循环互促共进。

三、经济社会发展的主要目标

（一）2035 年远景目标

展望 2035 年，我国将基本实现社会主义现代化。经济实力、科技实力、综合国力将大幅跃升，经济总量和城乡居民人均收入将再迈上新的大台阶，关键核心技术实现重大突破，进入创新型国家前列。基本实现新型工业化、信息化、城镇化、农业现代化，建成现代化经济体系。基本实现国家治理体系和治理能力现代化，人民平等参与、平等发展权利得到充分保障，基本建成法治国家、法治政府、法治社会。建成文化强国、教育强国、人才强国、体育强国、健康中国，国民素质和社会文明程度达到新高度，国家文化软实力显著增强。广泛形成绿色生产生活方式，碳排放达峰后稳中有降，生态环境根本好转，美丽中国建设目标基本实现。形成对外开放新格局，参与国际经济合作和竞争新优势明显增强。人均国内生产总值达到中等发达国家水平，中等收入群体显著扩大，基本公共服务实现均等化，城乡区域发展差距和居民生活水平差距显著缩小。平安中国建设达到更高水平，基本实现国防和军队现代化。人民生活更加美好，人的全面发展、全体人民共同富裕取得更为明显的实质性进展。

（二）“十四五”时期经济社会发展主要目标

1. 经济发展取得新成效

发展是解决我国一切问题的基础和关键，发展必须坚持新发展理念，在质量效益明显提升的基础上实现经济持续健康发展，增长潜力充分发挥，国内生产总值年均增长保持在合理区间、各年度视情提出，全员劳动生产率增长高于国内生产总值增长，国内市场更加强大，经济结构更加优化，创新能力显著提升，产业基础高级化、产业链现代化水平明显提高，农业基础更加稳固，城乡区域发展协调性明显增强，现代化经济体系建设取得重大进展。

2. 改革开放迈出新步伐

社会主义市场经济体制更加完善，高标准市场体系基本建成，市场主体更加充满活力，产权制度改革和要素市场化配置改革取得重大进展，公平竞争制度更加健全，更高水平开放型经济新体制基本形成。

3. 社会文明程度得到新提高

社会主义核心价值观深入人心，人民思想道德素质、科学文化素质和身心健康素质明显提高，公共文化服务体系和文化产业体系更加健全，人民精神文化生活日益丰富，中华文化影响力进一步提升，中华民族凝聚力进一步增强。

4. 生态文明建设实现新进步

国土空间开发保护格局得到优化，生产生活方式绿色转型成效显著，能源资源配置更加合理、利用效率大幅提高，主要污染物排放总量持续减少，生态环境持续改善，生态安全屏障更加牢固，城乡人居环境明显改善。

5. 民生福祉达到新水平

实现更加充分更高质量就业，居民人均可支配收入增长与国内生产总值增长基本同步，分配结构明显改善，基本公共服务均等化水平明显提高，全民受教育程度不断提升，多层次社会保障体系更加健全，卫生健康体系更加完善，人均预期寿命提高 1 岁，脱贫攻坚成果巩固拓展，乡村振兴战略全面推进，全体人民共同富裕迈出坚实步伐。

6. 国家治理效能得到新提升

社会主义民主法治更加健全，社会公平正义进一步彰显，国家行政体系更加完善，政府作用更好发挥，行政效率和公信力显著提升，社会治理特别是基层治理水平明显提高，防范化解重大风险体制机制不断健全，突发公共事件应急处置能力显著增强，自然灾害防御水平明显提升，发展安全保障更加有力，国防和军队现代化迈出重大步伐。

四、“十四五”文化建设的三项重要任务

坚持马克思主义在意识形态领域的指导地位，坚定文化自信，坚持以社会主义核心价值观引领文化建设，围绕举旗帜、聚民心、育新人、兴文化、展形象的使命任务，促进满足人民文化需求和增强人民精神力量相统一，推进社会主义文化强国建设。

（一）提高社会文明程度

加强社会主义精神文明建设，培育和践行社会主义核心价值观，推动形成适应新时代要求的思想观念、精神面貌、文明风尚、行为规范。

1. 推动理想信念教育常态化制度化

深入开展习近平新时代中国特色社会主义思想学习教育，健全用党的创新理论武装全党、教育人民的工作体系。完善弘扬社会主义核心价值观的法律政策体系，把社会主义核心价值观要求融入法治建设和社会治理，体现到国民教育、精神文明创建、文化产品创作生产全过程。完善青少年理想信念教育齐抓共管机制。

2. 发展中国特色哲学社会科学

加强对习近平新时代中国特色社会主义思想的整体性系统性研究、出版传播、宣传阐释，推进马克思主义中国化、时代化、大众化。深入实施马克思主义理论研究和建设工程，推进习近平新时代中国特色社会主义思想研究中心（院）、中国特色社会主义理论体系研究中心等建设，建好用好“学习强国”等学习平台。构建中国特色哲学社会科学学科体系、学术体系和话语体系，深入实施哲学社会科学创新工程，加强中国特色新型智库建设。

3. 传承弘扬中华优秀传统文化

深入实施中华优秀传统文化传承发展工程，强化重要文化和自然遗产、非物质文化遗产系统性保护，推动中华优秀传统文化创造性转化、创新性发展。加强文物科技创新，实施中华文明探源和考古中国工程，开展中华文化资源普

查，加强文物和古籍保护研究利用，推进革命文物和红色遗址保护，完善流失文物追索返还制度。建设长城、大运河、长征、黄河等国家文化公园，加强世界文化遗产、文物保护单位、考古遗址公园、历史文化名城名镇名村保护。健全非物质文化遗产保护传承体系，加强各民族优秀传统手工艺保护和传承。

4. 持续提升公民文明素养

推进公民道德建设，大力开展社会公德、职业道德、家庭美德、个人品德建设。开展国家勋章、国家荣誉称号获得者和时代楷模、道德模范、最美人物、身边好人的宣传学习。实施文明创建工程，拓展新时代文明实践中心建设，科学规范做好文明城市、文明村镇、文明单位、文明校园、文明家庭评选表彰，深化未成年人思想道德建设。完善市民公约、乡规民约、学生守则、团体章程等社会规范，建立惩戒失德行为机制。弘扬诚信文化，建设诚信社会。广泛开展志愿服务关爱行动。提倡艰苦奋斗、勤俭节约，开展以劳动创造幸福为主题的宣传教育。加强网络文明建设，发展积极健康的网络文化。

（二）提升公共文化服务水平

坚持为人民服务、为社会主义服务的方向，坚持百花齐放、百家争鸣的方针，加强公共文化服务体系建设和体制机制创新，强化中华文化传播推广和文明交流互鉴，更好保障人民文化权益。

1. 加强优秀文化作品创作生产传播

把提高质量作为文艺作品的生命线，提高文艺原创能力。实施文艺作品质量提升工程，健全重大现实、重大革命、重大历史题材创作规划组织机制，加强农村、少儿等题材创作，不断推出反映时代新气象、讴歌人民新创造的文艺精品。建立健全文化产品创作生产、传播引导、宣传推广的激励机制和评价体系，推动形成健康清朗的文艺生态。加强文化队伍建设，培养造就高水平创作人才和德艺双馨的名家大师。

2. 完善公共文化服务体系

优化城乡文化资源配置，推进城乡公共文化服务体系一体建设。创新实施文化惠民工程，提升基层综合性文化服务中心功能，广泛开展群众性文化活动。推进公共图书馆、文化馆、美术馆、博物馆等公共文化场馆免费开放和数字化发展。推进媒体深度融合，做强新型主流媒体。完善应急广播体系，实施智慧广电固边工程和乡村工程。发展档案事业。深入推进全民阅读，建设“书香中国”，推动农村电影放映优化升级。创新公共文化服务运行机制，鼓励社会力量参与公共文化服务供给和设施建设运营。

3. 提升中华文化影响力

加强对外文化交流和多层次文明对话，创新推进国际传播，利用网上网下，讲好中国故事，传播好中国声音，促进民心相通。开展“感知中国”“走读中国”“视听中国”活动，办好中国文化年（节）、旅游年（节）。建设中文传播平台，构建中国语言文化全球传播体系和国际中文教育标准体系。

（三）健全现代文化产业体系

坚持把社会效益放在首位、社会效益和经济效益相统一，健全现代文化产业体系和市场体系。

1. 扩大优质文化产品供给

实施文化产业数字化战略，加快发展新型文化企业、文化业态、文化消费模式，壮大数字创意、网络视听、数字出版、数字娱乐、线上演播等产业。加快提升超高清电视节目制播能力，推进电视频道高清化改造，推进沉浸式视频、云转播等应用。实施文化品牌战略，打造一批有影响力、代表性的文化品牌。培育骨干文化企业，规范发展文化产业园区，推动区域文化产业带建设。积极发展对外文化贸易，开拓海外文化市场，鼓励优秀传统文化产品和影视剧、游戏等数字文化产品“走出去”，加强国家文化出口基地建设。

2. 推动文化和旅游融合发展

坚持以文塑旅、以旅彰文，打造独具魅力的中华文化旅游体验。深入发展大众旅游、智慧旅游，创新旅游产品体系，改善旅游消费体验。加强区域旅游品牌和服务整合，建设一批富有文化底蕴的世界级旅游景区和度假区，打造一批文化特色鲜明的国家级旅游休闲城市和街区。推进红色旅游、文化遗产旅游、旅游演艺等创新发展，提升度假休闲、乡村旅游等服务品质，完善邮轮游艇、低空旅游等发展政策。健全旅游基础设施和集散体系，推进“旅游厕所革命”，强化智慧景区建设。建立旅游服务质量评价体系，规范在线旅游经营服务。

3. 深化文化体制改革

完善文化管理体制和生产经营机制，提升文化治理效能。完善国有文化资产管理体制机制，深化公益性文化事业单位改革，推进公共文化机构法人治理结构改革。深化国有文化企业分类改革，推进国有文艺院团改革和院线制改革。完善文化市场综合执法体制，制定未成年人网络保护、信息网络传播视听等领域法律法规。

五、社会主义文化繁荣发展工程

《纲要》共规划了 7 项社会主义文化繁荣发展工程，具体如表 1 所示。

表 1　社会主义文化繁荣发展工程

序号	社会主义文化繁荣发展工程
1	**中国特色社会主义理论出版传播** 编辑出版习近平谈治国理政、习近平新时代中国特色社会主义思想学习问答、分领域学习纲要等系列理论读物，编辑出版党史、新中国史、改革开放史、社会主义发展史经典教材，加强海外翻译出版和宣介推广。
2	**文艺精品创作** 开展精神文明建设"五个一"、舞台艺术、影视精品、优秀剧本、美术创作收藏、重大出版等工程，实施当代文学艺术创作、中华文化新媒体传播、纪录片创作传播、地方戏曲传承发展、网络文艺创作传播等重大项目。
3	**全媒体传播和数字文化** 推进国家、省、市、县四级融媒体中心（平台）建设。推进国家有线电视网络整合和5G一体化发展。分类采集梳理文化遗产数据，建设国家文化大数据体系。实施出版融合发展工程。
4	**文化遗产保护传承** 加强安阳殷墟、汉长安城、隋唐洛阳城和重要石窟寺等遗址保护，开展江西汉代海昏侯国、河南仰韶村、良渚古城、石峁、陶寺、三星堆、曲阜鲁国故城等国家考古遗址公园建设。建设20个国家重点区域考古标本库房、30个国家级文化生态保护区和20个国家级非物质文化遗产馆。
5	**中华典籍整理出版** 整理出版300种中华典籍，组织《永乐大典》、敦煌文献等重点古籍系统性保护整理出版，实施国家古籍数字化工程。推进点校本"二十四史"及清史稿修订等重大出版工程，推进复兴文库建设，启动新编中国通史纂修工程、中华民族交往交流交融史编纂工程。
6	**重大文化设施建设** 建设中国共产党历史展览馆、中央档案馆新馆、国家版本馆、国家文献储备库、故宫博物院北院区、国家美术馆、国家文化遗产科技创新中心。
7	**旅游目的地质量提升** 打造海南国际旅游消费中心、粤港澳大湾区世界级旅游目的地、长江国际黄金旅游带、黄河文化旅游带、杭黄自然生态和文化旅游廊道、巴蜀文化旅游走廊、桂林国际旅游胜地，健全游客服务、停车及充电、交通、流量监测管理等设施。

第二节　"十四五"旅游业发展规划

一、"十四五"旅游业发展的总体要求

（一）指导思想

高举中国特色社会主义伟大旗帜，全面贯彻党的十九大和十九届历次全会精神，坚持以习近平新时代中国特色社会主义思想为指导，坚持稳中求进

工作总基调，以推动旅游业高质量发展为主题，以深化旅游业供给侧结构性改革为主线，注重需求侧管理，以改革创新为根本动力，以满足人民日益增长的美好生活需要为根本目的，坚持系统观念，统筹发展和安全、统筹保护和利用，立足构建新发展格局，创新提升国内旅游，促进入境旅游、稳步发展出境旅游，着力推动文化和旅游深度融合，着力完善现代旅游业体系，加快旅游强国建设，努力实现旅游业更高质量、更有效率、更加公平、更可持续、更为安全的发展。

（二）基本原则

1. 坚持以文塑旅、以旅彰文

以社会主义核心价值观为引领，让旅游成为人们感悟中华文化、增强文化自信的过程，推动旅游业实现社会效益和经济效益有机统一。

2. 坚持系统观念、筑牢防线

牢固树立安全意识，切实做好防范化解重大风险工作。

3. 坚持旅游为民、旅游带动

以人民为中心，更好满足大众特色化、多层次旅游需求，发挥旅游业综合带动作用，释放"一业兴、百业旺"的乘数效应，创造更多就业创业机会，更好服务经济社会发展。

4. 坚持创新驱动、优质发展

服务构建新发展格局，创新体制机制，广泛应用先进科技，推动旅游业态、服务方式、消费模式和管理手段创新提升，发展智慧旅游。

5. 坚持生态优先、科学利用

尊重自然、顺应自然、保护自然，牢牢守住生态底线，增强生态文明意识，合理利用自然资源，加快推动绿色低碳发展。

（三）发展目标

到 2025 年，旅游业发展水平不断提升，现代旅游业体系更加健全，旅游有效供给、优质供给、弹性供给更为丰富，大众旅游消费需求得到更好满足。国内旅游蓬勃发展，出入境旅游有序推进，旅游业国际影响力、竞争力明显增强，旅游强国建设取得重大进展。文化和旅游深度融合，建设一批富有文化底蕴的世界级旅游景区和度假区，打造一批文化特色鲜明的国家级旅游休闲城市和街区，红色旅游、乡村旅游等加快发展。旅游创新能力显著提升，旅游无障碍环境建设和服务进一步加强，智慧旅游特征明显，产业链现代化水平明显提高，市场主体活力显著增强，旅游业在服务国家经济社会发展、满足人民文化需求、增强人民精神力量、促进社会文明程度提升等方面作用更加凸显。

展望2035年，旅游需求多元化、供给品质化、区域协调化、成果共享化特征更加明显，以国家文化公园、世界级旅游景区和度假区、国家级旅游休闲城市和街区、红色旅游融合发展示范区、乡村旅游重点村镇等为代表的优质旅游供给更加丰富，旅游业综合功能全面发挥，整体实力和竞争力大幅提升，基本建成世界旅游强国，为建成文化强国贡献重要力量，为基本实现社会主义现代化作出积极贡献。

二、“十四五”旅游业发展的主要任务

(一)坚持创新驱动发展

强化自主创新，集合优势资源，加快推进以数字化、网络化、智能化为特征的智慧旅游，深化“互联网+旅游”，扩大新技术场景应用。

1. 推进智慧旅游发展

创新智慧旅游公共服务模式，及时发布气象预警、道路通行、游客接待量等实时信息，加强旅游预约平台建设，推进分时段预约游览、流量监测监控、科学引导分流等服务。建设旅游监测设施和大数据平台，推进“互联网+监管”，建立大数据精准监管机制。打造一批智慧旅游城市、旅游景区、度假区、旅游街区，培育一批智慧旅游创新企业和重点项目，开发数字化体验产品，发展沉浸式互动体验、虚拟展示、智慧导览等新型旅游服务，推进以“互联网+”为代表的旅游场景化建设。

专栏1　国家智慧旅游建设工程

加快智慧旅游景区建设。科学推进预约、限量、错峰旅游，促进旅游景区实现在线、多渠道、分时段预约，提高管理效能。建设旅游景区监测设施和大数据平台，健全智能调度应用，促进旅游景区资源高峰期合理化配置，实现精确预警和科学导流。普及旅游景区电子地图、线路推荐、语音导览等智慧化服务，提高游览便捷性。支持各地区因地制宜建设特色化智慧旅游景区，运用数字技术充分展示特色文化内涵。“十四五”期间，推动国家4A级以上旅游景区基本实现智慧化转型升级。

完善智慧旅游公共服务。以提升便利度和改善服务体验为导向，引导模式创新，构建开放、共享的智慧旅游公共服务体系。规范智慧旅游公共服务平台建设，支持开发针对老年人等特殊群体的专门应用程序和友好界面。

丰富智慧旅游产品供给。鼓励旅游消费新模式发展，打造沉浸式博物馆、主题公园、旅游演艺等旅游体验新场景。引导开发数字化体验产品，推动文化和旅游资源借助数字技术“活起来”。

拓展智慧旅游场景应用。建立健全智慧旅游标准体系，强化现代信息技术在旅游领域的应用普及，丰富拓展智慧旅游场景应用，推出一批智慧旅游创新案例和项目。

2. 加快新技术应用与技术创新

加快推动大数据、云计算、物联网、区块链及5G、北斗系统、虚拟现实、增强现实等新技术在旅游领域的应用普及，以科技创新提升旅游业发展水平。积极发展旅游资源保护与开发技术，重点推进旅游资源普查、旅游资源安全防护、文物和文化资源数字化展示、创意产品开发、游客承载量评估、旅游信用评估、智能规划设计与仿真模拟、旅游安全风险防范等技术研发和应用示范。促进旅游装备技术提升，重点推进夜间旅游装备、旅居车及营地、可移动旅居设备、游乐游艺设施设备、冰雪装备、邮轮游艇、低空旅游装备、智能旅游装备、旅游景区客运索道等自主创新及高端制造。

3. 提高创新链综合效能

加强旅游大数据基础理论研究，推动区域性和专题性旅游大数据系统建设，推动建立一批旅游技术重点实验室和技术创新中心，遴选认定一批国家旅游科技示范园区，全面提升旅游科技创新能力，形成上下游共建的创新生态。

（二）优化旅游空间布局

依据相关规划，落实区域重大战略、区域协调发展战略“十四五”规划重点任务、主体功能区战略，整合跨区域资源要素，促进城乡、区域协调发展，构建推动高质量发展的旅游空间布局和支撑体系。

1. 构建旅游空间新格局

综合考虑文脉、地脉、水脉、交通干线和国家重大发展战略，统筹生态安全和旅游业发展，以长城、大运河、长征、黄河国家文化公园和丝绸之路旅游带、长江国际黄金旅游带、沿海黄金旅游带、京哈—京港澳高铁沿线、太行山—武陵山、万里茶道等为依托，构建“点状辐射、带状串联、网状协同”的全国旅游空间新格局。

2. 优化旅游城市和旅游目的地布局

建设一批旅游枢纽城市，逐步完善综合交通服务功能，提升对区域旅游的辐射带动作用。支持桂林等地建设世界级旅游城市，打造一批重点旅游城市、特色旅游地。突出重点，发挥优势，分类建设一批特色旅游目的地。

专栏3 旅游城市布局

建设旅游枢纽城市。集中打造北京、上海、香港、澳门、广州、成都、杭州、深圳、昆明、南京、重庆、天津、武汉、西安、长沙、郑州、乌鲁木齐、贵阳、海口、哈尔滨、长春、沈阳、济南、福州、南宁、石家庄、合肥、南昌、太原、兰州、西宁、银川、呼和浩特、拉萨等旅游枢纽城市。

建设重点旅游城市。加快推进厦门、青岛、大连、宁波、珠海、苏州、无锡、三亚、桂林、延安、遵义、黄山、张家界、喀什、林芝、洛阳、承德、秦皇岛、伊春、大理、丽江、乐山、赣州、宜昌、大同等重点旅游城市建设。

建设特色旅游地。积极支持韶山、井冈山、敦煌、都江堰、曲阜、平遥、崇礼、漠河、满洲里、石河子、延吉、凯里、安吉、武夷山、常熟、婺源、义乌、香格里拉、稻城等特色旅游地建设。

3. 优化城乡旅游休闲空间

推动更多城市将旅游休闲作为城市基本功能，充分考虑游客和当地居民的旅游休闲需要，科学设计布局旅游休闲街区，合理规划建设环城市休闲度假带，推进绿道、骑行道、游憩道、郊野公园等建设。在城市群规划建设中，立足满足同城化、一体化旅游休闲消费需求，科学布局并配套完善旅游休闲功能区域，优先保障区域旅游休闲重大项目，做好交通衔接和服务配套。在城镇规划布局中，围绕推进以人为核心的新型城镇化和美丽乡村建设，提高空间配置效率，优化旅游休闲功能，合理规划建设特色旅游村镇，因地制宜推动乡村旅游差异化、特色化发展，推进多元功能聚合，营造宜居宜业宜游的休闲新空间。

（三）构建科学保护利用体系

坚持文化引领、生态优先，把文化内涵融入旅游业发展全过程。坚持“绿水青山就是金山银山”理念，通过发展旅游业促进人与自然和谐共生，稳步推进国家文化公园、国家公园建设，打造人文资源和自然资源保护利用高地。

1. 保护传承好人文资源

坚持保护优先，在保护中发展、发展中保护，以优秀人文资源为主干，深入挖掘和阐释其中的文化内涵，把历史文化与现代文明融入旅游业发展，提升旅游品位，在依法保护管理、确保文物安全的前提下，推动将更多的文物和文化资源纳入旅游线路、融入旅游景区景点，积极传播中华优秀传统文化、革命文化和社会主义先进文化。

2. 保护利用好自然资源

贯彻落实习近平生态文明思想，坚持生态保护第一，适度发展生态旅游，实现生态保护、绿色发展、民生改善相统一。充分考虑生态承载力、自然修复力，推进生态旅游可持续发展，推出一批生态旅游产品和线路，加强生态保护宣传教育，让游客在感悟大自然神奇魅力的同时，自觉增强生态保护意识，形成绿色消费和健康生活方式。积极运用技术手段做好预约调控、环境监测、流量疏导，将旅游活动对自然环境的影响降到最低。

3. 创新资源保护利用模式

推进国家文化公园建设，生动呈现中华文化的独特创造、价值理念和鲜明特色，树立和突出各民族共享的中华文化符号和中华民族形象，探索新时代文物和文化资源保护传承利用新路径，把国家文化公园建设成为传承中华文明的历史文化走廊、中华民族共同精神家园、提升人民生活品质的文化和旅游体验空间。

专栏6　国家文化公园建设

明确重点建设区。近期重点建设长城国家文化公园（河北段、青海段）、大运河国家文化公园（江苏段）、长征国家文化公园（贵州段、江西段、福建段、陕西段、甘肃段）、黄河国家文化公园（青海段、甘肃段、内蒙古段、河南段、山东段）。总结形成一批可复制推广的成功经验，为全面推进国家文化公园建设创造良好条件。

确定重点支持方向。充分发挥中央投资关键带动作用，通过“十四五”时期文化保护传承利用工程积极支持国家文化公园建设。遴选博物馆、纪念馆、重要遗址遗迹、特色公园、非物质文化遗产、历史文化名城名镇名村和街区、文化旅游复合廊道等方面符合要求的保护利用项目，编制项目储备库，分年度安排中央预算内投资。

（四）完善旅游产品供给体系

立足健全现代旅游业体系，加快旅游业供给侧结构性改革，加大优质旅游产品供给力度，激发各类旅游市场主体活力，推动“旅游 +”和“+ 旅游”，形成多产业融合发展新局面。

1. 丰富优质产品供给

坚持精益求精，把提供优质产品放在首要位置，提高供给能力水平，着力打造更多体现文化内涵、人文精神的旅游精品，提升中国旅游品牌形象。坚持标准化和个性化相统一，优化旅游产品结构、创新旅游产品体系，针对不同群体需求，推出更多定制化旅游产品、旅游线路，开发体验性、互动性强的旅游项目。

专栏 7　美好生活度假休闲生活

建设世界级旅游度假区。围绕京津冀协同发展、粤港澳大湾区建设、长三角一体化发展、成渝地区双城经济圈建设、海南国际旅游消费中心建设以及其他重要的休闲度假目的地，重点培育世界级旅游度假区。

建设国家级旅游度假区。建设滨海、山林、河湖、温泉、冰雪、沙漠草原、古城古镇、主题文化、城市休闲、乡村田园等多种类型的国家级旅游度假区。支持中部、西部、东北地区因地制宜建设突出本地特色的旅游度假区。鼓励东部地区加大投入力度，提供更高品质的休闲度假产品和服务，实施品牌提升计划。

建设国家级旅游休闲城市和街区。挖掘城市文化特色，营造休闲氛围，培育商业体系，打造一批兼顾旅游者和本地居民需求、文化特色鲜明的国家级旅游休闲城市。依托历史文化街区、步行街、商业街、城市商业综合体、文化园区、城市公园等多种类型的城市区域，扩大休闲空间，增加文化设施，加强主客共享，丰富文化活动，完善旅游业态，打造一批国家级旅游休闲街区。

2. 增强市场主体活力

充分发挥各类市场主体投资旅游和创业创新的积极性，推动市场在旅游资源配置中起决定性作用和更好发挥政府作用。做强做优做大骨干旅游企业，培育一批大型旅游集团和有国际影响力的旅游企业。大力支持中小微旅游企业特色发展、创新发展和专业发展，营造公平竞争环境。支持旅游行业协会等中介组织积极发挥作用，为企业创业创新、交流合作、人才培养等提供平台服务。支持旅行社向“专业化、特色化、创新型”方向发展。着力扶持一批扎根农村、心系农民的乡村旅游企业。支持旅游规划策划、创意设计、研发孵化、管理咨询、营销推广等专业机构和服务企业发展。加强旅游企业品牌建设。

3. 推进“旅游 +”和“+ 旅游”

加强文化和旅游业态融合、产品融合、市场融合、服务融合，促进优势互补、形成发展合力。推进国家文化产业和旅游产业融合发展示范区建设。促进旅游演艺提质升级，支持各级各类文艺表演团体、演出经纪机构、演出场所经营单位参与旅游演艺发展，创新合作模式，提升创作质量，推广一批具有示范意义和积极社会效应的旅游演艺项目。发挥旅游市场优势，推进旅游与科技、教育、交通、体育、工业、农业、林草、卫生健康、中医药等领域相加相融、协同发展，延伸产业链、创造新价值、催生新业态，形成多产业融合发展新局面。

随堂练

法规文件

第四章 旅游方针政策

【学习目标】

了解《文化和旅游部等十部门关于深化“互联网 + 旅游”推动旅游业高质量发展的意见》(文旅资源发〔2020〕81 号)、《交通运输部办公厅 公安部办公厅 商务部办公厅 文化和旅游部办公厅 应急管理部办公厅 市场监管总局办公厅关于进一步加强和改进旅游客运安全管理工作的指导意见》(交办运〔2021〕6 号)、《市场监管总局 商务部 文化和旅游部关于以标准化促进餐饮节约反对餐饮浪费的意见》(国市监标技发〔2021〕7 号)、《国家消防救援局 文化和旅游部关于印发剧本娱乐经营场所消防安全指南(试行)的通知》(消防〔2023〕26 号)、《文化和旅游部 公安部关于加强电竞酒店管理中未成年人保护工作的通知》(文旅市场发〔2023〕82 号)的主要内容。熟悉《国务院办公厅印发〈关于释放旅游消费潜力推动旅游业高质量发展的若干措施〉的通知》(国办发〔2023〕36 号)、《文化和旅游部办公厅 公安部办公厅 交通运输部办公厅关于进一步规范旅游客运安全带使用保障游客出行安全有关工作的通知》(办市场发〔2023〕20 号)、《文化和旅游部关于推动非物质文化遗产与旅游深度融合发展的通知》(文旅非遗发〔2023〕21 号)、《文化和旅游部关于推动在线旅游市场高质量发展的意见》(文旅市场发〔2023〕41 号)、《文化和旅游部关于印发〈国内旅游提升计划(2023—2025 年)〉的通知》(文旅市场发〔2023〕118 号)的主要内容。掌握习近平总书记关于文化和旅游工作的重要论述。

第一节　关于文化和旅游工作的重要论述

一、关于文化工作的重要论述

（一）文化传承发展

2023 年 6 月 2 日，习近平总书记在文化传承发展座谈会上的讲话中指出，中华优秀传统文化有很多重要元素，共同塑造出中华文明的突出特性。中华文明具有突出的连续性，从根本上决定了中华民族必然走自己的路。如果不从源远流长的历史连续性来认识中国，就不可能理解古代中国，也不可能理解现代中国，更不可能理解未来中国。中华文明具有突出的创新性，从根本上决定了中华民族守正不守旧、尊古不复古的进取精神，决定了中华民族不惧新挑战、勇于接受新事物的无畏品格。中华文明具有突出的统一性，从根本上决定了中华民族各民族文化融为一体，即使遭遇重大挫折也牢固凝聚，决定了国土不可分、国家不可乱、民族不可散、文明不可断的共同信念，决定了国家统一永远是中国核心利益的核心，决定了一个坚强统一的国家是各族人民的命运所系。中华文明具有突出的包容性，从根本上决定了中华民族交往交流交融的历史取向，决定了中国各宗教信仰多元并存的和谐格局，决定了中华文化对世界文明兼收并蓄的开放胸怀。中华文明具有突出的和平性，从根本上决定了中国始终是世界和平的建设者、全球发展的贡献者、国际秩序的维护者，决定了中国不断追求文明交流互鉴而不搞文化霸权，决定了中国不会把自己的价值观念与政治体制强加于人，决定了中国坚持合作、不搞对抗，决不搞“党同伐异”的小圈子。

在五千多年中华文明深厚基础上开辟和发展中国特色社会主义，把马克思主义基本原理同中国具体实际、同中华优秀传统文化相结合是必由之路。这是我们在探索中国特色社会主义道路中得出的规律性的认识，是我们取得成功的最大法宝。第一，“结合”的前提是彼此契合。马克思主义和中华优秀传统文化来源不同，但彼此存在高度的契合性。相互契合才能有机结合。第二，“结合”的结果是互相成就，造就了一个有机统一的新的文化生命体，让马克思主义成为中国的，中华优秀传统文化成为现代的，让经由“结合”而形成的新文化成为中国式现代化的文化形态。第三，“结合”筑牢了道路根基，让中国特色社会主义道路有了更加宏阔深远的历史纵深，拓展了中国特色社会主义道路的文化根基。中国式现代化赋予中华文明以现代力量，中华文明赋予中国式现代化以深厚底蕴。第四，“结合”打开了创新空间，让我们掌握了思想和文化主动，并有力地作用于道路、理论和制度。更重要的是，“第二个结合”是又一次的思想解放，让我们能够在更广阔的文化空间中，充分运用中华优秀传统文化的宝贵资源，探索面向未来的理论和制度创新。第五，“结合”巩固了文化主体性，创立新时代中国特色社会主义思想就是这一文化主体性的最有力体现。“第二个结合”，是我们党对马克思主义中国化时代化历史经验的深刻总结，是对中华文明发展规律的深刻把握，表明我们党对中国道路、理论、制度的认识达到了新高度，这表明我们党的历史自信、文化自信达到了新高度，也表明我们党在传承中华优秀传统文化中推进文化创新的自觉性达到了新高度。

在新的历史起点上继续推动文化繁荣、建设文化强国、建设中华民族现代文明，要坚定文化自信，坚持走自己的路，立足中华民族伟大历史实践和当代实践，用中国道理总结好中国经验，把中国经验提升为中国理论，实现精神上的独立自主。要秉持开放包容，坚持马克思主义中国化时代化，传承发展中华优秀传统文化，促进外来文化本土化，不断培育和创造新时代中国特色社会主义文化。要坚持守正创新，以守正创新的正气和锐气，赓续历史文脉、谱写当代华章。

2023 年 3 月 16 日，习近平总书记在《求是》杂志发表题为《加快建设农业强国　推进农业农村现代化》的文章指出，赓续农耕文明。我国拥有灿烂悠久的农耕文明，必须确保其根脉生生不息，做到乡村社会形态完整有效，文化基因、美好品德传承弘扬，农耕文明和城市文明交相辉映，物质文明和精神文明协调发展，广大农民自信自强、振奋昂扬，精神力量充盈。农村精神文明建设要同传承优秀农耕文化结合起来，同农民群众日用而不觉的共同价值理念结合起来，弘扬敦亲睦邻、守望相助、诚信重礼的乡风民风。

2023 年 5 月 16 日，习近平总书记在山西考察时强调，博物馆有很多宝贵文物甚至“国宝”，它们实证了我国百万年的人类史、一万年的文化史、五千多年的文明史，要深入实施中华文明探源工程，把中国文明历史研究引向深入。要认真贯彻落实党中央关于坚持保护第一、加强管理、挖掘价值、有效利用、让文物活起来的工作要求，全面提升文物保护利用和文化遗产保护传承水平。

2023 年 7 月 5 日至 7 日，习近平总书记在江苏考察时强调，建设中华民族现代文明，是推进中国式现代化的必然要求，是社会主义精神文明建设的重要内容。江苏要加强优秀传统文化的保护传承和创新发展，积极参与建设长江和大运河两大国家文化公园。要大力发展现代科技、教育事业，全面提升人民群众的科学文化素质。要繁荣发展文化事业和文化产业，持续推进城乡公共文化服务标准化、均等化，扎实开展城乡精神文明创建，加强公民道德建设，推进书香社会建设，提高社会现代文明程度。

2023 年 7 月 25 日至 27 日，习近平总书记在四川考察时指出，文物承载灿烂文明，传承历史文化，维系民族精神。要发挥好博物馆保护、传承、研究、展示人类文明的重要作用，守护好中华文脉，并让文物活起来，扩大中华文化的影响力。汉中藤编等非物质文化遗产久负盛名，要发展壮大特色产业，更好带动群众增收致富。

2023 年 9 月 20 日至 21 日，习近平总书记在浙江考察时强调，大运河是世界上最长的人工运河，是十分宝贵的文化遗产。大运河文化是中国优秀传统文化的重要组成部分，要在保护、传承、利用上下功夫，让古老大运河焕发时代新风貌。

浙江要在建设中华民族现代文明上积极探索。要更好担负起新时代新的文化使命，赓续历史文脉，加强文化遗产保护，推动优秀传统文化创造性转化、创新性发展。坚守中华文化立场，积极发展反映时代要求、具有时代特色的新文化，发展中华文明的现代形态。弘扬伟大建党精神，广泛培育和践行社会主义核心价值观，发展社会主义先进文化。繁荣发展文化事业和文化产业，持续推进城乡公共文化服务标准化、均等化，加强公民道德建设，推进书香社会建设。运用杭州亚运会亚残运会、世界互联网大会等窗口加强文化交流传播，不断提升中国文化感染力和中华文明影响力。

2023 年 10 月 11 日，习近平总书记在江西考察时指出，中华优秀传统文化自古至今从未断流，陶瓷是中华瑰宝，是中华文明的重要名片。陶阳里历史文化街区严格遵循保护第一、修旧如旧的要求，实现了陶瓷文化保护与文旅产业发展的良性互动。

2023 年 11 月 28 日至 12 月 2 日，习近平总书记在上海考察时指出，要注重传承城市文脉，加强文物和文化遗产保护，传承弘扬红色文化，深入实施文化惠民工程，扎实推进群众性精神文明创建，深化拓展新时代文明实践中心建设，推进书香社会建设，全面提升市民文明素质和城市文明程度。

（二）宣传思想文化工作

2023 年 5 月 21 日，习近平总书记在给中国美术馆的老专家、老艺术家回信中强调，新征程上，希望中国美术馆坚持正确政治方向，坚持人民至上办馆理念，践行社会主义核心价值观，在高质量收藏、高水平利用、高品质服务上下功夫，努力打造新时代人民群众欣赏美术佳作、提升文化素养的国家级乃至世界级艺术殿堂，为繁荣发展中国美术事业、推进文化自信自强、铸就社会主义文化新辉煌作出更大贡献。

2023 年 6 月 7 日，习近平总书记在致首届文化强国建设高峰论坛开幕的贺信中强调，我们要全面贯彻新时代中国特色社会主义思想和党的二十大精神，更好担负起新的文化使命，坚定文化自信，秉持开放包容，坚持守正创新，激发全民族文化创新创造活力，在新的历史起点上继续推动文化繁荣、建设文化强国、建设中华民族现代文明，不断促进人类文明交流互鉴，为强国建设、民族复兴注入强大精神力量。

2023 年 8 月，习近平总书记在《求是》杂志发表题为《中国式现代化是强国建设、民族复兴的康庄大道》的文章指出，要顺应人民日益增长的精神文化需求，建设具有强大凝聚力和引领力的社会主义意识形态，加强理想信念教育和“四史”宣传教育，培育和弘扬社会主义核心价值观，发展社会主义先进文化，推出更多优秀文艺作品，不断丰富人民精神世界，提高全社会文明程度，促进人的全面发展。

2023 年 10 月，习近平总书记对宣传思想文化工作作出重要指示，新时代新征程，世界百年未有之大变局加速演进，中华民族伟大复兴进入关键时期，战略机遇和风险挑战并存，宣传思想文化工作面临新形势新任务，必须要有新气象新作为。要坚持以新时代中国特色社会主义思想为指导，全面贯彻党的二十大精神，聚焦用党的创新理论武装全党、教育人民这个首要政治任务，围绕在新的历史起点上继续推动文化繁荣、建设文化强国、建设中华民族现代文明这一新的文化使命，坚定文化自信，秉持开放包容，坚持守正创新，着力加强党对宣传思想文化工作的领导，着力建设具有强大凝聚力和引领力的社会主义意识形态，着力培育和践行社会主义核心价值观，着力提升新闻舆论传播力引导力影响力公信力，着力赓续中华文脉、推动中华优秀传统文化创造性转化和创新性发展，着力推动文化事业和文化产业繁荣发展，着力加强国际传播能力建设、促进文明交流互鉴，充分激发全民族文化创新创造活力，不断巩固全党全国各族人民团结奋斗的共同思想基础，不断提升国家文化软实力和中华文化影响力，为全面建设社会主义现代化国家、全面推进中华民族伟大复兴提供坚强思想保证、强大精神力量、有利文化条件。

（三）中华民族共同体意识

2023 年 10 月 23 日，习近平总书记在中共中央政治局第九次集体学习时强调，铸牢中华民族共同体意识，需要构建科学完备的中华民族共同体理论体系。要立足中华民族悠久历史，把马克思主义民族理论同中国具体实际相结合、同中华优秀传统文化相结合，遵循中华民族发展的历史逻辑、理论逻辑，科学揭示中华民族形成和发展的道理、学理、哲理。

要着眼建设中华民族现代文明，不断构筑中华民族共有精神家园。必须顺应中华民族从历史走向未来、从传统走向现代、从多元凝聚为一体的发展大趋势，深刻理解把握中华文明的突出特性，在新的历史起点上不断构筑中华民族共有精神家园，为铸牢中华民族共同体意识奠定坚实的精神和文化基础。要面向各族群众加强党的理论和路线方针政策教育，加强党史、新中国史、改革开放史、社会主义发展史、中华民族发展史宣传教育，用共同理想信念凝心铸魂，深入培育和践行社会主义核心价值观。深入实施红色基因传承工程，大力弘扬以爱国主义为核心的民族精神、以改革创新为核心的时代精神，不断增强对中华民族的认同感和自豪感，振奋各族人民奋进新征程、建功新时代的精气神。实施中华优秀传统文化传承发展工程，研究和挖掘中华传统文化的优秀基因和时代价值，推动中华优秀传统文化创造性转化、创新性发展，繁荣发展社会主义先进文化，构建和运用中华文化特征、中华民族精神、中国国家形象的表达体系，不断增强各族群众的中华文化认同。

要讲好中华民族故事，大力宣介中华民族共同体意识。要大力宣传中华民族的历史，大力宣传中华民族共同体理论，大力宣传新时代党的民族工作取得的历史性成就，大力宣传中华民族同世界各国人民携手构建人类命运共同体的美好愿景。创新涉民族宣传的传播方式，丰富传播内容，拓宽传播渠道，讲好中华民族共同体故事，讲清楚中国共产党领导和社会主义制度是我国各民族共同发展进步的可靠保障，讲清楚中华民族是具有强大认同度和凝聚力的命运共同体，讲清楚中国特色解决民族问题的正确道路所具有的明显优越性。积极推动中外学术界、民间团体交流互动。

（四）文明交流互鉴

2023 年 1 月 4 日，习近平主席在同菲律宾总统马科斯举行会谈时强调，双方要全方位深化人文交流，拓展基础教育、职业教育合作，探讨气象、航天等领域创新合作。

2023 年 1 月 9 日，习近平主席在同捷克总统泽曼举行视频会晤时强调，要深挖互补潜力，扩大互利合作，增进人文交流。

2023 年 3 月 21 日，习近平主席在同俄罗斯总统普京举行会谈时指出，要夯实人文交流基础，推动友好省州、友城扩大交流，继续办好中俄体育交流年，为促进两国人员往来创造便利条件。

2023 年 4 月 25 日，习近平主席在致亚洲文化遗产保护联盟大会的贺信中指出，亚洲是人类文明的重要发祥地，孕育并保有着极其丰富的文化遗产，为世界文明发展史书写了浓墨重彩的篇章。2019 年，我在亚洲文明对话大会上倡议开展亚洲文化遗产保护行动。4 年来，各方积极响应、共同努力，在古代文明研究、联合考古、古迹修复、博物馆交流等方面开展务实合作，为保护人类文明精华作出亚洲新贡献。

亚洲文化遗产保护联盟的成立，有利于加强亚洲文化遗产保护，深化亚洲文明交流，繁荣世界文明百花园，为人类文明进步贡献力量。中国愿在联盟框架下，同亚洲各国携手加强文化遗产保护经验交流，积极推动文化遗产领域国际合作，构建全球文明对话合作网络，促进各国人民相知相亲，共同推动人类文明发展进步。

2023 年 9 月 13 日，习近平主席在同委内瑞拉总统马杜罗举行会谈时指出，中方愿同委方密切人文交流，支持在委开展汉语教学、办好孔子学院，加强媒体交流，讲好中委友好故事。

2023 年 10 月 18 日，习近平主席在第三届“一带一路”国际合作高峰论坛开幕式上的主旨演讲中指出，中方将举办“良渚论坛”，深化同共建“一带一路”国家的文明对话。在已经成立丝绸之路国际剧院、艺术节、博物馆、美术馆、图书馆联盟的基础上，成立丝绸之路旅游城市联盟。中方将同共建“一带一路”的各国加强能源、税收、金融、绿色发展、减灾、反腐败、智库、媒体、文化等领域的多边合作平台建设。

2023 年 11 月，习近平主席在给费城交响乐团总裁兼首席执行官马思艺复信中强调，音乐跨越国界，文化架起桥梁。希望费城交响乐团和包括中美在内的世界各国艺术家一道，坚持文明平等、互鉴、对话、包容，密切交流合作，促进艺术繁荣，为中美人文交流和各国人民友好再续新篇。

2023 年 11 月 16 日，习近平主席在会见墨西哥总统洛佩斯时强调，双方要积极支持互办文艺演出、文化展览等人文交流活动，密切多边协作，坚定维护多边主义和国际关系民主化，维护国际公平正义和发展中国家正当权益。

2023 年 11 月 24 日，习近平主席在致世界中国学大会·上海论坛的贺信中指出，中国学是历史中国之学，也是当代中国之学。中华文明源远流长，在同世界其他文明的交流互鉴中丰富发展，赋予中国式现代化以深厚底蕴。溯历史的源头才能理解现实的世界，循文化的根基才能辨识当今的中国，有文明的互鉴才能实现共同的进步。希望各国专家学者当融通中外文明的使者，秉持兼容并蓄、开放包容，不断推进世界中国学研究，推动文明交流互鉴，为繁荣世界文明百花园注入思想和文化力量。

(五)构建人类命运共同体

2023 年 7 月 28 日，习近平主席在成都第三十一届世界大学生夏季运动会开幕式欢迎宴会上的致辞中指出，我们要深化交流互鉴，以包容的胸怀构建和而不同的精神家园。文明是多样的，世界是多彩的。青年充满了活力，应该也能够以平等、包容、友爱的视角看待和而不同，用欣赏、互学、互鉴的态度对待多种文化。我们要以这次大运会为契机，弘扬全人类共同价值，谱写推动构建人类命运共同体新篇章。

2023 年 8 月，习近平主席在给南非德班理工大学孔子学院师生复信中指出，中国和南非都是重要的发展中大国，两国有着同志加兄弟的特殊友谊，学习了解彼此的语言文化，有助于推动两国人民相知相亲、世代友好。欢迎你们在学好中文的同时，多到中国走一走、看一看，更加深入地认识和理解中国，利用所学所思、所见所闻，把一个真实、立体、全面的中国介绍给更多的朋友，努力做传承发展两国友好事业的使者，为促进中非友谊合作、构建人类命运共同体贡献自己的力量。

2023 年 9 月 14 日，习近平主席在致 2023 北京文化论坛的贺信中指出，中华民族具有悠久的优秀传统文化，自古就有开放包容、兼收并蓄的文化胸怀，中华文明历来赞赏不同文明间的相互理解和尊重。北京历史悠久，文脉绵长，是中华文明连续性、创新性、统一性、包容性、和平性的有力见证。中国将更好发挥北京作为历史古都和全国文化中心的优势，加强同全球各地的文化交流，共同推动文化繁荣发展、文化遗产保护、文明交流互鉴，践行全球文明倡议，为推动构建人类命运共同体注入深厚持久的文化力量。

2023 年 9 月 22 日，习近平主席在会见国际奥林匹克委员会主席巴赫时强调，中国传播奥林匹克精神的脚步永不停歇，愿同国际奥委会一道，坚持体育非政治化原则，充分利用北京冬奥会遗产，为推进奥林匹克事业和构建人类命运共同体作出新的更大贡献。

2023 年 9 月 28 日，习近平主席在会见联合国教科文组织总干事阿祖莱时指出，世界由丰富多彩的文明构成，中国是有着世界上最古老历史和文化的国家之一。中国愿同联合国教科文组织开展更紧密合作，不断提高遗产保护能力和水平，促进各种文明交流互鉴、包容合作，助力世界和平，推动构建人类命运共同体。

2023 年 11 月 3 日，习近平主席在会见希腊总理米佐塔基斯时指出，中方支持中希文明互鉴中心、文明古国论坛等人文机制，愿同希方深化教育、文化、科研、旅游、青年等领域交流合作，发挥两国文化底蕴优势，推动文明交流互鉴，加强国际沟通协作，倡导真正的多边主义，为推动构建人类命运共同体贡献智慧和力量。

2023 年 12 月 4 日，习近平主席在会见白俄罗斯总统卢卡申科时指出，定期互办文化日活动，扩大教育、卫生、体育、旅游合作，支持两国青年开展交流合作，增进两国人民相互了解和友谊。中白双方是参与全球治理体系改革和建设的重要力量。中方愿同白方加强在联合国、上海合作组织等多边机制内协调和配合，推动落实全球发展倡议、全球安全倡议、全球文明倡议，推动构建人类命运共同体。

（六）共建“一带一路”

2023 年 2 月 14 日，习近平主席在同伊朗总统莱希举行会谈时强调，中方愿同伊方继续开展共建“一带一路”合作，促进互联互通，扩大人文交流。

2023 年 3 月 1 日，习近平主席在同白俄罗斯总统卢卡申科举行会谈时强调，要充分发挥两国政府间合作委员会作用，扩大经贸合作，建设好中白工业园，以共建“一带一路”为主线，推进中欧班列等互联互通建设合作。要深化医疗卫生合作，拓展地方合作，密切人文交流，让中白友好更加深入人心。

2023 年 10 月 19 日，习近平主席在会见泰国总理赛塔时指出，中泰要做高质量共建“一带一路”的排头兵，加快中泰铁路建设，拓展数字经济、绿色发展、新能源等领域合作，扩大人文交流。

2023 年 11 月 22 日，习近平主席在同乌拉圭总统拉卡列举行会谈时指出，双方要密切立法机构、政党、地方友好交流合作，以签署共建“一带一路”合作规划为契机，加强发展战略对接，培育服务贸易、数字经济、清洁能源等领域合作新动能，推动中乌共建“一带一路”进入高质量发展新阶段。欢迎更多乌拉圭优质农牧产品和高附加值产品进入中国市场，鼓励中国企业赴乌投资兴业，希望乌方继续为中国企业提供良好营商环境。双方要促进文化、体育等人文交流，为两国人员往来创造更多便利条件，中方愿向乌方提供更多奖学金名额。

2023 年 12 月 3 日，习近平主席在致首届“良渚论坛”的贺信中指出，良渚遗址是中华五千年文明史的实证，是世界文明的瑰宝。在悠远的历史长河中，中华文明以独树一帜的创新创造、一脉相承的坚持坚守，树立起一座座文明高峰。中华文明开放包容、兼收并蓄，不断丰富发展、历久弥新，不断吸取世界不同文明的精华，极大丰富了世界文明百花园。相互尊重、和衷共济、和合共生是人类文明发展的正确道路。希望各方充分利用“良渚论坛”平台，深化同共建“一带一路”国家的文明对话，践行全球文明倡议、加强文明交流借鉴，弘扬平等、互鉴、对话、包容的文明观，推动不同文明和谐共处、相互成就，促进各国人民出入相友、相知相亲。

二、关于旅游工作的重要论述

（一）建设旅游强国

2024 年 5 月，习近平总书记对旅游工作作出重要指示，改革开放特别是党的十八大以来，我国旅游发展步入快车道，形成全球最大国内旅游市场，成为国际旅游最大客源国和主要目的地，旅游业从小到大、由弱渐强，日益成为新兴的战略性支柱产业和具有显著时代特征的民生产业、幸福产业，成功走出了一条独具特色的中国旅游发展之路。

新时代新征程，旅游发展面临新机遇新挑战。要以新时代中国特色社会主义思想为指导，完整准确全面贯彻新发展理念，坚持守正创新、提质增效、融合发展，统筹政府与市场、供给与需求、保护与开发、国内与国际、发展与安全，着力完善现代旅游业体系，加快建设旅游强国，让旅游业更好服务美好生活、促进经济发展、构筑精神家园、展示中国形象、增进文明互鉴。各地区各部门要切实增强工作责任感使命感，分工协作、狠抓落实，推动旅游业高质量发展行稳致远。

（二）旅游业高质量发展

2023 年 3 月，习近平总书记在《求是》杂志发表题为《加快建设农业强国　推进农业农村现代化》的文章指出，要善于分析新的市场环境、新的技术条件，用好新的营销手段，打开视野来用好当地资源，注重开发农业产业新功能、农村生态新价值，如发展生态旅游、民俗文化、休闲观光等。

2023 年 4 月 10 日至 13 日，习近平总书记在广东考察时强调，这里是荔枝之乡，荔枝种植有历史传承和文化底蕴，特色鲜明，优势明显，市场空间广阔，要进一步提高种植、保鲜、加工等技术，把荔枝特色产业和特色文化旅游发展得更好。

2023 年 4 月 28 日，习近平总书记在中共中央政治局会议上强调，要多渠道增加城乡居民收入，改善消费环境，促进文化旅游等服务消费。

2023 年 7 月 24 日，习近平总书记在中共中央政治局会议上强调，要提振汽车、电子产品、家居等大宗消费，推动体育休闲、文化旅游等服务消费。

2023 年 8 月 26 日，习近平总书记在听取新疆维吾尔自治区党委和政府、新疆生产建设兵团工作汇报后发表重要讲话强调，要加强文物和文化遗产保护利用，引导干部群众树立正确的国家观、民族观、历史观、宗教观。要加强对青少年的现代文明教育、科普教育，引导他们积极融入现代文明生活。要加大新疆旅游开放力度，鼓励国内外游客到新疆旅游。

2023 年 9 月 6 日至 8 日，习近平总书记在黑龙江考察时强调，要大力发展特色文化旅游。把发展冰雪经济作为新增长点，推动冰雪运动、冰雪文化、冰雪装备、冰雪旅游全产业链发展。守护好森林、江河、湖泊、湿地、冰雪等原生态风貌，改善边境地区基础设施条件，积极发展边境旅游，更好地促进兴边富民、稳边固边。勇担新的文化使命，繁荣发展文化事业和文化产业，深入开展城乡精神文明建设，推进城乡公共文化服务体系一体建设，努力培育新风尚、展示新形象。

2023 年 9 月 7 日，习近平总书记在新时代推动东北全面振兴座谈会上强调，加快边境地区交通、通信、能源、水利等基础设施的规划布局建设，加强边境村屯公共服务设施建设，全面推进乡村振兴，努力留住现有人口，同时鼓励发展边境贸易、边境旅游和农产品加工等特色产业，支持在边境城市新建职业教育院校，帮助县城和小城镇提升产业承载能力和人口聚集能力。

2023 年 10 月 12 日，习近平总书记在进一步推动长江经济带高质量发展座谈会上发表重要讲话强调，深入发掘长江文化的时代价值，推出更多体现新时代长江文化的文艺精品。积极推进文化和旅游深度融合发展，建设一批具有自然山水特色和历史人文内涵的滨江城市、小城镇和美丽乡村，打造长江国际黄金旅游带。

2023 年 12 月 11 日至 12 日，习近平总书记在中央经济工作会议上强调，推动消费从疫后恢复转向持续扩大，培育壮大新型消费，大力发展数字消费、绿色消费、健康消费，积极培育智能家居、文娱旅游、体育赛事、国货“潮品”等新的消费增长点。切实打通外籍人员来华经商、学习、旅游的堵点。

（三）旅游交流合作

2023 年 2 月 10 日，习近平主席在同柬埔寨首相洪森举行会谈时指出，中方将优先恢复增加中柬直航航班，鼓励旅游合作，开展文化遗产保护和修复工作，支持柬方发展教育、卫生等事业。

2023 年 3 月 31 日，习近平主席在同西班牙首相桑切斯举行会谈时强调，中国和西班牙都是具有世界影响的文明古国和文化大国，双方要搞好中西文化和旅游年活动，推动世界文明对话交流，在联合国、二十国集团等多边框架内密切沟通，为应对人类共同挑战作出积极贡献。

2023 年 4 月 6 日，习近平主席在同法国总统马克龙举行会谈时指出，中方愿同法方以明年中法建交 60 周年暨中法文化旅游年、巴黎奥运会为契机，加强相关领域合作。

2023 年 4 月 19 日，习近平主席在同加蓬总统邦戈时举行会谈指出，双方要深化人文交流，加强旅游、乡村振兴、减贫惠农等方面合作。

2023 年 5 月 17 日，习近平主席在同哈萨克斯坦总统托卡耶夫举行会谈时指出，双方要扩大经贸、投资、农业、汽车制造和能源等领域合作，深化互联互通，促进陆海联运，拓展电子商务、创新、大数据等新领域合作，抓紧落实互设文化中心和开设鲁班工坊，以签署互免签证协定为契机，加强人文交流合作，深耕民意基础。欢迎哈方 2024 年在华举办哈萨克斯坦旅游年。相信哈萨克斯坦驻西安总领事馆开馆，将有力促进两国地方交流。双方还要加强媒体交流合作，共同讲好中哈友好故事。

2023 年 5 月 19 日，习近平主席在首届中国—中亚峰会上发表的主旨讲话指出，中方邀请中亚国家参与“文化丝路”计划，将在中亚设立更多传统医学中心，加快互设文化中心，继续向中亚国家提供政府奖学金名额，支持中亚国家高校加入“丝绸之路大学联盟”，推动开展“中国—中亚文化和旅游之都”评选活动，办好中国同中亚国家人民文化艺术年，开行面向中亚的人文旅游专列。

2023 年 6 月 27 日，习近平主席在会见新西兰总理希普金斯时指出，要加强教育、文化、旅游、地方、民间等领域的交流合作，培养更多新时代的“路易·艾黎”，让中新友谊之树更加枝繁叶茂。

2023 年 7 月 18 日，习近平主席在同阿尔及利亚总统特本举行会谈时指出，中方愿继续同阿方深化医疗卫生合作，向阿方提供政府奖学金名额，推进新闻、旅游、青年、体育、智库等领域友好合作，夯实两国民意基础。

2023 年 7 月 27 日，习近平主席在会见印度尼西亚总统佐科时指出，中方愿继续扩大印尼大宗商品和优质农产品进口，高质量实施《区域全面经济伙伴关系协定》，加强在粮食安全、减贫扶贫、乡村振兴、职业教育、语言教学、医药卫生、文化旅游等领域合作。

2023 年 8 月 21 日，习近平主席在南非媒体发表署名文章中指出，我们要发挥两国人文交流全方位、多层次、机制化发展优势，继续推动文化、旅游、教育、体育、媒体、高校、地方、青年等领域交流合作，让中非友好合作精神在中国和非洲的广袤大地上进一步传承和发扬。

2023 年 9 月 2 日，习近平主席在 2023 年中国国际服务贸易交易会全球服务贸易峰会发表的视频致辞中指出，扩大面向全球的高标准自由贸易区网络，积极开展服务贸易和投资负面清单谈判，扩大电信、旅游、法律、职业考试等服务领域对外开放，在国家服务业扩大开放综合示范区以及有条件的自由贸易试验区和自由贸易港，率先对接国际高标准经贸规则。

2023 年 10 月 17 日，习近平主席在同印度尼西亚总统佐科举行会谈时指出，中方支持相关地方和企业参与印度尼西亚新首都、北加里曼丹工业园等重大项目开发建设，愿继续增加进口印度尼西亚优质农渔产品，做大做强数字经济、光伏、新能源汽车等新兴产业合作，积极开展粮农技术、扶贫减贫、医药卫生以及教育、文化、旅游、青年等领域交流合作。

2023 年 10 月 17 日，习近平主席在会见哈萨克斯坦总统托卡耶夫时指出，中哈互免签证协定即将生效，明年将在中国举办哈萨克斯坦旅游年，双方要加强人文交流和地方合作，推进鲁班工坊建设，厚植社会民意基础。

2023 年 10 月 18 日，习近平主席在同俄罗斯总统普京举行会谈时指出，中方愿同俄方及欧亚经济联盟各国一道，推动共建“一带一路”与欧亚经济联盟对接，开展更高水平、更深层次的区域合作，希望中蒙俄天然气管道项目尽早取得实质性进展，开展好“万里茶道”跨境旅游合作，把中蒙俄经济走廊打造成一条高质量联通发展之路。

2023 年 10 月 19 日，习近平主席在会见柬埔寨首相洪玛奈时指出，中方支持柬埔寨机场、文物古迹修复等项目，欢迎更多柬埔寨农产品进入中国市场，鼓励更多中国游客赴柬埔寨旅游。

2023 年 10 月 19 日，习近平主席在会见土库曼斯坦民族领袖、人民委员会主席别尔德穆哈梅多夫时指出，双方要提升两国贸易规模，扩大医疗卫生、体育、旅游等领域合作，搞好互办文化年活动，早日在土库曼斯坦建成鲁班工坊。

2023 年 10 月 25 日，习近平主席在同哥伦比亚总统佩特罗举行会谈时强调，双方要加强汉语教学、艺术团组互访、旅游等人文交流，加强禁毒、打击跨国犯罪等领域双边执法合作，希望哥方保障好在哥伦比亚中国公民、企业、机构的安全。

2023 年 11 月 6 日，习近平主席在会见塞尔维亚总理布尔纳比奇时指出，双方要共同努力建设好、运营好两国合作大项目，推动中塞自由贸易协定早日生效，加强科技创新合作，深化教育、体育、旅游等领域合作，扩大人员往来，传承和发扬中塞友好。

2023 年 11 月 6 日，习近平主席在会见古巴总理马雷罗时指出，我在第三届“一带一路”国际合作高峰论坛上宣布了支持高质量共建“一带一路”的八项行动，欢迎古方积极对接，特别是在农业、旅游、卫生、科技、信息通信等领域深挖合作潜力，推动两国合作走深走实。

2023 年 11 月 16 日，习近平主席在会见斐济总理兰布卡时指出，中方愿扩大进口斐济特色产品，支持中国企业赴斐济投资，鼓励更多游客赴斐济旅游。

2023 年 11 月 16 日，习近平主席在会见文莱苏丹哈桑纳尔时指出，中方支持文莱走符合自身国情的发展道路，欢迎文方扩大优质产品对华出口，鼓励更多中国企业赴文莱投资兴业，拓展粮食安全、数字经济、绿色发展等领域务实合作，开展教育、文化、旅游、卫生、地方等人文交流。

2023 年 11 月 16 日，习近平主席在会见秘鲁总统博鲁阿尔特时指出，中秘都拥有灿烂文明和深厚文化，双方应该加强教育、文化、旅游、科技、青年交流等合作，成为不同文明交流互鉴的表率。

2023 年 12 月 12 日，习近平主席在同越共中央总书记阮富仲举行会谈时指出，中越合作要多向农业、教育、医疗等民生领域倾斜，加强青年、旅游、地方等领域合作，增加两国民众对中越命运共同体、两党两国传统友谊的了解，增进青年一代之间的感情，夯实中越友好的民意基础。

第二节　关于推动旅游业高质量发展

一、关于释放旅游消费潜力推动旅游业高质量发展

2023 年 9 月 27 日，为深入贯彻落实习近平总书记关于文化和旅游工作的重要论述和中央政治局会议精神，丰富优质旅游供给，释放旅游消费潜力，推动旅游业高质量发展，进一步满足人民群众美好生活需要，发挥旅游业对推动经济社会发展的重要作用，国务院办公厅印发了《关于释放旅游消费潜力推动旅游业高质量发展的若干措施》(国办发〔2023〕36 号)。

(一)加大优质旅游产品和服务供给

1. 推进文化和旅游深度融合发展

引导戏剧节、音乐节、艺术节、动漫节、演唱会、艺术展览、文旅展会等业态健康发展，丰富“音乐 + 旅游”“演出 + 旅游”“展览 + 旅游”“赛事 + 旅游”等业态。开展中国文物主题游径建设和“读万卷书行万里路”文化主题旅游推广活动。有序发展红色旅游，保护好、管理好、运用好红色资源。推进文化和旅游产业融合发展典型示范。

2. 实施美好生活度假休闲工程

开展文旅产业赋能城市更新行动，打造一批文化特色鲜明的国家级旅游休闲城市和街区，推动旅游度假区高质量发展。加强绿道、骑行道、郊野公园、停车设施等微循环休闲设施建设，合理布局自驾车旅居车停车场等服务设施。

3. 实施体育旅游精品示范工程

推动体育赛事和旅游活动一体谋划、一体开展，结合重大、特色赛事，培

育“跟着赛事去旅行”品牌项目，打造一批具有影响力的体育旅游精品线路、赛事和基地。发展冰雪经济，推动冰雪运动、冰雪装备、冰雪旅游全产业链发展，指导加强滑雪旅游度假地建设。

4. 开展乡村旅游提质增效行动

开展文化产业赋能乡村振兴试点，推动提升乡村旅游运营水平。建设一批富有地域文化特色的乡村旅游重点村镇，推动实施旅游民宿国家标准，打造“乡村四时好风光”线路产品，开展“游购乡村”系列活动。因地制宜打造美丽田园、景观农业、农耕体验、休闲渔业、户外运动等新业态。

5. 发展生态旅游产品

在严格保护的基础上，依法依规合理利用国家公园、自然保护区、风景名胜区、森林公园、湿地公园、沙漠公园、地质公园等自然生态资源，积极开发森林康养、生态观光、自然教育等生态旅游产品，推出一批特色生态旅游线路。推进森林步道、休闲健康步道建设。

6. 拓展海洋旅游产品

深入挖掘海洋海岛旅游资源，提升海岸海岛风貌。完善邮轮、游艇旅游政策，加强邮轮、游艇码头，滨海度假营地，运动船艇码头等旅游配套服务设施建设。优化邮轮航线和邮轮旅游产品设计，推进国际邮轮运输全面复航。

7. 优化旅游基础设施投入

支持各地根据旅游业发展需求，合理规划并有序建设旅游咨询中心、旅游集散中心、旅游厕所、旅游风景道、旅游交通标识标牌、智慧旅游公共服务平台等旅游公共设施。加快推进中西部支线机场建设，推动打造一批旅游公路、国内水路客运旅游精品航线，完善旅游航线网络、旅游列车线路、自驾车旅游服务体系。

8. 盘活闲置旅游项目

优化完善盘活方式，根据项目情况分类采取盘活措施，用好各类财政、金融、投资政策，支持旅游企业盘活存量旅游项目与存量旅游资产。

（二）激发旅游消费需求

1. 改善旅游消费环境

支持文化体育场所增强旅游休闲功能，合理设置旅游咨询区、餐饮区、文创产品销售区等旅游接待设施。推动利用数字技术改造提升传统旅游消费场所，打造智慧旅游、沉浸式体验新空间。利用城市公园、草坪广场等开放空间打造创意市集、露营休闲区。创新开展“旅游中国·美好生活”国内旅游宣传推广。

2. 完善消费惠民政策

开展全国文化和旅游消费促进活动，鼓励各地围绕节假日、暑期等时间节点，联动文化和旅游企业、金融机构、电商平台、新媒体平台等举办形式多样的消费促进活动。

3. 调整优化景区管理

完善预约措施，简化预约程序，尽可能减少采集游客个人信息，科学设置线上、线下购票预约渠道，最大限度满足游客参观游览需求。景区应保留人工窗口，在游客量未达到景区最大承载量之前，为运用智能技术困难人群提供购票预约服务。在旅游旺季，通过延长景区开放时间、增加弹性供给等措施，提升景区接待能力。

4. 完善旅游交通服务

提高旅游目的地通达性，构建“快进”交通网络，结合节假日等因素优化配置重点旅游城市班车班列，推动将旅游城市纳入“干支通、全网联”航空运输服务网络，加快干线公路与景区公路连接线以及相邻区域景区间公路建设。优化旅游客运服务，积极拓展定制客运服务，普及推广电子客票服务，大力发展联程运输。

5. 有序发展夜间经济

引导夜间文化和旅游消费集聚区规范创新发展。完善夜间照明、停车场、公共交通、餐饮购物等配套服务设施。鼓励有条件的公共文化场所、文博单位等延长开放时间。

6. 促进区域合作联动

紧密围绕区域重大战略以及重点城市群、文化旅游带建设等，实施区域一体化文化和旅游消费惠民措施和便利服务，举办区域性消费促进活动。推进东中西部跨区域旅游协作，探索互为旅游客源地和目的地的合作路径。

(三)加强入境旅游工作

1. 实施入境旅游促进计划

优化入境旅游产品和线路，推出更多广受入境游客欢迎的旅游产品和服务。加强海外市场宣传推广和精准营销，持续开展“你好！中国”国家旅游形象系列推广活动。开展入境游旅行商伙伴行动，为在国外从事来华旅游业务人员提供课程培训和旅游信息服务。

2. 优化签证和通关政策

进一步提高签证办理效率，提升签证审发信息化水平。有序恢复各类免签政策，积极研究增加免签国家数量。充分发挥口岸签证、过境免签及区域性入境免签等政策对旅游业发展的积极作用，加大政策推介力度。为邮轮旅游、自驾车旅游及其他涉及入出境的旅游活动提供通关保障。

3. 恢复和增加国际航班

增加与入境旅游主要客源国、周边国家的航线，加密航班频次，提高航空出行便利性。

4. 完善入境旅游服务

提升外籍游客和港澳台居民持有效证件预订景区门票、购买车（船）票、在旅馆办理住宿登记的便利化水平。加强导游以及景区、酒店等服务人员外语培训，完善景区、机场、车站、酒店、购物商店等场所的多语种标识及导览设施。提高入境游客使用境外银行卡及各类电子支付方式便捷程度以及外币兑换便利性。

5. 优化离境退税服务

提升离境退税服务质效，推动扩大境外游客离境退税政策覆盖地域范围，鼓励引导更多商户成为退税商店，进一步丰富退税商店商品种类。

6. 发挥旅游贸易载体作用

支持国内文化和旅游企业、机构参加各类国际文化和旅游展会。鼓励举办市场化旅游展会，吸引外国文化和旅游企业来华参展、参会。高质量建设一批对外文化贸易基地，为外国文化和旅游企业来华投资合作提供服务保障。

（四）提升行业综合能力

1. 支持旅游企业发展

适当放宽旅行社补足旅游服务质量保证金期限，旅行社可申请全额暂退或暂缓交纳旅游服务质量保证金。坚持同等质量标准，依法支持旅游企业参与政府采购和服务外包，不得以星级、所有制等为门槛限制相关企业参与政府采购的住宿、会议、餐饮等项目。

2. 加强导游队伍建设

优化导游职业资格准入管理，严格规范导游执业行为，净化导游执业环境，依法保障导游劳动报酬。加强导游人才供给和业务培训，举办全国导游大赛。

3. 提升旅游服务质量

完善旅游服务质量评价体系，开展监测评估和品牌建设，健全有关标准。建立完善以信用监管为基础的新型监管机制，依法认定失信主体并实施信用惩戒。建设文化和旅游领域诚信体系，健全信用承诺制度，推进信用品牌建设，优化信用消费环境。

4. 规范旅游市场秩序

加强旅游市场执法，深入开展旅游市场整治。建立健全跨部门旅游市场举报投诉和执法协作机制，加强数据信息共享和线索移交，开展联合执法，坚决维护游客合法权益。

二、关于实施国内旅游提升计划

2023 年 11 月 13 日，为贯彻落实国务院办公厅印发的《关于释放旅游消费潜力推动旅游业高质量发展的若干措施》，进一步释放旅游消费潜力，推动旅游业高质量发展，文化和旅游部研究制定了《国内旅游提升计划（2023—2025 年）》。

（一）总体要求

1. 指导思想

以习近平新时代中国特色社会主义思想为指导，深入贯彻党的二十大精神，完整、准确、全面贯彻新发展理念，加快构建新发展格局，以提升国内旅游市场的规模和品质为重点，坚持把实施扩大内需战略同深化供给侧结构性改革有机结合，进一步改善旅游消费环境，提振旅游消费信心，满足游客多元化、个性化需求，推动旅游业高质量发展。

2. 基本原则和主要目标

坚持质量第一、系统观念、问题导向、改革创新和协同推进的原则，实现以下目标：到 2025 年，国内旅游市场规模保持合理增长、品质进一步提升。国内旅游宣传推广效果更加明显，优质旅游供给更加丰富，游客消费体验得到有效改善、满意度进一步提升，旅游公共服务效能持续提升，重点领域改革取得突破，旅游市场综合监管机制更加健全，现代治理能力进一步增强，国内旅游市场对促进消费、推动经济增长的作用更加突出。

（二）主要任务

1. 加强国内旅游宣传推广

（1）创新旅游理念宣传。创新举办“5·19 中国旅游日”活动，将其打造成为广大游客和旅游从业者的节日。推出一批优秀旅游公益广告和书籍、影视、动漫赋能旅游特色案例。

（2）加强旅游形象推广。围绕“旅游中国 美好生活”国内旅游宣传主题，实施“跟着季节游中国”“城市巡游记”“我的家乡有宝藏”等专项推广，开展“读万卷书 行万里路”中华文化主题旅游推广。统筹跨省区域旅游宣传推广，鼓励支持区域性旅游宣传推广联盟和相关省市共建机制、共拓市场、共推产品、共享成果。

2. 丰富优质旅游供给

（1）优化旅游产品结构。创新旅游产品体系，针对不同群体需求，推出更多满足市场需要、富有特色的旅游产品、旅游线路，开发体验性、互动性强的旅游项目，着力推动研学、银发、冰雪、海洋、邮轮、探险、观星、避暑避寒、城市漫步等旅游新产品。发展绿色旅游，推动出台推进绿色旅游发展的政策措施。加快智慧旅游发展，培育智慧旅游沉浸式体验新空间新场景。同时，推动科技赋能旅游，进一步推进新技术在旅游场景的广泛应用，更好发挥国家旅游科技示范园区作用，提升旅游产品和服务的科技含量。

（2）打造优质旅游目的地。建设一批富有文化底蕴的世界级旅游景区和度假区。实施文旅产业赋能城市更新行动。打造一批文化特色鲜明的国家级旅游休闲城市和街区。指导推进国家 AAAAA 级旅游景区和国家级旅游度假区建设。开展文化产业赋能乡村振兴试点，推动提升乡村旅游运营水平。推出一批全国乡村旅游重点村镇、乡村旅游集聚区、国际乡村旅游目的地。

（3）促进旅游新业态有序发展。推进“旅游 +”和“+ 旅游”，促进旅游与文化、体育、农业、交通、商业、工业、航天等领域的深度融合。建设国家文化产业和旅游产业融合发展示范区，打造新型旅游消费目的地。拓展旅游演艺发展空间，发展特色旅游演艺项目，推动旅游演艺提质升级。培育文体旅、文商旅等融合发展的新型业态，打造“跟着赛事去旅行”“寻味美食去旅行”品牌项目。推进全国红色旅游融合发展示范区、重点区建设。推动建设一批非物质文化遗产特色景区和国家级非物质文化遗产体验基地。

（4）推动旅游业区域协调发展。紧密围绕区域重大战略以及重点城市群等，进一步推动各类文化旅游带（走廊）等建设。推进东中西部跨区域旅游协作，探索互为旅游客源地和目的地的合作路径。

3. 改善旅游消费体验

（1）优化旅游消费服务。推动优化景区预约管理制度，准确核定景区最大承载量，进一步提升便利化程度。优化消费场所空间布局，完善商业配套。建立健全质量分级制度，促进品牌消费、品质消费，切实提升游客消费体验。

（2）推进平台载体建设。加强国家文化和旅游消费示范及试点城市建设，推动示范城市提质扩容，强化动态考核，更好发挥示范引领作用。推动示范及试点城市加强消费联动及产业协作。推动国家级夜间文化和旅游消费集聚区规范创新发展，开展 24 小时生活圈建设试点，提升夜间消费品质。

（3）实施消费促进计划。开展“百城百区”金融支持文化和旅游消费行动计划，鼓励各地与中国银联、合作银行、平台企业等加强合作，实施消费满减、票价优惠、积分兑换等惠民措施。开展全国文化和旅游惠企乐民活动，组织各地结合法定节假日、传统节日和暑期等旅游旺季，因地制宜推出消费惠民措施，举办丰富多彩的文化和旅游惠民活动。

(4)加强标准制定实施。完善旅游标准体系，以促进旅游产品升级和服务品质提升为导向，加大标准制修订力度，提高标准实施应用水平和效果。推动实施旅游民宿国家标准，制定民宿管家服务规范行业标准，开展《导游服务规范》等旅游业国家标准宣贯工作。

(5)加大文明旅游宣传力度。培育行业文明旅游工作标杆，发挥引领作用。开展系列宣传实践活动，征集发布文明旅游宣传引导典型案例，发布文明旅游出游提示，营造文明旅游环境。

4. 提升公共服务效能

(1)加快旅游基础设施建设。支持各地加大旅游基础设施投入，进一步完善旅游服务中心（咨询中心）、旅游集散中心、旅游公共服务信息平台、旅游厕所等旅游公共服务设施。

(2)提升公共服务水平。优化线上、线下旅游公共信息服务布局，加强旅游公共信息服务资源整合。加强旅游惠民便民服务，大力推动博物馆等文博场馆数字化发展，加快线上线下服务融合。

5. 支持经营主体转型升级

(1)推动旅行社转型发展。引导旅行社结合行业发展和自身发展定位加快理念、技术、产品、服务和模式创新，因地制宜推进旅行社数字化转型、特色化和品牌化发展。推动旅行社加快跨界融合和线上线下融合，积极融入地方和有关领域数字化生态。

(2)引导在线旅游企业规范发展。指导在线旅游平台经营者发挥整合交通、住宿、餐饮、游览、娱乐等国内旅游要素资源的积极作用，助力各类旅游经营者共享发展红利。加强内容安全审核，开展市场巡查。

(3)推动旅游住宿业转型升级。加强对星级饭店评定工作的深度指导，优化星级饭店评定规程。引导星级饭店创新经营方式，提高服务质量，提升行业形象，打造旅游饭店知名民族品牌。推动放宽旅游民宿市场准入，培养一批优秀旅游民宿主人和管家，培育和发布一批等级旅游民宿，推动旅游民宿持续规范发展。

(4)培育骨干企业和创新企业。实施旅游企业培育计划，聚焦重点领域和产业链关键环节，分层次培育一批骨干企业和创新企业，不断增强企业竞争力。

6. 深化重点领域改革

（1）深化旅游服务质量保证金改革。开展旅游服务质量保证金总结评估，根据评估情况进一步完善旅游服务质量保证金制度。

（2）支持旅行社、星级饭店拓展经营范围。坚持同等质量标准，依法支持旅行社和星级饭店参与政府采购和服务外包，不得以星级、所有制等为门槛限制相关企业参与政府采购的住宿、会议、餐饮等项目。

（3）推动盘活闲置低效旅游项目。优化完善盘活方式，根据项目情况分类采取盘活措施，用好各类财政、金融、投资政策，支持旅游企业盘活存量旅游项目与存量旅游资产。

7. 提升旅游市场服务质量

（1）培育旅游服务质量品牌。建立完善旅游服务质量品牌培育机制。推动旅游业标准化、专业化、品牌化发展，培育一批专业度高、覆盖面广、影响力大、放心安全的服务精品，充分发挥服务品牌对旅游服务质量提升的引领带动作用。开展旅游服务质量提升活动，传播质量理念，培育质量文化，宣传推广服务质量提升经验。

（2）建立完善服务质量评价体系。建立完善以游客为中心的服务质量评价体系，开展评价体系建设试点工作。完善区域、业态、企业等旅游服务质量监测机制。发挥全国旅游市场服务质量监测点作用，开展常态化质量监测和评估，推进监测结果应用。支持地方建立赔偿先付、无理由退货等制度。遴选发布优秀旅游服务质量典型案例。

（3）建立质量共治机制。推行“首席质量官”“标杆服务员”制度。建立健全旅游行业协会参与旅游服务质量工作机制，推动建立全国性旅游服务质量提升分会、专委会等行业组织。支持各地探索设立旅游服务质量奖。引导游客理性消费，树立优质优价的消费理念。

8. 加强市场综合监管

（1）加强旅游法治建设。坚持依法治旅，推动修订完善《中华人民共和国旅游法》《旅行社条例》《导游人员管理条例》《边境旅游暂行管理办法》《旅游投诉处理办法》等法律法规。推动建立健全旅游调解、仲裁、巡回法庭等制度机制，探索旅游纠纷投诉调解与仲裁衔接机制，多元化解投诉纠纷。

（2）健全旅游市场综合监管机制。发挥旅游市场综合监管机制作用，合力规范旅游市场秩序。健全以“双随机、一公开”监管和“互联网 + 监管”为基本手段、以重点监管为补充、以信用监管为基础的新型监管机制。加强新业态培育和监管，推动新业态可持续发展。加强信用信息归集、共享、应用，依法对《文化和旅游市场信用管理规定》落实情况开展常态化评估。

(3) 提高旅游市场监管信息化水平。完善全国旅游监管服务平台功能，采用云计算、大数据、人工智能等新技术加强市场动态监测和数据科学治理，推广应用旅游电子合同。持续推进旅游行政审批“一网通办”。完善“文旅市场通”APP 功能，开展文化和旅游市场电子证照应用试点，提高政务服务“掌上办”“指尖办”“码上办”水平。

(4) 加强旅游市场执法监督。加强源头治理，深入开展未经许可经营旅行社业务、强迫购物等旅游市场专项整治，依法查处各类违法违规经营行为。建立健全跨部门、跨地区旅游市场举报投诉和执法协作机制，按照全国一盘棋的原则，坚持线上线下同步治理，目的地和客源地同步清查，组团社和地接社同步整治，加强数据信息共享和线索移交，开展联合执法，健全行刑衔接机制。

9. 实施“信用 +”工程

(1) 开展信用经济发展试点。持续开展信用经济发展试点工作，遴选一批信用经济发展试点单位，总结推广试点经验，深化信用意识，以信用赋能行业发展。

(2) 加强信用品牌建设。健全信用品牌培育机制，开展信用评价，鼓励和支持旅游企业打造一批品牌化、明星级的信用应用产品与服务。

(3) 拓展信用应用场景。引导支持旅游企业整合公共、行业、市场等多方信息，探索推出以信用为基础的便捷消费产品和服务，提升服务质量，优化消费体验。

三、关于深化“互联网 + 旅游”推动旅游业高质量发展

为坚定不移建设网络强国、数字中国，持续深化“互联网 + 旅游”，推动旅游业高质量发展，更好发挥旅游业在促进经济社会发展、满足人民美好生活需要等方面的重要作用，经国务院同意，2020 年 11 月 30 日，文化和旅游部、国家发展改革委等十部门联合印发《关于深化“互联网 + 旅游”推动旅游业高质量发展的意见》(文旅资源发〔2020〕81 号)。

(一) 总体要求

1. 指导思想

以习近平新时代中国特色社会主义思想为指导，坚持新发展理念，以“互联网 +”为手段，推动旅游生产方式、服务方式、管理模式创新，丰富旅游产品业态，拓展旅游消费空间，培育适应大众旅游消费新特征的核心竞争力，推动旅游业高质量发展。

2. 发展目标

到2025年，“互联网＋旅游”融合更加深化，以互联网为代表的信息技术成为旅游业发展的重要动力。国家AAAA级及以上旅游景区、省级及以上旅游度假区基本实现智慧化转型升级。依托网络平台的定制化旅游产品和服务更加普及。

（二）重点任务

1. 加快建设智慧旅游景区

制定出台智慧旅游景区建设指南和相关要求，明确在线预约预订、分时段预约游览、流量监测监控、科学引导分流、非接触式服务、智能导游导览等建设规范，落实“限量、预约、错峰”要求。国有旅游景区应于2021年底前全部提供在线预约预订服务。引导旅游景区开发数字化体验产品并普及景区电子地图、线路推荐、语音导览等智慧化服务。建设一批世界级旅游景区和度假区，树立智慧旅游景区样板。推进乡村旅游资源和产品数字化建设，打造一批全国智慧旅游示范村镇。支持旅游景区运用数字技术充分展示特色文化内涵，积极打造数字博物馆、数字展览馆等，提升旅游体验。

2. 完善旅游信息基础设施

加快提升国家全域旅游示范区、国家AAAAA级旅游景区、国家级旅游度假区等各类旅游重点区域5G网络覆盖水平。推动停车场、旅游集散与咨询中心、游客服务中心、旅游专用道路及景区内部引导标识系统等数字化与智能化改造升级。推进物联网感知设施建设，加强对旅游资源、设施设备和相关人力资源的实时监测与管理，推动无人化、非接触式基础设施普及与应用。进一步规范各地区旅游大数据中心建设，建立省域统一的数据标准并逐步推广至全国，实现涉旅数据整合和共享，发挥数据综合服务和应用效能。

3. 创新旅游公共服务模式

厘清政府公共服务与市场旅游信息服务边界，鼓励各地区采取政府与市场相结合的旅游公共服务平台运营模式，提升平台服务效能，实现可持续运营与发展。各地区要进一步拓宽旅游公共服务信息采集渠道，有效整合文化和旅游、公安、交通、气象等部门的相关数据信息，综合运用大数据、云计算等技术，在平台上及时发布旅游景区实时游客量、道路出行、气象预警等信息，引导旅游资源优化配置。依法依规推动政府与企业间相关数据资源共享。推进旅游厕所数字化建设，实现信息查询、路线导航、意见反馈等功能。完善入境游客移动支付方案，为其旅游消费提供便利。在为老年人等特殊群体保留线下服务的基础上，支持旅游公共服务平台开发专门应用程序和界面，优化使用体验。

4. 加大线上旅游营销力度

统筹线上线下，强化品牌引领，实施国家旅游宣传推广精品建设工程。通过互联网有效整合线下资源，总结推广全域旅游发展经验模式，推动建设一批世界级旅游城市。开展长城、大运河、长征、黄河等国家文化公园，以及丝绸之路等重要主题旅游线上推广行动，打造一批世界级旅游线路。鼓励旅游景区、旅游饭店、博物馆等与互联网服务平台合作建设网上旗舰店，实现门票在线预订、旅游信息展示、会员管理、优惠券团购、文化和旅游创意产品销售等方面的功能。鼓励电商平台拓展“旅游＋地理标志产品＋互联网＋现代物流”功能，扩大线上销售规模。鼓励采用网络直播、网站专题专栏、小程序等线上营销方式，推介全国乡村旅游重点村镇、中国美丽休闲乡村和乡村休闲旅游精品景点线路。结合旅游扶贫，通过人员培训或技术帮扶等多种方式，推动更多贫困地区旅游业商户“触网”，利用网络直播平台开展营销。支持各地区建立旅游营销科学评价机制，提升旅游营销成效。

5. 加强旅游监管服务

通过大数据采集分析加强旅游安全监测，提升旅游领域突发事件预警和应急处置能力。推动北斗系统等导航定位、可穿戴设备、电子围栏、遥感卫星等技术和设备在自助旅游、特种旅游中的运用。完善全国旅游监管服务平台，健全中央—地方旅游监管服务平台体系，形成旅游市场信息化、智能化监管服务格局。鼓励各地区建设基于大数据的旅游市场经济运行监测体系，实时监测区域旅游消费趋势，建立数据导向的政策调整机制。

6. 提升旅游治理能力

推广旅游电子合同使用，推进旅游电子合同标准制定。推动各地区建立健全线上旅游投诉和处理机制，提高游客投诉快速处理能力，打击欺客宰客行为。用好文化、旅游市场严重失信名单管理制度，对列入严重失信名单的市场主体和从业人员，依法依规实施联合惩戒，构建放心消费环境。创新旅游统计应用，提高旅游统计的时效性、科学性和精准性。

7. 扶持旅游创新创业

鼓励以产品和内容为载体开展业态融合创新，支持建设一批旅游营销创新基地，孵化一批具有较高传播力和影响力的旅游品牌。引导云旅游、云演艺、云娱乐、云直播、云展览等新业态发展，培育“网络体验＋消费”新模式。引导旅游企业、大中专院校、科研机构建立产学研合作机制，积极开展科技创新支撑下的应用研发，通过举办各级各类创新创意大赛等方式，提高创新成果转化率，推广一批优秀应用案例和行业解决方案。开展数字文旅商结合促进行动，促进旅游业线上线下深度融合。在确保房屋安全的前提下，推动“互联网 + 旅游民宿”规范发展，研究出台相关政策，推广一批应用示范。

8. 保障旅游数据安全

按照数据安全和个人信息保护相关法律法规要求，落实旅游数据安全管理责任，保障旅游数据收集、传输、存储、共享、使用、销毁等全生命周期安全，防止数据丢失、毁损、泄露和篡改。定期开展安全风险和隐患排查，增强应急处置能力。对存在重大旅游数据信息安全风险隐患的地区，采取通报、约谈等方式推动严肃整改。

（三）保障措施

1. 完善政策环境

各地区、各部门要结合新技术、新业态、新模式在旅游领域的应用试点和示范，积极推进体制机制改革，探索有利于创新成果转化的政策环境。加强“互联网 + 旅游”领域内容创作、产品研发、模式创新等知识产权保护，健全线上线下维权机制，增强企业创新动力和活力。建立健全智慧旅游标准规范体系，引导规范智慧旅游发展。

2. 加强要素支撑

统筹用好相关资金，结合实际对“互联网 + 旅游”关键领域、薄弱环节和重点项目等予以支持。创新投融资方式，支持符合条件的“互联网 + 旅游”企业发行债券。经认定的“互联网 + 旅游”高新技术企业，按规定享受相应的财税优惠政策。推进“互联网 + 旅游”人才队伍建设，加快相关专业升级和数字化改造，创新培养培训模式，完善激励机制。

3. 抓好组织实施

各有关部门要按照职责分工，研究具体政策措施，协同推进任务落实。各地区要研究制定符合本地区实际的落实方案，完善相关配套政策。文化和旅游部要会同有关部门加强跟踪分析和协调指导，重要情况及时报告国务院。

四、关于推动在线旅游市场高质量发展

2023 年 3 月 24 日，为进一步加强在线旅游市场管理，保障旅游者合法权益，发挥在线旅游平台经营者整合交通、住宿、餐饮、游览、娱乐等旅游要素资源的积极作用，促进各类旅游经营者共享发展红利，推动旅游业高质量发展，文化和旅游部印发了《文化和旅游部关于推动在线旅游市场高质量发展的意见》（文旅市场发〔2023〕41 号）。

(一)总体要求

1. 指导思想

坚持以习近平新时代中国特色社会主义思想为指导，全面贯彻党的二十大精神，贯彻落实党中央关于加快建设网络强国、数字中国决策部署，立足新发展阶段，贯彻新发展理念，构建新发展格局，以推动高质量发展为主题，以深化供给侧结构性改革为主线，以满足人民日益增长的美好生活需要为根本目的，充分发挥市场在资源配置中的决定性作用，更好发挥政府作用，用好各项纾困政策，调动市场积极因素，大力发展数字经济，深入发展智慧旅游，提升常态化监管水平，支持在线旅游平台经营者在引领发展、创造就业中大显身手。坚守安全底线，加强行业自律，推动在线旅游市场高质量发展。

2. 基本原则和主要目标

坚持安全底线、以人为本、协调发展和创新引领的基本原则，积极发挥在线旅游的枢纽和引领作用，加快推进智慧旅游发展，推动旅游业创新发展，促进新技术应用和迭代创新，创造更多新就业形态和新就业岗位，成为旅游产业升级和旅游消费激发的新引擎，提升行业管理的数字化水平，推动中国在线旅游行业发展处于国际领先地位。

(二)重点任务

1. 突出工作重点，营造良好的市场环境

(1)加强内容安全审核。指导在线旅游平台经营者强化平台内经营者资质审核，对市场主体、行政许可资质等信息进行真实性核验，记录并保存旅游合同履行情况、投诉处理情况。督促在线旅游平台经营者及平台内经营者加强审核人员培训、网络安全等级保护建设和信息内容审核，确保平台信息内容安全。

(2)筑牢生产安全底线。要求在线旅游经营者完善安全生产管理制度和应急预案，对上架的旅游产品或者服务做好风险监测和安全评估，从预警识别、算法推荐、举报处理、内容审核、风险提示等多环节加强产品安全保障，对涉及旅游者数量多、容易造成人群聚集、可能存在安全风险隐患或旅游者投诉集中的产品提前进行核验。发生突发事件或旅游安全事故，应立即采取必要措施，并配合有关部门做好救助、调查和善后处置工作。

(3)保障游客合法权益。贯彻落实相关法律法规和政策要求，引导在线旅游经营者诚信经营、公平竞争，提高旅游产品和服务质量。加强旅游者个人敏感信息保护，防止超出合理经营需要收集旅游者个人信息，采取切实措施避免大数据杀熟、虚假宣传、虚假预订等侵害旅游者权益行为。强化对未经许可从事旅行社业务经营活动、“不合理低价游”等违法违规产品的监测、发现、判定

和处置，维护正常的行业秩序，切实保障旅游者合法权益。

（4）促进行业协调发展。规范在线旅游平台经营者与平台内经营者合作模式，实现协同良性发展。引导在线旅游平台经营者合理确定支付结算、平台佣金等服务费用，与平台内经营者平等协商、充分沟通，带动支持平台内经营者发展，降低平台内经营者经营成本，对星级旅游饭店、A级旅游景区、等级旅游民宿、国家级旅游休闲城市和街区、国家级旅游度假区、国家级夜间文化和旅游消费集聚区、国家级滑雪旅游度假地、全国乡村旅游重点村镇及优质小微商户给予一定的标签展示和推荐，推动旅游经营者数字化转型升级。发挥在线旅游经营者要素资源整合和产品开发优势，参与开发精品旅游线路和非遗、体育、文化等主题旅游线路，参与宣传推介红色旅游、乡村旅游、研学旅游、生态旅游、冰雪旅游、海洋旅游、康养旅游、老年旅游、露营旅游等。引导在线旅游经营者积极参与旅游市场宣传推广活动和旅游公益广告作品展播，开展旅游新理念宣传引导。

2. 完善监管手段，依法规范市场秩序

（1）加强市场监管巡查。建立健全以在线旅游平台经营者为核心的产业链监管机制，完善网络巡查、动态监测、情况通报、行政指导、行政约谈、问题移交等闭环监管机制，推进在线旅游产品和服务标准建设，规范在线旅游市场秩序。重点巡查在线旅游经营服务信息内容安全，未经许可从事旅行社业务经营活动，售卖“不合理低价游”产品，违规收集、利用用户个人信息等问题，对存在问题的在线旅游经营者通过行政约谈、行政指导等方式予以提醒、警示、制止，发现违法行为线索及时移交执法部门依法查处。

（2）强化执法监督检查。各级文化和旅游行政部门应当按照线上线下一体化监管原则，建立日常检查、定期检查以及与相关部门联合检查的监督管理制度，依法对在线旅游经营服务实施监督检查，查处违法违规行为。加强在线旅游市场“双随机、一公开”执法监管，及时、准确、规范公开抽查事项、抽查计划、抽查结果。探索建立案件会商和联合执法、联合惩戒机制，实现事前事中事后全链条监管。加强社会监督，探索公众和第三方专业机构共同参与的监督机制，推动提升在线旅游经营者合规经营情况的公开度和透明度。

（3）提升信用监管效能。加强和改进信用监管，依法依规对失信主体实施管理措施，强化信用监管的震慑作用。组织开展企业信用评价，推进分级分类监管。鼓励在线旅游经营者主动向社会作出信用承诺，将守信情况纳入质量等级评定。加强在线旅游行业诚信文化建设，树立一批诚信典型企业。支持在线旅游经营者参与“信用经济”发展试点工作，发挥在线旅游平台的数据优势。

（4）提高数字监管效能。完善文化和旅游市场政务服务“好差评”系统，健全好评激励机制和差评处理督导机制，推动涉企事项“一网通办”。依托全国旅游监管服务平台构建业务全量覆盖、信息全程跟踪、手段动态调整的在线旅游信息化监管机制，建立违法线索线上发现、流转等非接触式监管机制。通过全国文化市场技术监管与服务平台，对举报投诉线索进行分类处置，依法督促市场主体及时整改，并将违法违规线索交属地执法部门进行查处。开展在线旅游市场风险监测、识别、分析、响应、处置，及时发布风险提示信息，推动在线旅游经营者使用标准化旅游电子合同，推广实施《旅游电子合同管理与服务规范》标准，加强监管信息归集共享。

3. 加强扶持引导，促进行业高质量发展

（1）用好纾困扶持政策。指导在线旅游经营者用好文化和旅游业恢复发展纾困扶持政策。做好普惠性减税降费政策在旅游业领域的落地实施，鼓励银行业金融机构合理增加在线旅游经营者有效信贷供给。加大政策宣传解读力度，指导在线旅游平台经营者运用网络技术手段，向平台内经营者推送涉企优惠政策。用好财政奖补、项目投资、消费促进、政务服务等措施手段，支持在线旅游经营者参与文化和旅游消费惠民活动，增强发展信心。

（2）创新旅游金融服务方式。落实《关于金融支持文化和旅游行业恢复发展的通知》相关政策，推进银行等金融机构与在线旅游平台经营者合作，综合考虑在线旅游平台的数字管控能力以及平台内小微经营者的经营和信用等情况，为平台内小微经营者提供综合授信、业务贷款、装备赊销、信用贷款、融资租赁和保理等产业链金融服务；加强旅游消费类金融产品创新，为旅游者提供便利的产品分期贷款、小额消费信贷、先游后付等消费金融服务，加大旅游消费金融产品的宣传和合规教育，激发在线旅游平台的金融支撑能力和消费拉动能力。

（3）探索平台经营旅游预售业务。探索具备业务流程数字化和供应商信用评估能力的在线旅游平台经营者依法经营旅游产品预售业务，规范平台内经营者的旅游产品预售业务，进一步强化产业链的数字化管理水平。督促在线旅游经营者切实履行优先退赔承诺、供应商和产品审核义务、旅游产品的退改义务，加强预售资金监管，防控过度销售、履约困难和集资诈骗等潜在风险。

（4）引领行业创新发展。推动在线旅游经营者深度应用5G、人工智能、大数据、云计算、区块链等新技术，以科技引领行业创新发展。支持在线旅游平台经营者承担旅游服务新基建功能，引导旅游资源优化配置，以产品和内容为载体开展业态创新融合，赋能中小旅游经营者创新发展，推动旅游经营者数字化转型升级。推动在线旅游数字化营销，支持在线旅游经营者利用网络直播、短视频平台开展线上旅游展示活动，发展线上数字化体验产品，打造沉浸式旅游体验新场景，培育智慧旅游沉浸式体验新空间，推动乡村振兴、文旅融合、文明旅游、旅游公共服务取得新进展。支持在线旅游经营者与国家级夜间文化和旅游消费集聚区、国家对外文化贸易基地加强协同协作。

（5）加强行业组织建设。支持在线旅游经营者成立行业协会，推动行业自律，督促相关经营者依法合规经营。发挥行业协会在权益保护、纠纷处理、信用建设等方面的作用。鼓励行业协会参与制定国家标准、行业标准、自律公约，开展人才培养培训、市场发展研究、组织交流等工作。推动出台在线旅游行业和产品规范等相关标准。支持在线旅游经营者制定有利于提高产品和服务质量的企业标准。同时，围绕内容安全、生产安全、疫情防控等工作，加强在线旅游经营者管理人员培训，引导在线旅游经营者在旅游标准化、国际化过程中发挥作用。

五、关于推动非物质文化遗产与旅游深度融合发展

2023 年 2 月 17 日，为深入贯彻落实党的二十大精神和习近平总书记关于非物质文化遗产保护工作的重要指示精神，落实中共中央办公厅、国务院办公厅印发的《关于进一步加强非物质文化遗产保护工作的意见》以及《“十四五”旅游业发展规划》《“十四五”非物质文化遗产保护规划》要求，推动非物质文化遗产与旅游深度融合发展，《文化和旅游部关于推动非物质文化遗产与旅游深度融合发展的通知》（文旅非遗发〔2023〕21 号）发布实施。

（一）总体要求

要以社会主义核心价值观为引领，坚持以文塑旅、以旅彰文，牢牢把握非物质文化遗产保护传承和旅游发展的规律特点，在有效保护的前提下，推动非物质文化遗产与旅游在更广范围、更深层次、更高水平上融合，让旅游成为弘扬中华优秀传统文化、不断铸牢中华民族共同体意识、促进人的全面发展、服务人民高品质生活的重要载体。

在旅游发展中，要尊重非物质文化遗产的形式和内涵，保护非物质文化遗产的传承环境和空间，保障传承群体的合法权益，为传承群体参与旅游发展提供便利条件，促进非物质文化遗产长久保护和永续利用。

在非物质文化遗产保护传承中，要坚持创造性转化和创新性发展，积极适应当代旅游需求和旅游所带来的生产生活方式的变化，不断提高传承发展利用水平，持续为旅游提供丰富的文化资源。

在非物质文化遗产和旅游深度融合发展中，要弘扬非物质文化遗产所蕴含的人类共同价值观念和思想情感，讲好中华优秀传统文化故事，推动中华文化更好地走向世界。

（二）重点任务

1. 加强项目梳理

非物质文化遗产具有深厚的文化内涵、独特的表现形式、鲜明的地域和民族特色，很多非物质文化遗产代表性项目具备与旅游融合发展的良好基础。各地文化和旅游行政部门要对本地区各级非物质文化遗产代表性项目进行梳理，遴选体现中华优秀传统文化核心思想理念、传统美德、人文精神，为当地民众广泛认可、特色鲜明的非物质文化遗产代表性项目，建立非物质文化遗产与旅游融合发展推荐目录并向社会公布，为旅游发展提供优质的非物质文化遗产资源。

2. 突出门类特点

非物质文化遗产涉及不同门类，要找准各门类非物质文化遗产与旅游融合发展的契合处、联结点。深入挖掘民间文学的价值和精神内涵，讲好当地传说故事，让游客了解地方历史文化。鼓励面向游客开展传统表演艺术类非物质文化遗产展演。积极开发传统工艺产品，丰富旅游商品内涵。将传统体育、游艺纳入旅游体验。依托传统医药类非物质文化遗产发展康养旅游。挖掘饮食类非物质文化遗产的丰厚内涵，让游客体验当地民众的生活方式，体会中国人顺应时节、尊重自然、利用自然的思想理念和独特智慧。发挥传统节日、民俗活动参与性强的特点，让游客感受当地民风民俗，提升中华文化认同感。

3. 融入旅游空间

非物质文化遗产的有机融入能进一步丰富旅游景区、度假区、休闲街区、乡村旅游重点村镇、红色旅游经典景区等旅游空间的文化内涵，提升文化底蕴。对在旅游空间范围内传承的非物质文化遗产代表性项目，要加强保护传承，提升展示利用水平。鼓励从当地非物质文化遗产与旅游融合发展推荐目录中选择适合的代表性项目进旅游空间，从其他地区引入非物质文化遗产项目要适合本地文化生态，被当地群众和游客接受认可，避免生搬硬套、简单移植和同质化发展。要为传承人在旅游空间开展传承实践和旅游服务提供便利条件，鼓励传承人参与旅游管理。要将旅游空间作为展示弘扬中华优秀传统文化的重要载体，面向国外游客讲好中国故事，提升中华文化国际传播效能。推动建设一批特色鲜明、氛围浓厚、当地群众和游客认可的非物质文化遗产特色景区。

4. 丰富旅游产品

支持将非物质文化遗产与乡村旅游、红色旅游、冰雪旅游、康养旅游、体育旅游等结合，举办“非遗购物节”“非遗美食节”等活动，发展非物质文化遗产旅游。鼓励将非物质文化遗产或相关元素融入国家文化产业和旅游产业融合发展示范区、夜间文化和旅游消费集聚区、主题公园、旅游饭店，融入机场、高铁站、高速公路服务区、游客服务中心等相关基础设施建设。鼓励将旅游民宿与非物质文化遗产资源有效对接，推出一批体现非物质文化遗产特色的旅游民宿。鼓励旅游演艺创作从非物质文化遗产中汲取灵感和素材，将非物质文化遗产蕴含的核心思想理念、传统美德、人文精神，运用丰富的艺术形式进行当代表达。鼓励旅行社等旅游企业制作相关非物质文化遗产导游词、宣传册、宣传视频等，提升旅游目的地吸引力。

5. 设立体验基地

参与体验非物质文化遗产是游客深度认知、学习非物质文化遗产的有效途径，也能促进非物质文化遗产传承传播。非物质文化遗产馆、传承体验中心（所、点）、非遗工坊、项目保护单位等设施场所要增强互动演示、体验教学等功能，面向游客提供体验、研学等旅游服务，让游客切身感受中华优秀传统文化的独特魅力。鼓励聘请传承人作为专（兼）职讲解员，为游客演示、讲解非物质文化遗产。“十四五”期间，文化和旅游部将遴选特色鲜明、服务成效显著、群众广泛认可的非物质文化遗产设施场所和提供非物质文化遗产体验、研学等服务的旅游相关场所，设立一批国家级非物质文化遗产体验基地。

6. 保护文化生态

文化生态保护区、传统村落、古街、古镇是非物质文化遗产得以孕育生存和传承发展的重要空间。鼓励文化生态保护区和有条件的传统村落、古街、古镇设立非遗工坊、展示厅、传承体验所（点）、代表性传承人工作室等，因地制宜与旅游融合发展，让传承人、村民、居民成为旅游的主要参与者和受益者。创新民族村寨非物质文化遗产展示利用方式，树立和突出各民族共享的中华文化符号和中华民族形象，向游客讲好中华民族共同体、中华文明多元一体的故事。秉持“见人见物见生活”理念，保障当地村民、居民的生活，保护好非物质文化遗产相关的实物和场所，保护文化生态不受破坏。依托传统礼仪、传统节日等发展旅游，应尊重非物质文化遗产相关群体意愿和当地风俗习惯。

7. 培育特色线路

支持在已有旅游线路中有机融入非物质文化遗产展示体验等内容。推出非物质文化遗产特色旅游线路，加强推介宣传，发挥典型带动和示范引领作用。

支持旅行社等旅游企业以文化生态保护区、非物质文化遗产体验基地、特色景区、特色村镇、特色街区为点位，与相关传承人开展合作，培育一批满足游客需求、具有鲜明非物质文化遗产特色的旅游线路。支持围绕传统节日、“文化和自然遗产日”等时间节点和非物质文化遗产重点活动，围绕长城、大运河、长征、黄河、长江国家文化公园建设推出非物质文化遗产特色旅游线路。

8. 开展双向培训

双向培训是增进非物质文化遗产保护领域和旅游行业相关群体之间相互了解、促进交流合作的重要渠道。要将旅游相关业务内容纳入非物质文化遗产保护培训范围，帮助传承人、保护工作者了解旅游行业特点、政策法规、运营模式、游客需求等，提高传承传播非物质文化遗产的意识和能力，增进传承人对其持有的非物质文化遗产价值意义的认识。要将非物质文化遗产内容纳入旅游行业培训范围，帮助导游、讲解员、旅游开发者等了解非物质文化遗产法律法规、知识内涵和保护理念，提高在旅游中合理利用和传播非物质文化遗产的意识和能力，引导旅游从业人员和游客欣赏、尊重、认同和传播非物质文化遗产。

第三节　关于加强旅游安全管理

一、关于进一步加强和改进旅游客运安全管理工作

2021 年 1 月 13 日，为深刻吸取近年来发生的重特大事故教训，有力防范化解旅游客运安全风险，坚决遏制重特大事故发生，保障人民群众生命财产安全，交通运输部办公厅、公安部办公厅、商务部办公厅、文化和旅游部办公厅、应急管理部办公厅、市场监管总局办公厅联合印发了《关于进一步加强和改进旅游客运安全管理工作的指导意见》(交办运〔2021〕6 号)。

(一)总体要求

以习近平新时代中国特色社会主义思想为指导，深入贯彻党的十九大和十九届二中、三中、四中、五中全会精神，从源头准入、事中事后监管、基层基础等环节补齐短板，严格落实旅游客运相关企业安全生产主体责任和相关管理部门监管责任，加强源头治理、综合治理、精准治理，着力解决基础性、源头性、瓶颈性问题，在做好旅游客运常态化疫情防控的基础上，全面提升旅游客运安全发展水平，推动旅游客运安全生产形势持续向好，有效推动旅游客运高质量发展，不断增强人民群众旅游出行获得感、幸福感、安全感。

（二）规范开展市场准入

1. 规范道路客运市场主体登记管理

市场主体拟从事道路客运活动的，营业执照统一登记为“道路旅客运输经营”，并书面承诺在取得许可前不擅自从事相关经营活动。全面排查现有登记从事道路客运活动的市场主体许可资质，对不具备道路客运经营许可资质的，通过政府网站等渠道向社会公开信息。

2. 规范旅游客运许可管理

加强对旅游客运市场供求状况及发展趋势的分析研判，依法依规完善包车客运运力投放规则。对依法取得道路客运经营许可资质的市场主体，相关许可信息通过国家企业信用信息公示系统归集于市场主体名下并向社会公示。

3. 规范客车使用性质登记管理

机动车所有人申请机动车使用性质登记为公路客运、旅游客运时，公安机关核对交通运输主管部门提供的道路客运经营资质信息和车辆使用性质信息。全面梳理排查现有登记为公路客运、旅游客运的车辆，对未办理道路运输证且不符合办理条件的，告知机动车所有人办理车辆使用性质变更。

（三）强化事中事后监管

1. 严格旅游包车和团组监管

旅行社、旅游包车企业在包租车辆环节互查企业、车辆、从业人员资质资格。全面推行旅行社用车“五不租”制度（不租用未取得相应客运经营许可的经营者车辆、未持有效道路运输证的车辆、未安装卫星定位装置的车辆、未投保承运人责任险的车辆、未签订包车合同的车辆）。推动实现旅游包车客运标志牌和旅游团组行程单信息共享比对，运用“电子围栏”等技术强化精准监管。

2. 强化旅游客运监管执法

交通运输部门从严查处脱离动态监控运行、非法营运等违法经营行为，非法营运情节严重的，提请市场监管部门依法吊销其营业执照。公安机关从严查处“三超一疲劳”、行车中使用手机等道路交通违法行为，严厉打击涉旅犯罪行为。文化和旅游部门依法查处旅行社和导游无证经营、向无相应许可资质的客运企业等不合格供应商订购服务等违法行为。

3. 严格旅游客运车辆全周期管理

督促相关检验检测机构严格按照国家有关技术标准开展旅游包车检验检测。加强报废机动车回收拆解企业管理，依法查处非法拆解活动。加强市场流通环节的关键零部件质量抽查，对发现的质量问题依法严肃查处。鼓励出台老旧客车淘汰更新政策，引导使用年限较长的旅游包车加快淘汰。

4. 严肃安全生产事故调查和隐患治理

依法严格开展旅游客运有关事故调查，督促旅行社、旅游包车企业等相关市场主体整改隐患、堵塞漏洞，依法严肃追究相关责任。要深化安全生产事故约谈工作。对发生安全生产责任事故或者存在重大安全隐患企业依法实施挂牌督办。通过信用分级分类加强重点监管、精准监管，推动失信联合惩戒。

（四）强化企业主体责任落实

1. 规范旅行社安全管理

督促旅行社选择具有合法运营资质、安全记录良好的地接社承接当地旅游服务，要求地接社使用具备相应资质的旅游包车企业和车辆；提前对旅游线路进行安全评估，合理安排时间和行驶路线；严格落实《旅行社行前说明服务规范》，把好旅游团队“组团关、行程关、落地关”。

2. 规范旅游包车企业安全管理

督促旅游包车企业严格落实安全生产主体责任，健全安全生产责任制，统一车辆技术管理、人员聘用管理、车辆调度、动态监控，规范签订包车合同，严禁旅游包车挂靠经营；科学制定运输计划，保障驾驶员充足休息；及时发现、纠正和处理旅游包车违规行为和不安全驾驶行为；加强旅游包车非运营时段的管理，严防从业人员私自招揽客运业务违法经营。

3. 强化游客出行安全告知

督促旅游包车企业通过驾驶员口头告知或者播放安全告知音像资料等方式，严格执行客运安全告知制度。督促旅行社落实安全事项告知责任，在与游客订立旅游合同时，明确提示并约定有关安全事项，并在行前说明会、行程中重申严禁携带违禁物品乘车、按规定使用安全带等注意事项。

4. 加强从业人员队伍建设

督促相关经营者加强旅游包车驾驶员、导游等关键岗位从业人员聘用管理和教育培训，聚焦典型事故案例、相关法律法规、非定线旅游客运特点等，提升培训针对性；关注旅游包车驾驶员身心健康状况，发现不适应驾驶工作的，应及时调整工作安排。

（五）强化政府和社会共治

1. 深化部门协同

各地有关部门要提高思想认识，树立“一盘棋”思想，加强部门协同，形成工作合力，建立健全联合会商、联合约谈、执法协作、信息共享、线索移送、行刑衔接等工作机制，加快形成“权责一致、分工负责、同频共振、综合治理”的旅游客运安全管理格局。

2. 完善保障措施

各地有关部门要结合落实全国安全生产专项整治三年行动，积极推动旅游客运安全管理工作纳入地方政府年度工作重点，强化人力、物力和财力保障，强化督促指导和责任考核，确保各项工作任务完成到位。

3. 加强宣传引导

各地有关部门要在客运场站、旅游场所、旅行社办公场所，利用广播、电视、新媒体等渠道，加强社会宣传，引导游客提升安全文明出行、防范应对公共安全事件的意识和技能，自觉选择合法旅行社和旅游包车、规范使用安全带、禁止携带违禁物品乘车。充分发挥政务服务热线作用，强化社会监督。要指导道路运输、旅游等相关行业协会加强行业自律，引导市场主体守法诚信经营，坚决抵制侵害旅客、游客合法权益的各类行为。

二、关于进一步规范旅游客运安全带使用

2023 年 1 月 31 日，为深入贯彻落实党中央、国务院关于安全生产工作的决策部署和《“十四五”全国道路交通安全规划》（安委办〔2022〕8 号）有关要求，着力防范化解旅游和道路交通领域重大安全风险，文化和旅游部办公厅、公安部办公厅、交通运输部办公厅联合印发《关于进一步规范旅游客运安全带使用保障游客出行安全有关工作的通知》（办市场发〔2023〕20 号）。

（一）提高思想认识，加强组织领导

规范使用安全带，对于增强公众安全文明出行意识、提升驾乘人员安全防护水平、有效降低道路交通事故死亡风险具有重要作用。各地文化和旅游、公安、交通运输部门要深入贯彻落实习近平总书记关于安全生产的重要指示精神，统筹发展和安全，坚持人民至上、生命至上，进一步提高做好规范安全带使用工作重要性的认识，牢固树立“隐患就是事故”理念和事前预防、主动防控思想，全面推进游客出行期间全程规范使用安全带，以“小切口”解决安全生产“大问题”，全力防范化解旅游和道路交通重大安全风险，遏制重特大事故，切实保障人民群众生命财产安全。

（二）坚持依法治理，严格责任落实

1. 严格安全带使用合同约定

各地文化和旅游部门要督促指导旅行社将游客规范使用安全带作为旅游安全全链条管理的重要环节，在与旅游包车企业订立合同时，对完善安全管理制度、加强游客出行安全管理和服务、规范使用安全带等进行明确约定，落实安全事项告知责任。

2. 严格车辆安全带技术状况管理

各地交通运输、公安部门要督促指导旅游客运企业、包车客运企业（以下统称“旅游包车企业”）认真落实《道路旅客运输企业安全管理规范》等规定，严格旅游客运、包车客运车辆（以下统称“旅游包车”）技术管理，加强车辆技术状况检查维护，定期检查包括车内安全带在内的应急装置、安全设施，确保安全带配备齐全有效。对安全带残缺不全、装置损坏、座套遮挡等问题导致无法正常使用的，旅游包车企业要立即采取措施纠正，安全带恢复正常使用功能前不得安排运输任务。各地公安部门要督促机动车检验检测机构严格按照《机动车安全技术检验项目和方法》（GB 38900—2020）标准开展检验检测，客车安全带无法正常有效使用的，不得通过安全技术检验。鼓励引导旅游包车企业安装乘员不系安全带报警装置。

3. 严格安全带使用提醒和检查

各地文化和旅游部门要督促旅行社在游客行前说明中，对规范使用安全带等注意事项作重点说明，导游在发车前（包含车辆途中休息再次发车时）应当提醒游客全程系好安全带，并在行车途中特别是行经高速公路、危险路段时监督提醒游客检查、系好安全带；对不听劝导、坚持不使用安全带的，在车辆安全停靠的前提下，与驾驶员共同做好劝导服务。鼓励同行游客加强安全带使用相互提醒。各地交通运输部门要督促旅游包车企业严格执行客运安全告知制度，在行车前通过驾驶员口头告知或者播放安全告知音像资料等方式，提醒游客行车中按规定使用安全带。定线旅游客运车辆在客运站发车的，客运站经营者要严格落实“三不进站、六不出站”要求，确保出站游客系好安全带。

4. 严格安全带使用执法检查

各地公安部门要持续深化“一盔一带”安全守护行动，以高速公路收费站、服务区、景区周边道路等大中型客车通行集中的路段为重点，加大现场执法检查力度，依法查处纠正驾驶员和游客不按规定使用安全带等违法违规行为；要坚持宣传教育与执法劝导相结合，督促引导旅游包车企业及客运驾驶员自觉增强交通安全意识，规范使用安全带。各地交通运输部门要加强对旅游包车企业、客运站的监督检查，督促落实安全带配备及检查维护要求、安全告知制度。各地文化和旅游部门要把督促游客规范使用安全带情况作为检查旅行社安全工作的重要内容，将未履行督促游客系好安全带的旅行社、导游纳入文明旅游评价范围；将信用管理与行政处罚协同推进，依法依规开展失信主体认定；依法查处未经许可经营旅行社业务、向无相应许可资质的客运企业等不合格的供应商订购产品和服务的违法行为。

5. 严格事故倒查和曝光警示

对已经发生的旅游包车安全事故，各地公安、交通运输、文化和旅游部门要根据事故调查结果，依法依规追究相关企业单位和人员责任。对安全责任落实不到位、安全带使用问题突出、安全事故多发、用车“五不租”制度（不租用未取得相应客运经营许可的经营者车辆、未持有效道路运输证的车辆、未安装卫星定位装置的车辆、未投保承运人责任险的车辆、未签订包车合同的车辆）不落实的旅行社和旅游包车企业，加大警示曝光力度，压实企业安全生产主体责任。要督促旅游包车企业、旅行社全面落实安全带源头有效配备、事前合同约定、行程前和行程中提醒劝导等关键制度措施。

（三）强化综合治理，形成社会共治

1. 深化部门协同

各地文化和旅游、公安、交通运输部门要提高思想认识，树立“一盘棋”思想，加强组织领导，强化部门协同，形成工作合力，建立健全联合会商、联合约谈、执法协作、信息共享、线索移送、行刑衔接等工作机制，加快形成游客出行安全综合治理格局。

2. 加强宣传引导

各地文化和旅游、公安、交通运输部门要利用多种渠道、多种方式加强社会宣传，引导游客安全文明出行，乘车期间全程规范使用安全带。充分发挥政务服务热线作用，强化社会监督。发挥旅游、交通运输等相关行业协会作用，强化行业自律，引导市场主体严格落实规范安全带使用工作，持续提升游客出行安全保障能力和水平。

三、关于剧本娱乐经营场所消防安全

2023 年 4 月 6 日，为明确剧本杀、密室逃脱等剧本娱乐经营场所有关消防安全要求，强化安全主体责任，提升消防安全管理水平，国家消防救援局、文化和旅游部联合制定了《剧本娱乐经营场所消防安全指南（试行）》。

（一）消防安全基本条件

1. 应当严格设置地点

剧本娱乐经营场所（以下简称“场所”）所在建筑应当为合法建筑，不得设置在地下二层及以下楼层；不得设置在住宅建筑内；不得设置在“三合一”场所（住宿与生产、储存、经营合用场所）、彩钢板建筑和村（居）民自建房内；不得与生产、储存、经营易燃易爆危险品场所设置在同一建筑物内；不得毗连甲乙类危险品仓库。经营服务对象主要为儿童的场所不得设置在地下、半地下或地上四层及以上楼层。

2. 应当设置火灾自动报警系统、灭火器等消防设施器材

场所消防设施的设置不低于其所在建筑的设置标准。场所应设置火灾自动报警系统。设置在首层、二层和三层且任一层建筑面积大于 300m^2，或设置在地下、半地下，或设置在地上四层及以上楼层的场所应设置自动喷水灭火系统。建筑面积 50m^2 以上的房间、建筑内长度大于 20m 的疏散走道应具备自然排烟条件或设置机械排烟设施。场所每 50m^2 应配置至少 1 组 2 具 5kg 以上 ABC 类干粉灭火器，每组最大保护距离不应大于 15m。

3. 应当设置消防应急照明、疏散指示标志等疏散设施

场所应设置满足照度要求的消防应急照明灯和灯光疏散指示标志。场所应在明显位置设置安全疏散指示图。场所的安全出口和楼梯的设置应符合《建筑设计防火规范》（GB 50016—2014）的有关规定。建筑面积大于 50m^2 的房间，其疏散门数量不应少于 2 个。疏散门净宽度不应小于 0.90m，疏散走道和楼梯净宽度不应小于 1.10m。

4. 应当设置视频监控系统

场所应设置游玩场景全覆盖且 24 小时可视监控系统，并安排专人值班。监控值班区不得设置在游玩场景区域。

5. 应当提示提醒消费者安全要求

场所应事前告知消费者消防安全注意事项、火灾逃生和应急疏散路线。密室逃脱应当为消费者配备对讲机、定位器，确保发生火灾事故时能够快速定位搜救被困人员并及时安全疏散。

6. 应当实施防火分隔

场所的疏散走道两侧应设置耐火极限不低于 1.00h 的防火隔墙分隔。场所与所在建筑内其他功能场所应采取有效的防火分隔措施，当确需局部连通时，墙上开设的门、窗应采用乙级防火门、窗或防火卷帘分隔。严禁采用夹芯材料燃烧性能低于 A 级的彩钢板作为布景材料。

7. 应当设置一键开锁装置

密室逃脱应设置一键启动全部开锁功能，发生火灾时能将场所内所有密码锁、电子锁、门禁系统一键全开。

（二）消防安全管理

1. 应当落实消防安全责任

场所应落实全员消防安全责任制，制定消防安全制度，明确消防安全管理人员，负责场所日常消防安全工作。每局剧本娱乐活动结束后必须进行一次防

火巡查，至少每月进行一次全面防火检查，定期对消防设施进行维护检测。营业结束后，应当对重点部位进行全面检查并切断非必要电源。场所设置在大型商业综合体或者与其他场所在一栋建筑合并设置时，应明确统一管理的消防制度和责任，明确消防设施联合管理要求。

2. 应当制定应急预案并开展演练

场所应制定灭火和应急疏散预案，每半年至少组织开展一次全员灭火和应急疏散演练，并应分别选定白天与夜间开展演练。鼓励场所建立微型消防站，或者与所在建筑消防控制室和微型消防站建立应急联动机制。场所设置在大型商业综合体或者与其他场所在一栋建筑合并设置时，应建立火灾联动响应处置机制，开展联合消防演练。

3. 应当组织消防安全培训

场所每年至少开展一次消防安全培训，从业人员应掌握本场所火灾风险和消防安全常识，熟练掌握消防设施操作使用方法，知晓“119”火警报警方法，具备扑救初期火灾的能力和组织人员应急疏散逃生的能力。新员工上岗时应经过消防安全培训。

（三）用火用电安全管理

1. 不得违规使用明火

场所内严禁吸烟，严禁烧纸、点蜡、焚香等违规使用明火行为，严禁在场所内燃放烟花爆竹和冷烟花等物品，严禁携带火种、火源进入游玩场景，严禁因剧情布景需要临时动用明火。营业期间，严禁电焊、气焊、切割等动火施工作业。非营业期间动火施工作业应经动火审批，严格落实现场安全监护措施。

2. 不得违规使用电器设备

不得将电气线路、插座、电气设备直接敷设在易燃可燃材料的内部及表面，不得因剧情布景需要违规敷设电气线路。严禁超负荷使用电气设备。场所电气线路、装置的设计与敷设应由具备电气设计施工资质的机构或人员实施，并采用合格的电器设备、电气线路。

3. 不得违规使用照明灯具

严禁违规使用卤钨灯、金属卤化物灯等高温照明灯具，灯具应按照要求设置防护罩。场所使用的灯具与易燃可燃装饰造型物、模型道具应保持安全距离。

4. 不得违规充电

电动自行车、电动平衡车等蓄电池驱动设备及其蓄电池严禁在场所内、楼梯间、走道、安全出口停放、充电。具有蓄电功能的游戏娱乐设施，不得在营业期间充电。

（四）易燃易爆可燃物安全管理

1. 不得采用易燃可燃材料装修装饰

场所室内装修材料应符合《建筑内部装修设计防火规范》（GB 50222—2017）的有关规定，不得采用聚氨酯泡沫、聚苯乙烯等易燃可燃装修材料。不得违规使用易燃可燃挂件、塑料仿真植物、氢气球、模型道具等易燃可燃装饰造型物。

2. 不得带入、储存易燃易爆危险品

除少量消毒使用酒精外，场所严禁带入、储存易燃易爆危险品。严控泡沫人造雪、彩带喷雾发泡剂的使用。空气清新剂、杀虫剂应安全存放、使用。

3. 不得违规使用燃油燃气

场所内严禁存放、使用瓶装液化石油气。不得设置使用燃油、燃气的厨房，场所内不应敷设可燃气体管道和甲、乙、丙类液体管道。

（五）安全疏散管理

1. 不得封堵疏散通道、安全出口

场所应保持疏散通道、安全出口畅通，严禁占用、堵塞、封闭疏散通道、安全出口或者其他妨碍安全疏散行为。

2. 不得违规设置疏散门

场所的疏散门应采用向疏散方向开启的平开门，不应采用推拉门、卷帘门、吊门、转门、折叠门，严禁设置从内部无法开启的插销等装置。

3. 不得设置影响逃生的障碍物

场所严禁在疏散走道、安全出口、疏散楼梯、窗户设置栅栏、镜面反光材料和遮挡物等影响逃生和灭火救援的障碍物。

四、关于加强电竞酒店管理中未成年人保护

为认真贯彻落实《中华人民共和国未成年人保护法》（以下简称《未成年人保护法》）有关规定，根据最有利于未成年人原则，切实加强电竞酒店管理中未成年人保护工作，促进行业健康有序发展，文化和旅游部、公安部于 2023 年 8 月 3 日联合制定了《关于加强电竞酒店管理中未成年人保护工作的通知》（文旅市场发〔2023〕82 号）。

（一）提高政治站位，加强认识

1. 提高政治站位

党中央、国务院历来高度重视未成年人保护工作，习近平总书记和有关中央领导同志多次对未成年人保护工作作出重要指示批示。加强未成年人保护工

作，促进未成年人健康成长，是贯彻落实党中央、国务院决策部署并回应社会关切的重要举措，是各级政府管理部门肩负的重要职责。

2. 强化责任担当

各级文化和旅游行政部门、公安机关应当提高政治站位，主动担当作为，坚持问题导向，不断创新监管方式，既要坚决管住电竞酒店违规接待未成年人问题，又要秉持包容审慎原则，合理引导电竞酒店行业健康有序发展，做到守土有责、守土尽责。

（二）加强底线管理，严禁电竞酒店违规接待未成年人

1. 明确业态属性

本通知所称的电竞酒店是指通过设置电竞房向消费者提供电子竞技娱乐服务的新型住宿业态，包括所有客房均为电竞房的专业电竞酒店和利用部分客房开设电竞房区域的非专业电竞酒店。电竞酒店每间电竞房的床位数不得超过6张，计算机数量和入住人员不得超过床位数。

2. 严禁电竞酒店违规接待未成年人

专业电竞酒店和非专业电竞酒店的电竞房区域，属于不适宜未成年人活动的场所。电竞酒店经营者应当遵守《未成年人保护法》等有关法律法规，不得允许未成年人进入专业电竞酒店和非专业电竞酒店的电竞房区域。

（三）强化主体责任，严格落实未成年人保护规定

1. 设置禁入标志

专业电竞酒店经营者应当在酒店入口处的显著位置悬挂未成年人禁入标志；非专业电竞酒店经营者应当在相近楼层集中设置电竞房并划定电竞房区域，在电竞房区域入口处的显著位置悬挂未成年人禁入标志。电竞酒店经营者应当在前台显著位置和客房管理系统明示电竞房区域分布图。鼓励非专业电竞酒店经营者对电竞房区域进行物理隔离、电梯控制，防止未成年人擅自进入。

2. 履行告知义务

电竞酒店经营者应当在消费者预订、入住等环节明确告知其电竞房区域不接待未成年人；通过电子商务平台等开展客房预订的，应当以显著方式提示消费者电竞房区域不接待未成年人。电子商务平台经营者应当核验电竞酒店提示信息。

3. 落实“五必须”规定

电竞酒店非电竞房区域接待未成年人入住时，经营者应当严格落实“五必须”规定：必须查验入住未成年人身份并如实登记；必须询问未成年人父母或者其他监护人的联系方式并记录备案；必须询问同住人员身份关系等情况并记录备案；必须加强安全巡查和访客管理，预防对未成年人的不法侵害；必须立即向公安机关报告可疑情况，并及时联系未成年人的父母或者其他监护人，并同时采取相应安全保护措施。

4. 实施网络安全技术措施

电竞酒店经营者应当依法制定信息网络安全管理制度和应急处置预案，实施互联网安全保护技术措施。电竞酒店经营者应当设置禁止未成年人登录计算机、消费时长提示等功能，并通过网络技术措施服务提供者向文化和旅游行政部门提供电竞房分布、设置禁止未成年人登录功能以及阻断登录情况等可查询信息。

5. 实施图像采集技术措施

电竞酒店经营者应当按照有关规定，在大厅、前台、通道、电竞房区域主要出入口等公共区域内的合理位置安装图像采集设备并设置采集区域提示标识，加强检查值守，发现有未成年人违规进入电竞房区域的，要及时劝阻并联系其父母或者其他监护人。图像采集信息应当依法留存，不得不当披露、传播，并在文化和旅游行政部门等部门检查电竞房时提供查询。

6. 建立日常巡查制度

电竞酒店经营者应当建立日常巡查制度，发现有未成年人违规进入、未实名登记擅自进入等违法行为的，应当立即制止并分别向所在地县级文化和旅游行政部门、公安机关报告。文化和旅游行政部门、公安机关等有关部门有权依法对辖区内电竞酒店的电竞房实施监督检查，电竞酒店经营者应当配合，不得拒绝、阻挠。

（四）加强协同监管，形成未成年人保护合力

1. 建立协同监管机制

地方各级文化和旅游行政部门、公安机关应当会同相关部门，建立电竞酒店未成年人保护协同监管机制，加强信息通报、线索移送、执法联动等工作，引导督促经营者严格落实实名登记、设置未成年人禁入标志、禁止违规接待未成年人等要求，依法查处违规经营行为。公安机关在工作中发现电竞酒店经营者违规接待未成年人的，及时通报文化和旅游行政部门依法查处；文化和旅游行政部门在工作中发现电竞酒店经营者未落实实名登记及“五必须”规定的，及时通报公安机关依法查处。

2. 严格行政处罚

电竞酒店经营者违规接待未成年人或者未设置未成年人禁入标志的，由文化和旅游行政部门依照《未成年人保护法》第一百二十三条予以处罚。

电竞酒店非电竞房区域接待未成年人入住，或者接待未成年人和成年人共同入住时，未询问父母或者其他监护人的联系方式、入住人员的身份关系等有关情况的，由公安机关依照《未成年人保护法》第一百二十二条予以处罚。电竞酒店未取得特种行业许可证，擅自经营旅馆业的，由公安机关依照《中华人民共和国治安管理处罚法》第五十四条予以处罚，并对非法经营行为予以取缔。

3. 加强行业自律

电竞酒店有关行业协会应当加强行业自律，制定行业规范，开展培训教育，探索开展本领域的信用评价、服务等级评定工作，引导经营者严格落实《未成年人保护法》的有关规定。

4. 加强社会监督

社会公众可以依法向文化和旅游行政部门、公安机关反映电竞酒店违规接待未成年人等情况；鼓励和支持电竞酒店入住人员向文化和旅游行政部门、公安机关举报电竞酒店违规接待未成年人等线索。

第四节　关于以标准化促进餐饮节约反对餐饮浪费

2021 年 1 月 25 日，为认真贯彻落实习近平总书记关于坚决制止餐饮浪费行为的重要指示精神，发挥标准的引领和规范作用，支撑餐饮供应链绿色化、集约化发展，市场监管总局、商务部、文化和旅游部联合印发《关于以标准化促进餐饮节约反对餐饮浪费的意见》（国市监标技发〔2021〕7 号）。

一、建立健全节约型餐饮标准体系

加快建立覆盖餐饮食材采购、仓储、加工、运输配送、经营服务、餐厨回收等全产业链的节约型餐饮标准体系，重点补齐餐饮供应链和产业链重要基础国家标准。推动商贸、旅游行业主管部门完善本领域餐饮管理和服务行业标准。支持各地结合实际出台促进餐饮节约相关地方标准。鼓励相关社会团体、企业提出创新性举措，制定和实施要求更严、水平更高的团体标准、企业标准。

二、制定发布一批餐饮节约国家标准

支持促进餐饮节约相关国家标准快速立项。加快修订《餐饮企业质量管理规范》《旅游度假区等级划分》《旅游景区质量等级的划分与评定》等国家标准，在标准中增加反对餐饮浪费相关技术要求。组织制定餐饮供应链管理、外卖餐

品信息描述、绿色餐饮经营管理、旅游餐馆设施服务等级划分、网络配餐等一批国家标准，支撑打造集约高效的餐饮供应链，最大程度减少餐饮浪费。

三、全面提升餐饮企业标准化规范化水平

鼓励餐饮企业在实施相关国家标准、行业标准的基础上，建立健全覆盖食材采购、烹饪制作、餐饮服务、人员管理的企业标准体系，将节约理念贯穿餐饮企业运营、管理和服务的方方面面。健全绿色餐饮标准体系，开展绿色餐饮创建活动，鼓励各类主体参与绿色餐饮评价和监督工作。

四、积极推动网络餐饮节约标准创新发展

研制外卖餐饮绿色加工和配送标准，推广实施绿色可降解餐饮具标准。鼓励网络餐饮数字化、标准化建设，通过大数据等手段精准分析不同人群的口味和消费习惯，推动餐品信息标准化，方便消费者科学点餐。

五、大力开展旅游餐饮节约标准推广活动

修订旅游行业相关标准，在标准中增加餐饮节约有关内容，优化团餐设计，倡导光盘行动，在全行业宣传“适量点餐”“小份菜碟”等文明消费理念。

六、支持创建餐饮节约标准化试点

支持餐饮企业及上下游产业相关单位开展标准化试点，将促进餐饮节约作为试点创建的重要内容。及时总结各地标准化试点创建经验，培育打造一批餐饮节约标准化典型案例，支持餐饮节约标准化先进经验在全国复制推广。

七、不断完善餐饮节约标准实施监督体系

畅通标准实施信息反馈渠道，鼓励餐饮企业、旅游景区等通过标准信息公共服务平台向社会公开所实施的餐饮节约标准，接受社会监督。推动相关行业协会、科研机构、电商平台依据标准开展第三方评价，推介节约型餐饮服务组织。

八、持续营造餐饮节约标准化社会氛围

鼓励各地市场监管、商务、文化和旅游部门通过标准解读、标准培训、现

场交流会等多种方式，加大餐饮节约标准化宣传力度，推动当地餐饮企业、旅游景区等有效实施餐饮节约标准，在全社会营造厉行勤俭节约、反对餐饮浪费的浓厚氛围。

随堂练

第五章 宪法相关法的基本知识

法规文件

【学习目标】

了解《中华人民共和国宪法》序言的内容与效力、宪法确认的国家指导思想、发展道路、奋斗目标、根本任务，宪法的基本原则；《中华人民共和国宪法》《中华人民共和国国旗法》《中华人民共和国国歌法》《中华人民共和国国徽法》关于首都、国旗、国歌、国徽的规定。熟悉《中华人民共和国宪法》关于国家机构组织的构成、任期和权限划分的规定。掌握《中华人民共和国宪法》关于国家制度、公民的基本权利和基本义务的规定。

第一节 概 述

一、宪法的概念

宪法是规定国家根本制度和根本任务，规定国家机关的组织与活动的基本原则，确认和保障公民的基本权利，集中表现各种政治力量对比关系的国家根本法。

中华人民共和国成立后，我国先后颁行了四部宪法。现行《中华人民共和国宪法》（以下简称《宪法》）于 1982 年 12 月 4 日由第五届全国人大第五次会议通过，并根据 1988 年第七届全国人大第一次会议、1993 年第八届全国人大第一次会议、1999 年第九届全国人大第二次会议、2004 年第十届全国人大第二次会议和 2018 年第十三届全国人大第一次会议通过的《中华人民共和国宪法修正案》，进行了五次修正，从而更加臻于完善。

二、宪法的序言

（一）内容与效力

宪法序言在科学总结历史经验的基础上，规定了国家的根本任务以及实现根本任务的国内外有利条件，确定了四项基本原则，确认了宪法是国家的根本大法，具有最高的法律效力，全国各族人民、一切国家机关和武装力量、各政党和各社会团体、各企事业组织，都负有维护宪法实施的职责等。

宪法序言与宪法正文构成了一个有机整体，宪法序言对宪法条文具有统领性和指导性作用，规定了条文的基本价值和原则。宪法条文则是宪法序言规定的具体化、规范化。因此宪法序言作为宪法的重要组成部分，与条文一起构成宪法整体，具有最高法律效力。

（二）国家指导思想、发展道路、奋斗目标和根本任务

《宪法》在序言规定，国家的根本任务是，沿着中国特色社会主义道路，集中力量进行社会主义现代化建设。

中国各族人民将继续在中国共产党领导下，在马克思列宁主义、毛泽东思想、邓小平理论、“三个代表”重要思想、科学发展观、习近平新时代中国特色社会主义思想指引下，坚持人民民主专政，坚持社会主义道路，坚持改革开放，不断完善社会主义的各项制度，发展社会主义市场经济，发展社会主义民主，健全社会主义法治，贯彻新发展理念，自力更生，艰苦奋斗，逐步实现工业、农业、国防和科学技术的现代化，推动物质文明、政治文明、精神文明、社会文明、生态文明协调发展，把我国建设成为富强民主文明和谐美丽的社会主义现代化强国，实现中华民族伟大复兴。

三、宪法的基本原则

（一）坚持中国共产党的领导

我国现行宪法从历史、现实和未来三个维度，确立了中国共产党是我们一切事业领导核心的宪法地位。坚持中国共产党的领导是历史和人民的选择，是由我国的国体决定的，也是由中华民族伟大复兴崇高目标和国家根本任务决定的。

（二）人民主权原则

人民主权原则的基本内涵是，国家的最高权力属于人民，人民是国家的主人。《宪法》第二条第一款规定，中华人民共和国的一切权力属于人民。这一规定既是我国国家制度的核心内容和根本准则，也是人民主权原则的根本依据。

我国宪法是充分保障人民权利、实现人民当家作主的宪法，是人民的宪法。

（三）尊重和保障人权

人权，在本质上是指人之为人应该享有的权利，而基本人权是人权的核心部分。人权是人民当家作主的主体地位和根本利益的宪法化、法律化的表现形式，是人民幸福、人民利益、人民尊严的具体化、条文化和法治化。《宪法》第三十三条第三款规定，国家尊重和保障人权，并在“公民的基本权利和义务”专章中规定了公民在政治、经济、文化和社会生活方面的权利。

（四）社会主义法治

法治是相对人治而言的，指宪法和法律规定的治国理政的价值、原则和方式。它以社会公平正义为价值取向，以民主政治为基础，以宪法法律至上为前提，以尊重和保障人权为核心，以确保权力正当运行为重点，是人类政治文明进步的重要标志。《宪法》第五条第一款规定，中华人民共和国实行依法治国，建设社会主义法治国家。这一表述包括“依法治国”和“法治国家”两个部分。依法治国是法治的外在体现，它强调了法治的工具价值，即法治作为一种治国方略的治理功能。法治国家则体现了法治的精神和价值内涵。

（五）权力监督与制约

权力监督与制约原则是为确保人民的权力属于人民、避免权力滥用而设计各种制度和方法以规范和控制国家权力范围及其行使方式的原则。

（1）人民对国家权力的监督。其理论依据在于一切权力属于人民。《宪法》除了第二条“一切权力属于人民”、第三条“全国人民代表大会和地方各级人民代表大会都由民主选举产生，对人民负责，受人民监督”的一般性规定之外，还就人大代表接受原选举单位和选民的监督作出规定。第七十七条规定，全国人民代表大会代表受原选举单位的监督。原选举单位有权依照法律规定的程序罢免本单位选出的代表。

（2）公民对国家机关和国家工作人员的监督。《宪法》第四十一条规定，中华人民共和国公民对于任何国家机关和国家工作人员，有提出批评和建议的权利；对于任何国家机关和国家工作人员的违法失职行为，有向有关国家机关提出申诉、控告或者检举的权利。

（3）国家机关之间的制约和监督。由于国家机关的性质和层级不同，国家机关之间的监督也表现为不同的监督关系。《宪法》第一百三十二条第二款规定，最高人民法院监督地方各级人民法院和专门人民法院的审判工作，上级人民法院监督下级人民法院的审判工作。第一百四十条规定，人民法院、人民检察院和公安机关办理刑事案件，应当分工负责，互相配合，互相制约，以保证准确有效地执行法律。

（六）民主集中制

民主集中制作为宪法的一项基本原则，主要体现在国家机关的组织与活动中。《宪法》第三条第一款规定，中华人民共和国的国家机构实行民主集中制的原则。

（1）民主基础上的集中。我国的民主集中制离不开广泛的人民民主，这是民主集中制原则运行的前提。在国家政治生活中，必须坚持一切权力属于人民，人民依法管理国家事务，管理经济和文化事业，管理社会事务。

（2）集中指导下的民主。社会主义民主离不开集中，民主集中制的集中不是少数人的独断，而是用民主方式集中广大人民群众的智慧，为广大人民群众的根本利益服务。

（3）民主基础上的集中和集中指导下的民主的有机结合和辩证统一。民主和集中二者相辅相成、相互依存、不可分割，不能强调一方面而忽视另一方面。

四、国家基本制度

（一）经济制度

1. 社会主义公有制

《宪法》第六条第一款规定，中华人民共和国的社会主义经济制度的基础是生产资料的社会主义公有制，即全民所有制和劳动群众集体所有制。社会主义公有制消灭人剥削人的制度，实行各尽所能、按劳分配的原则。可见，社会主义公有制是社会主义社会区别于其他社会形态的最主要的标志之一，它消除了生产的社会性和生产资料私人占有之间的矛盾，是社会主义经济制度的基础，它决定了劳动者在生产中的互助合作关系和按劳分配关系。

2. 非公有制经济

《宪法》第十一条规定，在法律规定范围内的个体经济、私营经济等非公有制经济，是社会主义市场经济的重要组成部分。国家保护个体经济、私营经济等非公有制经济的合法的权利和利益。国家鼓励、支持和引导非公有制经济的发展，并对非公有制经济依法实行监督和管理。非公有制经济是我国现阶段除了公有制经济形式以外的所有经济结构形式的总称，包括劳动者个体经济、私营经济、外资经济。

3. 分配制度

根据《宪法》第六条第二款规定，与基本经济制度相适应，在社会主义初级阶段，我国采取的是按劳分配为主体、多种分配方式并存的分配制度。

（二）政治制度

1. 人民代表大会制度

（1）内涵。人民代表大会制度是我国人民民主专政的政权组织形式，是按照民主集中制原则，由选民直接或间接选举人民代表组成人民代表大会作为国家权力机关，统一管理国家事务的政治制度，是我国的根本政治制度。

（2）内容。《宪法》第二条规定，中华人民共和国的一切权力属于人民。人民行使国家权力的机关是全国人民代表大会和地方各级人民代表大会。人民依照法律规定，通过各种途径和形式，管理国家事务，管理经济和文化事业，管理社会事务。这是人民代表大会制度的核心内容。第三条第一款规定，中华人民共和国的国家机构实行民主集中制的原则。该原则建立在国家的一切权力属于人民的基础上，整个国家机构就是按照这个原则组成并运转的。

人民代表大会制度的内容具体包括：①国家的一切权力属于人民；②人民通过民主选举产生各级人民代表大会，各级人民代表大会对人民负责、受人民监督。中国地域广阔，人口众多，人民不可能经常直接地行使权力，只能实行间接民主制，由人民选举产生各级人民代表大会，由各级人民代表大会行使人民托付的权力。正是因为各级人民代表大会来自人民，因此应当对人民负责、受人民监督，以防止各级人民代表大会发生"异化"，反过来损害人民的权益；③国家行政机关、监察机关、审判机关、检察机关均由人民代表大会产生，对它负责、受它监督。人民代表大会受人民的委托，行使国家权力，但并不是说所有的国家权力均由人民代表大会直接行使。根据宪法和法律，人民代表大会除掌握立法等国家重大权力外，还应选举产生其他国家机关，如行政机关、监察机关、审判机关、检察机关，使它们直接行使宪法和法律赋予的职权，但这些机关应当对选举产生它的人民代表大会负责、受它监督。可见，各级人民代表大会在各级国家政权中始终处于主导地位。

（3）选举制度。选举制度是一国统治阶级通过法律规定的关于选举国家代表机关的代表和国家公职人员的原则、程序与方法等各项制度的总称，它包括选举的基本原则、选举权和被选举权、选举组织、选举程序、选举诉讼等。选举制度的基本原则：①普遍性原则。《宪法》第三十四条规定，中华人民共和国年满 18 周岁的公民，不分民族、种族、性别、职业、家庭出身、宗教信仰、教育程度、财产状况、居住期限，都有选举权和被选举权；但是依照法律被剥夺政治权利的人除外。②平等性原则。我国选举权的平等性重在实质上的平等。《中华人民共和国全国人民代表大会和地方各级人民代表大会选举法》（以下简称《选举法》）第五条规定，每一选民在一次选举中只有一个投票权。③直接选举和间接选举并用原则。《宪法》第九十七条第一款规定，省、直辖市、设区的市的人民代表大会代表由下一级的人民代表大会选举；县、不设区的市、市辖区、乡、民族乡、镇的人民代表大会代表由选民直接选举。④秘密投票原则。《选举法》第四十条规定，全国和地方各级人民代表大会代表的选举，一律采用无记名投票的方法。选举时应当设有秘密写票处。选民如果是文盲或者因残疾不能写选票的，可以委托他信任的人代写。

2. 中国共产党领导的多党合作和政治协商制度

（1）多党合作和政治协商制度。《宪法》在序言中规定，中国共产党领导的多党合作和政治协商制度将长期存在和发展。中国共产党领导的多党合作和政治协商制度是中华人民共和国的一项基本的政治制度，是具有中国特色的政党制度，这种政党制度是由中国人民民主专政的国家性质所决定的。

多党合作和政治协商制度的基本内容包括：①中国共产党是执政党，各民主党派是参政党；②中国共产党与各民主党派合作的首要前提和根本保证是坚持中国共产党的领导和坚持四项基本原则；③中国共产党与各民主党派合作的基本方针是"长期共存、互相监督、肝胆相照、荣辱与共"。

（2）爱国统一战线是人民民主专政的重要保障，是由中国共产党领导的，由各民主党派和各人民团体参加的政治联盟。《宪法》在序言中规定，社会主义的建设事业必须依靠工人、农民和知识分子，团结一切可以团结的力量。在长期的革命、建设、改革过程中，已经结成由中国共产党领导的，有各民主党派和各人民团体参加的，包括全体社会主义劳动者、社会主义事业的建设者、拥护社会主义的爱国者、拥护祖国统一和致力于中华民族伟大复兴的爱国者的广泛的爱国统一战线，这个统一战线将继续巩固和发展。

（3）中国人民政治协商会议是爱国统一战线的组织形式，是我国政治生活中发展社会主义民主和实现各党派之间互相监督的重要形式，是实现中国共产党领导的多党合作和政治协商制度的重要机构，同时也是我国政治生活中发扬人民民主、联系人民群众的一种重要形式，具有广泛的社会基础，在我国的政治体制中具有十分重要的地位和影响。中国人民政治协商会议围绕团结和民主两大主题，履行政治协商、民主监督和参政议政的职能。

3. 民族区域自治制度

民族区域自治制度，指在国家的统一领导下，以少数民族聚居区为基础，建立相应的民族自治地方，设立民族自治机关，行使宪法和法律规定的自治权的制度。民族区域自治制度是我国的基本政治制度之一，是建设新时代中国特色社会主义政治的重要内容，它是我国为解决民族问题、处理民族关系、实现民族平等、团结各民族共同繁荣而建立的。《宪法》第四条第三款规定，各少数民族聚居的地方实行区域自治，设立自治机关，行使自治权。各民族自治地方都是中华人民共和国不可分离的部分。

4. 基层群众自治制度

基层群众自治制度，指依照宪法和法律规定，由居民（村民）选举的成员组成居民（村民）委员会，实行自我管理、自我服务、自我教育、自我监督的制度，是我国一项基本政治制度。《宪法》第一百一十一条规定，城市和农村按居民居住地区设立的居民委员会或者村民委员会是基层群众性自治组织。

（三）文化制度

1. 坚持马克思主义在意识形态领域的指导地位

马克思主义是我们立党立国的根本指导思想。马克思主义深刻揭示了人类社会历史发展的客观规律，是经实践检验和证明的科学理论。加强文化制度建设，必须坚持用发展着的马克思主义和马克思主义中国化的成果武装头脑，动摇或放弃马克思主义在意识形态领域的指导地位，将使全党和全国人民失去共同的思想准则，导致思想混乱和社会动荡。

2. 加强科学文化体育建设

《宪法》对科学文化体育建设作出了具体规定。第二十条规定，国家发展自然科学和社会科学事业，普及科学和技术知识，奖励科学研究成果和技术发明创造。第二十二条规定，国家发展为人民服务、为社会主义服务的文学艺术事业、新闻广播电视事业、出版发行事业、图书馆博物馆文化馆和其他文化事业，开展群众性的文化活动。国家保护名胜古迹、珍贵文物和其他重要历史文化遗产。第二十一条第二款规定，国家发展体育事业，开展群众性的体育活动，增强人民体质。

3. 加强人才培养

文化建设，人才为本。《宪法》第二十三条规定，国家培养为社会主义服务的各种专业人才，扩大知识分子的队伍，创造条件，充分发挥他们在社会主义现代化建设中的作用。

（四）社会制度

1. 教育制度

《宪法》第十九条、第二十四条、第三十六条、第四十五条、第四十六条对教育制度作出了较为详细的规定：

（1）发展教育，提高全民科学文化水平。《宪法》第十九条规定，国家发展社会主义教育事业，提高全国人民的科学文化水平。国家举办各种学校，普及初等义务教育，发展中等教育、职业教育和高等教育，并且发展学前教育；国家发展各种教育设施，扫除文盲，对工人、农民、国家工作人员和其他劳动者进行政治、文化、科学、技术、业务的教育，鼓励自学成才。国家鼓励集体经济组织、国家企业事业组织和其他社会力量依照法律规定举办各种教育事业。国家推广全国通用的普通话。

（2）重视思想素质教育。《宪法》第二十四条规定，国家通过普及理想教育、道德教育、文化教育、纪律和法制教育，通过在城乡不同范围的群众中制定和执行各种守则、公约，加强社会主义精神文明的建设。国家倡导社会主义核心价值观，提倡爱祖国、爱人民、爱劳动、爱科学、爱社会主义的公德，在人民中进行爱国主义、集体主义和国际主义、共产主义教育，进行辩证唯物主义和历史唯物主义的教育，反对资本主义的、封建主义的和其他的腐朽思想。

（3）其他方面。《宪法》第四十五条第三款规定，国家和社会帮助安排盲、聋、哑和其他有残疾的公民劳动、生活和教育。第四十六条第二款规定，国家培养青年、少年、儿童在品德、智力、体质等方面全面发展。第三十六条第二款规定，国家保护正常的宗教活动。任何人不得利用宗教进行妨碍国家教育制度的活动。

2. 劳动就业制度

《宪法》第四十二条第二、第三、第四款规定，国家通过各种途径，创造劳动就业条件，加强劳动保护，改善劳动条件，并在发展生产的基础上，提高劳动报酬和福利待遇……国家提倡社会主义劳动竞赛，奖励劳动模范和先进工作者。国家提倡公民从事义务劳动。国家对就业前的公民进行必要的劳动就业训练。第四十三条第二款规定，国家发展劳动者休息和休养的设施，规定职工的工作时间和休假制度。

3. 医疗卫生制度

《宪法》第二十一条第一款规定，国家发展医疗卫生事业，发展现代医药和我国传统医药，鼓励和支持农村集体经济组织、国家企业事业组织和街道组织举办各种医疗卫生设施，开展群众性的卫生活动，保护人民健康。

4. 社会保障制度

我国的社会保障制度主要包括：《宪法》第十四条第四款规定，国家建立健全同经济发展水平相适应的社会保障制度。第四十四条规定，国家依照法律规定实行企业事业组织的职工和国家机关工作人员的退休制度。退休人员的生活受到国家和社会的保障。第四十五条第一款规定，中华人民共和国公民在年老、疾病或者丧失劳动能力的情况下，有从国家和社会获得物质帮助的权利。国家发展公民享受这些权利所需要的社会保险和社会救济事业。第四十五条第二、第三款规定，国家和社会保障残废军人的生活，抚恤烈士家属，优待军人家属。国家和社会帮助安排盲、聋、哑和其他有残疾的公民的劳动、生活和教育。

5. 社会治理制度

《宪法》序言规定了国家的根本任务和国家机构的社会治理职能。第二条第三款规定，人民依照法律，通过各种途径和形式，管理国家事务，管理经济和文化事业，管理社会事务。第二十八条规定，国家维护社会秩序，镇压叛国和其他危害国家安全的犯罪活动，制裁危害社会治安、破坏社会主义经济和其他犯罪的活动，惩办和改造犯罪分子。第三十二条规定，中华人民共和国保护在中国境内的外国人的合法权益，在中国境内的外国人必须遵守中华人民共和国的法律。中华人民共和国对于因为政治原因要求避难的外国人，可以给予受庇护的权利。第三十三条第三款规定，国家尊重和保障人权。此外，《宪法》在第二章公民的基本权利中还规定了老人、妇女、儿童、残疾人、华侨、外国人等特殊人群的特殊权利和社会保障权。赋予基层群众性自治组织维护居住区域公共事务、公益事业，调解社会矛盾等社会治理职权。规定各种经济组织、社会组织实行民主管理和各种形式的社会主义责任制、国家机关的工作责任制。

（五）生态文明制度

1. 生态文明、绿色发展与社会主义生态文明观

《宪法》序言写入生态文明具有深刻内涵，生态文明与物质文明、政治文明、精神文明、社会文明共同成为国家文明体系的重要组成部分，是社会主义现代化强国的主要标志。绿色发展为国家永续发展提供理念指引，既强调发展又强调生态，协调统合经济发展与环境保护。坚持社会主义生态文明观才能更好地进行生态文明建设，更好地发展与完善生态文明制度。

2. 自然资源的合理利用

《宪法》第九条“保障自然资源的合理利用”的规定重在强调对自然资源的使用方式和使用程度应该合乎自然资源的特点和规律，既要发挥自然资源对于经济社会发展的功能，又不过度使用。合理的资源利用既可以最大限度地促进社会经济的发展，又能最大限度地减少对生态环境的不利影响，最终达到或趋向可持续发展的目标。

3. 生态环境和生活环境的保护与改善

《宪法》第九条和第二十六条中的“保护”强调了环境保护的第一层次目标，即维持较适宜的环境。《宪法》第二十六条中的“国家保护和改善生活环境和生态环境”意在强调在维持现有环境条件的前提下，进一步提高环境质量，

强调了环境保护的第二层次目标，即追求更良好的环境。

4. 生态文明建设中公民的应然行为模式

《宪法》第九条第二款规定，禁止任何组织或者个人用任何手段侵占或者破坏自然资源。表面上看，这是对公民违法行为的禁止，因为环境属于国家和公共利益，公民当然有保护和改善环境的义务，但事实上，公民树立正确的环境观念，规范自己的环境行为，最终的受益者是公民自身。

第二节　国家机构

一、国家机构的含义

国家机构，是一定社会的统治阶级为实现其统治职能而建立起来的进行国家管理和执行统治职能的国家机关的总和。国家机构的本质取决于国家的本质。国家机构实际上是掌握国家权力的阶级实现其阶级统治的工具。

依据《宪法》第三章规定，我国的国家机构包括全国人民代表大会及其常务委员会、中华人民共和国主席、中华人民共和国国务院、中华人民共和国中央军事委员会、地方各级人民代表大会和地方各级人民政府、民族自治地方的自治机关、监察委员会、人民法院和人民检察院。

二、全国人民代表大会和地方各级人民代表大会

（一）组成和任期

1. 全国人民代表大会的组成和任期

《宪法》第五十九条第一款规定，全国人民代表大会由省、自治区、直辖市、特别行政区和军队选出的代表组成。各少数民族都应当有适当名额的代表。第六十条第一款规定，全国人民代表大会每届任期五年。

2. 地方各级人民代表大会的选举和任期

《宪法》第九十七条规定，省、直辖市、设区的市的人民代表大会代表由下一级的人民代表大会选举；县、不设区的市、市辖区、乡、民族乡、镇的人民代表大会代表由选民直接选举。地方各级人民代表大会代表名额和代表产生办法由法律规定。第九十八条规定，地方各级人民代表大会每届任期五年。

（二）职权

1. 全国人民代表大会的职权

《宪法》第六十二条规定，全国人民代表大会行使下列职权：①修改宪法。

②监督宪法的实施。③制定和修改刑事、民事、国家机构的和其他的基本法律。④选举中华人民共和国主席、副主席。⑤根据中华人民共和国主席的提名，决定国务院总理的人选。根据国务院总理的提名，决定国务院副总理、国务委员、各部部长、各委员会主任、审计长、秘书长的人选。⑥选举中央军事委员会主席。根据中央军事委员会主席的提名，决定中央军事委员会其他组成人员的人选。⑦举行国家监察委员会主任。⑧选举最高人民法院院长。⑨选举最高人民检察院检察长。⑩审查和批准国民经济和社会发展计划和计划执行情况的报告。⑪ 审查和批准国家的预算和预算执行情况的报告。⑫ 改变或者撤销全国人民代表大会常务委员会不适当的决定。⑬ 批准省、自治区和直辖市的建置。⑭ 决定特别行政区的设立及其制度。⑮ 决定战争和和平的问题。⑯ 应当由最高国家权力机关行使的其他职权。

2. **地方各级人民代表大会的职权**

《宪法》第九十九条、第一百条、第一百零一条规定，地方各级人民代表大会行使下列职权：①在本行政区域内，保证宪法、法律、行政法规的遵守和执行；依照法律规定的权限，通过和发布决议，审查和决定地方的经济建设、文化建设和公共事业建设的计划。②县级以上的地方各级人民代表大会审查和批准本行政区域内的国民经济和社会发展计划、预算以及它们的执行情况的报告；有权改变或者撤销本级人民代表大会常务委员会不适当的决定。③民族乡的人民代表大会可以依照法律规定的权限采取适合民族特点的具体措施。④省、直辖市的人民代表大会和它们的常务委员会，在不同宪法、法律、行政法规相抵触的前提下，可以制定地方性法规，报全国人民代表大会常务委员会备案。⑤地方各级人民代表大会分别选举并且有权罢免本级人民政府的省长和副省长、市长和副市长、县长和副县长、区长和副区长、乡长和副乡长、镇长和副镇长。⑥县级以上的地方各级人民代表大会选举并且有权罢免本级监察委员会主任、本级人民法院院长和本级人民检察院检察长。选出或者罢免人民检察院检察长，须报上级人民检察院检察长提请该级人民代表大会常务委员会批准。

三、中华人民共和国主席

（一）组成和任期

《宪法》第七十九条规定，中华人民共和国主席、副主席由全国人民代表大会选举。有选举权和被选举权的年满 45 周岁的中华人民共和国公民可以被选为中华人民共和国主席、副主席。中华人民共和国主席、副主席每届任期同全国人民代表大会每届任期相同。

(二)职权

1. 公布法律，发布命令

《宪法》第八十条规定，中华人民共和国主席根据全国人民代表大会的决定和全国人民代表大会常务委员会的决定，公布法律，发布特赦令，宣布进入紧急状态，宣布战争状态，发布动员令。

2. 任免权

《宪法》第八十条规定，中华人民共和国主席根据全国人民代表大会的决定和全国人民代表大会常务委员会的决定，任免国务院总理、副总理、国务委员、各部部长、各委员会主任、审计长、秘书长。

3. 外事权

《宪法》第八十一条规定，中华人民共和国主席代表中华人民共和国，进行国事活动，接受外国使节；根据全国人民代表大会常务委员会的决定，派遣和召回驻外全权代表，批准和废除同外国缔结的条约和重要协定。

4. 授予荣誉权

《宪法》第八十条规定，中华人民共和国主席根据全国人民代表大会的决定和全国人民代表大会常务委员会的决定，授予国家的勋章和荣誉称号。

四、国务院和地方各级人民政府

(一)组成和任期

1. 组成

《宪法》第八十六条规定，国务院组成人员包括总理，副总理若干人，国务委员若干人，各部部长，各委员会主任，审计长，秘书长。根据《国务院关于中国人民银行专门行使中央银行职能的决定》《中华人民共和国中国人民银行法》《国务院行政机构设置和编制管理条例》等规定，中国人民银行也属于国务院的组成部分，人民银行行长属于国务院组成人员。

《宪法》第九十五条第二款规定，地方各级人民政府的组织由法律规定。《中华人民共和国地方各级人民代表大会和地方各级人民政府组织法》第五十六条规定，省、自治区、直辖市、自治州、设区的市的人民政府分别由省长、副省长，自治区主席、副主席，市长、副市长，州长、副州长和秘书长、厅长、局长、委员会主任等组成。县、自治县、不设区的市、市辖区的人民政府分别由县长、副县长，市长、副市长，区长、副区长和局长、科长等组成。乡、民族乡的人民政府设乡长、副乡长。镇人民政府设镇长、副镇长。

2. 任期

《宪法》第八十七条规定，国务院每届任期同全国人民代表大会每届任期相同。总理、副总理、国务委员连续任职不得超过两届。第一百零六条规定，地方各级人民政府每届任期同本级人民代表大会每届任期相同。

（二）职权

1. 国务院职权

根据《宪法》第八十九条规定，国务院主要行使下列职权：①根据宪法和法律，规定行政措施，制定行政法规，发布决定和命令；②向全国人民代表大会或全国人大常委会提出议案；③规定各部和各委员会的任务和职责，统一领导各部和各委员会的工作，并且领导不属于各部和各委员会的全国性的行政工作；④统一领导全国地方各级国家行政机关的工作，规定中央和省、自治区、直辖市的国家行政机关的职权的具体划分；⑤编制和执行国民经济和社会发展计划和国家预算；⑥领导和管理经济工作和城乡建设、生态文明建设；⑦领导和管理教育、科学、文化、卫生、体育和计划生育工作；⑧领导和管理民政、公安、司法行政等工作；⑨管理对外事务，同外国缔结条约和协定；⑩领导和管理国防建设事业；⑪领导和管理民族事务，保障少数民族的平等权利和民族自治地方的自治权利；⑫保护华侨的正当的权利和利益，保护归侨和侨眷的合法的权利和利益；⑬改变或者撤销各部、各委员会发布的不适当的命令、指示和规章；⑭改变或者撤销地方各级国家行政机关的不适当的决定和命令；⑮批准省、自治区、直辖市的区域划分，批准自治州、县、自治县、市的建置和区域划分；⑯依照法律规定决定省、自治区、直辖市范围内部分地区进入紧急状态；⑰审定行政机构的编制，依照法律规定任免、培训、考核和奖励行政人员；⑱全国人民代表大会和全国人民代表大会常务委员会授予的其他职权。

2. 地方各级人民政府职权

根据《宪法》第一百零七条、第一百零八条、第一百零九条规定，地方各级人民政府主要行使下列职权：①县级以上地方各级人民政府依照法律规定的权限，管理本行政区域内的经济、教育、科学、文化、卫生、体育事业、城乡建设事业和财政、民政、公安、民族事务、司法行政、计划生育等行政工作，发布决定和命令，任免、培训、考核和奖惩行政工作人员；②乡、民族乡、镇的人民政府执行本级人民代表大会的决议和上级国家行政机关的决定和命令，管理本行政区域内的行政工作；③省、直辖市的人民政府决定乡、民族乡、镇的建置和区域划分；④县级以上的地方各级人民政府领导所属各工作部门和下级人民政府的工作，有权改变或者撤销所属各工作部门和下级人民政府的不适当的决定；⑤地方各级审计机关依照法律规定独立行使审计监督权。

五、中央军事委员会

（一）组成和任期

《宪法》第九十三条规定，中华人民共和国中央军事委员会领导全国武装力量。中央军事委员会由下列人员组成：主席，副主席若干人，委员若干人。中央军事委员会实行主席负责制。中央军事委员会每届任期同全国人民代表大会每届任期相同。

（二）职权

《宪法》第九十四条规定，中央军事委员会主席对全国人民代表大会和全国人民代表大会常务委员会负责。

六、民族自治地方的自治机关

（一）组成和任期

民族自治机关，指民族自治地方设立的国家权力机关和行政机关。《宪法》第四条第三款规定，各少数民族聚居的地方实行区域自治，设立自治机关，行使自治权。各民族自治地方都是中华人民共和国不可分离的部分。民族自治机关具有双重性质：在法律地位上是国家的一级地方政权机关，产生方式、任期、机构设置和组织活动原则方面，与一般地方国家机关完全相同，并行使相应的一般地方国家机关的职权；与此同时，是民族自治地方行使宪法和有关法律授予的自治权的国家机关。民族自治机关与同级的一般地方国家机关实行同样的组织原则和领导制度。同时，民族自治机关是当地聚居的民族的人民行使自治权的政权机关。《宪法》第一百一十四条规定，自治区主席、自治州州长、自治县县长由实行区域自治的民族的公民担任。

（二）职权

1. 变通自治权

变通自治权包括变通规定权和变通执行权。变通规定权，主要指制定自治条例和单行条例。变通执行权，即上级国家机关的决议、决定、命令和指示，如有不适合民族自治地方实际情况的，自治机关可以报经该上级国家机关批准，变通执行或者停止执行。《宪法》第一百一十六条规定，民族自治地方的人民代表大会有权依照当地民族的政治、经济和文化的特点，制定自治条例和单行条例。自治区的自治条例和单行条例，报全国人民代表大会常务委员会批准后生效。自治州、自治县的自治条例和单行条例，报省或者自治区的人民代表大会常务委员会批准后生效，并报全国人民代表大会常务委员会备案。

2. 地方财政自治权

《宪法》第一百一十七条规定，民族自治地方的自治机关有管理地方财政的自治权。凡是依照国家财政体制属于民族自治地方的财政收入，都应当由民族自治地方的自治机关自主地安排使用。

3. 经济建设自治权

《宪法》第一百一十八条规定，民族自治地方的自治机关在国家计划的指导下，自主地安排和管理地方性的经济建设事业。国家在民族自治地方开发资源、建设企业的时候，应当照顾民族自治地方的利益。第一百二十二条规定，国家从财政、物资、技术等方面帮助各少数民族加速发展经济建设和文化建设事业。国家帮助民族自治地方从当地民族中大量培养各级干部、各种专业人才和技术工人。

4. 其他自主权

（1）《宪法》第一百一十九条规定，民族自治地方的自治机关自主地管理本地方的教育、科学、文化、卫生、体育事业，保护和整理民族的文化遗产，发展和繁荣民族文化。

（2）《宪法》第一百二十条规定，民族自治地方的自治机关依照国家的军事制度和当地的实际需要，经国务院批准，可以组织本地方维护社会治安的公安部队。

（3）《宪法》第一百二十一条规定，民族自治地方的自治机关在执行职务的时候，依照民族自治地方条例的规定，使用当地通用的一种或者几种语言文字。

七、监察委员会

（一）组成和任期

《宪法》第一百二十四条规定，中华人民共和国设立国家监察委员会和地方各级监察委员会。监察委员会由主任，副主任若干人，委员若干人组成。监察委员会主任每届任期同本级人民代表大会每届任期相同。国家监察委员会主任连续任职不得超过两届。监察委员会的组织和职权由法律规定。

（二）职权

《宪法》第一百二十五条规定，中华人民共和国国家监察委员会是最高监察机关。国家监察委员会领导地方各级监察委员会的工作，上级监察委员会领导下级监察委员会的工作。第一百二十七条规定，监察委员会依照法律规定独立行使监察权，不受行政机关、社会团体和个人的干涉。监察机关办理职务违法和职务犯罪案件，应当与审判机关、检察机关、执法部门互相配合，互相制约。

八、人民法院和人民检察院

（一）人民法院

1. 组成和任期

《宪法》第一百二十八条规定，中华人民共和国人民法院是国家的审判机关。第一百二十九条规定，中华人民共和国设立最高人民法院、地方各级人民法院和军事法院等专门人民法院。人民法院的组织由法律规定。最高人民法院院长每届任期同全国人民代表大会每届任期相同，连续任职不得超过两届。地方各级人民法院分为基层人民法院、中级人民法院和高级人民法院。专门人民法院包括军事法院和海事法院等。

2. 职权

《宪法》第一百三十一条规定，人民法院依照法律规定独立行使审判权，不受行政机关、社会团体和个人的干涉。第一百三十二条规定，最高人民法院是最高审判机关。最高人民法院监督地方各级人民法院和专门人民法院的审判工作，上级人民法院监督下级人民法院的审判工作。

（二）人民检察院

1. 组成和任期

《宪法》第一百三十四条规定，中华人民共和国人民检察院是国家的法律监督机关。第一百三十五条规定，中华人民共和国设立最高人民检察院、地方各级人民检察院和军事检察院等专门人民检察院。最高人民检察院检察长每届任期同全国人民代表大会每届任期相同，连续任职不得超过两届。

2. 职权

《宪法》第一百三十六条规定，人民检察院依照法律规定独立行使检察权，不受行政机关、社会团体和个人的干涉。第一百三十七条规定，最高人民检察院是最高检察机关。最高人民检察院领导地方各级人民检察院和专门人民检察院的工作，上级人民检察院领导下级人民检察院的工作。

第三节　公民的基本权利和义务

一、概念

(一)公民

《宪法》第三十三条第一款规定，凡具有中华人民共和国国籍的人都是中华人民共和国公民。

(二)基本权利和基本义务

公民的基本权利，也称宪法权利，指由宪法规定的公民享有的主要的、必不可少的人身、政治、经济、文化等权利。

公民的基本义务，也称宪法义务，指由宪法规定的公民必须遵守和应尽的根本责任。公民的基本义务是国家和社会对公民最起码、最基本的要求，是宪法规定的作为其他义务基础的最重要的义务。

公民的基本权利与义务共同反映和决定着公民在国家中的政治与法律地位，并构成普通法律规定公民权利和义务的基础和原则。

二、公民的基本权利

(一)平等权

平等权，指公民根据法律规定享有同等的权利和承担同等的义务，不因任何外在差别而予以不同对待的权利。《宪法》第三十三条第二款规定，中华人民共和国公民在法律面前一律平等。这既是我国社会主义法制的一项重要原则，也是我国公民的一项基本权利。

《宪法》第三十三条第四款规定，任何公民享有宪法和法律规定的权利，同时必须履行宪法和法律规定的义务。具体而言，所有公民平等地享有权利和平等地履行义务；所有公民都要遵守法律，不允许有超越法律规定的任何特权；所有公民在司法上一律平等，即法律适用上平等；法律规定的公民权利能力的平等，同等条件下具有获得相同权利的资格，但不意味着行为能力的绝对平等。

(二)政治权利

政治权利是公民参与国家政治生活的权利和自由的统称。

1. 选举权和被选举权

选举权，指公民依法享有选举国家代表机关代表和国家公职人员的权利。被选举权，指公民有被推荐为国家代表机关代表和国家公职人员的权利。我国公民享有的选举权是一种普选权。《宪法》第三十四条规定，中华人民共和国年满18周岁的公民，不分民族、种族、性别、职业、家庭出身、宗教信仰、教育程度、财产状况、居住期限，都有选举权和被选举权；但是依照法律被剥夺政治权利的人除外。

2. 政治自由

政治自由是公民表达个人看法和意见的自由。《宪法》第三十五条规定，中华人民共和国公民有言论、出版、集会、结社、游行、示威的自由。言论自由，是指公民有权通过各种语言形式表达其思想和见解的自由，但只有法律规定范围内的言论自由才受法律的保护。出版自由，指公民有按照法律规定以出版物形式来自由地表达思想和见解的自由。集会自由，指公民依照法律规定聚集在一定场所，研究大家共同关心的问题，并发表意见或举行某种活动的自由。结社自由，指公民为一定宗旨，有依照程序组织或参加具有持续性的社会团体的自由。游行自由，指公民依照法律规定持标语、旗帜等标志，在公共道路、露天公共场所列队行进，表达某种庆祝、纪念或抗议、声讨等强烈的共同意愿的自由。示威自由，指公民有依照法律规定聚集在公共道路、露天公共场所，以集会、游行、静坐等方式，表达某种抗议、义愤的情绪，并表示自己的力量和决心的自由。

3. 宗教信仰自由

宗教信仰自由，指公民享有选择和保持宗教信仰的自由。对一个国家政治体制的发展起着十分重要的作用，是公民的一项基本权利，也是国家长期坚持的基本政策。《宪法》第三十六条规定，中华人民共和国公民有宗教信仰自由。任何国家机关、社会团体和个人不得强制公民信仰宗教或者不信仰宗教，不得歧视信仰宗教的公民和不信仰宗教的公民。国家保护正常的宗教活动。任何人不得利用宗教进行破坏社会秩序、损害公民身体健康、妨碍国家教育制度的活动。宗教团体和宗教事务不受外国势力的支配。

4. 人身自由

（1）人身自由不受侵犯。《宪法》第三十七条第二、第三款规定，任何公民，非经人民检察院批准或者决定或者人民法院决定，并由公安机关执行，不受逮捕。禁止非法拘禁和以其他方法非法剥夺或者限制公民的人身自由，禁止非法搜查公民的身体。

（2）人格尊严不受侵犯。公民的人格尊严是公民作为法律关系主体的独立资格应当受到尊重的权利。《宪法》第三十八条规定，中华人民共和国公民的人格尊严不受侵犯。禁止用任何方法对公民进行侮辱、诽谤和诬告陷害。

（3）住宅不受侵犯。住宅是公民居住、生活和休息的场所，是人们劳动、就业、从事一切社会活动的基本条件。保护公民住宅不受侵犯，是公民享有人身自由权的基础和保障。《宪法》第三十九条规定，中华人民共和国公民的住宅不受侵犯。禁止非法搜查或者非法侵入公民的住宅。

（4）通信自由和通信秘密受法律保护。《宪法》第四十条规定，中华人民共和国公民的通信自由和通信秘密受法律的保护。除因国家安全或者追查刑事犯罪的需要，由公安机关或者检察机关依照法律规定的程序对通信进行检查外，任何组织或者个人不得以任何理由侵犯公民的通信自由和通信秘密。

（三）社会经济权利

1. 财产权

财产权，指公民个人通过劳动或其他合法方式取得、占用、使用、处分财产的权利。《宪法》第十三条规定，公民的合法的私有财产不受侵犯。国家依照法律规定保护公民的私有财产权和继承权。国家为了公共利益的需要，可以依照法律规定对公民的私有财产实行征收或者征用并给予补偿。

2. 劳动权

劳动权，指一切有劳动能力的公民享有的劳动和取得劳动报酬的权利。劳动权，是人们赖以生存的基本权利，也是其他权利的基础。我国宪法规定的劳动权既是公民的基本权利，也是公民的基本义务。《宪法》第四十二条规定，中华人民共和国公民有劳动的权利和义务。国家通过各种途径，创造劳动就业条件，加强劳动保护，改善劳动条件，并在发展生产的基础上，提高劳动报酬和福利待遇。劳动是一切有劳动能力的公民的光荣职责。国有企业和城乡集体经济组织的劳动者都应当以国家主人翁的态度对待自己的劳动。国家提倡社会主义劳动竞赛，奖励劳动模范和先进工作者。国家提倡公民从事义务劳动。国家对就业前的公民进行必要的劳动就业训练。

3. 休息权

休息权，指劳动者在付出一定的劳动以后消除疲劳、恢复劳动能力的权利。《宪法》第四十三条规定，中华人民共和国劳动者有休息的权利。国家发展劳动者休息和休养的设施，规定职工的工作时间和休假制度。

4. 社会保障权

社会保障权，指公民为了维持有尊严的生活而向国家要求给付的请求权。《宪法》第四十四条规定，国家依照法律规定实行企业事业组织的职工和国家机关工作人员的退休制度。退休人员的生活受到国家和社会的保障。

5. 物质帮助权

物质帮助权，指公民在年老、疾病或者丧失劳动能力的情况下，有从国家和社会获得物质帮助的权利。《宪法》第四十五条规定，国家发展为公民享有这些权利所需要的社会保险、社会救济和医疗卫生事业。国家和社会保障残废军人的生活，抚恤烈士家属，优待军人家属。国家和社会帮助安排盲、聋、哑和其他有残疾的公民的劳动、生活和教育。

（四）文化教育权利

文化教育权利，指公民在文化、教育领域所享受的权利。

（1）受教育权。受教育权是宪法赋予公民的一项最基本的文化教育权利，也是公民享有其他文化教育权利的前提和基础。既是公民的一项基本权利，也是公民的一项基本义务。《宪法》第四十六条规定，中华人民共和国公民有受教育的权利和义务。国家培养青年、少年、儿童在品德、智力、体质等方面全面发展。该权利对于建设社会主义精神文明、提高全民族的文化水平有着重要意义。

（2）文化权利。《宪法》第四十七条规定，中华人民共和国公民有进行科学研究、文学艺术创作和其他文化活动的自由。国家对于从事教育、科学、技术、文学、艺术和其他文化事业的公民的有益于人民的创造性工作，给以鼓励和帮助。即公民文化权利包括科学研究的自由、文学艺术创作的自由和进行其他文化活动的自由三个方面的内容。

（五）监督权与请求权

监督权与请求权，是公民监督国家权力的运行过程、协调公民与政府之间的关系、使被侵犯的权利得到救济的重要形式。《宪法》第四十一条规定，中华人民共和国公民对于任何国家机关和国家工作人员，有提出批评和建议的权利；对于任何国家机关和国家工作人员的违法失职行为，有向有关国家机关提出申诉、控告或者检举的权利，但是不得捏造或者歪曲事实进行诬告陷害。对于公民的申诉、控告或者检举，有关国家机关必须查清事实，负责处理。任何人不得压制和打击报复。由于国家机关和国家工作人员侵犯公民权利而受到损失的人，有依照法律规定取得赔偿的权利。

三、公民的基本义务

（一）维护国家统一和各民族团结的义务

《宪法》第五十二条规定，中华人民共和国公民有维护国家统一和全国各民族团结的义务。因此，公民必须坚持一个中国原则，维护国家统一和全国各民族团结。

（二）遵守宪法和法律的义务

《宪法》第五十一条规定，中华人民共和国公民在行使自由和权利的时候，不得损害国家的、社会的、集体的利益和其他公民的合法的自由和权利。第五十三条规定，中华人民共和国公民必须遵守宪法和法律，保守国家秘密，爱护公共财产，遵守劳动纪律，遵守公共秩序，尊重社会公德。遵守宪法和法律规定，指忠于宪法和法律规定，维护宪法和法律尊严，保护宪法和法律实施的义务。公民不仅是遵守宪法和法律义务的主体，而且是监督国家工作人员遵守宪法和法律的主体。

（三）维护祖国安全、荣誉和利益的义务

《宪法》第五十四条规定，中华人民共和国公民有维护祖国的安全、荣誉和利益的义务，不得有危害祖国的安全、荣誉和利益的行为。祖国安全，指国家的领土完整和主权不受侵犯，国家政权不受威胁。维护祖国荣誉，指国家的声誉和尊严不受损害，对有辱祖国荣誉、损害祖国利益的行为，应给予法律制裁。祖国利益是相对于集体利益和个人利益而言的，分为对内和对外两个方面。

（四）依法服兵役的义务

《宪法》第五十五条规定，保卫祖国、抵抗侵略是中华人民共和国每一个公民的神圣职责。依照法律服兵役和参加民兵组织是中华人民共和国公民的光荣义务。依法服兵役是公民维护祖国安全、荣誉和尊严的实际行动，是公民的神圣义务。

（五）依法纳税的义务

《宪法》第五十六条规定，中华人民共和国公民有依照法律纳税的义务。税收是国家机关依照法律的规定，向课税对象按一定比例所征收的税款。税收“取之于民，用之于民”，是国家筹措资金的重要方式、国民收入的重要来源，对于保障国家经济建设资金的需要、改善和提高人民生活有重要意义。在现代社会中，纳税是公民应该履行的一项基本义务，是法治社会的重要标志，纳税义务的履行实际上也会给纳税人带来相应的权利。

（六）其他基本义务

《宪法》规定的公民的基本义务还包括：第四十二条规定的劳动的义务；第四十六条规定的受教育的义务；第四十九条规定的夫妻双方有实行计划生育的义务，父母有抚养教育未成年子女的义务以及成年子女有赡养扶助父母的义务等。

第四节 国旗、国歌、国徽和首都

一、国旗

《宪法》第一百四十一条第一款规定，中华人民共和国国旗是五星红旗。1990年10月1日，第七届全国人大常委会第十四次会议通过的依据宪法制定的《中华人民共和国国旗法》（以下简称《国旗法》）施行。2020年10月17日，依据第十三届全国人大常委会第二十二次会议决定，对《国旗法》作出修正。

（一）特征与寓意

旗面为红色，长方形，左上方缀黄色五角星五颗（四颗小星环拱在一颗大星的右面）。旗面红色，象征革命；星呈黄色，表示中华民族为黄色人种。国旗中的大五角星代表中国共产党，四颗小五角星分别代表工人、农民、小资产阶级和民族资产阶级四个阶级。旗上的五颗五角星互相连缀、疏密相间，其相互关系象征着中国共产党领导下的革命人民大团结；四颗小五角星各有一角正对着大星的中心点，表示围绕着一个中心而团结，表现了人民对党的向心之意。

（二）制法

根据《国旗制法说明》，国旗长与高为三与二之比，旗面左上方缀黄色五角星五颗。一星较大，其外接圆直径为旗高十分之三，居左；四星较小，其外接圆直径为旗高十分之一，环拱于大星之右。旗杆套为白色。

（三）正确升挂国旗

1. 升挂场合

（1）每日升挂国旗的场所。《国旗法》第五条规定，下列场所或者机构所在地，应当每日升挂国旗：①北京天安门广场、新华门。②中国共产党中央委员会，全国人民代表大会常务委员会，国务院，中央军事委员会，中国共产党中央纪律检查委员会、国家监察委员会，最高人民法院，最高人民检察院；中国人民政治协商会议全国委员会。③外交部。④出境入境的机场、港口、火车站和其他边境口岸，边防海防哨所。

（2）工作日升挂国旗的场所。《国旗法》第六条第一款规定，下列机构所在地应当在工作日升挂国旗：①中国共产党中央各部门和地方各级委员会；②国务院各部门；③地方各级人民代表大会常务委员会；④地方各级人民政府；⑤中国共产党地方各级纪律检查委员会、地方各级监察委员会；⑥地方各级人民法院和专门人民法院；⑦地方各级人民检察院和专门人民检察院；⑧中国人民政治协商会议地方各级委员会；⑨各民主党派、各人民团体；⑩中央人民政府驻香港特别行政区有关机构、中央人民政府驻澳门特别行政区有关机构。第二款规定，学校除寒假、暑假和休息日外，应当每日升挂国旗。有条件的幼儿园参照学校的规定升挂国旗。第三款规定，图书馆、博物馆、文化馆、美术馆、科技馆、纪念馆、展览馆、体育馆、青少年宫等公共文化体育设施应当在开放日升挂、悬挂国旗。

（3）其他升挂国旗的场合。《国旗法》第七条规定，国庆节、国际劳动节、元旦、春节和国家宪法日等重要节日、纪念日，各级国家机关、各人民团体以及大型广场、公园等公共活动场所应当升挂国旗；企业事业组织，村民委员会、居民委员会，居民院（楼、小区）有条件的应当升挂国旗。民族自治地方在民族自治地方成立纪念日和主要传统民族节日应当升挂国旗。举行宪法宣誓仪式时，应当在宣誓场所悬挂国旗。第八条规定，举行重大庆祝、纪念活动，大型文化、体育活动，大型展览会，可以升挂国旗。第九条第一款规定，国家倡导公民和组织在适宜的场合使用国旗及其图案，表达爱国情感。

2. 注意事项

（1）仪式。《国旗法》第十三条规定，一般情况下国旗应当早晨升起，傍晚降下。遇有恶劣天气，可以不升挂。第十四条规定，升挂国旗时，可以举行升旗仪式。举行升旗仪式时，应当奏唱国歌。在国旗升起的过程中，在场人员应当面向国旗肃立，行注目礼或者按照规定要求敬礼，不得有损国旗尊严的行为。北京天安门广场每日举行升旗仪式。学校除假期外，每周举行一次升旗仪式。

（2）国旗尊严。《国旗法》第九条第二款规定，公民和组织在网络中使用国旗图案，应当遵守相关网络管理规定，不得损害国旗尊严。第十四条第二款规定，举行升旗仪式时，应当奏唱国歌。在国旗升起的过程中，在场人员应当面向国旗肃立，行注目礼或者按照规定要求敬礼，不得有损害国旗尊严的行为。第十九条规定，不得升挂或者使用破损、污损、褪色或者不合规格的国旗，不得倒挂、倒插或者以其他有损国旗尊严的方式升挂、使用国旗。不得随意丢弃国旗。破损、污损、褪色或者不合规格的国旗应当按照国家有关规定收回、处置。大型群众性活动结束后，活动主办方应当收回或者妥善处置活动现场使用的国旗。第二十条规定，国旗及其图案不得用作商标、授予专利权的外观设计和商业广告，不得用于私人丧事活动等不适宜的情形。

（3）升挂规范。《国旗法》第十七条规定，升挂国旗，应当将国旗置于显著的位置。列队举持国旗和其他旗帜行进时，国旗应当在其他旗帜之前。国旗与其他旗帜同时升挂时，应当将国旗置于中心、较高或者突出的位置。在外事活动中同时升挂两个以上国家的国旗时，应当按照外交部的规定或者国际惯例升挂。第十八条规定，在直立的旗杆上升降国旗，应当徐徐升降。升起时，必须将国旗升至杆顶；降下时，不得使国旗落地。下半旗时，应当先将国旗升至杆顶，然后降至旗顶与杆顶之间的距离为旗杆全长的三分之一处；降下时，应当先将国旗升至杆顶，然后再降下。

(4)法律责任。《国旗法》第二十三条规定，在公共场合故意以焚烧、毁损、涂划、玷污、践踏等方式侮辱中华人民共和国国旗的，依法追究刑事责任；情节较轻的，由公安机关处以15日以下拘留。

3. 下半旗的适用条件

《国旗法》第十五条规定，中华人民共和国主席、全国人民代表大会常务委员会委员长、国务院总理、中央军事委员会主席；中国人民政治协商会议全国委员会主席逝世后可下半旗志哀。除此之外，还规定了三种情况：①为了增强公民的爱国意识，表彰那些为中华民族作出杰出贡献的人，规定“对中华人民共和国作出杰出贡献的人”逝世后可以下半旗志哀；②为了表明我国的国际主义态度，规定“对世界和平或者人类进步事业作出杰出贡献的人”逝世后可以下半旗志哀；③为了表示国家对重大伤亡事故或者因重大自然灾害造成人员伤亡的哀悼，规定“举行国家公祭仪式或者发生严重自然灾害、突发公共卫生事件以及其他不幸事件造成特别重大伤亡的”可以下半旗志哀。

(四)宣传教育

为了进一步鼓励公民通过使用国旗表达爱国情感，发挥国旗在爱国主义教育中的重要作用，《国旗法》第二十一条规定，国旗应当作为爱国主义教育的重要内容。中小学应当教育学生了解国旗的历史和精神内涵、遵守国旗升挂使用规范和升旗仪式礼仪。新闻媒体应当积极宣传国旗知识，引导公民和组织正确使用国旗及其图案。

(五)监督管理

为加强国旗使用的监督管理，明确具体涉及国旗制作、销售、升挂、使用、回收等方面监管责任，《国旗法》第二十二条规定，国务院办公厅统筹协调全国范围内国旗管理有关工作。地方各级人民政府统筹协调本行政区域内国旗管理有关工作。各级人民政府市场监督管理部门对国旗的制作和销售实施监督管理。县级人民政府确定的部门对本行政区域内国旗的升挂、使用和收回实施监督管理。外交部、国务院交通主管部门、中央军事委员会有关部门对各自管辖范围内国旗的升挂、使用和收回实施监督管理。

二、国歌

《宪法》第一百四十一条第二款规定，中华人民共和国国歌是《义勇军进行曲》。2004 年 3 月 14 日第十届全国人大第二次会议正式将《义勇军进行曲》作为国歌写入《宪法》。2017 年 10 月 1 日，全国人大常委会通过的依据《宪法》制定的《中华人民共和国国歌法》（以下简称《国歌法》）施行。中华人民共和国国歌是中华人民共和国的象征和标志，一切公民和组织都应当尊重国歌，维护国歌的尊严。

（一）曲谱和录音

《国歌法》第十条规定，在本法规定应当奏唱国歌的场合奏唱国歌，应当使用国歌标准演奏曲谱或者国歌官方录音版本。外交部及驻外外交机构、国务院体育行政部门应当将国歌标准演奏曲谱和国歌官方录音版本送交有关国家外交部门、有关国际组织，供外交活动中演奏或国际体育赛事中使用。同时还规定，国歌标准演奏曲谱、国歌官方录音版本由国务院确定的部门组织审定、录制，并在中国人大网和中国政府网上发布。

（二）正确奏唱国歌

1. 奏唱场合

《国歌法》第四条规定，在下列场合，应当奏唱国歌：①全国人民代表大会会议和地方各级人民代表大会会议的开幕、闭幕；中国人民政治协商会议全国委员会会议和地方各级委员会会议的开幕、闭幕。②各政党、各人民团体的各级代表大会等。③宪法宣誓仪式。④升国旗仪式。⑤各级机关举行或者组织的重大庆典、表彰、纪念仪式等。⑥国家公祭仪式。⑦重大外交活动。⑧重大体育赛事。⑨其他应当奏唱国歌的场合。第五条规定，国家倡导公民和组织在适宜的场合奏唱国歌，表达爱国情感。

2. 国歌尊严

《国歌法》第六条规定，奏唱国歌，应当按照本法附件所载国歌的歌词和曲谱，不得采取有损国歌尊严的奏唱形式。第七条规定，奏唱国歌时，在场人员应当肃立，举止庄重，不得有不尊重国歌的行为。第八条规定，国歌不得用于或者变相用于商标、商业广告，不得在私人丧事活动等不适宜的场合使用，不得作为公共场所的背景音乐等。

3. 法律责任

《国歌法》第十五条规定，在公共场合，故意篡改国歌歌词、曲谱，以歪曲、贬损方式奏唱国歌，或者以其他方式侮辱国歌的，由公安机关处以警告或者 15

日以下拘留；构成犯罪的，依法追究刑事责任。

（三）宣传教育

《国歌法》第十一条规定，国歌纳入中小学教育。中小学应当将国歌作为爱国主义教育的重要内容，组织学生学唱国歌，教育学生了解国歌的历史和精神内涵、遵守国歌奏唱礼仪。第十二条规定，新闻媒体应当积极开展对国歌的宣传，普及国歌奏唱礼仪知识。第十三条规定，国庆节、国际劳动节等重要的国家法定节日、纪念日，中央和省、自治区、直辖市的广播电台、电视台应当按照国务院广播电视主管部门规定的时点播放国歌。

（四）监督管理

《国歌法》第十四条规定，县级以上各级人民政府及其有关部门在各自职责范围内，对国歌的奏唱、播放和使用进行监督管理。

三、国徽

《宪法》第一百四十二条规定，中华人民共和国国徽，中间是五星照耀下的天安门，周围是谷穗和齿轮。1991 年 10 月 1 日，第七届全国人大常委会第十八次会议通过的《中华人民共和国国徽法》（以下简称《国徽法》）施行，并于 2009 年、2020 年两次修正。

（一）特征与寓意

国徽是代表国家的徽章、纹章，为国家象征之一，也是民族的象征。只有特定的国家重要文件方能加盖国徽的大印，正式生效。我国国徽图案中的齿轮和谷穗象征工人阶级领导下的工农联盟，天安门表示中国人民自五四运动以来进行民主主义革命斗争的胜利，同时又标志着人民民主专政的中华人民共和国的诞生，形象地体现了我国各族人民的革命传统和民族精神。五星代表中国共产党领导下的中国人民的大团结。国徽在颜色上用正红色和金色互为衬托对比，体现了中华民族特有的吉寿喜庆的民族色彩和传统，既庄严又富丽。

（二）正确使用国徽

1. 悬挂场合

（1）国徽应当悬挂在机关正门上方正中处。《国徽法》第四条规定，下列机构应当悬挂国徽：①各级人民代表大会常务委员会；②各级人民政府；③中央军事委员会；④各级监察委员会；⑤各级人民法院和专门人民法院；⑥各级人民检察院和专门人民检察院；⑦外交部；⑧国家驻外使馆、领馆和其他外交代表机构；⑨中央人民政府驻香港特别行政区有关机构、中央人民政府驻澳门特别行政区有关机构。

(2)《国徽法》第五条规定，下列场所应当悬挂国徽：①北京天安门城楼、人民大会堂；②县级以上各级人民代表大会及其常务委员会会议厅，乡、民族乡、镇的人民代表大会会场；③各级人民法院和专门人民法院的审判庭；④宪法宣誓场所；⑤出境入境口岸的适当场所。

2. 国徽图案使用

(1)《国徽法》第六条规定，下列机构的印章应当刻有国徽图案：①全国人民代表大会常务委员会，国务院，中央军事委员会，国家监察委员会，最高人民法院，最高人民检察院；②全国人民代表大会各专门委员会和全国人民代表大会常务委员会办公厅、工作委员会，国务院各部、各委员会、各直属机构、国务院办公厅以及国务院规定应当使用刻有国徽图案印章的办事机构，中央军事委员会办公厅以及中央军事委员会规定应当使用刻有国徽图案印章的其他机构；③县级以上地方各级人民代表大会常务委员会、人民政府、监察委员会、人民法院、人民检察院、专门人民法院、专门人民检察院；④国家驻外使馆、领馆和其他外交代表机构。

(2)《国徽法》第八条规定，下列文书、出版物等应当印有国徽图案：①全国人民代表大会常务委员会、中华人民共和国主席和国务院颁发的荣誉证书、任命书、外交文书；②中华人民共和国主席、副主席，全国人民代表大会常务委员会委员长、副委员长，国务院总理、副总理、国务委员，中央军事委员会主席、副主席，国家监察委员会主任，最高人民法院院长和最高人民检察院检察长以职务名义对外使用的信封、信笺、请柬等；③全国人民代表大会常务委员会公报、国务院公报、最高人民法院公报和最高人民检察院公报的封面；④国家出版的法律、法规正式版本的封面。

(3)《国徽法》第十条规定，下列证件、证照可以使用国徽图案：①国家机关工作人员的工作证件、执法证件等；②国家机关颁发的营业执照、许可证书、批准证书、资格证书、权利证书等；③居民身份证，中华人民共和国护照等法定出入境证件。国家机关和武装力量的徽章可以将国徽图案作为核心图案。公民在庄重的场合可以佩戴国徽徽章，表达爱国情感。

(4)《国徽法》第九条规定，标示国界线的界桩、界碑和标示领海基点方位的标志碑以及其他用于显示国家主权的标志物可以使用国徽图案。中国人民银行发行的法定货币可以使用国徽图案。

3. 国徽尊严

《国徽法》第十三条规定，国徽及其图案不得用于：商标、授予专利权的外观设计、商业广告；日常用品、日常生活的陈设布置；私人庆吊活动；国务院办公厅规定不得使用国徽及其图案的其他场合。第十四条规定，不得悬挂破损、污损或者不合规格的国徽。

4. 法律责任

《国徽法》第十八条规定，在公共场合故意以焚烧、毁损、涂划、玷污、践踏等方式侮辱中华人民共和国国徽的，依法追究刑事责任；情节较轻的，由公安机关处以 15 日以下拘留。

（三）宣传教育

《国徽法》第十五条规定，国徽应当作为爱国主义教育的重要内容。中小学应当教育学生了解国徽的历史和精神内涵。新闻媒体应当积极宣传国徽知识，引导公民和组织正确使用国徽及其图案。

（四）监督管理

《国徽法》第十七条规定，国务院办公厅统筹协调全国范围内国徽管理有关工作。地方各级人民政府统筹协调本行政区域内国徽管理有关工作。各级人民政府市场监督管理部门对国徽的制作和销售实施监督管理。县级人民政府确定的部门对本行政区域内国徽的悬挂、使用和收回实施监督管理。

四、首都

《宪法》第一百四十三条规定，中华人民共和国首都是北京。

随堂练

第六章 维护国家安全法律制度

法规文件

【学习目标】

了解《中华人民共和国香港特别行政区维护国家安全法》关于中央人民政府驻香港特别行政区维护国家安全机构及其职责的规定。熟悉《中华人民共和国香港特别行政区维护国家安全法》关于总则的规定;《中华人民共和国英雄烈士保护法》关于烈士的历史功勋、人民英雄纪念碑的法律地位、纪念缅怀英雄烈士活动、弘扬传承英雄烈士精神、烈士褒扬和遗属抚恤的规定;《宗教事务条例》关于总则以及宗教活动场所、宗教活动的规定;《伊斯兰教朝觐事务管理办法》关于总则以及朝觐人员确定、境内组织工作、境外组织工作以及相关法律责任的规定。掌握《中华人民共和国香港特别行政区维护国家安全法》关于分裂国家罪、颠覆国家政权罪、恐怖活动罪罪行和处罚的规定;《中华人民共和国英雄烈士保护法》关于英雄烈士姓名、肖像、名誉、荣誉法律保护及其相关法律责任的规定。

第一节　香港维护国家安全法

一、概述

(一)立法背景

为贯彻党的十九届四中全会精神，根据宪法和香港基本法的有关规定，2020 年 5 月 28 日，第十三届全国人大第三次会议通过了《全国人民代表大会关于建立健全香港特别行政区维护国家安全的法律制度和执行机制的决定》。2020 年 6 月 30 日，第十三届全国人大常委会第二十次会议通过并公布《中华人民共和国香港特别行政区维护国家安全法》，列入《中华人民共和国香港特别行政区基本法》附件三，明确由香港特别行政区于公布之日起在当地实施。

（二）立法目的

《中华人民共和国香港特别行政区维护国家安全法》（以下简称《香港维护国家安全法》）第一条规定，为坚定不移并全面准确贯彻“一国两制”“港人治港”、高度自治的方针，维护国家安全，防范、制止和惩治与香港特别行政区有关的分裂国家、颠覆国家政权、组织实施恐怖活动和勾结外国或者境外势力危害国家安全等犯罪，保持香港特别行政区的繁荣和稳定，保障香港特别行政区居民的合法权益，根据《中华人民共和国宪法》《中华人民共和国香港特别行政区基本法》和《全国人民代表大会关于建立健全香港特别行政区维护国家安全的法律制度和执行机制的决定》，制定本法。

（三）立法意义

《香港维护国家安全法》对香港的稳定具有压舱石的作用，是从国家层面建立健全香港特别行政区维护国家安全的法律制度和执行机制，为香港特别行政区政府维护香港社会稳定提供法律依据；是依法治港、落实党的十九届四中全会有关决策部署，推进国家治理体系和治理能力现代化的必然要求；是有效防控国家安全风险的当务之急，为香港特别行政区政府维护香港社会稳定提供法律依据，是确保香港长期繁荣稳定和长治久安的治本之策，对香港的稳定发展起到压舱石、定海针的作用，为“一国两制”行稳致远筑牢制度根基。

二、主要内容

（一）总则

1. 香港特别行政区基本法的根本性条款

《香港维护国家安全法》第二条规定，关于香港特别行政区法律地位的香港特别行政区基本法第一条和第十二条规定是香港特别行政区基本法的根本性条款。香港特别行政区任何机构、组织和个人行使权利和自由，不得违背香港特别行政区基本法第一条和第十二条的规定。依据《香港特别行政区基本法》第一条和第十二条规定，香港特别行政区是中华人民共和国不可分离的部分，是中华人民共和国的一个享有高度自治权的地方行政区域，直辖于中央人民政府。

2. 中央人民政府及香港特别行政区维护国家安全的职责

《香港维护国家安全法》第三条规定，中央人民政府对香港特别行政区有关的国家安全事务负有根本责任。香港特别行政区负有维护国家安全的宪制责任，应当履行维护国家安全的职责。香港特别行政区行政机关、立法机关、司法机关应当依据本法和其他有关法律规定有效防范、制止和惩治危害国家安全的行为和活动。

3. 香港特别行政区居民享有的权利和自由

《香港维护国家安全法》第四条规定，香港特别行政区维护国家安全应当尊重和保障人权，依法保护香港特别行政区居民根据香港特别行政区基本法和《公民权利和政治权利国际公约》《经济、社会与文化权利的国际公约》适用于香港的有关规定享有的包括言论、新闻、出版的自由，结社、集会、游行、示威的自由在内的权利和自由。第五条规定，防范、制止和惩治危害国家安全犯罪，应当坚持法治原则。法律规定为犯罪行为的，依照法律定罪处刑；法律没有规定为犯罪行为的，不得定罪处刑。任何人未经司法机关判罪之前均假定无罪。保障犯罪嫌疑人、被告人和其他诉讼参与人依法享有的辩护权和其他诉讼权利。任何人已经司法程序被最终确定有罪或者宣告无罪的，不得就同一行为再予审判或者惩罚。

4. 香港特别行政区机构、组织和个人维护国家安全的义务

《香港维护国家安全法》第六条规定，维护国家主权、统一和领土完整是包括香港同胞在内的全中国人民的共同义务。在香港特别行政区的任何机构、组织和个人都应当遵守本法和香港特别行政区有关维护国家安全的其他法律，不得从事危害国家安全的行为和活动。香港特别行政区居民在参选或者就任公职时应当依法签署文件确认或者宣誓拥护中华人民共和国香港特别行政区基本法，效忠中华人民共和国香港特别行政区。

（二）罪行和处罚

《香港维护国家安全法》第三章讲了罪行和处罚共六节，规定了分裂国家罪、颠覆国家政权罪、恐怖活动罪、勾结外国或者境外势力危害国家安全罪罪行及处罚，还规定了其他处罚及效力范围。

1. 分裂国家罪

（1）《香港维护国家安全法》第二十条规定，任何人组织、策划、实施或者参与实施以下旨在分裂国家、破坏国家统一行为之一的，不论是否使用武力或者以武力相威胁，即属犯罪：将香港特别行政区或者中华人民共和国其他任何部分从中华人民共和国分离出去；非法改变香港特别行政区或者中华人民共和国其他任何部分的法律地位；将香港特别行政区或者中华人民共和国其他任何部分转归外国统治。犯前款罪，对首要分子或者罪行重大的，处无期徒刑或者十年以上有期徒刑；对积极参加的，处三年以上十年以下有期徒刑；对其他参加的，处三年以下有期徒刑、拘役或者管制。

（2）《香港维护国家安全法》第二十一条规定，任何人煽动、协助、教唆、以金钱或者其他财物资助他人实施本法第二十条规定的犯罪的，即属犯罪。情节严重的，处五年以上十年以下有期徒刑；情节较轻的，处五年以下有期徒刑、拘役或者管制。

2. 颠覆国家政权罪

（1）《香港维护国家安全法》第二十二条规定，任何人组织、策划、实施或者参与实施以下以武力、威胁使用武力或者其他非法手段旨在颠覆国家政权行为之一的，即属犯罪：①推翻、破坏中华人民共和国宪法所确立的中华人民共和国根本制度；②推翻中华人民共和国中央政权机关或者香港特别行政区政权机关；③严重干扰、阻挠、破坏中华人民共和国中央政权机关或者香港特别行政区政权机关依法履行职能；④攻击、破坏香港特别行政区政权机关履职场所及其设施，致使其无法正常履行职能。犯前款罪，对首要分子或者罪行重大的，处无期徒刑或者十年以上有期徒刑；对积极参加的，处三年以上十年以下有期徒刑；对其他参加的，处三年以下有期徒刑、拘役或者管制。

（2）《香港维护国家安全法》第二十三条规定，任何人煽动、协助、教唆、以金钱或者其他财物资助他人实施本法第二十二条规定的犯罪的，即属犯罪。情节严重的，处五年以上十年以下有期徒刑；情节较轻的，处五年以下有期徒刑、拘役或者管制。

3. 恐怖活动罪

（1）《香港维护国家安全法》第二十四条规定，为胁迫中央人民政府、香港特别行政区政府或者国际组织或者威吓公众以图实现政治主张，组织、策划、实施、参与实施或者威胁实施以下造成或者意图造成严重社会危害的恐怖活动之一的，即属犯罪：针对人的严重暴力；爆炸、纵火或者投放毒害性、放射性、传染病病原体等物质；破坏交通工具、交通设施、电力设备、燃气设备或者其他易燃易爆设备；严重干扰、破坏水、电、燃气、交通、通讯、网络等公共服务和管理的电子控制系统；以其他危险方法严重危害公众健康或者安全。犯前款罪，致人重伤、死亡或者使公私财产遭受重大损失的，处无期徒刑或者十年以上有期徒刑；其他情形，处三年以上十年以下有期徒刑。

（2）《香港维护国家安全法》第二十五条规定，组织、领导恐怖活动组织的，即属犯罪，处无期徒刑或者十年以上有期徒刑，并处没收财产；积极参加的，处三年以上十年以下有期徒刑，并处罚金；其他参加的，处三年以下有期徒刑、拘役或者管制，可以并处罚金。本法所指的恐怖活动组织，是指实施或者意图实施本法第二十四条规定的恐怖活动罪行或者参与或者协助实施本法

第二十四条规定的恐怖活动罪行的组织。

（3）《香港维护国家安全法》第二十六条规定，为恐怖活动组织、恐怖活动人员、恐怖活动实施提供培训、武器、信息、资金、物资、劳务、运输、技术或者场所等支持、协助、便利，或者制造、非法管有爆炸性、毒害性、放射性、传染病病原体等物质以及以其他形式准备实施恐怖活动的，即属犯罪。情节严重的，处五年以上十年以下有期徒刑，并处罚金或者没收财产；其他情形，处五年以下有期徒刑、拘役或者管制，并处罚金。有前款行为，同时构成其他犯罪的，依照处罚较重的规定定罪处罚。

（4）《香港维护国家安全法》第二十七条规定，宣扬恐怖主义、煽动实施恐怖活动的，即属犯罪。情节严重的，处五年以上十年以下有期徒刑，并处罚金或者没收财产；其他情形，处五年以下有期徒刑、拘役或者管制，并处罚金。第二十八条规定，关于恐怖活动罪的规定不影响依据香港特别行政区法律对其他形式的恐怖活动犯罪追究刑事责任并采取冻结财产等措施。

（三）中央人民政府驻香港特别行政区维护国家安全机构

《香港维护国家安全法》第四十八条规定，中央人民政府在香港特别行政区设立维护国家安全公署。中央人民政府驻香港特别行政区维护国家安全公署依法履行维护国家安全职责，行使相关权力。驻香港特别行政区维护国家安全公署人员由中央人民政府维护国家安全的有关机关联合派出。

1. 维护国家安全公署职责

《香港维护国家安全法》第四十九条规定，驻香港特别行政区维护国家安全公署的职责为：①分析研判香港特别行政区维护国家安全形势，就维护国家安全重大战略和重要政策提出意见和建议；②监督、指导、协调、支持香港特别行政区履行维护国家安全的职责；③收集分析国家安全情报信息；④依法办理危害国家安全犯罪案件。第五十条规定，驻香港特别行政区维护国家安全公署应当严格依法履行职责，依法接受监督，不得侵害任何个人和组织的合法权益。驻香港特别行政区维护国家安全公署人员除须遵守全国性法律外，还应当遵守香港特别行政区法律。驻香港特别行政区维护国家安全公署人员依法接受国家监察机关的监督。第五十一条规定，驻香港特别行政区维护国家安全公署的经费由中央财政保障。

2. 维护国家安全公署工作机制

《香港维护国家安全法》第五十二条规定，驻香港特别行政区维护国家安全公署应当加强与中央人民政府驻香港特别行政区联络办公室、外交部驻香港特别行政区特派员公署、中国人民解放军驻香港部队的工作联系和工作协同。

第五十三条规定，驻香港特别行政区维护国家安全公署应当与香港特别行政区维护国家安全委员会建立协调机制，监督、指导香港特别行政区维护国家安全工作。驻香港特别行政区维护国家安全公署的工作部门应当与香港特别行政区维护国家安全的有关机关建立协作机制，加强信息共享和行动配合。第五十四条规定，驻香港特别行政区维护国家安全公署、外交部驻香港特别行政区特派员公署会同香港特别行政区政府采取必要措施，加强对外国和国际组织驻香港特别行政区机构、在香港特别行政区的外国和境外非政府组织和新闻机构的管理和服务。

3. 维护国家安全公署管辖范围

《香港维护国家安全法》第五十五条规定，有以下情形之一的，经香港特别行政区政府或者驻香港特别行政区维护国家安全公署提出，并报中央人民政府批准，由驻香港特别行政区维护国家安全公署对本法规定的危害国家安全犯罪案件行使管辖权：①案件涉及外国或者境外势力介入的复杂情况，香港特别行政区管辖确有困难的；②出现香港特别行政区政府无法有效执行本法的严重情况的；③出现国家安全面临重大现实威胁的情况的。

4. 维护国家安全公署管辖案件的程序性规定

《香港维护国家安全法》第五十六条规定，根据本法第五十五条规定管辖有关危害国家安全犯罪案件时，由驻香港特别行政区维护国家安全公署负责立案侦查，最高人民检察院指定有关检察机关行使检察权，最高人民法院指定有关法院行使审判权。第五十七条规定，根据本法第五十五条规定管辖案件的立案侦查、审查起诉、审判和刑罚的执行等诉讼程序事宜，适用《中华人民共和国刑事诉讼法》等相关法律的规定。根据本法第五十五条规定管辖案件时，本法第五十六条规定的执法、司法机关依法行使相关权力，其为决定采取强制措施、侦查措施和司法裁判而签发的法律文书在香港特别行政区具有法律效力。对于驻香港特别行政区维护国家安全公署依法采取的措施，有关机构、组织和个人必须遵从。第五十八条规定，根据本法第五十五条规定管辖案件时，犯罪嫌疑人自被驻香港特别行政区维护国家安全公署第一次讯问或者采取强制措施之日起，有权委托律师作为辩护人。辩护律师可以依法为犯罪嫌疑人、被告人提供法律帮助。犯罪嫌疑人、被告人被合法拘捕后，享有尽早接受司法机关公正审判的权利。第五十九条规定，根据本法第五十五条规定管辖案件时，任何人如果知道本法规定的危害国家安全犯罪案件情况，都有如实作证的义务。

5. 维护国家安全公署及其人员的权利

《香港维护国家安全法》第六十条规定，驻香港特别行政区维护国家安全公署及其人员依据本法执行职务的行为，不受香港特别行政区管辖。持有驻香港特别行政区维护国家安全公署制发的证件或者证明文件的人员和车辆等在执行职务时不受香港特别行政区执法人员检查、搜查和扣押。驻香港特别行政区维护国家安全公署及其人员享有香港特别行政区法律规定的其他权利和豁免。第六十一条规定，驻香港特别行政区维护国家安全公署依据本法规定履行职责时，香港特别行政区政府有关部门须提供必要的便利和配合，对妨碍有关执行职务的行为依法予以制止并追究责任。

第二节　英雄烈士保护法

一、概述

（一）立法背景和起草过程

习近平总书记指出："实现我们的目标，需要英雄，需要英雄精神。我们要铭记一切为中华民族和中国人民作出贡献的英雄们，崇尚英雄，捍卫英雄，学习英雄，关爱英雄。"针对近年来，社会上历史虚无主义错误思潮和观点，以及歪曲历史和丑化、诋毁英雄烈士现象的出现，造成了极为恶劣的社会影响的情况，在 2017 年全国"两会"建议通过立法加强英雄烈士保护，2017 年 4 月，习近平总书记对英雄烈士保护立法作出重要批示。回应社会关切，打击丑化、诋毁英雄烈士的恶劣行为，加强英雄烈士保护立法十分必要，是弘扬社会主义核心价值观和爱国主义精神，崇尚捍卫英雄烈士，维护社会公共利益的重要措施。

全国人大常委会高度重视英雄烈士保护立法工作，人大常委会法制工作委员会会同有关单位组成起草工作组，抓紧立法研究，整合了现行法律、烈士褒扬条例等有关英雄烈士保护的规定，与相关法律、行政法规相衔接，形成了《中华人民共和国英雄烈士保护法（草案）》，并提交第十三届全国人大常委会第二次会议审议。2018 年 4 月 27 日，第十三届全国人大常委会第二次会议通过于同年 5 月 1 日生效的《中华人民共和国英雄烈士保护法》（以下简称《英雄烈士保护法》）。

（二）立法目的

《英雄烈士保护法》第一条规定，为了加强对英雄烈士的保护，维护社会公共利益，传承和弘扬英雄烈士精神、爱国主义精神，培育和践行社会主义核心价值观，激发实现中华民族伟大复兴中国梦的强大精神力量，根据宪法，制定本法。立法目的为：①向全世界宣示中国人民永远铭记、尊崇英雄烈士，彰显了国家坚决捍卫英雄烈士的鲜明价值导向和人民群众保护英雄烈士的坚定政治立场；②以法律武器捍卫英雄烈士尊严，保护英雄烈士合法权益，号召全社会弘扬传承英雄烈士精神，共同维护社会公共利益；③传播社会主义核心价值观的正能量，激发全民实现中华民族伟大复兴中国梦的强大精神力量，为新时代中国特色社会主义建设凝心聚力。

（三）立法意义

《英雄烈士保护法》是我国首部保护英雄烈士的专项法律，饱含着国家和人民对英雄烈士的深切尊崇和永久缅怀，具有重大的历史意义和现实指导：①是中国共产党“不忘初心、牢记使命”的伟大实践，彰显了党和国家对爱国主义教育和革命精神传承的高度重视；②对指导和激励广大党员干部和人民群众在新时期继续传承红色基因、发扬革命精神，营造全民缅怀、崇尚和学习英雄烈士的社会正气，对维护社会公共利益，培育和践行社会主义核心价值观具有重大现实指导意义；③是以法律武器守护和捍卫英烈尊严，有力抵制了历史虚无主义，为打击各类侵害英雄烈士合法权益的行为，维护国家安全特别是意识形态安全提供了坚实的法律保障。

二、主要内容

《英雄烈士保护法》共30条，对英雄烈士的历史功勋、人民英雄纪念碑的法律地位、纪念缅怀英雄烈士活动、弘扬传承英雄烈士精神、英雄烈士的褒扬和遗属抚恤优待、英雄烈士名誉荣誉法律保护及相关法律责任作出了规定。

（一）英雄烈士的历史功勋

中国共产党、人民军队和人民共和国历史上涌现的无数英雄烈士，近代以来的英烈先驱和革命先行者，为国家和人民作出了重大牺牲和重大贡献。根据人民英雄纪念碑碑文、宪法序言精神，并与《中华人民共和国民法典》、全国人大常委会关于设立烈士纪念日的决定等规定相衔接，《英雄烈士保护法》第二条规定，国家和人民永远尊崇、铭记英雄烈士为国家、人民和民族作出的牺牲和贡献。近代以来，为了争取民族独立和人民解放，实现国家富强和人民幸福，促进世界和平和人类进步而毕生奋斗、英勇献身的英雄烈士，功勋彪炳史册，精神永垂不朽。

（二）英雄烈士的褒扬

《英雄烈士保护法》第三条规定，英雄烈士事迹和精神是中华民族的共同历史记忆和社会主义核心价值观的重要体现。国家保护英雄烈士，对英雄烈士予以褒扬、纪念，加强对英雄烈士事迹和精神的宣传、教育，维护英雄烈士尊严和合法权益。全社会都应当崇尚、学习、捍卫英雄烈士。第四条规定，各级人民政府应当加强对英雄烈士的保护，将宣传、弘扬英雄烈士事迹和精神作为社会主义精神文明建设的重要内容。县级以上人民政府负责英雄烈士保护工作的部门和其他有关部门应当依法履行职责，做好英雄烈士保护工作。军队有关部门按照国务院、中央军事委员会的规定，做好英雄烈士保护工作。县级以上人民政府应当将英雄烈士保护工作经费列入本级预算。

（三）英雄烈士的纪念缅怀活动

与全国人大常委会关于设立烈士纪念日的决定和有关行政法规规定相衔接，《英雄烈士保护法》第五条规定，每年的 9 月 30 日为烈士纪念日，国家在首都北京天安门广场人民英雄纪念碑前举行纪念仪式，缅怀英雄烈士。县级以上地方人民政府、军队有关部门应当在烈士纪念日举行纪念活动。举行英雄烈士纪念活动，邀请英雄烈士遗属代表参加。第六条规定，在清明节和重要纪念日，机关、团体、乡村、社区、学校、企业事业单位和军队有关单位根据实际情况，组织开展英雄烈士纪念活动。

（四）人民英雄烈士纪念碑的法律地位

1949 年 9 月 30 日，中国人民政治协商会议第一届全体会议通过决议，在首都北京天安门外，建立为国牺牲的人民英雄纪念碑。建成后的人民英雄纪念碑，成为国家和人民纪念缅怀为中国革命和国家建设而英勇献身的英雄烈士的标志性纪念设施。《英雄烈士保护法》第七条规定，国家建立并保护英雄烈士纪念设施，纪念、缅怀英雄烈士。矗立在首都北京天安门广场的人民英雄纪念碑，是近代以来中国人民和中华民族争取民族独立解放、人民自由幸福和国家繁荣富强精神的象征，是国家和人民纪念、缅怀英雄烈士的永久性纪念设施。人民英雄纪念碑及其名称、碑题、碑文、浮雕、图形、标志等受法律保护。

（五）弘扬传承英雄烈士精神

英雄烈士的事迹和精神是中华民族宝贵的精神财富，国家高度重视对英雄烈士事迹和精神的宣传教育工作，《英雄烈士保护法》规定了各级政府和教育、文化、新闻出版、广播电视等部门以及新闻媒体的具体职责。

《英雄烈士保护法》第十五条规定，国家鼓励和支持开展对英雄烈士事迹和精神的研究，以辩证唯物主义和历史唯物主义为指导认识和记述历史。第十六条规定，各级人民政府、军队有关部门应当加强对英雄烈士遗物、史料的收集、保护和陈列展示工作，组织开展英雄烈士史料的研究、编纂和宣传工作。国家鼓励和支持革命老区发挥当地资源优势，开展英雄烈士事迹和精神的研究、宣传和教育工作。第十七条规定，教育行政部门应当以青少年学生为重点，将英雄烈士事迹和精神的宣传教育纳入国民教育体系。教育行政部门、各级各类学校应当将英雄烈士事迹和精神纳入教育内容，组织开展纪念教育活动，加强对学生的爱国主义、集体主义、社会主义教育。第十八条规定，文化、新闻出版、广播电视、电影、网信等部门应当鼓励和支持以英雄烈士事迹为题材、弘扬英雄烈士精神的优秀文学艺术作品、广播电视节目以及出版物的创作生产和宣传推广。第十九条规定，广播电台、电视台、报刊出版单位、互联网信息服务提供者，应当通过播放或者刊登英雄烈士题材作品、发布公益广告、开设专栏等方式，广泛宣传英雄烈士事迹和精神。

（六）英雄烈士遗属抚恤优待

《英雄烈士保护法》第二十条规定，国家鼓励和支持自然人、法人和非法人组织以捐赠财产、义务宣讲英雄烈士事迹和精神、帮扶英雄烈士遗属等公益活动的方式，参与英雄烈士保护工作。自然人、法人和非法人组织捐赠财产用于英雄烈士保护的，依法享受税收优惠。第二十一条规定，国家实行英雄烈士抚恤优待制度。英雄烈士遗属按照国家规定享受教育、就业、养老、住房、医疗等方面的优待。抚恤优待水平应当与国民经济和社会发展相适应并逐步提高。国务院有关部门、军队有关部门和地方人民政府应当关心英雄烈士遗属的生活情况，每年定期走访慰问英雄烈士遗属。

（七）英雄烈士姓名、肖像、名誉和荣誉的法律保护

《英雄烈士保护法》明确了侵害英雄烈士合法权益的民事、行政、刑事责任，惩治一切宣扬、美化侵略战争行为，构筑起保护英雄烈士合法权益的法律之网。第二十二条规定，禁止歪曲、丑化、亵渎、否定英雄烈士事迹和精神。英雄烈士的姓名、肖像、名誉、荣誉受法律保护。任何组织和个人不得在公共场所、互联网或者利用广播电视、电影、出版物等，以侮辱、诽谤或者其他方式侵害英雄烈士的姓名、肖像、名誉、荣誉。任何组织和个人不得将英雄烈士的姓名、肖像用于或者变相用于商标、商业广告，损害英雄烈士的名誉、荣誉。公安、文化、新闻出版、广播电视、电影、网信、市场监督管理、负责英雄烈士保护工作的部门发现前款规定行为的，应当依法及时处理。第二十三条规定，网信和电信、公安等有关部门在对网络信息进行依法监督管理工作中，发现发布或者传输以侮辱、诽谤或者其他方式侵害英雄烈士的姓名、肖像、名誉、荣誉的信息的，应当要求网络运营者停止传输，采取消除等处置措施和其他必要措施；对来源于中华人民共和国境外的上述信息，应当通知有关机构采取技术措施和其他必要措施阻断传播。网络运营者发现其用户发布前款规定的信息的，应当立即停止传输该信息，采取消除等处置措施，防止信息扩散，保存有关记录，并向有关主管部门报告。网络运营者未采取停止传输、消除等处置措施的，依照《中华人民共和国网络安全法》的规定处罚。第二十四条规定，任何组织和个人有权对侵害英雄烈士合法权益和其他违反本法规定的行为，向负责英雄烈士保护工作的部门、网信、公安等有关部门举报，接到举报的部门应当依法及时处理。

同时，国家建立侵害英雄烈士名誉荣誉的公益诉讼制度，即在英雄烈士没有近亲属或者近亲属不提起诉讼的情况下，检察机关可以提起诉讼，来保护英雄烈士的合法权益。《英雄烈士保护法》第二十五条规定，对侵害英雄烈士的姓名、肖像、名誉、荣誉的行为，英雄烈士的近亲属可以依法向人民法院提起诉讼。英雄烈士没有近亲属或者近亲属不提起诉讼的，检察机关依法对侵害英雄烈士的姓名、肖像、名誉、荣誉，损害社会公共利益的行为向人民法院提起诉讼。负责英雄烈士保护工作的部门和其他有关部门在履行职责过程中发现第一款规定的行为，需要检察机关提起诉讼的，应当向检察机关报告。英雄烈士近亲属依照第一款规定提起诉讼的，法律援助机构应当依法提供法律援助服务。

（八）相关法律责任

1. 侵害英雄烈士姓名、肖像、名誉和荣誉的行为

《英雄烈士保护法》第二十六条规定，以侮辱、诽谤或者其他方式侵害英雄烈士的姓名、肖像、名誉、荣誉，损害社会公共利益的，依法承担民事责任；构成违反治安管理行为的，由公安机关依法给予治安管理处罚；构成犯罪的，依法追究刑事责任。

2. 有损纪念英雄烈士环境和氛围的行为

《英雄烈士保护法》第二十七条规定，在英雄烈士纪念设施保护范围内从事有损纪念英雄烈士环境和氛围的活动的，纪念设施保护单位应当及时劝阻；不听劝阻的，由县级以上地方人民政府负责英雄烈士保护工作的部门、文物主管部门按照职责规定给予批评教育，责令改正；构成违反治安管理行为的，由公安机关依法给予治安管理处罚。亵渎、否定英雄烈士事迹和精神，宣扬、美化侵略战争和侵略行为，寻衅滋事，扰乱公共秩序，构成违反治安管理行为的，由公安机关依法给予治安管理处罚；构成犯罪的，依法追究刑事责任。

3. 侵占、破坏、污损英雄烈士纪念设施的行为

《英雄烈士保护法》第二十八条规定，侵占、破坏、污损英雄烈士纪念设施的，由县级以上人民政府负责英雄烈士保护工作的部门责令改正；造成损失的，依法承担民事责任；被侵占、破坏、污损的纪念设施属于文物保护单位的，依照《中华人民共和国文物保护法》的规定处罚；构成违反治安管理行为的，

由公安机关依法给予治安管理处罚；构成犯罪的，依法追究刑事责任。

4. **有关部门及其工作人员的法律责任**

《英雄烈士保护法》第二十九条规定，县级以上人民政府有关部门及其工作人员在英雄烈士保护工作中滥用职权、玩忽职守、徇私舞弊的，对直接负责的主管人员和其他直接责任人员，依法给予处分；构成犯罪的，依法追究刑事责任。

第三节　宗教事务管理法律制度

一、概述

（一）立法背景

2005 年 3 月 1 日，国务院第五十七次常务会议通过的《宗教事务条例》施行。2016 年，为进一步适应国际国内形势变化，正确把握和妥善处理宗教领域出现的新情况、新问题和新矛盾，2018 年 2 月 1 日，国务院第一百七十六次常务会议通过的修正后的《宗教事务条例》开始施行。

（二）立法目的

《宗教事务条例》第一条规定，为了保障公民宗教信仰自由，维护宗教和睦与社会和谐，规范宗教事务管理，提高宗教工作法治化水平，根据宪法和有关法律，制定本条例。

（三）立法意义

《宗教事务条例》的出台，有利于依法解决宗教工作实践中出现的重点问题和突出矛盾，是化解宗教领域各种问题和矛盾的有效途径；有利于充分保障公民的宗教信仰自由和有效维护宗教和睦，是切实保障公民宗教信仰自由的重要举措；有利于运用法治思维和法治方式妥善处理宗教事务问题，是提高宗教工作法治化水平的必然要求。

二、主要内容

（一）总则

1. **公民宗教信仰自由**

《宗教事务条例》第二条规定，任何组织或者个人不得强制公民信仰宗教或者不信仰宗教，不得歧视信仰宗教的公民（以下称信教公民）或者不信仰宗教的公民（以下称不信教公民）。信教公民和不信教公民、信仰不同宗教的公民应当相互尊重、和睦相处。

2. 宗教事务管理原则

《宗教事务条例》第三条规定，宗教事务管理坚持保护合法、制止非法、遏制极端、抵御渗透、打击犯罪的原则。

3. 国家依法保护正常的宗教活动

《宗教事务条例》第四条规定，国家依法保护正常的宗教活动，积极引导宗教与社会主义社会相适应，维护宗教团体、宗教院校、宗教活动场所和信教公民的合法权益。宗教团体、宗教院校、宗教活动场所和信教公民应当遵守宪法、法律、法规和规章，践行社会主义核心价值观，维护国家统一、民族团结、宗教和睦与社会稳定。任何组织或者个人不得利用宗教进行危害国家安全、破坏社会秩序、损害公民身体健康、妨碍国家教育制度，以及其他损害国家利益、社会公共利益和公民合法权益等违法活动。任何组织或者个人不得在不同宗教之间、同一宗教内部以及信教公民与不信教公民之间制造矛盾与冲突，不得宣扬、支持、资助宗教极端主义，不得利用宗教破坏民族团结、分裂国家和进行恐怖活动。

4. 宗教对外交往原则

《宗教事务条例》第五条规定，各宗教坚持独立自主自办的原则，宗教团体、宗教院校、宗教活动场所和宗教事务不受外国势力的支配。宗教团体、宗教院校、宗教活动场所、宗教教职人员在相互尊重、平等、友好的基础上开展对外交往；其他组织或者个人在对外经济、文化等合作、交流活动中不得接受附加的宗教条件。

5. 宗教事务管理体制

《宗教事务条例》第六条规定，各级人民政府应当加强宗教工作，建立健全宗教工作机制，保障工作力量和必要的工作条件。县级以上人民政府宗教事务部门依法对涉及国家利益和社会公共利益的宗教事务进行行政管理，县级以上人民政府其他有关部门在各自职责范围内依法负责有关的行政管理工作。乡级人民政府应当做好本行政区域的宗教事务管理工作。村民委员会、居民委员会应当依法协助人民政府管理宗教事务。各级人民政府应当听取宗教团体、宗教院校、宗教活动场所和信教公民的意见，协调宗教事务管理工作，为宗教团体、宗教院校和宗教活动场所提供公共服务。

（二）宗教活动场所

1. 种类

《宗教事务条例》第十九条规定，宗教活动场所包括寺观教堂和其他固定宗教活动处所。寺观教堂和其他固定宗教活动处所的区分标准由省、自治区、直辖市人民政府宗教事务部门制定，报国务院宗教事务部门备案。

2. **设立条件**

《宗教事务条例》第二十条规定，设立宗教活动场所，应当具备下列条件：①设立宗旨不违背本条例第四、第五条的规定；②当地信教公民有经常进行集体宗教活动的需要；③有拟主持宗教活动的宗教教职人员或者符合本宗教规定的其他人员；④有必要的资金，资金来源渠道合法；⑤布局合理，符合城乡规划要求，不妨碍周围单位和居民的正常生产、生活。

3. **设立程序**

（1）筹备设立的审批程序。《宗教事务条例》第二十一条规定，筹备设立宗教活动场所，由宗教团体向拟设立的宗教活动场所所在地的县级人民政府宗教事务部门提出申请。县级人民政府宗教事务部门应当自收到申请之日起 30 日内提出审核意见，报设区的市级人民政府宗教事务部门。设区的市级人民政府宗教事务部门应当自收到县级人民政府宗教事务部门报送的材料之日起 30 日内，对申请设立其他固定宗教活动处所的，作出批准或者不予批准的决定；对申请设立寺观教堂的，提出审核意见，报省、自治区、直辖市人民政府宗教事务部门审批。省、自治区、直辖市人民政府宗教事务部门应当自收到设区的市级人民政府宗教事务部门报送的材料之日起 30 日内，作出批准或者不予批准的决定。宗教活动场所的设立申请获批准后，方可办理该宗教活动场所的筹建事项。

（2）登记程序。《宗教事务条例》第二十二条规定，宗教活动场所经批准筹备并建设完工后，应当向所在地的县级人民政府宗教事务部门申请登记。县级人民政府宗教事务部门应当自收到申请之日起 30 日内对该宗教活动场所的管理组织、规章制度建设等情况进行审核，对符合条件的予以登记，发给《宗教活动场所登记证》。第二十三条规定，宗教活动场所符合法人条件的，经所在地宗教团体同意，并报县级人民政府宗教事务部门审查同意后，可以到民政部门办理法人登记。

（3）终止和变更登记程序。《宗教事务条例》第二十四条规定，宗教活动场所终止或者变更登记内容的，应当到原登记管理机关办理相应的注销或者变更登记手续。

4. **组织管理制度**

《宗教事务条例》第二十五条规定，宗教活动场所应当成立管理组织，实行民主管理。宗教活动场所管理组织的成员，经民主协商推选，并报该场所的登记管理机关备案。第二十六条规定，宗教活动场所应当加强内部管理，依照有关法律、法规、规章的规定，建立健全人员、财务、资产、会计、治安、消防、文物保护、卫生防疫等管理制度，接受当地人民政府有关部门的指导、监督、检查。

5. 行政管理制度

（1）宗教事务部门的职责。《宗教事务条例》第二十七条规定，宗教事务部门应当对宗教活动场所遵守法律、法规、规章情况，建立和执行场所管理制度情况，登记项目变更情况，以及宗教活动和涉外活动情况进行监督检查。宗教活动场所应当接受宗教事务部门的监督检查。

（2）经销宗教物品和开展活动的规定。《宗教事务条例》第二十八条规定，宗教活动场所内可以经销宗教用品、宗教艺术品和宗教出版物。第三十一条规定，有关单位和个人在宗教活动场所内设立商业服务网点、举办陈列展览、拍摄电影电视片和开展其他活动，应当事先征得该宗教活动场所同意。

（3）防范重大事故或者事件的规定。《宗教事务条例》第二十九条规定，宗教活动场所应当防范本场所内发生重大事故或者发生违犯宗教禁忌等伤害信教公民宗教感情、破坏民族团结、影响社会稳定的事件。发生前款所列事故或者事件时，宗教活动场所应当立即报告所在地的县级人民政府宗教事务部门。

（4）修建大型露天宗教造像的规定。《宗教事务条例》第三十条规定，宗教团体、寺观教堂拟在寺观教堂内修建大型露天宗教造像，应当由省、自治区、直辖市宗教团体向省、自治区、直辖市人民政府宗教事务部门提出申请。省、自治区、直辖市人民政府宗教事务部门应当自收到申请之日起 30 日内提出意见，报国务院宗教事务部门审批。国务院宗教事务部门应当自收到修建大型露天宗教造像报告之日起 60 日内，作出批准或者不予批准的决定。宗教团体、寺观教堂以外的组织以及个人不得修建大型露天宗教造像。禁止在寺观教堂外修建大型露天宗教造像。

（5）宗教活动场所建设及改建、新建、扩建、异地重建的规定。《宗教事务条例》第三十二条规定，地方各级人民政府应当根据实际需要，将宗教活动场所建设纳入土地利用总体规划和城乡规划。宗教活动场所、大型露天宗教造像的建设应当符合土地利用总体规划、城乡规划和工程建设、文物保护等有关法律、法规。第三十三条规定，在宗教活动场所内改建或者新建建筑物，应当经所在地县级以上地方人民政府宗教事务部门批准后，依法办理规划、建设等手续。宗教活动场所扩建、异地重建的，应当按照本条例第二十一条规定的程序办理。

(6)处理宗教活动场所与景区关系的规定。《宗教事务条例》第三十四条规定，景区内有宗教活动场所的，其所在地的县级以上地方人民政府应当协调、处理宗教活动场所与景区管理组织及园林、林业、文物、旅游等方面的利益关系，维护宗教活动场所、宗教教职人员和信教公民的合法权益，保护正常的宗教活动。以宗教活动场所为主要游览内容的景区的规划建设，应当与宗教活动场所的风格、环境相协调。

(7)临时活动地点的规定。《宗教事务条例》第三十五条规定，信教公民有进行经常性集体宗教活动需要，尚不具备条件申请设立宗教活动场所的，由信教公民代表向县级人民政府宗教事务部门提出申请，县级人民政府宗教事务部门征求所在地宗教团体和乡级人民政府意见后，可以为其指定临时活动地点。在县级人民政府宗教事务部门指导下，所在地乡级人民政府对临时活动地点的活动进行监管。具备设立宗教活动场所条件后，办理宗教活动场所设立审批和登记手续。临时活动地点的宗教活动应当符合本条例的相关规定。

(三)宗教活动

1. 集体宗教活动

《宗教事务条例》第四十条规定，信教公民的集体宗教活动，一般应当在宗教活动场所内举行，由宗教活动场所、宗教团体或者宗教院校组织，由宗教教职人员或者符合本宗教规定的其他人员主持，按照教义教规进行。

2. 禁止性行为

《宗教事务条例》第四十一条规定，非宗教团体、非宗教院校、非宗教活动场所、非指定的临时活动地点不得组织、举行宗教活动，不得接受宗教性的捐赠。非宗教团体、非宗教院校、非宗教活动场所不得开展宗教教育培训，不得组织公民出境参加宗教方面的培训、会议、活动等。

3. 大型宗教活动的审批和管理

《宗教事务条例》第四十二条规定，跨省、自治区、直辖市举行超过宗教活动场所容纳规模的大型宗教活动，或者在宗教活动场所外举行大型宗教活动，应当由主办的宗教团体、寺观教堂在拟举行日的 30 日前，向大型宗教活动举办地的设区的市级人民政府宗教事务部门提出申请。设区的市级人民政府宗教事务部门应当自受理之日起 15 日内，在征求本级人民政府公安机关意见后，作出批准或者不予批准的决定。作出批准决定的，由批准机关向省级人民政府宗教事务部门备案。大型宗教活动应当按照批准通知书载明的要求依宗教仪轨进行，不得违反本条例第四、第五条的有关规定。主办的宗教团体、寺观教堂应当采取有效措施防止意外事故的发生，保证大型宗教活动安全、有序进行。

大型宗教活动举办地的乡级人民政府和县级以上地方人民政府有关部门应当依据各自职责实施必要的管理和指导。

4. 教育与宗教相分离原则的适用

《宗教事务条例》第四十四条规定，禁止在宗教院校以外的学校及其他教育机构传教、举行宗教活动、成立宗教组织、设立宗教活动场所。

5. 宗教出版物及印刷品管理

《宗教事务条例》第四十五条规定，宗教团体、宗教院校和寺观教堂按照国家有关规定可以编印、发送宗教内部资料性出版物。出版公开发行的宗教出版物，按照国家出版管理的规定办理。涉及宗教内容的出版物，应当符合国家出版管理的规定，并不得含有下列内容：①破坏信教公民与不信教公民和睦相处的；②破坏不同宗教之间和睦以及宗教内部和睦的；③歧视、侮辱信教公民或者不信教公民的；④宣扬宗教极端主义的；⑤违背宗教的独立自主自办原则的。第四十六条规定，超出个人自用、合理数量的宗教类出版物及印刷品进境，或者以其他方式进口宗教类出版物及印刷品，应当按照国家有关规定办理。

6. 互联网宗教信息服务管理

《宗教事务条例》第四十七条规定，从事互联网宗教信息服务，应当经省级以上人民政府宗教事务部门审核同意后，按照国家互联网信息服务管理有关规定办理。第四十八条规定，互联网宗教信息服务的内容应当符合有关法律、法规、规章和宗教事务管理的相关规定。互联网宗教信息服务的内容，不得违反本条例第四十五条第二款的规定。

第四节　伊斯兰教朝觐事务管理法律制度

一、概述

1. 立法背景

2020 年 12 月 1 日，国家宗教事务局、外交部、公安部、文化和旅游部、国家卫生健康委员会、海关总署、国家市场监督管理总局、中国民用航空局令第 14 号公布的《伊斯兰教朝觐事务管理办法》（以下简称《办法》）实施。

2. 立法目的

《办法》第一条规定明确了立法目的，为了保障公民宗教信仰自由，坚持我国宗教中国化方向，规范伊斯兰教朝觐事务管理，维护朝觐活动正常秩序，根据《中华人民共和国出境入境管理法》《中华人民共和国国境卫生检疫法》

《宗教事务条例》等法律法规，制定本办法。

3. 立法意义

《办法》的制定出台是贯彻党的宗教工作基本方针和党中央、国务院关于朝觐工作政策要求的具体举措，是贯彻全面依法治国基本方略，提高宗教工作法治化水平的必然要求，对深入贯彻落实新修订的《宗教事务条例》，规范伊斯兰教朝觐事务管理，保持朝觐活动正常秩序，维护民族团结和社会和谐，具有重要意义。

二、主要内容

（一）总则规定

1. 朝觐活动的组织

《办法》第二条规定，信仰伊斯兰教的中国公民前往沙特阿拉伯麦加朝觐，由中国伊斯兰教协会负责组织。其他任何组织或者个人不得组织朝觐活动。第五条规定，信仰伊斯兰教的中国公民的朝觐活动，应当有组织、有计划、有秩序和依法进行。

2. 朝觐事务的管理

《办法》第三条规定，国家宗教事务局负责归口管理全国伊斯兰教朝觐事务。地方各级人民政府宗教事务部门负责归口管理本地伊斯兰教朝觐事务。第四条规定，人民政府外事、公安、移民管理、卫生健康、文化旅游、海关、市场监管、民航等有关部门在各自职责范围内负责伊斯兰教朝觐事务管理工作。

3. 非法朝觐活动治理与监管

《办法》第六条规定，地方各级人民政府宗教事务部门在当地人民政府领导下，牵头协调开展非法朝觐活动综合治理工作，做好政策法规宣传和教育引导，依法制止非法朝觐活动。人民政府公安、文化旅游、市场监管等部门应当对有关中介机构、旅行社及相关企业进行监督管理，依法制止利用商务、旅游、探亲等进行的非法朝觐活动，依法查处非法朝觐活动组织者。

（二）朝觐人员确定

1. 名额确定原则

《办法》第七条规定，中国公民每年朝觐数额，根据国际通行做法，结合我国经济社会发展状况确定。第八条规定，朝觐名额分配和朝觐人员确定应当遵循公开、公平、公正原则。国家工作人员和伊斯兰教协会人员等不得利用职权或者职务上的影响干涉朝觐报名排队和朝觐人员确定。

2. 名额申报、确定与分配

《办法》第九条规定，省级人民政府宗教事务部门应当综合考虑本地经济发展水平、伊斯兰教协会组织能力、群众生活条件及朝觐需求等因素，每年向国家宗教事务局申报拟参加朝觐名额。第十条规定，国家宗教事务局征求中国伊斯兰教协会意见后，确定年度全国朝觐总名额及各省、自治区、直辖市朝觐名额。第十一条规定，地方各级人民政府宗教事务部门应当将本地全部朝觐名额逐级进行分配。

3. 公民申请朝觐基本条件

《办法》第十二条规定，公民申请朝觐，应当具备以下基本条件：①爱国守法，品行端正；②未参加过朝觐；③身体健康，心智健全，无不适宜乘坐飞机、汽车长途旅行的病症，能够独立完成朝觐期间各项宗教活动；④有能力支付朝觐相关费用，并保证不因朝觐费用支出而影响家庭正常生产生活；⑤不具有《中华人民共和国出境入境管理法》第十二条规定不准出境的情形。

（三）境内组织工作

1. 健康体检要求

《办法》第二十三条规定，取得朝觐名额人员应当在所在地海关国际旅行卫生保健中心或者省级人民政府卫生健康行政部门指定的医疗机构接受健康体检和预防接种，所需费用由本人承担并自行交纳。健康体检和预防接种工作应当严格执行标准，人民政府宗教事务部门应当配合做好相关组织实施工作。体检不合格的，不得参加朝觐。负责收取朝觐费用的伊斯兰教协会或者代为收取朝觐费用的人民政府宗教事务部门应当在 15 个工作日内退还朝觐费用。

2. 行前教育培训

《办法》第二十四条规定，人民政府宗教事务部门应当组织对朝觐人员开展政策法规、爱国主义、民族团结、外事纪律、安全防范、卫生防疫、道德礼仪、海关及出入境规定、领事保护和协助常识、归国后注意事项等方面的教育培训。伊斯兰教协会应当对朝觐人员开展宗教知识、中国伊斯兰教传统等方面的教育培训。

3. 组建工作团队

《办法》第二十五条规定，中国伊斯兰教协会组织成立中国朝觐工作总团（以下简称总团）。每年朝觐人数超过 100 人的省、自治区、直辖市伊斯兰教协会组织成立地方朝觐工作省区团（以下简称省区团）。省区团可以根据需要下设分团。每年朝觐人数在 100 人以下的省、自治区、直辖市，统一由中国伊斯兰教协会组织，成立地方朝觐工作综合团（以下简称综合团）。

4. 工作人员配备

（1）带队人员。《办法》第二十六条规定，省区团、综合团应当配备带队人员，带队人员与朝觐人员的比例一般为1:45。带队人员从地方人民政府宗教事务部门、伊斯兰教协会以及伊斯兰教经学院等选派。省级人民政府宗教事务部门应当将带队人员情况报国家宗教事务局备案。

（2）教务人员。《办法》第二十七条规定，省区团、综合团应当配备教务人员，教务人员与朝觐人员的比例不高于1:200。教务人员由省、自治区、直辖市伊斯兰教协会从本地伊斯兰教教职人员中推荐。省级人民政府宗教事务部门应当将教务人员情况报国家宗教事务局备案。

（3）医务人员。《办法》二十八条规定，省区团、综合团应当配备医务人员，医务人员与朝觐人员的比例一般为1:200。医务人员由省级人民政府卫生健康行政部门会同同级人民政府宗教事务部门从二级甲等以上医疗机构选派。省级人民政府宗教事务部门、卫生健康行政部门应当将选派医务人员情况报国家宗教事务局和国家卫生健康委员会备案。

同时，《办法》第二十九条规定，带队人员、教务人员、医务人员等朝觐工作人员应当参加国家宗教事务局或者省级人民政府宗教事务部门组织的教育培训。教务人员还应当参加中国伊斯兰教协会组织的培训，医务人员还应当参加由国家宗教事务局会同国家卫生健康委员会组织的培训。

5. 工作人员职责

《办法》第三十条规定，朝觐工作人员应当按照职责做好相应工作，遵守外事纪律和有关规定。其中，第三十一条规定，中国伊斯兰教协会负责办理朝觐人员的朝觐签证，统筹协调朝觐飞机航班。第三十二条规定，省、自治区、直辖市伊斯兰教协会负责组织本地朝觐人员集体乘坐交通工具，配合边检、海关、机场、航空公司做好出入境监管和安全检查。第三十三条规定，省、自治区、直辖市伊斯兰教协会在省级人民政府宗教事务部门、公安部门等指导下，负责组织在境内统一接送朝觐人员，维护社会正常秩序。

（四）境外组织工作

1. 责任制落实

《办法》第三十四条规定，朝觐境外组织工作实行总团统一领导下的省区团、综合团和分团分级负责制，团长为第一责任人。

2. 总团职责

《办法》第三十五条规定，总团应当履行以下职责：①建立健全境外朝觐组织工作制度；②组织开展对朝觐人员的爱国主义和安全教育，加强对朝觐人员的管理，抵御宗教极端思想渗透，防范发生危害国家安全的行为，主动排查安全隐患，落实安全责任，预防和处置突发事件；③组织安排朝觐人员境外餐饮、住宿、交通、参观、教务等活动；④组织开展对朝觐人员的卫生健康教育，改善医疗服务条件，落实疫情防控措施，做好诊疗救治工作；⑤及时将朝觐人员和朝觐地突发的传染病疫情通报中国海关；⑥统一负责对外联络、宣传，开展对外交往；⑦做好其他需要办理或者协调的事项。同时，总团应当接受国家宗教事务局、中国驻沙特阿拉伯使领馆的指导监督和中国伊斯兰教协会的管理。

3. 省区团、综合团和分团职责

《办法》第三十六条规定，省区团、综合团和分团应当按照总团的安排和部署，做好本团朝觐组织工作，并加强互助合作。

4. 朝觐人员职责

《办法》第三十七条规定，朝觐人员应当遵守中国法律以及有关国家法律，遵守朝觐工作管理规章制度，反对宗教极端思想，展现良好形象。

5. 中国伊斯兰教协会职责

《办法》第三十八条规定，中国伊斯兰教协会应当制定并落实朝觐人员境外住房租赁及分配办法，确保程序合规、工作透明、价格合理、分配公平。

（五）相关法律责任

《办法》第三十九条规定，国家工作人员和伊斯兰教协会人员等在朝觐事务管理中，滥用职权、玩忽职守、徇私舞弊，应当给予处分的，依法依规给予处分；构成犯罪的，依法追究刑事责任。第四十条规定，擅自组织公民朝觐或者为非法朝觐活动提供条件的，依照有关法律和《宗教事务条例》进行处罚；构成犯罪的，依法追究刑事责任。

随堂练

法规文件

第七章 民法基本知识

【学习目标】

了解《中华人民共和国民法典》第一编总则关于基本规定的内容；自然人的监护制度、法人的一般规定、民事责任的规定。熟悉《中华人民共和国民法典》第一编总则关于民事权利能力和民事行为能力、民事法律行为一般规定、意思表示和代理制度的规定。掌握《中华人民共和国民法典》第一编总则关于民事法律行为效力的规定；第四编人格权关于一般规定以及生命权、身体权、健康权、肖像权、隐私权和个人信息保护的规定。

第一节 概 述

一、立法目的

《中华人民共和国民法典》(以下简称《民法典》)第一条规定，为了保护民事主体的合法权益，调整民事关系，维护社会和经济秩序，适应中国特色社会主义发展要求，弘扬社会主义核心价值观，根据宪法，制定本法。具体而言，民法的立法目的包括：①保护民事主体的合法权益，即保护民事主体的人身权、财产权、知识产权等权利，以及其他合法权益；②调整民事关系，民事权益存在于特定社会关系中，民法典通过调整各种民事关系来实现对权益的保护；③维护社会和经济秩序，民法典保护民事主体的民事权利，调整相互之间的关系，实现对社会和经济秩序的维护；④适应中国特色社会主义发展要求，实现法律作为上层建筑适应经济基础发展变化的需要；⑤弘扬社会主义核心价值观。

二、编纂过程

1950 年 5 月 1 日，首部民事单行法《中华人民共和国婚姻法》正式实施。随后，立法机关于 1954 年、1962 年、1979 年和 2001 年先后四次启动民法制定工作，都因各种原因而中断。1986 年《中华人民共和国民法通则》颁布实施，这是我国首部调整民事法律关系的基本法，但主要规范民法总则的内容。随着改革开放的深化和市场经济的发展，规范市场活动的民事基本法律诸如《中华人民共和国公司法》《中华人民共和国合同法》等陆续出台。

2001 年，第九届全国人大常委会组织起草了《中华人民共和国民法（草案）》，并经 2002 年 12 月全国人大常委会审议，确定继续采取分别制定单行法的办法。2003 年以来，先后制定了《中华人民共和国物权法》《中华人民共和国侵权责任法》等。由民法通则与民事单行法律物权法、合同法、侵权责任法等以及最高人民法院颁布的司法解释，共同构建了我国的民法体系。

2014 年 10 月，党的十八届四中全会提出加强市场法律制度建设，并作出了“编纂民法典”的重大决定，民法典的编纂进入新的历史阶段。2017 年 10 月，第十二届全国人大第五次会议通过的《中华人民共和国民法总则》施行，民法典的编纂迈出关键的一步。2018 年 8 月，第十三届全国人大常委会第五次会议对民法典各分编草案进行了初次审议。2019 年 12 月，全文共计 1260 条的《民法典（草案）》对外公布，向全社会征求意见。

2021 年 1 月 1 日，《民法典》施行，这是中华人民共和国成立以来的首部民法典。《中华人民共和国婚姻法》《中华人民共和国继承法》《中华人民共和国民法通则》《中华人民共和国收养法》《中华人民共和国担保法》《中华人民共和国合同法》《中华人民共和国物权法》《中华人民共和国侵权责任法》《中华人民共和国民法总则》同时废止。

三、民法的概念和基本原则

（一）概念

《民法典》第二条规定，民法调整平等主体的自然人、法人和非法人组织之间的人身关系和财产关系。该规定从民法的调整对象和任务的角度，对民法进行了法律界定，即民法是调整平等主体的自然人、法人和非法人组织之间的人身关系和财产关系的法律规范总和。这一定义科学地揭示了我国民法所调整的社会关系的范围和任务，明确地划定了民法与其他部门法的界限。此外，《民法典》第三条规定，民事主体的人身权利、财产权利以及其他合法权益受法律保护，任何组织或者个人不得侵犯。

（二）基本原则

1. 平等原则

《民法典》第四条规定，民事主体在民事活动中的法律地位一律平等。平等原则，亦称法律地位平等原则，强调民事主体在民事活动中的法律地位一律平等，任何一方不得把自己的意志强加给对方，这是民法的基础原则，构成了自愿原则的逻辑前提。

2. 自愿原则

《民法典》第五条规定，民事主体从事民事活动，应当遵循自愿原则，按照自己的意思设立、变更、终止民事法律关系。自愿原则，亦称意思自治原则，是指法律确认民事主体自由地基于其意志去进行民事活动的基本准则。

3. 公平原则

《民法典》第六条规定，民事主体从事民事活动，应当遵循公平原则，合理确定各方的权利和义务。公平原则是进步和正义的道德观在法律上的体现，对于弥补法律规定的不足和在交易领域保证意思自治原则的实现具有重要意义，是自愿原则的有益补充。

4. 诚实信用原则

《民法典》第七条规定，民事主体从事民事活动，应当遵循诚信原则，秉持诚实，恪守承诺。诚实信用原则，意指民事主体应当忠诚、守信，做到谨慎维护对方的利益、满足对方的正当期待，这是最低限度的道德要求在法律上的体现。

5. 公序良俗原则

《民法典》第八条规定，民事主体从事民事活动，不得违反法律，不得违背公序良俗。公序良俗是公共秩序和善良风俗的合称，公共秩序一般指经由法律、行政法规的强制性规定建构的秩序；善良风俗一般指社会、国家的存在和发展所必要的一般道德，是特定社会所尊重的伦理要求底线。

6. 绿色原则

《民法典》第九条规定，民事主体从事民事活动，应当有利于节约资源、保护生态环境。绿色原则要求必须践行“绿水青山就是金山银山”的理念，坚持节约资源和保护环境的基本国策，坚持节约优先、保护优先、自然恢复为主的方针，坚定走生产发展、生活富裕、生态良好的文明发展道路，同时这也是对自愿原则的必要限制，意在谋求人与自然的共生关系。

四、民法的渊源与适用

(一) 民法的渊源

民法的渊源，指民事法律规范借以表现的形式，主要体现在各国家机关根据其权限范围所制定的各种规范性文件之中，包括宪法、民事法律、行政法规、行政规章、司法解释、地方性法规或者自治条例和单行条例、国际条约和国际惯例，不包括合同、章程等民事法律行为。

此外，习惯也可以作为民法的渊源。《民法典》第十条规定，处理民事纠纷，应当依照法律；法律没有规定的，可以适用习惯，但是不得违背公序良俗。这表明，应当优先适用具体的法律规则，只有不存在具体的法律规则时，才能考虑适用习惯。当然，习惯要成为民法渊源，并成为裁判的依据，必须经过“合法性”判断，即不得违反法律的强制性规定和公序良俗。

(二) 民法的适用

《民法典》第十一条规定，其他法律对民事关系有特别规定的，依照其规定。该规定明确了民事特别法优于民事普通法的原则，这是民法适用的基本原则之一，规定中“其他法律”是指《民法典》之外的各个单行法律。可见，《民法典》虽然在民事立法中处于基础性地位，但是不可能调整所有的民事法律关系，仍然需要单行法予以配套和补充。第十二条规定，中华人民共和国领域内的民事活动，适用中华人民共和国法律。法律另有规定的，依照其规定。该规定对我国民事法律在空间上的适用范围作出了规定，即适用于中华人民共和国的领土、领空、领海，以及根据国际法、国际惯例应当视为我国领域的一切领域，如我国驻外使馆，我国航行或停泊于境外的船舶、飞机等。此外，在我国领域范围内从事民事活动，原则上需要适用我国的法律，但在法律另有规定时，则可能需要适用其他法律，譬如在我国领域内发生的涉外民事关系，适用《涉外民事关系法律适用法》。

第二节　自然人的民事权利能力和民事行为能力

一、自然人的概念和民事权利能力

(一) 自然人的概念

自然人即生物学意义上的人，是基于出生而取得民事主体资格的人，其外延包括本国公民、外国公民和无国籍人。自然人与公民不同，公民仅指具有一国国籍的人，已废止的《中华人民共和国民法通则》使用“公民（自然人)”，将公民等同于自然人,《民法典》则径直使用“自然人”。

（二）自然人的民事权利能力

《民法典》第十三条规定，自然人从出生时起到死亡时止，具有民事权利能力，依法享有民事权利，承担民事义务。可见，自然人的民事权利能力始于出生。第十五条对自然人的出生时间进一步明确，自然人的出生时间和死亡时间，以出生证明、死亡证明记载的时间为准；没有出生证明、死亡证明的，以户籍登记或者其他有效身份登记记载的时间为准。有其他证据足以推翻以上记载时间的，以该证据证明的时间为准。对未出生胎儿的法律地位的确认,《民法典》第十六条规定，涉及遗产继承、接受赠与等胎儿利益保护的，胎儿视为具有民事权利能力。但是，胎儿娩出时为死体的，其民事权利能力自始不存在。

此外,《民法典》第十四条规定，自然人的民事权利能力一律平等。该规定与第四条均使用“一律平等”的措辞，这是关于平等原则的两种不同规定，它们共同涵盖了现代民法所蕴含的平等思想。

二、自然人的民事行为能力

（一）完全民事行为能力

完全民事行为能力，是指自然人具有的通过自己独立的意思表示进行民事法律行为的能力。《民法典》第十八条第一款规定，成年人为完全民事行为能力人，可以独立实施民事法律行为。因此，已成年的自然人，一般被认为是具有完全民事行为能力的人。第十七条第一句对成年人年龄进行了规定，18 周岁以上的自然人为成年人，同时第十八条第二款还规定 16 周岁以上的未成年人，以自己的劳动收入为主要生活来源的，视为完全民事行为能力人。

（二）限制民事行为能力

限制民事行为能力，是指自然人独立通过意思表示进行民事法律行为的能力受到一定的限制。《民法典》第十七条规定，不满 18 周岁的自然人为未成年人。第十九、第二十二条分别确认 8 周岁以上的未成年人为限制民事行为能力人，不能完全辨认自己行为的成年人为限制民事行为能力人。依据第十九、第二十二条规定，限制民事行为能力人实施民事法律行为由其法定代理人代理或者经其法定代理人同意、追认；但是，可以独立实施纯获利益的民事法律行为或者与其年龄、智力、精神健康状况相适应的民事法律行为。

（三）无民事行为能力

无民事行为能力，是指自然人不具有以自己独立的意思表示进行民事法律行为的能力。《民法典》第二十、第二十一条确认，不满 8 周岁的未成年人为无民事行为能力人，不能辨认自己行为的成年人以及 8 周岁以上的未成年人不能辨认自己行为的皆为无民事行为能力人。无民事行为能力人由其法定代理人代理实施民事法律行为。

三、无民事行为能力人和限制民事行为能力人的监护、认定和恢复

《民法典》第二十三条规定，无民事行为能力人、限制民事行为能力人的监护人是其法定代理人。

《民法典》第二十四条分别对成年人无民事行为能力或者限制民事行为能力的申请、认定和恢复作了规定。第二十四条规定，不能辨认或者不能完全辨认自己行为的成年人，其利害关系人或者有关组织，可以向人民法院申请认定该成年人为无民事行为能力人或者限制民事行为能力人。被人民法院认定为无民事行为能力人或者限制民事行为能力人的，经本人、利害关系人或者有关组织申请，人民法院可以根据其智力、精神健康恢复的状况，认定该成年人恢复为限制民事行为能力人或者完全民事行为能力人。此处的有关组织包括：居民委员会、村民委员会、学校、医疗机构、妇女联合会、残疾人联合会、依法设立的老年人组织、民政部门等。

另外，《民法典》第二十五条规定，自然人以户籍登记或者其他有效身份登记记载的居所为住所；经常居所与住所不一致的，经常居所视为住所。

第三节 法人的一般规定

一、概述

在现代社会，从事各类社会活动的主体除了自然人，还有以团体名义从事活动的各种组织，其中最为重要的就是法人。依据《民法典》第五十七条规定，法人是指具有民事权利能力和民事行为能力，依法独立享有民事权利和承担民事义务的组织。这种组织既可以是人的结合团体，也可以是依附特殊目的所组织的财产。从根本上讲，法人是法律技术的产物，它的存在从根本上减轻了自然人在社会交往中的负担。法律确认法人为民事主体，意在为自然人充分实现自我提供有效的法律工具。《民法典》总则编第三章对法人问题作出了较为详细的规定，包括一般规定、营利法人、非营利法人、特别法人四部分内容。

与自然人、非法人组织相比，法人的基本法律特征包括：法人是依法成立

的一种社会组织，这是法人与自然人之间的最大区别；法人拥有独立的财产或经费，这是法人作为独立主体存在的基础和前提条件；法人独立承担民事责任，除法律另有规定外，法人的成员或者创立人个人对法人的债务不承担责任，而非法人组织虽然也是一种社会组织，但是通常不能独立承担民事责任，出资人或者设立人需要对非法人的债务承担无限责任；法人能够以自己的名义从事民事活动，这是法人的人格独立于其成员或创立人人格的明证。

二、法人的分类

依据我国民法典规定，法人被分为营利法人、非营利法人和特别法人三种。

（一）营利法人

依据《民法典》第七十六条规定，营利法人是指以取得利润并分配给股东等出资人为目的成立的法人，包括有限责任公司、股份有限公司和其他企业法人等。营利法人经依法登记成立，其他企业法人是指有限责任公司、股份有限责任公司之外的企业法人，包括全民所有制企业、城镇集体所有制企业、农村集体所有者的乡镇企业、三资企业等。

（二）非营利法人

依据《民法典》第八十七条规定，非营利法人是指以公益目的或者其他非营利目的成立，不向出资人、设立人或者会员分配所取得利润的法人，包括事业单位、社会团体、基金会、社会服务机构等。

在法人资格取得方式上，四类非营利法人各有不同：

（1）事业单位。具备法人条件，为适应经济社会发展需要，提供公益服务设立的事业单位，经依法登记成立，取得事业单位法人资格；依法不需要办理法人登记的，从成立之日起，具有事业单位法人资格。

（2）社会团体。具备法人条件，基于会员共同意愿，为公益目的或者会员共同利益等非营利目的设立的社会团体，经依法登记成立，取得社会团体法人资格；依法不需要办理法人登记的，从成立之日起，具有社会团体法人资格。

（3）基金会和社会服务机构。具备法人条件，为公益目的以捐助财产设立的基金会、社会服务机构等，经依法登记成立，取得捐助法人资格。

（三）特别法人

依据《民法典》第九十六条规定，特别法人包括机关法人、农村集体经济组织法人、城镇农村的合作经济组织法人、基层群众性自治组织法人。

在法人资格取得方式上，四类特别法人各有不同：

（1）机关法人。有独立经费的机关和承担行政职能的法定机构从成立之日起，具有机关法人资格，可以从事为履行职能所需要的民事活动。

（2）农村集体经济组织法人和城镇农村的合作经济组织法人。农村集体经济组织和城镇农村的合作经济组织依法取得法人资格。

（3）基层群众性自治组织法人。居民委员会、村民委员会具有基层群众性自治组织法人资格，可以从事为履行职能所需要的民事活动。未设立村集体经济组织的，村民委员会可以依法代行村集体经济组织的职能。

三、法人的民事权利能力和民事行为能力

（一）法人的民事权利能力

依据《民法典》第五十七条规定，法人的民事权利能力，就是法人能够以自己的名义参与民事法律关系并且取得民事权利和承担民事义务的资格。认可法人具备民事权利能力，就是认可法人在民法中的“做人资格”。法人的权利能力始于法人依法设立或登记，终于法人的依法被撤销或解散。

需要指出的是，法人虽然与自然人一样，都是独立的民事主体，但是专属于自然人的某些权利和义务，法人当然不能享有，譬如，自然人的生命权、身体权、健康权等权利、抚养、赡养、扶养等义务。

（二）法人的民事行为能力

法人的民事行为能力，是指法人以自己的独立意志实施民事法律行为的能力。与自然人相比，法人的民事行为能力主要具有以下特点：

（1）依据《民法典》第五十九条规定，法人的民事行为能力和民事权利能力同时产生、同时终止，而自然人从出生之日起即享有权利能力，但是行为能力则需要达到一定年龄并且智力精神健康状况正常方可完全具备；权利能力死亡时终止，但行为能力却有可能在此之前由于精神健康状况失常而暂时终止。

（2）自然人的行为能力通常由自己来实现，但是法人的行为能力通常是由法人机关或者法人机关委托的代理人来实现，法人机关的行为视为法人的行为。依据《民法典》第六十一条第一款规定，依照法律或者法人章程的规定，代表法人从事民事活动的负责人是法人的法定代表人。

四、法人的设立与登记

（一）法人的设立

1. 法人的设立条件

依据《民法典》第五十八条规定，设立中的法人应当具备以下条件：①依法成立，设立目的和宗旨要符合国家利益和社会公共利益的要求；②有自己的

名称、组织机构和住所，其中住所应当是法人主要办事机构所在地；③有必要的财产或者经费，这是享有民事权利和承担民事义务的物质基础，也是独立承担民事责任的财产保障；④满足法律、行政法规规定的其他条件，设立法人，法律、行政法规规定须经有关机关批准的，依照其规定。

在法律责任上，依据《民法典》第七十五条规定，设立人为设立法人从事的民事活动，其法律后果由法人承受；法人未成立的，其法律后果由设立人承受；设立人为设立法人以自己的名义从事民事活动产生的民事责任，第三人有权选择请求法人或者设立人承担。

2. *法人分支机构的设立*

法人的分支机构是法人的组成部分，它是法人在某一区域设置的完成法人部分职能的业务活动机构。依据《民法典》第七十四条规定，法律、行政法规规定分支机构应当登记的，依照其规定。当法人的分支机构经法人授权并依法办理登记后，可以成为独立的民事主体，可以以自己的名义在银行开立结算账户，对外进行各项民事活动。在责任承担上，法人的分支机构以自己的名义从事民事活动，产生的民事责任由法人承担；也可以先以该分支机构管理的财产承担，不足以承担的，由法人承担。

3. *法人的民事责任能力*

法人的民事责任能力，是指法人据以独立承担过错侵权损害赔偿责任的资格。《民法典》第六十条规定，法人以其全部财产独立承担民事责任。可见，法律赋予了法人的民事责任能力。鉴于法人的主要负责人是法人的法定代表人，因此《民法典》第六十一至六十二条对法定代表人从事民事活动及执行职务活动的民事责任进行了规定。当法定代表人以法人名义从事的民事活动，其法律后果由法人承受，而法人章程或者法人权力机构对法定代表人代表权的限制不得对抗善意相对人。同时，法定代表人因执行职务造成他人损害的，也是由法人承担民事责任，但是法人在承担民事责任后，依照法律或者法人章程的规定，可以向有过错的法定代表人追偿。

（二）法人的登记

法人以其主要办事机构所在地为住所。依据《民法典》第六十三、第六十六条规定，依法需要办理法人登记的，应当将主要办事机构所在地登记为住所，同时登记机关应当依法及时公示法人登记的有关信息。第六十五条规定，在登记事项上，如果法人的实际情况与登记的事项不一致，不得对抗善意相对人。

五、法人的变更与终止

（一）法人的变更

法人的变更，是指在法人的存续期间内，法人在组织机构、性质、活动范围、财产或者名称、住所、隶属关系等重要事项上发生的变动。依据《民法典》第六十四条规定，法人存续期间登记事项发生变化的，应当依法向登记机关申请变更登记。法人的变更分为法人的合并和分立两大类：

1. 法人的合并

法人的合并是指两个以上的法人合并成为一个新的法人，分为新设合并和吸收合并。新设合并是两个以上法人合并为一个新法人，原法人消灭；吸收合并是一个法人归并到一个现存的法人中。依据《民法典》第六十七条第一款规定，法人合并的，其权利和义务由合并后的法人享有和承担。

2. 法人的分立

法人的分立是指一个法人分为两个以上的法人，分为新设分立和派生分立。新设分立是解散原法人，分立为两个以上新法人；派生分立是原法人继续存续，从中分出新的法人。依据《民法典》第六十七条第二款规定，法人分立的，其权利和义务由分立后的法人享有连带债权，承担连带债务，但是债权人和债务人另有约定的除外。

（二）法人的终止

法人的终止，是指从法律上消灭法人的民事主体资格。法人解散、被宣告破产或者存在法律规定的其他原因，依法完成清算、注销登记的，法人终止。法人终止，法律、行政法规规定须经有关机关批准的，依照其规定。

依据《民法典》第六十八条规定，有下列原因之一并依法完成清算、注销登记的，法人终止：①法人解散；②法人被宣告破产；③法律规定的其他原因。

依据《民法典》第六十九条规定，有下列情形之一的，法人解散：①法人章程规定的存续期间届满或者法人章程规定的其他解散事由出现；②法人的权力机构决议解散；③因法人合并或者分立需要解散；④法人依法被吊销营业执照、登记证书，被责令关闭或者被撤销；⑤法律规定的其他情形。

对于法人解散情形的，《民法典》第七十条规定，法人解散的，除合并或者分立的情形外，清算义务人应当及时组成清算组进行清算。法人的董事、理事等执行机构或者决策机构的成员为清算义务人。法律、行政法规另有规定的，依照其规定。清算义务人未及时履行清算义务，造成损害的，应当承担民事责任；主管机关或者利害关系人可以申请人民法院指定有关人员组成清算组进行清算。除了法人解散，《民法典》第七十三条规定，法人被宣告破产的，依法进行破产清算并完成法人注销登记时，法人终止。

在法人解散或者被宣告破产后，法人的清算程序和清算组职权，依照有关法律的规定；没有规定的，参照适用公司法律的有关规定。依据《民法典》第七十二条规定，清算期间法人存续，但是不得从事与清算无关的活动。可见，清算为法人终止的必经程序，清算组织的主要任务是了结现务、收取债权、清偿债务、移交剩余财产。法人清算后的剩余财产，按照法人章程的规定或者法人权力机构的决议处理。法律另有规定的，依照其规定。清算结束并完成法人注销登记时，法人终止；依法不需要办理法人登记的，清算结束时，法人终止。关于注销登记，通常是指登记主管机关根据法人的申请，对符合终止条件的法人依照法定程序消灭其法人资格的一种具体行政行为，如果法人没有申请注销登记，法人登记主管机关可以依照职权注销法人登记。

第四节　民事法律行为

《民法典》第一百三十三条规定，民事法律行为是民事主体通过意思表示设立、变更、终止民事法律关系的行为。换言之，民事法律行为属于表示行为的一种，是指以意思表示为核心要素的表示行为。

一、民事法律行为的分类

（一）单方民事法律行为和多方民事法律行为

《民法典》第一百三十四条规定，民事法律行为可以基于双方或者多方的意思表示一致成立，也可以基于单方的意思表示成立。法人、非法人组织依照法律或者章程规定的议事方式和表决程序作出决议的，该决议行为成立。因此，民事法律行为可以分为单方民事法律行为和多方民事法律行为，其中多方民事法律行为包括双方民事法律行为、共同行为和决议。单方民事法律行为指根据一项意思表示就可成立的民事法律行为；多方民事法律行为指通常需要两项以上意思表示才可成立的民事法律行为。

（二）要式行为和不要式行为

《民法典》第一百三十五条规定，民事法律行为可以采用书面形式、口头形式或者其他形式；法律、行政法规规定或者当事人约定采用特定形式的，应当采用特定形式。因此，民事法律行为可以分为要式行为和不要式行为，要式行为指依法律或行政法规的规定，应当或者必须采用特定形式的民事法律行为，而不要式行为指法律或行政法规对其形式并无特别要求的民事法律行为。

二、意思表示的生效时间

意思表示属于民事法律行为的核心要素，指表意人将其期望发生某种法律效果的内心意思以一定方式表现于外部的行为，在形式上主要包括口头形式、书面形式、推定形式和沉默方式四种。其中，沉默只有在有法律规定、当事人约定或者符合当事人之间的交易习惯时，才可以视为意思表示。意思表示生效即意思表示效力的发生，与民事法律行为的生效不同。民事法律行为发生效力意味着该民事法律行为符合价值的法律取向，可以依照民事主体的预期产生相应的法律效果。意思表示生效仅指符合特定的形式要件，即可发生效力，只产生形式上的拘束力。

（一）有相对人的意思表示

《民法典》第一百三十七条规定，以对话方式作出的意思表示，相对人知道其内容时生效。以非对话方式作出的意思表示，到达相对人时生效。以非对话方式作出的采用数据电文形式的意思表示，相对人指定特定系统接收数据电文的，该数据电文进入该特定系统时生效；未指定特定系统的，相对人知道或者应当知道该数据电文进入其系统时生效。当事人对采用数据电文形式的意思表示的生效时间另有约定的，按照其约定。此外，有相对人的意思表示的解释，应当按照所使用的词句，结合相关条款、行为的性质和目的、习惯以及诚信原则，确定意思表示的含义。

（二）无相对人的意思表示

《民法典》第一百三十八条规定，无相对人的意思表示，表示完成时生效。法律另有规定的，依照其规定。此外，无相对人的意思表示的解释，不能完全拘泥于所使用的词句，而应当结合相关条款、行为的性质和目的、习惯以及诚信原则，确定行为人的真实意思。

（三）以公告方式作出的意思表示

《民法典》第一百三十九条规定，以公告方式作出的意思表示，公告发布时生效。

最后，行为人可以撤回意思表示，撤回后原意思表示不再发生效力。依据《民法典》第一百四十一条规定，撤回意思表示的通知应当在意思表示到达相对人前或者与意思表示同时到达相对人。

三、民事法律行为的生效条件

《民法典》第一百三十六条规定，民事法律行为自成立时生效，但是法律另有规定或者当事人另有约定的除外。行为人非依法律规定或者未经对方同意，不得擅自变更或者解除民事法律行为。依据第一百四十三条规定，民事法律行为的生效要件包括：行为人具有相应的民事行为能力；意思表示真实；不违反法律、行政法规的强制性规定，不违背公序良俗。

（一）行为人具有相应的行为能力

行为人具有相应的行为能力是对自然人提出的要求，法人和非法人组织不存在不具备相应行为能力的问题。在我国现行民事立法中，完全行为人可以独立实施民事法律行为，限制民事行为人和无民事行为人都有限制性规定。

《民法典》第一百四十四条规定，无民事行为能力人实施的民事法律行为无效。第一百四十五条规定，限制民事行为能力人实施的纯获利益的民事法律行为或者与其年龄、智力、精神健康状况相适应的民事法律行为有效；实施的其他民事法律行为经法定代理人同意或者追认后有效。相对人可以催告法定代理人自收到通知之日起30日内予以追认。法定代理人未作表示的，视为拒绝追认。民事法律行为被追认前，善意相对人有撤销的权利。撤销应当以通知的方式作出。

（二）当事人的意思表示真实

意思表示真实一般包括两个方面含义，一是指行为人的内心意思与外部的标识行为相一致的状态；二是指行为人是在意志自由的前提下，进行意思表示的状态。与此相对应，行为人意思表示不真实有两种情形，一是行为人意思与表示不一致；二是行为人意思表示不自由。

1. **行为人意思与表示不一致**

（1）虚伪表示。《民法典》第一百四十六条规定，行为人与相对人以虚假的意思表示实施的民事法律行为无效。以虚假的意思表示隐藏的民事法律行为的效力，依照有关法律规定处理。

（2）错误。《民法典》第一百四十七条规定，基于重大误解实施的民事法律行为，行为人有权请求人民法院或者仲裁机构予以撤销。

2. **意思表示不自由**

（1）欺诈。《民法典》第一百四十八、第一百四十九条规定，一方以欺诈手段，使对方在违背真实意思的情况下实施的民事法律行为，受欺诈方有权请求人民法院或者仲裁机构予以撤销。第三人实施欺诈行为，使一方在违背真实意思的情况下实施的民事法律行为，对方知道或者应当知道该欺诈行为的，受欺诈方有权请求人民法院或者仲裁机构予以撤销。

（2）胁迫。《民法典》第一百五十条规定，一方或者第三人以胁迫手段，使对方在违背真实意思的情况下实施的民事法律行为，受胁迫方有权请求人民法院或者仲裁机构予以撤销。

（3）利用对方处于危困状态、缺乏判断能力等处境。《民法典》第一百五十一条规定，一方利用对方处于危困状态、缺乏判断能力等情形，致使民事法律行为成立时显失公平的，受损害方有权请求人民法院或者仲裁机构予以撤销。

（三）不违反法律或行政法规的强制性规定、不违背公序良俗

作为民事法律行为的生效要件，所谓不违反法律或行政法规，并非指民事法律行为必须符合法律或行政法规的所有规定，而是指民事法律行为不存在违反与其效力相关的法律或行政法规的规定。与民事法律行为效力相关的规定，主要是指禁止当事人采用特定行为模式的强制性规定。

四、效力存在欠缺的民事法律行为

（一）绝对无效的民事法律行为

绝对无效的民事法律行为指已经成立的民事法律行为，严重欠缺民事法律行为的生效条件，因而自始、绝对、确定、当然、永久不按照行为人设立、变更和终止民事法律关系的意思表示发生法律效力的民事法律行为。《民法典》第一百五十三、第一百五十四条规定，绝对无效的民事法律行为包括：①违反法律、行政法规的强制性规定的民事法律行为；②违背公序良俗的民事法律行为；③行为人与相对人恶意串通，损害他人合法权益的民事法律行为。第一百五十五条规定，无效的或者被撤销的民事法律行为自始没有法律约束力。

（二）可撤销的民事法律行为

1. 民事法律行为被撤销的事由

可撤销的民事法律行为指民事法律行为虽已成立并生效，但因意思表示不真实，可以因行为人撤销权的行使，使其自始不发生效力的民事法律行为。《民法典》第一百四十七规定，基于重大误解实施的民事法律行为，行为人有权请求人民法院或者仲裁机构予以撤销。第一百四十八条规定，一方以欺诈手段，使对方在违背真实意思的情况下实施的民事法律行为，受欺诈方有权请求人民法院或者仲裁机构予以撤销。第一百四十九条规定，第三人实施欺诈行为，使一方在违背真实意思的情况下实施的民事法律行为，对方知道或者应当知道该欺诈行为的，受欺诈方有权请求人民法院或者仲裁机构予以撤销。第一百五十条规定，一方或者第三人以胁迫手段，使对方在违背真实意思的情况下实施的民事法律行为，受胁迫方有权请求人民法院或者仲裁机构予以撤销。第一百五十一条规定，一方利用对方处于危困状态、缺乏判断能力等情形，致使成立时显失公平的，受损害方有权请求人民法院或者仲裁机构予以撤销。

第一百五十五条规定，无效的或被撤销的民事法律行为自始没有法律约束力。

2. 撤销权的消灭

《民法典》第一百五十二条规定，撤销权在出现下列情形之一的，撤销权消灭：①当事人自知道或者应当知道撤销事由之日起1年内、重大误解的当事人自知道或者应当知道撤销事由之日起90日内没有行使撤销权；②当事人受胁迫，自胁迫行为终止之日起1年内没有行使撤销权；③当事人知道撤销事由后明确表示或者以自己的行为表明放弃撤销权。当事人自民事法律行为发生之日起5年内没有行使撤销权的，撤销权消灭。

（三）效力待定的民事法律行为

效力待定的民事法律行为是指民事法律行为虽已成立，但是否生效尚不确定，只有经由特定当事人的行为，才能确定生效或不生效的民事法律行为，主要是指限制民事行为能力人所实施的依法不能独立实施的民事法律行为。《民法典》第一百四十五条规定，限制民事行为能力人实施的纯获利益的民事法律行为或者与其年龄、智力、精神健康状况相适应的民事法律行为有效；实施的其他民事法律行为经法定代理人同意或者追认后有效。相对人可以催告法定代理人自收到通知之日起30日内予以追认。法定代理人未作表示的，视为拒绝追认。民事法律行为被追认前，善意相对人有撤销的权利。撤销应当以通知的方式作出。

《民法典》第一百五十七条规定，民事法律行为无效、被撤销或者确定不发生效力后，行为人因该行为取得的财产，应当予以返还；不能返还或者没有必要返还的，应当折价补偿。有过错的一方应当赔偿对方由此所受到的损失；各方都有过错的，应当各自承担相应的责任。法律另有规定的，依照其规定。民事法律行为部分无效，不影响其他部分效力的，其他部分仍然有效。

第五节　代理制度

一、代理的概念和分类

（1）概念。《民法典》第一百六十二条规定，代理人在代理权限内，以被代理人的名义实施的民事行为，对被代理人发生效力。第一百六十一条规定，民事主体可以通过代理人实施民事法律行为。依照法律规定、当事人约定或者民事法律的性质，应当由本人实施的民事法律行为，不得代理。这表明，代理是指代理人以被代理人的名义，在代理权限内与第三人实施的法律后果由被代理人承受的民事法律制度。

(2)分类。根据代理权产生的根据不同，代理可以分为委托代理和法定代理。《民法典》第一百六十三条规定，代理包括委托代理和法定代理。委托代理人按照被代理人的委托行使代理权。法定代理人依照法律的规定行使代理权。

二、委托代理

代理权的行使一般包括以下两个要求：一是代理人必须亲自行使代理权，实施代理行为；二是代理人应当谨慎、勤勉、忠实地行使代理权。

(一)授权委托书

在委托代理中，代理人取得代理权是基于被代理人的授权行为。《民法典》第一百六十五条规定，委托代理授权采用书面形式的，授权委托书应当载明代理人的姓名或者名称、代理事项、权限和期限，并由被代理人签名或者盖章。因此，授权行为的书面形式称为授权委托书，又称代理证书，具有单独的证明力。同时，该授权行为属于单方民事法律行为，无须取得代理人或者第三人的同意，即可发生授予代理权的效力。授予代理权的行为可以向代理人为之，也可以向特定的第三人为之，还可以采用公告的方式向不特定的第三人为之。

(二)委托代理的分类

1. 单独代理和共同代理

在有数个代理人时，以代理权的行使方式为标准，可以分为单独代理和共同代理。单独代理是指各代理人单独行使代理权，共同代理是指数个代理人共同行使代理权。《民法典》第一百六十六条规定，数人为同一代理事项的代理人的，应当共同行使代理权，但是当事人另有约定的除外。因此，在委托代理中，代理人有数人的，也应共同行使代理权，如果仅有其中一人行使代理权的为无权代理，非经本人或者其他共同代理人承认，通常不发生法律效力。

2. 本代理和复代理

根据代理人代理权来源的不同，代理可以分为本代理和复代理。代理人的代理权来源于被代理人直接授予代理权的行为或者来源于法律的规定，这种代理称为本代理。复代理又称再代理，是代理人为了实施代理权限内的全部或部分行为，以自己的名义选定他人担任被代理人的代理人，该代理行为产生的法律效果直接归属于被代理人。在委托代理中，代理人原则上应当亲自行使代理权，不得转委托他人处理代理事务，但是在事先得到被代理人同意或者事后追认的情况下，以及在紧急情况下代理人不能亲自处理代理事务，任这种状况持续将会进一步损害被代理人利益时，法律允许产生复代理。依据《民法典》第一百六十九条规定，在转委托代理经被代理人同意或者追认后，被代理人可以就代理事务直接指示转委托的第三人，代理人仅就第三人的选任以及对第三人的指示承担责任；转委托代理未经被代理人同意或者追认的，代理人应当对转委托的第三人的行为承担责任。

（三）代理权行使的限制

被代理人委托特定的代理人为其服务，是基于对该代理人的知识、技能、信用的信赖。因此，代理人应当亲自实施代理行为，并谨慎、勤勉、忠实地行使代理权，不得突破代理权行使的限制。一是自己代理。自己代理是指代理人在代理权限内与自己为民事法律行为。在这种情况下，代理人同时为代理关系中的代理人和第三人，交易双方的交易行为实际上只有一个人实施，容易牺牲被代理的利益。因此，《民法典》第一百六十八条第一款规定，代理人不得以被代理人的名义与自己实施民事法律行为，但是被代理人同意或者追认的除外。二是双方代理。双方代理又称同时代理，是指一个代理人同时代理双方当事人为民事法律行为的情况。在交易中，当事人双方的利益总是互相冲突的，如果由一个人同时代表两种利益，难免顾此失彼。因此，《民法典》第一百六十八条第二款规定，代理人不得以被代理人的名义与自己同时代理的其他人实施民事法律行为，但是被代理的双方同意或者追认的除外。三是损害被代理人合法权益的代理行为。代理人应当谨慎、勤勉、忠实地行使代理权，不得损害被代理人的合法权益。依据《民法典》第一百六十四条规定，代理人不履行或者不完全履行职责，造成被代理人损害的，应当承担民事责任。如果代理人和相对人恶意串通，损害被代理人合法权益的，代理人和相对人应当承担连带责任。

（四）代理违法的民事责任

依据《民法典》第一百六十七条规定，代理人知道或者应当知道代理事项违法仍然实施代理行为，或者被代理人知道或者应当知道代理人的代理行为违法未作反对表示的，被代理人和代理人应当承担连带责任。

（五）无权代理

依据《民法典》第一百七十一条第一款规定，无权代理主要包括以下三种情况：行为人没有代理权；超越代理权；代理权终止后的代理。无权代理行为的法律效果有以下两种情形：

1. 发生与有权代理同样的法律效果

（1）被代理人行使追认权。通过被代理人行使追认权，可以使无权代理行为中所欠缺的代理权得到补足，转化为有权代理，产生与有权代理同样的法律效果。但是，被代理人追认权的行使，受到了交易相对人催告权的限制。《民法典》第一百七十一条第二款规定，相对人可以催告被代理人自收到通知之日起30日内予以追认。被代理人未作表示的，视为拒绝追认。当然，无权代理行为未经被代理人追认的，对被代理人不发生效力。

（2）表见代理。表见代理是指行为人虽然没有代理权，但是交易相对人有理由相信行为人有代理权的无权代理，此时无权代理可以发生与有权代理同样的法律效果。《民法典》第一百七十二条规定，行为人没有代理权、超越代理权或者代理权终止后，仍然实施代理行为，相对人有理由相信行为人有代理权的，代理行为有效。

2. **不发生与有权代理同样的法律效果**

（1）善意的交易相对人行使撤销权。为平衡当事人之间的利益，与被代理人享有追认权相对应，善意的交易相对人享有撤销权。该善意交易相对人一旦行使撤销权，基于无权代理所为的民事法律行为就确定为不生效法律效力的行为。《民法典》第一百七十一条第二款规定，行为人实施的行为被追认前，善意相对人有撤销的权利。撤销应当以通知的方式作出。

（2）被代理人拒绝行使追认权。无权代理发生后，被代理人享有追认或者拒绝追认的选择权，代理行为处于效力未定状态，若被代理人明确表示拒绝追认或者在交易相对人确定的催告期内不作出追认的意思表示，代理行为则不发生法律效力。同时，《民法典》第一百七十一条第三款规定，行为人实施的行为未被追认的，善意相对人有权请求行为人履行债务或者就其受到的损害请求行为人赔偿。但是，赔偿的范围不得超过被代理人追认时相对人所能获得的利益。第四款还规定，相对人知道或者应当知道行为人无权代理的，相对人和行为人按照各自的过错承担责任。

三、代理的终止

（一）委托代理的终止

依据《民法典》第一百七十三条规定，有下列情形之一的，委托代理关系终止：①代理期限届满或者代理事务完成；②被代理人取消委托或者代理人辞去委托；③代理人丧失民事行为能力；④代理人或者被代理人死亡；⑤作为代理人或者被代理人的法人、非法人组织终止。

关于代理人死亡或者被代理人死亡，需要区别对待。代理人死亡，致使代理关系一方失去了主体，而且这一特定的社会关系不再存在，代理权便终止。被代理人死亡后，依据《民法典》第一百七十四条规定，委托代理人实施的代理行为在下列情形时有效：①代理人不知道且不应当知道被代理人死亡；②被代理人的继承人予以承认；③授权中明确代理权在代理事务完成时终止；④被代理人死亡前已经实施，为了被代理人的继承人的利益继续代理。作为被代理人的法人、非法人组织终止的，参照适用前款规定。

（二）法定代理的终止

依据《民法典》第一百七十五条规定，有下列情形之一的，法定代理终止：①被代理人取得或者恢复完全民事行为能力；②代理人丧失民事行为能力；③代理人或者被代理人死亡；④法律规定的其他情形。

第六节　自然人的人格权

一、人格权的一般规定

人格权是指以主体固有的人格利益为载体，以维护和实现人身自由、人格尊严为目标的权利。依据《民法典》第九百九十条规定，人格权是民事主体享有的生命权、身体权、健康权、姓名权、名称权、肖像权、名誉权、荣誉权、隐私权等权利，同时，自然人还享有基于人身自由、人格尊严产生的其他人格权益。

（一）人格权的特征

1. 人格权是民事主体依法所固有的基本权利

所谓固有，是指自然人从出生、非自然人自成立之日起就享有人格权。该权利的取得无须民事主体积极地作为，而是由法律直接赋予。对于自然人而言，自然人在死亡后就不再具有民事权利能力，也就不再享有人格权，但是在死者的人格遭受侵害的情形下，其人格利益仍然受到保护。《民法典》第九百九十四条规定，死者的姓名、肖像、名誉、荣誉、隐私、遗体等受到侵害的，其配偶、子女、父母有权依法请求行为人承担民事责任；死者没有配偶、子女且父母已经死亡的，其他近亲属有权依法请求行为人承担民事责任。

2. 人格权是民事主体专属享有的民事权利

一方面，人格权是民事主体资格得以维持的前提；另一方面，任何一项人格权皆以具体的民事主体为依托。在具体法律效果上，人格权的专属性集中体现在对权利的放弃、转让和继承的限制中。因此，《民法典》第九百九十二条规定，人格权不得放弃、转让或者继承。

3. 人格权以民事主体的人格利益为其客体

《民法典》第九百九十一条规定，民事主体的人格权受法律保护，任何组织或者个人不得侵害。作为人格权客体的人格利益，是应受到法律保护的利益，同时基于人格平等的思想，各民事主体的人格利益基本一致。与之相对应的是，身份权的客体身份利益具有多元性，不同的身份权指向的身份利益具有明显差别，夫妻之间、父母子女之间都有各自特点。因此，《民法典》第一千零一条规定，对自然人因婚姻家庭关系等产生的身份权利的保护，适用本法第一编、第五编和其他法律的相关规定；没有规定的，可以根据其性质参照适用本编人格权保护的有关规定。

（二）人格权的权能

1. 控制权

人格权是民事主体以自己的意思表示对自身的人格利益进行控制的权利，权利人仅凭自己的意志即可直接保有或者支配其人格利益。

2. 利用权

民事主体可以依法通过自己的意志去实现人格利益，即通过各种活动，体现个人存在的价值，并满足自身的需要。

3. 处分权

人格权在法律上的处分主要体现为民事主体通过法律行为的方式将其对部分人格利益的利用转让给他人，典型的处分方式如姓名（名称）、肖像的许可使用等。依据《民法典》第九百九十三条规定，民事主体可以将自己的姓名、名称、肖像等许可他人使用，但是依照法律规定或者根据其性质不得许可的除外。

（三）侵害人格权的民事责任

《民法典》第九百九十五条规定，人格权受到侵害的，受害人有权依照本法和其他法律的规定请求行为人承担民事责任。受害人的停止侵害、排除妨碍、消除危险、消除影响、恢复名誉、赔礼道歉请求权，不适用诉讼时效的规定。第九百九十六条还规定了因违约行为造成严重精神损害的民事责任，即因当事人一方的违约行为，损害对方人格权并造成严重精神损害的，受损害方选择请求其承担违约责任的，不影响受损害方请求精神损害赔偿。在认定行为人侵害人格权民事责任时，除侵害生命权、身体权和健康权外，应当考虑行为人和受害人的职业、影响范围、过错程度，以及行为的目的、方式、后果等因素。在权利救济上，《民法典》第九百九十七条规定，民事主体有证据证明行为人正在实施或者即将实施侵害其人格权的违法行为，不及时制止将使其合法权益受到难以弥补的损害的，有权依法向人民法院申请采取责令行为人停止有关行为的措施。

此外，为公共利益实施新闻报道、舆论监督等行为的，依据《民法典》第九百九十九条规定，可以合理使用自然人的姓名、肖像、个人信息等；使用不合理侵害民事主体人格权的，应当依法承担民事责任。当然，行为人因侵害人格权承担消除影响、恢复名誉、赔礼道歉等民事责任的，依据《民法典》第一千条规定，应当与行为的具体方式和造成的影响范围相当。行为人拒不承担前款规定的民事责任的，人民法院可以采取在报刊、网络等媒体上发布公告或者公布生效裁判文书等方式执行，产生的费用由行为人负担。

二、生命权、身体权和健康权

依据《民法典》第一百一十条规定，自然人享有生命权、身体权、健康权、姓名权、肖像权、名誉权、荣誉权、隐私权、婚姻自主权等权利。法人、非法人组织享有名称权、名誉权和荣誉权。因此，生命权、身体权和健康权是自然人享有的专属权利。

（一）生命权

生命权是以自然人的生命安全利益为内容的权利。《民法典》第一千零二条规定，自然人享有生命权。自然人的生命安全和生命尊严受法律保护。任何组织或者个人不得侵害他人的生命权。

（二）身体权

身体权是指自然人保持其身体组织完整并支配其肢体、器官和其他身体组织，行动自由受保护的权利。《民法典》第一千零三条规定，自然人享有身体权。自然人的身体完整和行动自由受法律保护。任何组织或者个人不得侵害他人的身体权。身体权与生命权、健康权息息相关，侵害自然人的身体往往导致对自然人健康的损害，甚至剥夺自然人的生命，但是生命权以保护自然人生命的延续为内容，健康权保护身体各组织及整体功能正常，身体权所保护的则是身体组织的完整及对身体组织的支配。与身体权密切相关的还包括《民法典》第一千零一十一条规定的人身自由权，根据该条规定，以非法拘禁等方式剥夺、限制他人的行动自由，或者非法搜查他人身体的，受害人有权依法请求行为人承担民事责任。

此外，身体权区别于其他人格权的主要特征在于其以身体及其利益为客体。《民法典》第一千零六至一千零九条对自然人支配身体组织的权利及保护进行了相应规定：

（1）捐赠权。完全民事行为能力人有权依法自主决定无偿捐献其人体细胞、人体组织、人体器官、遗体。任何组织或者个人不得强迫、欺骗、利诱其捐献。完全民事行为能力人依据前款规定同意捐献的，应当采用书面形式，也可以订立遗嘱。自然人生前未表示不同意捐献的，该自然人死亡后，其配偶、成年子女、父母可以共同决定捐献，决定捐献应当采用书面形式。

（2）保护性规定。①禁止以任何形式买卖人体细胞、人体组织、人体器官、遗体，违反该规定的买卖行为无效；②为研制新药、医疗器械或者发展新的预防和治疗方法，需要进行临床试验的，应当依法经相关主管部门批准并经伦理委员会审查同意，向受试者或者受试者的监护人告知试验目的、用途和可能产生的风险等详细情况，并经其书面同意。进行临床试验的，不得向受试者收取试验费用；③从事与人体基因、人体胚胎等有关的医学和科研活动，应当遵守法律、行政法规和国家有关规定，不得危害人体健康，不得违背伦理道德，不得损害公共利益。

（三）健康权

健康权是指人体各器官系统良好发育及保持正常功能的状态，包括肉体组织和生理及心理机能三个方面。《民法典》第一千零四条规定，自然人享有健康权。自然人的身心健康受法律保护。任何组织或者个人不得侵害他人的健康权。需要注意的是，一项行为可能同时侵害自然人的身体权和健康权。《民法典》第一千零一十条第一款规定，违背他人意愿，以言语、文字、图像、肢体行为等方式对他人实施性骚扰的，受害人有权依法请求行为人承担民事责任。性骚扰行为可能采取触碰受害人身体私密部位的行为方式，这会涉及对身体权的侵害；也可能采取言语、文字、图像等方式，这将影响受害人的心理和身体健康，进而会涉及对健康权的侵害。此外，第二款还规定，机关、企业、学校等单位应当采取合理的预防、受理投诉、调查处置等措施，防止和制止利用职权、从属关系等实施性骚扰。

《民法典》第一千零五条规定，自然人的生命权、身体权、健康权受到侵害或者处于其他危难情形的，负有法定救助义务的组织或者个人应当及时施救。

三、肖像权

肖像是通过影像、雕塑、绘画等方式在一定载体上所反映的特定自然人可以被识别的外部形象。《民法典》第一千零一十八条规定，自然人享有肖像权，有权依法制作、使用、公开或者许可他人使用自己的肖像。在肖像权保护上，可以从需经肖像权人同意的民事行为和可以不经肖像权人同意的民事行为两方面来认识。

（一）需经肖像权人同意的民事行为

依据《民法典》第一千零一十九条规定，须经肖像权人同意的民事行为包括两种：一是制作、使用、公开肖像权人的肖像，但是法律另有规定的除外；二是肖像作品权利人以发表、复制、发行、出租、展览等方式使用或者公开肖像权人的肖像。此外，任何组织或者个人不得以丑化、污损，或者利用信息技术手段伪造等方式侵害他人的肖像权。

（二）可以不经肖像权人同意的民事行为

依据《民法典》第一千零二十条规定，合理实施下列行为的，可以不经肖像权人同意：①为个人学习、艺术欣赏、课堂教学或者科学研究，在必要范围内使用肖像权人已经公开的肖像；②为实施新闻报道，不可避免地制作、使用、公开肖像权人的肖像；③为依法履行职责，国家机关在必要范围内制作、使用、公开肖像权人的肖像；④为展示特定公共环境，不可避免地制作、使用、公开肖像权人的肖像；⑤为维护公共利益或者肖像权人合法权益，制作、使用、公开肖像权人的肖像的其他行为。

此外，当出现肖像许可使用理解争议或者约定瑕疵时，《民法典》第一千零二十一至一千零二十二条规定了解决的方法：

（1）理解争议。当事人对肖像许可使用合同中关于肖像使用条款的理解有争议的，应当作出有利于肖像权人的解释。

（2）约定瑕疵。当事人对肖像许可使用期限没有约定或者约定不明确的，任何一方当事人可以随时解除肖像许可使用合同，但是应当在合理期限之前通知对方。当事人对肖像许可使用期限有明确约定，肖像权人有正当理由的，可以解除肖像许可使用合同，但是应当在合理期限之前通知对方。因解除合同造成对方损失的，除不可归责于肖像权人的事由外，应当赔偿损失。

依据《民法典》第一千零二十三条规定，对姓名等的许可使用，参照适用肖像许可使用的有关规定；对自然人声音的保护，参照适用肖像权保护的有关规定。

四、隐私权

隐私权是指自然人享有的对其个人的、与公共利益无关的个人信息，私人活动和私有领域进行支配的一种人格权。《民法典》第一千零三十二条规定，自然人享有隐私权。任何组织或者个人不得以刺探、侵扰、泄露、公开等方式侵害他人的隐私权。隐私是自然人的私人生活安宁和不愿为他人知晓的私密空间、私密活动、私密信息。

《民法典》第一千零三十三条规定，除法律另有规定或者权利人明确同意外，任何组织或者个人不得实施下列行为：①以电话、短信、即时通讯工具、电子邮件、传单等方式侵扰他人的私人生活安宁；②进入、拍摄、窥视他人的住宅、宾馆房间等私密空间；③拍摄、窥视、窃听、公开他人的私密活动；④拍摄、窥视他人身体的私密部位；⑤处理他人的私密信息；⑥以其他方式侵害他人的隐私权。

五、个人信息受保护权

《民法典》第一百一十一条规定，自然人的个人信息受法律保护。任何组织或者个人需要获取他人个人信息的，应当依法取得并确保信息安全，不得非法收集、使用、加工、传输他人个人信息，不得非法买卖、提供或者公开他人个人信息。第一千零三十四条规定，自然人的个人信息受法律保护。个人信息是以电子或者其他方式记录的能够单独或者与其他信息结合识别特定自然人的各种信息，包括自然人的姓名、出生日期、身份证件号码、生物识别信息、住址、电话号码、电子邮箱、健康信息、行踪信息等。个人信息中的私密信息，适用有关隐私权的规定；没有规定的，适用有关个人信息保护的规定。

(一)处理个人信息的原则

《民法典》第一千零三十五条规定，处理个人信息的，应当遵循合法、正当、必要原则，不得过度处理，并符合下列条件：①征得该自然人或者其监护人同意，但是法律、行政法规另有规定的除外；②公开处理信息的规则；③明示处理信息的目的、方式和范围；④不违反法律、行政法规的规定和双方的约定。个人信息的处理包括个人信息的收集、存储、使用、加工、传输、提供、公开等。

(二)处理个人信息不承担民事责任的情形

《民法典》第一千零三十六条规定，处理个人信息，有下列情形之一的，行为人不承担民事责任：①在该自然人或者其监护人同意的范围内合理实施的行为；②合理处理该自然人自行公开的或者其他已经合法公开的信息，但是该自然人明确拒绝或者处理该信息侵害其重大利益的除外；③为维护公共利益或者该自然人合法权益，合理实施的其他行为。

(三)信息处理者的义务

《民法典》第一千零三十八条规定，信息处理者不得泄露或者篡改其收集、存储的个人信息；未经自然人同意，不得向他人非法提供其个人信息，但是经过加工无法识别特定个人且不能复原的除外。信息处理者应当采取技术措施和其他必要措施，确保其收集、存储的个人信息安全，防止信息泄露、篡改、丢失；发生或者可能发生个人信息泄露、篡改、丢失的，应当及时采取补救措施，按照规定告知自然人并向有关主管部门报告。此外,《民法典》第一千零三十九条要求国家机关、承担行政职能的法定机构及其工作人员对于履行职责过程中知悉的自然人的隐私和个人信息,应当予以保密,不得泄露或者向他人非法提供。

第七节　民事责任

民事责任是民事主体对于自己因违反合同,不履行其他民事义务,或者侵害国家、集体的财产,侵害他人的人身财产、人身权利所造成的法律后果,依法应当承担的民事法律责任。《民法典》第一百七十六条规定,民事主体依照法律规定或者按照当事人约定,履行民事义务,承担民事责任。

一、共同民事责任

共同民事责任是根据承担民事责任的民事主体数量的不同而对民事责任分类的一种,即两个或更多的民事主体共同承担一项民事责任,主要包括按份责任和连带责任两种类型。

(一)按份责任

《民法典》第一百七十七条规定,二人以上依法承担按份责任,能够确定责任大小的,各自承担相应的责任;难以确定责任大小的,平均承担责任。

(二)连带责任

《民法典》第一百七十八条规定,二人以上依法承担连带责任的,权利人有权请求部分或者全部连带责任人承担责任。连带责任人的责任份额根据各自责任大小确定;难以确定责任大小的,平均承担责任。实际承担责任超过自己责任份额的连带责任人,有权向其他连带责任人追偿。连带责任,由法律规定或者当事人约定。

二、承担民事责任的方式

《民法典》第一百七十九条规定,承担民事责任的方式主要有:①停止侵害;②排除妨碍;③消除危险;④返还财产;⑤恢复原状;⑥修理、重作、更换;⑦继续履行;⑧赔偿损失;⑨支付违约金;⑩消除影响、恢复名誉;⑪赔礼道歉。法律规定惩罚性赔偿的,依照其规定。本条规定的承担民事责任的方式,可以单独适用,也可以合并适用。

三、民事责任的减免情形

（一）不可抗力

《民法典》第一百八十条规定，因不可抗力不能履行民事义务的，不承担民事责任。法律另有规定的，依照其规定。不可抗力是不能预见、不能避免且不能克服的客观情况。

（二）正当防卫

《民法典》第一百八十一规定，因正当防卫造成损害的，不承担民事责任。正当防卫超过必要的限度，造成不应有的损害的，正当防卫人应当承担适当的民事责任。

（三）紧急避险

《民法典》第一百八十二规定，因紧急避险造成损害的，由引起险情发生的人承担民事责任。危险由自然原因引起的，紧急避险人不承担民事责任，可以给予适当补偿。紧急避险采取措施不当或者超过必要的限度，造成不应有的损害的，紧急避险人应当承担适当的民事责任。

（四）因保护他人民事权益受到损害的

《民法典》第一百八十三条规定，因保护他人民事权益使自己受到损害的，由侵权人承担民事责任，受益人可以给予适当补偿。没有侵权人、侵权人逃逸或者无力承担民事责任，受害人请求补偿的，受益人应当给予适当补偿。

（五）因自愿实施紧急救助行为造成损害的

《民法典》第一百八十四条规定，因自愿实施紧急救助行为造成受助人损害的，救助人不承担民事责任。

四、民事责任的竞合

（一）违约责任和侵权责任

《民法典》第一百八十六条规定，因当事人一方的违约行为，损害对方人身权益、财产权益的，受损害方有权选择请求其承担违约责任或者侵权责任。因此，在违约责任与侵权责任发生竞合的情况下，受损害方可以根据自己的利益判断，在违约责任和侵权责任两者中任选一种行使请求权。

（二）民事责任、行政责任和刑事责任

《民法典》第一百八十七条规定，民事主体因同一行为应当承担民事责任、行政责任和刑事责任的，承担行政责任或者刑事责任不影响承担民事责任；民

事主体的财产不足以支付的，优先用于承担民事责任。因此，在民事责任、行政责任和刑事责任发生竞合的情况下，应当优先承担民事责任。

随堂练

第八章
合同法律制度

法规文件

【学习目标】

了解《中华人民共和国民法典》第三编合同关于合同的法律约束效力，订立合同的形式与内容，格式条款的规定。熟悉《中华人民共和国民法典》第三编合同关于合同的履行原则、合同条款补充和确定、合同内容约定不明确的履行规定，合同的变更和转让、合同的解除，违约责任的种类和承担方式、定金罚则、客运合同和委托合同的规定。掌握《中华人民共和国民法典》第三编合同关于不可抗力、不可抗力的责任、防止损失扩大义务、双方违约和过失相抵规则、第三人造成违约的责任承担的规定;《中华人民共和国旅游法》关于旅游服务合同制度及其相关法律责任的规定。

第一节 概 述

2020 年 5 月 28 日，第十三届全国人大第三次会议通过了自 2021 年 1 月 1 日起施行的《民法典》，其中第三编合同在《中华人民共和国合同法》的基础上完善了合同法律制度。合同编共三个分编，29 章，526 条。合同法律制度在保护包括旅游者在内的合同当事人的合法权益、维护社会经济秩序、提高经济效益、促进经济发展等方面，发挥了积极的重要作用。

一、合同的概念与调整范围

（一）合同的概念

《民法典》第四百六十四条第一款规定，合同是民事主体之间设立、变更、终止民事法律关系的协议。据此，合同具有如下法律特征：

（1）合同是平等主体的自然人、法人和其他组织所实施的一种民事法律行为。合同作为民事法律行为，本质上属于合法行为，并同样适用于《民法典》关于民事法律行为的一般规定，诸如民事法律行为的生效要件、民事行为的无效和撤销等，均可适用于合同。

(2)合同是平等主体的自然人、法人或其他组织所订立的协议。即订立合同的主体在法律上是平等的，任何一方都不得将自己的意志强加给另一方。

(3)合同以设立、变更或终止民事权利义务关系为目的和宗旨。一方面，尽管合同主要是债权债务关系的协议，但也不完全限于债权债务关系，而要涉及整个民事关系；另一方面，合同不仅导致民事法律关系的产生，还可以成为民事法律关系变更和终止的原因。

(二)合同的调整范围

调整范围，指法律调整和规范的社会关系。《民法典》第四百六十三条规定，本编调整平等主体间因合同产生的民事关系。这表明：

(1)《民法典》的调整范围包括所有平等主体之间设立、变更、终止民事权利义务关系的协议。

(2)合同编作为《民法典》的重要组成部分，调整的是民事关系，不属于民事关系的其他活动不适合本编。例如，政府对经济的管理活动、企业或者单位内部的管理关系不是平等主体之间的民事关系。又如，政府机关参与的合同，则需要区别不同情况分别处理。

(3)婚姻、收养、监护等有关身份关系的协议，适用有关该身份关系的法律规定；没有规定的，可以根据其性质参照合同编的规定。

二、合同的法律约束力

合同的法律约束力，是指由国家保证执行的法律上的一种强制作用。《民法典》第四百六十五条规定，依法成立的合同，受法律保护。依法成立的合同，仅对当事人具有法律约束力，但是法律另有规定的除外。法律规定对当事人依法成立的合同给予保护，有利于鼓励交易，维护契约精神。具体而言：

(一)依法成立的合同受法律保护

“意思表示一致”是合同成立的核心要素。合同依法成立，指合同是当事人意思表示一致的协议、符合《民法典》规定的合同成立时间和成立条件。因此，合同当事人是合格的主体、基于双方或者多方意思表示一致、符合《民法典》规定的时间条件和成立条件。例如，第四百九十一条第一款规定：“当事人采用信件、数据电文等形式订立合同要求签订确认书的，签订确认书时合同成立”等要求，合同就是依法成立的。

受法律保护，一是指合同依法成立后，无论是否生效，均对当事人产生法律约束力。合同的法律约束力表现在：当事人必须尊重合同，按照合同的约定、全面履行合同义务；不允许任何一方当事人擅自解除或者变更合同；违反合同要采取补救措施或者承担违约责任；除当事人另有约定或法律另有规定外。二是指当事人之外的任何第三人，均不得非法干预、阻止依法成立的合同正常履行。

（二）合同的相对性原则

《民法典》第四百六十五条第二款规定了合同的相对性原则，依法成立的合同，仅对当事人具有法律约束力。这表明，合同约定的双方的权利义务，只能由合同当事人享有合同上的权利、承担合同义务，对合同之外的第三人，包括任何组织或个人，不具有法律约束力。

一般而言，民事主体之间为了实现交易目的，自愿订立合同、约定合同内容，为了保护合同当事人的交易预期，《民法典》规定了合同相对性原则。然而，民事活动纷繁复杂，合同当事人与第三人存在复杂的利益关系不可避免地与第三人产生联系，为保证合同相对性原则的有效实施，《民法典》作了例外规定，即法律另有规定的除外。

第二节　合同的订立和履行

一、合同的订立

（一）合同订立的形式

合同形式，是指民事主体之间达成合意的外在表现形式，是合同内容的载体。《民法典》第四百六十九条第一款规定，当事人订立合同，可以采用书面形式、口头形式或者其他形式。第四百九十条第二款规定，法律、行政法规规定或者当事人约定合同应当采用书面形式订立，当事人未采用书面形式但是一方已经履行主要义务，对方接受时，该合同成立。

1. 书面形式

书面形式，指以文字表现当事人所订合同的形式。《民法典》第四百六十九条第二、第三款规定，书面形式是指合同书、信件、电报、电传、传真等可以有形地表现所载内容的形式。以电子数据交换、电子邮件等方式能够有形地表现所载内容，并可以随时调取查用的数据电文，视为书面形式。

合同的书面形式中最典型的是合同书或者书面合同。《民法典》第四百九十条第一款规定，当事人采用合同书形式订立合同的，自当事人均签名、盖章或者按指印时合同成立。在签名、盖章或者按指印之前，当事人一方已经履行主要义务，对方接受时，该合同成立。

书面形式的最大优点是合同有据可查，发生纠纷时容易举证，便于分清责任。因此，对于关系复杂的合同、重要的合同，最好采用书面形式。我国《旅游法》也明确规定，包价旅游合同应当采用书面形式。

2. 口头形式

口头形式，指当事人只用口头语言为意思表示订立合同，而不用文字表达协议内容的合同形式，例如通过面对面谈话、电话交流。凡当事人无约定、法律未规定须采用特定形式的合同，均可采用口头形式。但发生争议时当事人必须举证证明合同的存在及合同关系的内容。口头形式的缺点是发生合同纠纷时难以取证，不易分清责任。所以，对于不能及时结清的合同和标的数额较大的合同，不宜采用这种形式。

3. 其他形式

其他形式，指口头形式、书面形式以外的合同形式。其他形式是指行为推定形式。当事人未用语言、文字表达其意思表示，仅用行为向对方发出要约，对方接受该要约，做出一定或指定的行为作为承诺，合同成立。行为推定这种合同形式只适用于交易习惯许可时或要约表明时，而不能普遍适用。

（二）合同的内容

1. 合同的条款

合同的条款即合同的内容，是确定合同当事人权利义务关系的基本依据、判断合同是否有效的客观依据。合同的主要内容由当事人约定，法律规定主要条款，具有提示性和示范性。《民法典》第四百七十条第一款规定了合同的 8 项内容，合同的内容由当事人约定，一般包括以下条款：当事人的姓名或者名称和住所；标的；数量；质量；价款或者报酬；履行期限、地点和方式；违约责任；解决争议的方法。

2. 合同示范文本

《民法典》第四百七十条第二款规定，当事人可以参照各类合同的示范文本订立合同。合同示范文本是由市场监督管理部门单独或与有关行业主管部门联合，在广泛听取各方面意见后，按照一定程序制定的具有规范性、指导性的合同文本格式。合同示范文本一般都包含了合同的主要条款内容和样式，供当事人参考，不具有法律约束力。

（三）合同的格式条款

1. 格式条款的含义

《民法典》第四百九十六条第一款规定，格式条款是当事人为了重复使用而预先拟定，并在合同订立时未与对方协商的条款。格式条款具有事先拟定的性质。采用格式条款，有利于减少交易成本，节约大量的人力、物力和时间，在实践中的应用较为广泛。

2. 格式条款的限制

格式条款由单方利用其优势地位事先拟定，并未经过与对方充分磋商，对方往往只能接受或拒绝，不能实质上影响合同内容。为了防止格式条款提供方利用单方拟定格式条款的机会，设计不公平条款内容，防止合同相对方忽视与其有重大利害关系的条款，充分注意并理解格式条款的内容，对签订合同的效果作出合理判断，《民法典》第四百九十六条第二款对格式条款作出限制性规定：采用格式条款订立合同的，提供格式条款的一方应当遵循公平原则确定当事人之间的权利和义务，并采取合理的方式提示对方注意免除或者减轻其责任等与对方有重大利害关系的条款，按照对方的要求，对该条款予以说明。提供格式条款的一方未履行提示或者说明义务，致使对方没有注意或者理解与其有重大利害关系的条款的，对方可以主张该条款不成为合同的内容。

3. 格式条款的无效

格式条款无效，指格式条款不具有法律效力。通过格式条款免除提供格式条款一方当事人的主要义务、排除合同另一方当事人的主要权利，严重违反了民事活动应当遵守公平原则的法律规定，因而，《民法典》规定了格式条款的无效情形。

《民法典》第四百九十七条规定，有下列情形之一的，该格式条款无效：一是具有本法第一编第六章第三节和本法第五百零六条规定的无效情形；二是提供格式条款一方不合理地免除或者减轻其责任、加重对方责任、限制对方主要权利；三是提供格式条款一方排除对方主要权利。具体而言：

（1）格式条款具有《民法典》第一编第六章第三节规定的与其他民事法律行为通用的无效情形，包括无民事行为能力人实施的民事法律行为，限制民事行为人超出其年龄、智力、精神健康状况实施的民事法律行为，以虚假意思表示实施的民事法律行为，违反法律、行政法规的强制性规定的民事法律行为，违背公序良俗的民事法律行为等无效情形，该格式条款无效。依据总则编第一百五十六条的规定，格式条款无效，并不意味着含有格式条款的合同整体无效，格式条款无效不影响合同其他部分效力，其他部分仍然有效。

（2）格式条款具有《民法典》第五百零六条规定的下列免责条款：造成对方人身损害的、因故意或者重大过失造成对方财产损失的，该格式条款无效。

（3）《民法典》第四百九十七条第二、第三项规定："提供格式条款一方不合理地免除或者减轻其责任、加重对方责任、限制对方主要权利；提供格式条款一方排除对方主要权利。"属于格式条款特有的无效情形，均属于违反公平原则的情形。

4. 格式条款的解释

相对于一般合同条款，格式条款具有为了反复使用、单方事先拟定、未与对方协商的特殊性。合同双方当事人对格式条款的理解发生争议时，就需要对格式条款进行合理的解释，以平衡双方利益。《民法典》第四百九十八条针对格式条款的特点，对包括单一格式条款、既有格式条款也有非格式条款构成的合同，规定了专门的解释规则。

《民法典》第四百九十八条规定，对格式条款的理解发生争议的，应当按照通常理解予以解释。对格式条款有两种以上解释的，应当作出不利于提供格式条款一方的解释。格式条款和非格式条款不一致的，应当采用非格式条款。

（1）格式条款的解释规则。①当事人双方对格式条款的理解发生争议的，按照通常理解予以解释，是指格式条款是为了重复使用而拟定的，为了保护相对方的利益，既不按照提供方的理解，也不按照个别相对方的理解予以解释，而是按照可能订立该格式条款的一般人的理解予以解释；②与处于优势地位的格式条款提供方不同，由于合同相对方不能实际参与格式条款内容的拟定与磋商，并影响格式条款而处于劣势地位，当对格式条款有两种以上解释的，有必要对合同相对方给予倾斜性的保护：当对格式条款有两种以上解释的，应作出不利于提供格式条款一方的解释。

（2）格式条款与非格式条款不一致的处理。国际上普遍采用非格式条款优先采信规则，这也是由格式条款事先拟定、单方提供的特点决定的。合同既有格式条款也有非格式条款时，由于非格式条款是双方当事人自愿协商的结果，更能体现双方当事人的真实意愿，据此，法律规定格式条款和非格式条款不一致时，应当采用非格式条款。

（四）合同订立的方式

合同订立的方式就是当事人达成合意的方式，合同订立可以采取不同的方式，例如双方当事人协商经过要约与承诺的方式、招标等竞争方式。《民法典》第四百七十一条规定，当事人订立合同，可以采取要约、承诺方式或者其他方式。这表明合同订立可以采用要约、承诺方式，也可以采取其他方式。

要约、承诺是常见的订立合同的方式，实践中，要约和承诺难以区分，许多合同的订立经过了一次又一次讨价还价、反复协商。此外，法律所说的合同订立的其他方式，指传统上还存在的交叉要约、同时表示、意思表示三种方式。

1. 要约

要约，指一方向对方提出合同条件、作出签订合同的意思表示。《民法典》第四百七十二条规定，要约是希望与他人订立合同的意思表示，该意思表示应当符合下列条件：一是内容具体明确；二是表明经受要约人承诺，要约人即受该意思表示约束。

2. 要约邀请

要约邀请也称要约引诱，是邀请他人向自己发出要约的表示，既可以向特定的人发出，也可以向不特定的人发出。《民法典》第四百七十三条规定，要约邀请是希望他人向自己发出要约的表示。拍卖公告、招标公告、招股说明书、债券募集办法、基金招募说明书、商业广告和宣传、寄送的价目表等为要约邀请。商业广告和宣传的内容符合要约条件的，构成要约。

3. 承诺

承诺，指受要约人同意要约的全部条件以缔结合同的意思表示。受要约人作出承诺后，称之为承诺人。《民法典》第四百七十九条规定，承诺是受要约人同意要约的意思表示。

二、合同的履行

（一）概念

合同的履行是指合同生效以后，债务人通过完成合同规定的义务，使债权人的合同权利得以实现的行为。合同的履行既是订立合同的出发点，也是订立合同的最终目的，是整个合同制度的核心，对于保护合同当事人的合法权益、维护经济秩序具有重要的意义。

（二）原则

《民法典》第五百零九条第一、第二款规定，当事人应当按照约定全面履行自己的义务；当事人应当遵循诚实信用原则，根据合同的性质、目的和交易习惯履行通知、协助、保密等义务。这表明，合同履行的原则包括：全面履行原则和遵循诚实信用原则。当事人在履行合同过程中，应当避免浪费资源、污染环境和破坏生态。具体而言：

1. 全面履行原则

全面履行原则，要求合同当事人按照合同的约定全面履行自己的义务，包括履行义务的主体、标的、数量、质量、价款或者报酬、履行的期限和地点以及方式等，都要严格按照合同的约定履行。按照全面履行合同的原则要求，当事人应当履行的合同义务还包括对于当事人约定的其他义务。

2. 诚实信用原则

诚实，主要指当事人在民事活动中应当诚实地陈述真实情况，表里如一，意思表示真实。信用，主要指当事人在民事活动中要言行一致、表里如一。该原则被称为民法的“帝王原则”，并为世界各国公认，我国《民法典》将该原则明确为民法的基本原则。

《民法典》第五百零九条在规定诚实信用原则的同时，也规定和列举了诚信履行的附随义务，主要包括但不限于的通知、协助和保密这三项较为典型的义务。当判断哪些为附随义务时，要根据诚信原则、合同的性质和交易习惯来判断。

3. 绿色原则

为贯彻落实党中央关于建设生态文明、实现可持续发展理念的要求，依据《宪法》关于保护环境规定的要求，《民法典》总则编第九条规定了绿色原则，全面开启了环境资源保护的民法通道。《民法典》体现绿色原则精神，规定当事人在履行合同过程中，应当避免浪费资源、污染环境和破坏生态。

（三）合同约定不明的补救与其他问题的处理

1. 合同条款补充和确定

《民法典》第五百一十条规定，合同生效后，当事人就质量、价款或者报酬、履行地点等内容没有约定或者约定不明确的，可以协议补充；不能达成补充协议的，按照合同有关条款或者交易习惯确定。

2. 合同内容约定不明的履行规则

《民法典》第五百一十一条规定，当事人就有关合同的内容约定不明确，依照前条规定仍然不能确定的，适用下列规定：①质量要求不明确的，按照强制性国家标准履行；没有强制性国家标准的，按照推荐性国家标准履行；没有推荐性国家标准的，按照行业标准履行；没有国家标准、行业标准的，按照通常标准或者符合合同目的的特定标准履行。②价款或者报酬不明确的，按照订立合同时履行地的市场价格履行；依法应当执行政府定价或者政府指导价的，按照规定履行。③履行地点不明确，给付货币的，在接受货币一方所在地履行；交付不动产的，在不动产所在地履行；其他标的，在履行义务一方所在地履行。④履行期限不明确的，债务人可以随时履行，债权人也可以随时请求履行，但是应当给对方必要的准备时间。⑤履行方式不明确的，按照有利于实现合同目的的方式履行。⑥履行费用的负担不明确的，由履行义务一方负担；因债权人原因增加的履行费用，由债权人负担。

3. 执行政府定价、指导价价格调整的处理

《民法典》第五百一十三条规定，执行政府定价或者政府指导价的，在合同约定的交付期限内政府价格调整时，按照交付时的价格计价。逾期交付标的物的，遇价格上涨时，按照原价格执行；价格下降时，按照新价格执行。逾期提取标的物或者逾期付款的，遇价格上涨时，按照新价格执行；价格下降时，按照原价格执行。

4. 履行金钱债务的处理

《民法典》第五百一十四条规定，以支付金钱为内容的债，除法律另有规定或者当事人另有约定外，债权人可以请求债务人以实际履行地的法定货币履行。

（四）电子合同履行规则

根据实践中电子合同履行中的情况，结合《中华人民共和国电子商务法》的有关规定，以电子合同的标的为交付商品或者提供服务的不同情况，尤其是有针对性地对采用在线传输方式交付标的物的情形，《民法典》作出了专门规定。

《民法典》第五百一十二条规定，通过互联网等信息网络订立的电子合同的标的为交付商品并采用快递物流方式交付的，收货人的签收时间为交付时间。电子合同的标的为提供服务的，生成的电子凭证或者实物凭证中载明的时间为提供服务时间；前述凭证没有载明时间或者载明时间与实际提供服务时间不一致的，以实际提供服务的时间为准。电子合同的标的物为采用在线传输方式交付的，合同标的物进入对方当事人指定的特定系统且能够检索识别的时间为交付时间。电子合同当事人对交付商品或者提供服务的方式、时间另有约定的，按照其约定。

（五）情势变更

情势变更，指合同依法成立后，客观情况发生了无法预见的重大变化，致使原来订立合同的基础丧失或者动摇，如继续履行合同则对一方当事人明显不公平，因此允许合同变更或者解除以维护当事人之间的公平。

1. 情势变更制度

《民法典》第五百三十三条规定，合同成立后，合同的基础条件发生了当事人在订立合同时无法预见的、不属于商业风险的重大变化，继续履行合同对于当事人一方明显不公平的，受不利影响的当事人可以与对方重新协商；在合理期限内协商不成的，当事人可以请求人民法院或者仲裁机构变更或者解除合同。人民法院或者仲裁机构应当结合案件的实际情况，根据公平原则变更或者

解除合同。

2. 情势变更与不可抗力

(1)相同之处：均不属于商业风险，且均为当事人事先无法遇见的情形；发生及影响均不可归责于当事人；均可能对合同的履行和责任承担造成影响，并产生相应法律后果；对合同的影响均出现于合同订立之后、履行完毕之前。

(2)不同之处：制度价值不同，前者是免责事由，后者是合同变更或者解除；适用范围不同，除法律有特别规定外，前者是民事责任的一般免责事由，后者是合同领域的特殊制度；对合同的影响方式和程度不同，前者的适用前提是造成当事人不能履行合同的后果，后者的合同基础条件发生了变化；法律效果不同，前者体现为免责，后者体现为合同变更或者解除；当事人行使方式和程度不同，前者在合同不能履行时，受影响方要发出通知、提供证明，后者通过协商、协商不成请求法院或仲裁机构变更或解除合同。

第三节　合同的变更、转让和解除

一、合同的变更

(一)概念

合同的变更，是指合同内容的变化，在合同成立以后至未履行或者未完全履行之前，当事人经过协商对合同的内容进行修改或补充。

合同依法成立以后，对双方当事人都有法律约束力，双方必须严格按照合同约定履行自己的义务，任何一方都不得擅自变更依法成立的合同；否则，就要承担违约责任。但是，当事人并非绝对不能变更合同。因为合同的成立和履行本身都要依赖于一定的主客观情况，而这些情况很可能会发生变化，绝对不允许变更将违背合同满足经济生活需要的本质属性。

(二)变更条件与限制

1. 合同变更的条件

《民法典》第五百四十三条对合同的变更作了如下限定：当事人协商一致，可以变更合同。

2. 合同变更的限制

《民法典》第五百四十四条规定，当事人对合同变更的内容约定不明确的，推定为未变更。这表明，即便当事人对变更合同形成合意，由于对变更的内容约定不明确，推定为未变更，当事人须按照原有合同的规定履行。

合同的变更直接关系到当事人的利益，会改变当事人之间的权利义务，为了减少在合同变更时可能发生的纠纷，法律对合同的变更作了必要的限制。

二、合同的转让

合同的转让是合同主体的变更，是指合同的一方当事人将合同的全部或者部分权利义务转让给第三人，而合同的内容并不发生变化。通常又将此视为广义的变更合同。

合同的转让包括合同权利（债权）的转让、合同义务（债务）的转移、合同债权债务的概括转让。

（一）权利转让

1. 概念

合同权利的转让，是指合同中享有权利的一方当事人通过协议将自己的债权全部或部分转让给第三人的行为。在包价旅游合同中，旅游者的合同权利也可以转让。《旅游法》第六十四条规定，旅游行程开始前，旅游者可以将包价旅游合同中自身的权利义务转让给第三人，旅行社没有正当理由的不得拒绝，因此增加的费用由旅游者和第三人承担。

2. 债权转让

（1）债权转让及其限制。《民法典》第五百四十五条第一款规定，债权人可以将债权的全部或者部分转让给第三人，但是有下列情形之一的除外：①根据债权性质不得转让；②按照当事人约定不得转让；③依照法律规定不得转让。当事人约定非金钱债权不得转让的，不得对抗善意第三人。当事人约定金钱债权不得转让的，不得对抗第三人。这表明，债权原则上具有可转让性，债权人可以转让其债权；同时为了维护社会公共利益或者特定主体的私人利益，法律又对债权的可转让性做出一定限制。

（2）债权转让的程序。《民法典》第五百四十六条规定，债权人转让债权，未通知债务人，该转让对债务人不发生效力。债权人转让债权的通知不得撤销，但是经受让人同意的除外。此外，还应当依据《民法典》第五百零二条的规定，办理批准等手续。

（3）债权转让的效力。①从权利的转移，《民法典》第五百四十七条规定，债权人转让债权的，受让人取得与债权有关的从权利，但是该从权利专属于债权人自身的除外。受让人取得从权利不因该从权利未办理转移登记手续或者未转移占有而受到影响。②抗辩权的转移，《民法典》第五百四十八条规定，债务人接到债权转让通知后，债务人对让与人的抗辩，可以向受让人主张。③抵销权的转移，如果债务人对债权人也享有债权，债务人可以依照《民法典》第五百四十九条的规定向受让人行使抵销权：有下列情形之一的，债务人可以向受让人主张抵销：债务人接到债权转让通知时，债务人对让与人享有债权，且债务人的债权先于转让的债权到期或者同时到期；债务人的债权与转让的债权是基于同一合同产生。

（4）债权转让增加费用的负担。《民法典》第五百五十条规定，因债权转让增加的履行费用，由让与人负担。债权转让后，债务人履行债务的费用可能会有所增加，为了保护债务人的利益，法律作了相关规定。

（二）债务转移

1. 债务转移及其形式要件

债务转移，是指债务人经债权人同意将合同的义务全部或者部分转移给第三人。

《民法典》第五百五十一条第一款规定，债务人将合同的债务全部或者部分转移给第三人的，应当经债权人同意。债务人或者第三人可以催告债权人在合理期限内予以同意，债权人未作表示的，视为不同意。

2. 债务转移的效力

债务转移后，原合同法律关系当事人的法律地位及相应权利发生变更，在债务转让人、债务受让人及债权人之间产生一系列法律后果。具体而言：

（1）债务加入，《民法典》第五百五十二条规定，第三人与债务人约定加入债务并通知债权人，或者第三人向债权人表示愿意加入债务，债权人未在合理期限内明确拒绝的，债权人可以请求第三人在其愿意承担的债务范围内和债务人承担连带债务。

（2）新债务人抗辩和抵销，《民法典》第五百五十三条规定，债务人转移债务的，新债务人可以主张原债务人对债权人的抗辩；原债务人对债权人享有债权的，新债务人不得向债权人主张抵销。

（3）新债务人的债务承担，《民法典》第五百五十四条规定，债务人转移债务的，新债务人应当承担与主债务有关的从债务，但是该从债务专属于原债务人自身的除外。

（三）债权债务的概括转让

1. 概念

债权债务的概括转让，是指将合同的权利和义务一并转让给第三人，由第三人全部承受这些权利义务；是一方当事人对其当事人地位的转让，其转让的内容不仅仅包括债权、债务，而是第三人成为新的当事人。

2. 概括转让的程序

债权债务的概括转让可能会对对方当事人产生不利,《民法典》第五百五十五条规定，当事人一方经对方同意，可以将自己在合同中的权利和义务一并转让给第三人。这表明债权债务概括转让必须经对方当事人同意，否则不对对方当事人产生法律效力。此外，还应当依据《民法典》第五百零二条的规定，办理批准等手续。

3. 概括转让的法律适用

《民法典》第五百五十六条规定了债权债务概况转让的法律适用：合同的权利和义务一并转让的，适用债权转让、债务转移的有关规定。

三、合同的解除

(一)概念

合同的解除，指合同有效成立后，当具备合同解除条件后，因当事人一方的意思表示或者由当事人双方协商，使合同关系归于消灭。《民法典》第五百五十七条第二款规定，合同解除的，该合同的权利义务关系终止。合同解除包括约定解除和法定解除。

1. 约定解除

根据民事活动自愿的原则，合同当事人在不违背法律和社会利益的条件下，可以在合同订立之前或订立之后，通过约定或协议使合同解除。《民法典》第五百六十二条规定，当事人协商一致，可以解除合同。当事人可以约定一方解除合同的事由。解除合同的事由发生时，解除权人可以解除合同。

2. 法定解除

法定解除，是指合同生效后，在没有履行或未履行完毕前，当事人在法律规定的解除条件出现时，行使解除权而使合同关系消灭。

《民法典》第五百六十三条第一款规定，有下列情形之一的，当事人可以解除合同：①因不可抗力致使不能实现合同目的；②在履行期限届满之前，当事人一方明确表示或者以自己的行为表明不履行主要债务；③当事人一方迟延履行主要债务，经催告后在合同期限内仍未履行；④当事人一方迟延履行债务或者有其他违约行为致使不能实现合同目的；⑤法律规定的其他情形。

《民法典》第五百六十三条第二款规定，以持续履行债务为内容的不定期合同，当事人可以随时解除合同，但是应当在合理期限之前通知对方。

(二)行使合同解除权的期限

合同解除权的行使，是法律赋予当事人保护自己合法权益的手段。由于解除权的行使会引起合同关系的重大变化，享有解除权的当事人长期不行使解除权，会使合同关系处于不确定的状态，为此，《民法典》第五百六十四条规定，法律规定或者当事人约定解除权行使期限，期限届满当事人不行使的，该权利消灭。法律没有规定或者当事人没有约定解除权行使期限，自解除权人知道或者应当知道解除事由之日起一年内不行使，或者经对方催告后在合理期限内不行使的，该权利消灭。

（三）合同解除的程序

当事人一方依法行使合同解除权解除合同的，应当遵守《民法典》第五百六十五条的规定：当事人一方依法主张解除合同的，应当通知对方。合同自通知到达对方时解除；通知载明债务人在一定期限内不履行债务则合同自动解除，债务人在该期限内未履行债务的，合同自通知载明的期限届满时解除。对方对解除合同有异议的，任何一方当事人均可以请求人民法院或者仲裁机构确认解除行为的效力。当事人一方未通知对方，直接以提起诉讼或者申请仲裁的方式依法主张解除合同，人民法院或者仲裁机构确认该主张的，合同自起诉状副本或者仲裁申请书副本送达对方时解除。

（四）合同解除后的法律后果

《民法典》第五百六十六条规定，合同解除后，尚未履行的，终止履行；已经履行的，根据履行情况和合同性质，当事人可以要求恢复原状或者采取其他补救措施，并有权请求赔偿损失。合同因违约解除的，解除权人可以请求违约方承担违约责任，但是当事人另有约定的除外。主合同解除后，担保人对债务人应当承担的民事责任仍应当承担担保责任，但是担保合同另有约定的除外。

第四节　违约责任

一、概念

违约责任，指合同当事人因违反合同义务所应承担的责任。违约责任具有以下特点：违约责任以合同的有效存在为前提；是合同当事人不履行合同义务所产生的责任；具有相对性，即违约责任只能在合同关系的当事人之间发生；可以由当事人约定。

预期违约，指违约行为发生于合同履行期限届满之前的违约。《民法典》第五百七十八条规定，当事人一方明确表示或者以自己的行为表明不履行合同义务的，对方可以在履行期限届满前请求其承担违约责任。预期违约降低了另一方享有的合同权利的价值，构成对债权人的侵害和对合同关系的破坏，并影响交易的正常进行。

二、违约责任的种类和承担方式

（一）违约责任的种类

《民法典》第五百七十七条规定，当事人一方不履行合同义务或者履行合同义务不符合约定的，应当承担继续履行、采取补救措施或者赔偿损失等违约责任。

（二）违约责任的承担方式

1. 继续履行

（1）金钱债务。《民法典》第五百七十九条规定，当事人一方未支付价款、报酬、租金、利息，或者不履行其他金钱债务的，对方可以请求其支付。

（2）非金钱债务。《民法典》第五百八十条规定，当事人一方不履行非金钱债务或者履行非金钱债务不符合约定的，对方可以请求履行，但有下列情形之一的除外：①法律上或者事实上不能履行；②债务的标的不适于强制履行或者履行费用过高；③债权人在合理期限内未要求履行。有前款规定的除外情形之一，致使不能实现合同目的的，人民法院或者仲裁机构可以根据当事人的请求终止合同权利义务关系，但是不影响违约责任的承担。

2. 第三人替代履行

《民法典》第五百八十一条规定，当事人一方不履行债务或者履行债务不符合约定，根据债务的性质不得强制履行的，对方可以请求其负担由第三人替代履行的费用。

3. 采取补救措施

《民法典》第五百八十二条规定，履行不符合约定的，应当按照当事人的约定承担违约责任。对违约责任没有约定或者约定不明确，依照本法第五百一十条的规定仍不能确定的，受损害方根据标的的性质以及损失的大小，可以合理选择请求对方承担修理、重作、更换、退货、减少价款或者报酬等违约责任。

4. 赔偿损失

《民法典》第五百八十三条规定，当事人一方不履行合同义务或者履行合同义务不符合约定的，在履行义务或者采取补救措施后，对方还有其他损失的，应当赔偿损失。具体方式包括赔偿损失、支付违约金和适用定金罚则等。

（1）赔偿损失。《民法典》第五百八十四条规定，当事人一方不履行合同义务或者履行合同义务不符合约定，造成对方损失的，损失赔偿额应当相当于因违约所造成的损失，包括合同履行后可以获得的利益；但是，不得超过违约一方订立合同时预见到或者应当预见到的因违约可能造成的损失。

（2）违约金，指当事人在合同中约定的或者由法律直接规定的一方违反合同时应向对方支付一定数额的金钱，是违法合同可以采用的承担民事责任的方式，存在于当事人有违约金约定或者法律规定违反合同应支付违约金的情形。

违约金的约定及调整。《民法典》第五百八十五条规定，当事人可以约定一方违约时应当根据违约情况向对方支付一定数额的违约金，也可以约定因违约产生的损失赔偿额的计算方法。约定的违约金低于造成的损失的，人民法院或者仲裁机构可以根据当事人请求予以增加；约定的违约金过分高于造成的损失的，人民法院或者仲裁机构可以根据当事人的请求予以适当减少。当事人就迟延履行约定违约金的，违约方支付违约金后，还应当履行债务。

（3）定金，指当事人约定的，为保证债权的实现，由一方在履行前预先向对方给付的一定数量的货币或者其他替代物。

定金数额的确定。《民法典》第五百八十六条规定，当事人可以约定一方向对方给付定金作为债权的担保。定金合同自实际交付定金时成立。定金的数额由当事人约定；但是，不得超过主合同标的额的20%，超过部分不产生定金的效力。实际交付的定金数额多于或者少于约定数额的，视为变更约定的定金数额。

定金罚则。《民法典》第五百八十七条规定，债务人履行债务的，定金应当抵作价款或者收回。给付定金的一方不履行债务或者履行债务不符合约定，致使不能实现合同目的的，无权请求返还定金；收受定金的一方不履行债务或者履行债务不符合约定，致使不能实现合同目的的，应当双倍返还定金。

（4）竞合选择权。《民法典》第五百八十八条规定，当事人既约定违约金，又约定定金的，一方违约时，对方可以选择适用违约金或者定金条款。定金不足以弥补一方违约造成的损失的，对方可以请求赔偿超过定金数额的损失。

三、不可抗力与防止损失扩大

（一）不可抗力

1. 含义

总则编第一百八十条第二款规定，不可抗力是不能预见、不能避免且不能克服的客观情况。通常包括自然灾害（地震、台风、洪水等）、政府行为、突发的社会事件（战争、罢工）。

2. 不可抗力的后果

《民法典》第五百九十条规定，当事人一方因不可抗力不能履行合同的，根据不可抗力的影响，部分或者全部免除责任，但是法律另有规定的除外。因不可抗力不能履行合同的，应当及时通知对方，以减轻可能给对方造成的损失，并应当在合理期限内提供证明。当事人迟延履行后发生不可抗力的，不免除其违约责任。

(二)防止损失扩大

合同一方当事人违约给对方造成的损失尽管可以从违约方获得赔偿，但是如果可以采取适当措施防止和减轻损失却不采取，致使损失扩大，再让违约方按照实际损失赔偿，则显失公平，于国家、社会公共利益都是不利的。为此，《民法典》第五百九十一条规定，当事人一方违约后，对方应当采取适当措施防止损失的扩大；没有采取适当措施致使损失扩大的，不得就扩大的损失请求赔偿。当事人因防止损失扩大而支出的合理费用，由违约方承担。

四、双方违约和过错相抵、第三方造成的违约

(一)双方违约和过错相抵

1. 双方违约

违约可以分为单方违约和双方违约，双方当事人都违约的，称为双方违约。《民法典》第五百九十二条第一款规定，当事人都违反合同的，应当各自承担相应的责任。

2. 过错相抵

过错相抵，指受损害一方对于损害结果的发生存在过错的，在计算损失赔偿时应当予以相应减少。《民法典》第五百九十二条第二款规定，当事人一方违约造成对方损失，对方对损失的发生有过错的，可以减少相应的损失赔偿额。

(二)第三方原因造成的违约

《民法典》第五百九十三条规定，当事人一方因第三人的原因造成违约的，应当依法向对方承担违约责任。当事人一方和第三人之间的纠纷，依照法律规定或者按照约定处理。

第五节　客运合同和委托合同

一、客运合同

（一）概念与成立时间

1. 概念

运输合同属于《民法典》规定的典型合同，是在综合专门运输法的规定和借鉴国际公约、各国运输合同立法的基础上作出的规定。其内容分为一般规定、客运合同、货运合同和多式联运合同。一般规定的承运人的强制缔约、及时安全运输、按照约定或者通常的运输路线的义务，旅客支付票款的义务适用于客运合同。

《民法典》第八百零九条规定，运输合同是承运人将旅客或者货物从起运地点运输到约定地点，旅客、托运人或者收货人支付票款或者运输费用的合同。以运输合同的标的划分，运输合同分为客运合同和货运合同。客运合同则是指将旅客送达目的地，旅客支付票款的合同。

客运合同的主体是承运人和旅客；合同的客体是承运人的运送行为，即将旅客运输到约定地点的行为；客运合同的权利义务双方相对应，承运人履行运送义务获取的权利是收取票款，旅客则有权要求承运人将其运送到约定地点，并履行向承运人支付票款的义务。

2. 成立时间

客运合同的成立时间和地点涉及合同当事人受合同约束的开始时间和案件管辖问题。客运合同的成立时间与普通民事合同不同。《民法典》第八百一十四条规定，客运合同自承运人向旅客出具客票时成立，但是当事人另有约定或者另有交易习惯的除外。

（二）承运人的义务

1. 一般规定

（1）公共运输承运人的强制缔约。《民法典》第八百一十条规定，从事公共运输的承运人不得拒绝旅客、托运人通常、合理的运输要求。

（2）及时安全运输。合同编第八百一十一条规定，承运人应当在约定期限或者合理期限内将旅客、货物安全运输到约定地点。按照约定时间进行安全运输是承运人的一项主要义务，未履行义务的，应当承担违约责任。

（3）按照约定或者通常运输路线运输。《民法典》第八百一十二规定，承运人应当按照约定的或者通常的运输路线将旅客或者货物运输到约定地点。约定的运输路线，指运输合同当事人在运输合同中明确约定的运输路线，即便是舍近求远的约定运输路线，承运人也应当按照合同约定运送，否则应当承担违约责任。

(4)不得收取不合理费用。合同编第八百一十五条第二款规定，实名制客运合同的旅客丢失客票的，可以请求承运人挂失补办，承运人不得再次收取票款和其他不合理费用。

2. 承运人在承运旅客中的义务规定

(1)告知和协助配合。在客运合同中，安全运输就是承运人要确保被运输的旅客完好无损，为此《民法典》第八百一十九条规定，承运人应当严格履行安全运输义务，及时告知旅客安全运输应当注意的事项。与此同时，运输中的安全知识具有一定的专业性，旅客可能对此不甚了解，在规定承运人及时告知的前提下，第八百一十九条规定，旅客对于承运人为安全运输所做的合理安排应当积极协助和配合。

(2)按照约定运输。《民法典》第八百二十条规定，承运人应当按照有效客票记载的时间、班次和座位号运输旅客。承运人迟延运输或者有其他不能正常运输情形的，应当及时告知和提醒旅客，采取必要的安置措施，并根据旅客的要求安排改乘其他班次或者退票；由此造成旅客损失的，承运人应当承担赔偿责任，但是不可归责于承运人的除外。

(3)按约定提供服务。承运人应当按照客运合同约定的服务标准提供服务，实践中最典型的就是变更运输工具进行运输，这种未经旅客同意擅自降低服务标准的行为违背了旅客的意愿，是对合同的违背，有时会对旅客的利益造成损害。《民法典》第八百二十一条规定，承运人擅自降低服务标准的，应当根据旅客的请求退票或者减收票款；提高服务标准的，不得加收票款。

(4)尽力救助。客运合同中的运送是承运人的主要义务，与此同时，承运人还负有衍生于诚信原则的一些包括救助在内的义务。《民法典》第八百二十二条规定，承运人在运输过程中，应当尽力救助患有急病、分娩、遇险的旅客。

(三)旅客的义务

1. 持有效客票乘坐

《民法典》第八百一十五条规定，旅客应当按照有效客票记载的时间、班次和座位号乘坐。旅客无票乘坐、超程乘坐、越级乘坐或者持不符合减价条件的优惠客票乘坐的，应当补交票款，承运人可以按照规定加收票款；旅客不支付票款的，承运人可以拒绝运输。

2. 支付票款

这是旅客的主要义务，也是承运人的权利。《民法典》第八百一十三规定，旅客应当支付票款。承运人未按照约定路线或者通常路线运输增加票款的，旅客可以拒绝支付增加部分的票款。

3. 依约办理退票和变更手续

客票是旅客运输合同的凭证，旅客应当按照客票记载的时间、客位的等级等进行乘坐。同时，一般都允许其在一定时间退票或者变更客票。《民法典》第八百一十六条规定，旅客因自身的原因不能按照客票记载的时间乘坐的应当在约定的期限内办理退票或者变更手续；逾期办理的，承运人可以不退票，并不再承担运输义务。

4. 依法携带行李物品

为了旅客旅途中的方便，承运人或者有关部门一般允许旅客随身携带一定品种、数量、质量和重量的行李。《民法典》第八百一十七条规定，旅客随身携带行李应当符合约定的限量和品类要求；超过限量或者违反品类要求携带行李的，应当办理托运手续。

客运过程中，承运人对于旅客的生命财产安全负有义务，同时，旅客在旅行过程中亦负有安全注意义务。《民法典》第八百一十八条规定，旅客不得随身携带或者在行李中夹带易燃、易爆、有毒、有腐蚀性、有放射性以及可能危及运输工具及运输工具上人身和财产安全的危险物品或者违禁物品。旅客违反规定的，承运人可以将危险物品或者违禁物品卸下、销毁或者送交有关部门。旅客坚持携带或者夹带危险物品或者违禁物品的，承运人应当拒绝运输。

（四）承运人的赔偿责任

1. 人身伤亡

运输行为的需求在于高速和安全，速度和安全是对立统一的，任何一种现代的交通工具都存在着一定的风险，保障旅客运输途中的安全成为承运人的最大义务。承运人未尽到安全运输义务的，应当承担责任。

《民法典》第八百二十三条规定，承运人应当对运输过程中旅客伤亡承担赔偿责任；但是，伤亡是旅客自身健康原因造成或者承运人证明伤亡是旅客故意、重大过失造成的除外。该规定同时适用于按照规定免票、持优待票或者经承运人许可搭乘的无票旅客。

2. 财产损失

旅客出行，其行李一般分为随身携带和托运行李两类。承运人对此都负有妥善保管、注意其安全的义务；行李毁损、灭失的，承运人依法负有赔偿责任。

《民法典》第八百二十四规定，在运输过程中旅客随身携带物品毁损、灭失，承运人有过错的，应当承担赔偿责任。旅客托运的行李毁损、灭失的，适用货物运输的有关规定。

上述规定表明，对随身携带的物品，因为处于直接控制下，旅客负有一定的保管责任，对承运人实行的是过错责任原则。对托运的行李物品，适用无过错原则。《民法典》第八百三十二条的规定，承运人对运输过程中货物的毁损、灭失承担赔偿责任。但是承运人证明货物的毁损、灭失是因不可抗力、货物自身的自然性质或者合理损耗以及托运人、收货人的过错造成的，不承担赔偿责任。

二、委托合同

（一）概念、特征和委托权限

1. 概念

《民法典》第九百一十九条规定，委托合同是委托人和受托人约定，由受托人处理委托人事务的合同。在委托合同关系中，委托他人为自己处理事务的人称委托人，接受委托的人称为受托人。

委托合同是一种历史悠久的合同类型，源于社会分工的不断专业和精细，《民法典》的典型合同中专门作了规范。《民法典》总则编第七章代理的相关规定适用于委托代理行为。

2. 特征

委托合同的客体是受托人处理委托事务的行为。委托合同具有以下特征：委托合同的标的是劳务，范围广泛，除依法不得委托他人处理的外，与人们生活有关的事务都可以委托；是诺成、非要式合同，承诺与否决定着委托合同的成立，口头、书面等方式均可以；可以是有偿的，也可以是无偿的；可以是双务合同，也可以是单务合同。

3. 委托权限

《民法典》第九百二十条规定，委托人可以特别委托受托人处理一项或者数项事务，也可以概括委托受托人处理一切事务。

受托人处理委托事务应以委托人指示的委托事项范围为准。以受托人处理委托事务的范围为标准，委托分为特别委托，即双方当事人约定受托人为委托人处理一项或者数项事务的委托，通常包括不动产出售、出租或者就不动产设定抵押权，赠与，和解，诉讼，仲裁；概括委托，即双方当事人约定受托人为委托人处理某个方面或者范围内的一切事务的委托，如委托人委托受托人处理其租赁业务。

4. 共同委托

《民法典》第九百三十二条规定，两个以上的受托人共同处理委托事务的，对委托人承担连带责任。共同委托是委托人委托两个以上的受托人共同行使代理权处理事务。具有以下特点：一是共同委托的代理权必须是由数个受托人共同行使；二是受托人承担连带责任。

（二）委托人的主要权利、义务

1. 请求赔偿损失的权利

《民法典》第九百二十九条规定，有偿的委托合同，因受托人的过错造成委托人损失的，委托人可以请求赔偿损失。无偿的委托合同，因受托人的故意或者重大过失造成委托人损失的，委托人可以请求赔偿损失。受托人超越权限造成委托人损失的，应当赔偿损失。

受托人在处理委托事务的过程中要尽到必要的注意义务，否则可能承担相应的责任。委托合同是无偿的，受托人仅负有一般的注意义务，在有偿合同中，由于受托人可以获得委托人支付的报酬，所负有的注意义务比一般注意义务要高。

2. 预付、偿还费用、支付利息义务

《民法典》第九百二十一条规定，委托人应当预付处理委托事务的费用。受托人为处理委托事务垫付的必要费用，委托人应当偿还该费用并支付利息。

受托人在处理事务中往往需要花费一定的费用，诸如交通费、通讯费等。无论委托合同是有偿的还是无偿的，委托人都有义务事先提供处理委托事务的费用和补偿受托人为处理委托事务所垫付的必要费用。委托人可以采取预付费用，或者在受托人垫付费用后再予以返还费用，并支付利息的方式。

《民法典》第九百二十八条规定，受托人完成委托事务的，委托人应当按照约定向其支付报酬。因不可归责于受托人的事由，委托合同解除或者委托事务不能完成的，委托人应当向受托人支付相应的报酬。当事人另有约定的，按照其约定。

（三）受托人的主要权利、义务

1. 主要权利

首先，接受委托人支付报酬是受托人的主要权利。其次，受托人还有不可归责于自己的事由受到损失的，请求委托人赔偿损失的权利。《民法典》第九百三十条规定，受托人处理委托事务时，因不可归责于自己的事由受到损失的，可以向委托人请求赔偿损失。最后，另行委托的赔偿权利。相互信任是委托合同订立的基础，具有严格的人身属性，委托合同订立后，受托人开始处理委托事务，并为此付出人力、物力、财力，如果委托人擅自另行委托，可能增加受托人的成本甚至造成损失。《民法典》第九百三十一条规定，委托人经受托人同意，可以在受托人之外委托第三人处理委托事务。因此造成受托人损失的，受托人可以向委托人请求赔偿损失。

2. 按照指示处理委托事务

《民法典》第九百二十二条规定，受托人应当按照委托人的指示处理委托事务。需要变更委托人指示的，应当经委托人同意；因情况紧急，难以和委托人取得联系的，受托人应当妥善处理委托事务，但是事后应当将该情况及时报告委托人。

按照委托人的指示处理委托事务是受委托人的首要义务，只有在情况紧急时需要采取新措施；由于客观上的原因，难以和委托人取得联系，为了委托人的利益必须改变的情形下，才可以不按照委托人的指示处理委托事务。

3. 亲自处理委托事务

《民法典》第九百二十三条规定，受托人应当亲自处理委托事务。经委托人同意，受托人可以转委托。转委托经同意或者追认的，委托人可以就委托事务直接指示转委托的第三人，受托人仅就第三人的选任及其对第三人的指示承担责任。转委托未经同意或者追认的，受托人应当对转委托的第三人的行为承担责任；但是，在紧急情况下受托人为了维护委托人的利益需要转委托第三人的除外。

委托合同的订立和履行是基于当事人之间的相互信任，委托人也是根据受托人的业务能力、专业水平和信誉、信赖为前提的，同时也表明受托人了解委托人愿意为其办理委托事务的意愿。这种彼此信任是委托合同赖以订立和存续的基础。

4. 报告

受托人应当按照委托人的要求，报告委托事务的处理情况。委托合同终止时，受托人应当报告委托事务的结果。

受托人接受委托人委托处理委托事务是为了受托人的利益，受托人有权了解事务的处理进展、存在的问题和应对措施等情况，并根据新出现的问题和进展调整原来的指示，作出新指示。委托合同终止，无论委托事务是否完成、目的是否实现，受托人都有报告诸如委托事务的始末、各种账目、收支情况等，并提供必要的书证和其他证明材料。

5. 转移利益

《民法典》第九百二十七条规定，受托人处理委托事务取得的财产，应当转交给委托人。所谓取得的财产，包括取得的金钱、实物、金钱与实物所生的孳息，以及其他财产权利。

6. 继续处理委托

《民法典》第九百三十五条规定，因委托人死亡或者被宣告破产、解散，致使委托合同终止将损害委托人利益的，在委托人的继承人、遗产管理人或者清算人承受委托事务之前，受托人应当继续处理委托事务。

7. 受托人的继承人的义务

《民法典》第九百三十六条规定，因受托人死亡、丧失民事行为能力或者被宣告破产、解散，致使委托合同终止的，受托人的继承人、遗产管理人、法定代理人或者清算人应当及时通知委托人。因委托合同终止将损害委托人利益的，在委托人作出善后处理之前，受托人的继承人、遗产管理人、法定代理人或者清算人应当采取必要措施。

（四）受托人和第三人签订合同、介入权、第三人的选择权

1. 受托人以自己的名义和第三人签订合同

《民法典》第九百二十五条规定，受托人以自己的名义，在委托人的授权范围内与第三人订立的合同，第三人在订立合同时知道受托人与委托人之间的代理关系的，该合同直接约束委托人和第三人；但是，有确切证据证明该合同只约束受托人和第三人的除外。这表明，受托人以自己的名义和第三人订立合同，第三人知道代理关系的，合同直接约束委托人和第三人。

2. 介入权

委托人的介入权，是指在受托人与第三人的合同关系中，委托人取代受托人的地位，介入原来是受托人与第三人的合同关系中。《民法典》第九百二十六条第一款规定，受托人以自己的名义与第三人订立合同时，第三人不知道受托人与委托人之间的代理关系的，受托人因第三人的原因对委托人不履行义务，受托人应当向委托人披露第三人，委托人因此可以行使受托人对第三人的权利。但是，第三人与受托人订立合同时如果知道该委托人就不会订立合同的除外。

3. 第三人的选择权

第三人的选择权，是指在受托人与第三人的合同关系中，因委托人的原因造成受托人不履行义务，受托人应当向第三人披露委托人，第三人因此可以选择受托人或者委托人作为相对人主张其权利，即第三人可以选择请求委托人承担违约责任，也可以请求仍然由受托人承担违约责任。但第三人只能选择其一，选择后不能变更。《民法典》第九百二十六条第二款规定，受托人因委托人的原因对第三人不履行义务，受托人应当向第三人披露委托人，第三人因此可以选择受托人或者委托人作为相对人主张其权利，但是第三人不得变更选定的相对人。

4. 委托人行使介入权、第三人行使选择权的相应法律效果

《民法典》第九百二十六条第三款规定，委托人行使受托人对第三人的权利的，第三人可以向委托人主张其对受托人的抗辩。第三人选定委托人作为其相对人的，委托人可以向第三人主张其对受托人的抗辩以及受托人对第三人的抗辩。

委托人行使介入权或者第三人行使选择权后，权利义务的相对人发生变化，也就会产生相应的法律效果。例如，委托人行使介入权的，委托人取代受托人的地位，成为第三人的相对人。

（五）委托合同的解除和终止

1. 解除

《民法典》第九百三十三条规定，委托人或者受托人可以随时解除委托合同。因解除合同造成对方损失的，除不可归责于该当事人的事由外，无偿委托合同的解除方应当赔偿因解除时间不当造成的直接损失，有偿委托合同的解除方应当赔偿对方的直接损失和合同履行后可以获得的利益。该条规定了委托人和受托人对委托合同的任意解除的权利，以及因解除合同给对方造成损失的责任承担。委托合同基于双方信任而订立，一方不守信用失信于另一方，则继续履行合同已无必要，为此，法律赋予双方解除合同的权利，即只要一方当事人想终止合同就可以随时终止，而且无须任何理由。委托合同的一方当事人在不利于对方当事人的时期解除合同而给对方造成损失的，应当承担赔偿责任，这是对任意解除合同权利的限制，体现了公平原则。

2. 终止

《民法典》第九百三十四条规定，委托人死亡、终止或者受托人死亡、丧失民事行为能力、终止的，委托合同终止；但是，当事人另有约定或者根据委托事务的性质不宜终止的除外。

第六节　旅游服务合同

一、概念、特征和类型

（一）概念和特征

《旅游法》专章规定了旅游服务合同。第五十七条规定，旅行社组织和安排旅游活动，应当与旅游者签订合同。为保护旅游者、旅游经营者合法权益，规范旅游市场提供了法律依据。

旅游服务合同，是指旅游经营者与旅游者约定旅游活动过程中旅行社和旅游者之间权利义务关系的协议。其具有以下法律特征：①是双务、有偿、诺成合同；②合同标的具有特殊性，是一种旅游经历以及为获得这种经历所必需的食、住、行、游、购、娱等旅游服务条件；③多为格式合同。

旅游服务合同属于典型合同，具有合同的法律属性，又因为旅游服务的特殊性使旅游服务合同成为典型合同的一种。与旅游服务合同相关的当事人之间确立合同关系、明确权利义务，首先适用《旅游法》的规定；《旅游法》没有规定的，适用《民法典》的规定。此外，国务院于2009年颁布施行的《旅行社条例》等法规，以及《旅行社服务通则》（GB/T 31385—2015）、《旅行社出境旅游服务规范》（GB/T 31386—2015）、《导游服务规范》（GB/T 15971—2023）等国家标准对旅游服务合同的有关内容作了专门规定。

（二）类型

《旅游法》规定的旅游服务合同主要有包价旅游合同、旅游代订合同和旅游设计、咨询合同等，本节重点介绍包价旅游合同。

1. 旅游代订合同

旅游代订合同，是指旅行社接受旅游者的委托，为其代订交通、住宿、餐饮、游览、娱乐等旅游服务，旅游者支付代办费用的合同。旅游代订合同属于《民法典》委托合同的一种类型。《旅游法》第七十四条第一款规定，旅行社接受旅游者的委托，为其代订交通、住宿、餐饮、游览、娱乐等旅游服务，收取代办费用的，应当亲自处理委托事务。因旅行社的过错给旅游者造成损失的，旅行社应当承担赔偿责任。

旅游活动中，根据提供服务的要求，旅行社需要将与旅游者签订合同的部分业务委托给其他旅行社完成，这就涉及委托代理问题。依据《民法典》总则编第七章代理的规定，代理包括委托代理和法定代理，委托代理人按照被代理人的委托行使代理权，委托代理授权采用书面的形式，授权委托书应当载明代理人的姓名或者名称、代理事项、权限和期限，并由被代理人签名和（或）盖章。

《旅游法》对有关“旅游服务合同”的委托也有相应的规定。其第六十条规定，旅行社委托其他旅行社代理销售包价旅游产品，并与旅游者订立包价旅游合同的，应当在包价旅游合同中载明委托社和代理社的基本信息；旅行社将包价旅游合同中的接待义务，委托给地接社履行的，应当在包价旅游合同中载明地接社的基本信息。同时《旅游法》第六十三条第二款规定，旅行社因未达到约定人数不能出团的，组团社征得旅游者书面同意，可以委托其他旅行社履行合同。组团社对旅游者承担责任，受委托的旅行社对组团社承担责任。

旅游代订合同是建立在旅游者或者旅行社（委托人）与旅行社（受托人）相互信任的基础上的。根据《民法典》第一百六十九条规定，受托人应当亲自处理受托的事务，不经委托人同意，不能转托他人处理受托之事，未经委托人同意或者追认的，代理人应当对转托他人的行为承担责任。旅游者的行为后果由旅游者承担，旅行社作为旅游者的受托人，仅对其代订行为承担责任。对旅行社而言，为旅游者提供代订相关服务是其经营活动，可以收取代办费用，二者之间成立的旅游代订合同属于有偿合同。

2. 旅游设计、咨询合同

旅游设计、咨询合同，是指旅行社接受旅游者的委托，为旅游者提供旅游行程设计、旅游信息咨询等服务，旅游者为此支付相应服务费用的合同。《旅游法》第七十四条第二款规定，旅行社接受旅游者的委托，为其提供旅游行程设计、旅游信息咨询等服务的，应当保证设计合理、可行，信息及时、准确。

二、包价旅游合同的概念及特征

（一）概念

在各国立法中，包价旅游合同的称谓不尽相同。德国、日本称之为“旅行契约”“旅游契约”；欧盟称之为“一揽子包价旅游合同”；英美国家多称之为“一揽子旅行”“一揽子旅游”“一揽子度假”等，以突出旅游由多项给付结合的特征；《关于包价旅游合同的布鲁塞尔公约》则称之为“组织包价旅游合同”，突出了旅游经营者组织旅游活动的行为特征。

《旅游法》第一百一十一条第三项对包价旅游合同作出了界定：包价旅游合同，是指旅行社预先安排行程，提供或者通过履行辅助人提供交通、住宿、餐饮、游览、导游或领队等两项以上旅游服务，旅游者以总价支付旅游费用的合同。

（二）特征

根据《旅游法》的规定，包价旅游合同的特征表现在以下三个方面。

1. 合同内容预先安排

合同内容中的旅游行程及相关服务是由旅行社预先安排的。不论是旅行社自主设计，还是根据旅游者具体要求安排的线路和日程，都需要旅行社预先确定行程和安排吃住，并通过向交通、食宿、游览等经营者订购相关服务，使旅游行程及完成行程所必需的相关服务共同组成一个完整的旅行社服务。

2. 服务的数量符合法律规定

旅行社所提供的服务应当包括两项或两项以上。交通、住宿、餐饮、游览、导游或者领队服务中任意两项或以上服务的组合，是包价旅游合同服务要素的构成要件，不论其中的服务是由旅行社直接提供，还是旅行社向相关经营者订购后间接提供。

3. 合同价款以总价方式一揽子支付

包价旅游合同的价款中，既包括旅行社向交通、住宿、餐饮、游览经营者订购服务的成本，也包括旅行社自身的经营成本，例如运营费用、人员工资等，还包括其合理利润。由于旅行社向其他经营者的采购批量大、能获得一定的折扣，加上其经营成本和利润，旅游者以总价支付购买一个完整的旅游线路产品较旅游者个人逐项支出的总额要低，这也是旅行社的市场优势所在。

三、包价旅游合同的订立

（一）包价旅游合同的形式和内容

1. 形式

《旅游法》规定，包价旅游合同应当采用书面形式。签订包价旅游合同是旅行社与旅游者之间作出意思表示、达成合意，最终签订书面合同的过程。

订立书面形式的包价旅游合同，最常见的是采用国家或地方政府相关部门发布的示范文本。目前，在旅游合同方面，原国家工商总局和国家旅游局联合发布的有 2014 年版《团队境内旅游合同（示范文本）》《团队出境旅游合同（示范文本）》《大陆居民赴台湾地区旅游合同（示范文本）》和《境内旅游组团社与地接社合同（示范文本）》等。依据《民法典》第四百七十条第二款的规定，当事人可以参照各类合同的示范文本订立合同，并不强制当事人采用。

在实践中，如果旅行社设计使用格式条款性质的包价旅游合同条款，则应当符合《民法典》《旅游法》及相关法律、法规的规定。

2. 内容

《旅游法》第五十八条第一款规定，包价旅游合同应当包括下列内容：①旅行社、旅游者的基本信息；②旅游行程安排；③旅游团成团的最低人数；④交通、住宿、餐饮等旅游服务安排和标准；⑤游览、娱乐等项目的具体内容和时间；⑥自由活动时间安排；⑦旅游费用及其交纳的期限和方式；⑧违约责任和解决纠纷的方式；⑨法律、法规规定和双方约定的其他事项。

《旅游法》第五十九条规定，旅行社应当在旅游行程开始前向旅游者提供旅游行程单。旅游行程单是包价旅游合同的组成部分。实践中，旅行社通过提供旅游行程单以说明具体旅游服务时间、地点、内容、顺序等。旅游行程单既是对包价旅游合同的履行所做的承诺，也是对包价旅游合同中旅行社义务的具体化。因此，合同与行程单虽有先后，但内容、标准和权利义务必须是一致的；旅行社不仅应当按照包价旅游合同履行合同义务，而且应当按照旅游行程单的规定履行合同；如果旅行社提供的实际旅游服务与旅游行程单载明的内容不一致，旅行社应承担相应的违约责任。

（二）旅行社的订约说明告知义务

1. 说明义务

《旅游法》第五十八条第二款规定，在订立包价旅游合同时，旅行社负有向旅游者详细说明本条第一款所规定的第二项至第八项相关内容的义务。未履行该义务的，即可能因为违反说明义务而导致包价旅游合同不成立、被撤销等，因此造成旅游者损失的，应当承担赔偿损失的责任。

2. 告知事项

《旅游法》第六十二条第一款规定，订立包价旅游合同时，旅行社还应当向旅游者告知下列事项：①旅游者不适合参加旅游活动的情形；②旅游活动中的安全注意事项；③旅行社依法可以减免责任的信息；④旅游者应当注意的旅游目的地相关法律、法规和风俗习惯、宗教禁忌，依照中国法律不宜参加的活动等；⑤法律、法规规定的其他应当告知的事项。

四、包价旅游合同的履行

（一）履行原则

旅游者与旅行社订立包价旅游合同，其目的是通过接受旅行社提供的服务，进而满足其精神享受的需求。不论组团社直接履行合同，还是委托地接社履行合同，都应当全面、适当地履行合同中对旅游者承诺的义务，以实现旅游者参加包价旅游活动的目的。

《旅游法》第六十九条规定，旅行社应当按照包价旅游合同的约定履行义务，不得擅自变更旅游行程安排。经旅游者同意，旅行社将包价旅游合同中的接待业务委托给其他具有相应资质的地接社履行的，应当与地接社订立书面委托合同，约定双方的权利和义务，向地接社提供与旅游者订立的包价旅游合同的副本，并向地接社支付不低于接待和服务成本的费用。地接社应当按照包价旅游合同和委托合同提供服务。

（二）履行规则

（1）组团社必须根据合同约定的内容、标准提供服务。合同的履行，是合同目的的基本要求；合同不履行，合同目的就无法实现。作为旅游者一方，通常在订立包价旅游合同时，完成团费的缴纳，即已适当履行；而旅行社一方，除由于旅游者个人的原因或不可抗力等客观因素可以解除、变更合同外，必须根据合同所约定的服务内容和标准，向旅游者提供其所承诺的相关服务，且不得降低档次、增减项目。实践中，一些旅行社以满足旅游者个性化需求为借口，或者以多数旅游者的要求为理由，擅自减少合同约定的项目，增加购物和自费旅游项目，以获取不正当利益，损害旅游者的权益。因此，《旅游法》特别强调，不得擅自变更旅游行程安排。

（2）组团社将接待业务必须委托给有资质的地接社履行。基于旅游活动的跨地域性特征，旅行社在履行旅游合同的过程中，通常由旅游者所在地的旅行社与旅游者签订旅游合同，该旅行社并不直接到旅游目的地为旅游者提供旅游服务，而是交由旅游目的地的旅行社负责接待旅游者。

组团社将接待业务委托地接社履行时应当遵守下列规定：①选择缔约对象时，应当选择具有相应资质的旅行社；②应当采取书面形式约定双方的权利和义务；③应当向地接社提供与旅游者订立的包价旅游合同的副本；④应当向地接社支付不低于接待和服务成本的费用。

（3）地接社必须按包价旅游合同履行义务。在履行旅游合同、向旅游者提供旅游服务的过程中，地接社扮演着在旅游目的地实际接待旅游者、具体执行旅游行程安排的重要角色。按照法律规定，地接社应当按照组团社与旅游者签订的包价旅游合同和组团社与地接社签订的委托合同提供服务。该规定有利于明确包价旅游合同履行过程中当事人之间的法律关系。

如果严格根据合同的相对性原则，地接社只需履行与组团社之间的委托合同义务即可。但是，旅游者在旅游目的地接受旅游服务的过程中，必然与地接社之间建立联系，如果要求旅游者必须先向组团社提出请求，再由组团社向地接社转达，这不符合现实。因此，法律规定地接社应当按照包价旅游合同和委托合同提供服务，切实保护旅游者的权益。

五、包价旅游合同的转让、解除及法律后果

（一）旅游者转让、解除包价旅游合同及法律后果

1. 旅游者转让包价旅游合同及法律后果

旅游者需要以亲自参加的方式才能完成旅游行程，但可能会由于不可预见的情势变化，在行程开始前无法参加原定行程。一方面，由于大部分旅行社已向履行辅助人支付旅游团费且难以退还，若旅游者因此解除合同，将承担较大损失。另一方面，多数旅游活动对于旅游者并无特殊要求，旅游者将合同权利义务转让给第三人，由其替代参加旅游活动，尽管可能需要增加部分费用，但与可能产生的损失相比较能接受。为此，《旅游法》第六十四条规定，旅游行程开始前，旅游者可以将包价旅游合同中自身的权利义务转让给第三人，旅行社没有正当理由的不得拒绝，因此增加的费用由旅游者和第三人承担。

需要注意的是，旅游者行使包价旅游合同的转让权并不是绝对的，旅行社如果有正当、合理的理由，有权拒绝转让请求。正当、合理的理由主要有两类：①对应原报名者办理的相关服务、手续不能变更或者不能及时变更，例如出团前无法为第三人办妥签证等；②旅游活动对于旅游者的身份、资格等有特殊要求的，第三人并不具备相应身份、资格等。

旅游者转让合同中自身权利义务的，应当符合两个要求：①向旅行社提出转让的请求；②在"旅游行程开始前"提出。由于旅游者发生了替换，可能会发生旅游费用增加的情形，对于增加的部分，旅游者与第三人应当向旅游经营者补交。

2. 旅游者解除包价旅游合同及法律后果

包价旅游合同具有旅游者必须亲自参加才能得到履行的性质，当旅游者出现因个人原因不能成行，或者已出行却必须终止行程的情形时，《旅游法》第六十五条规定，旅游行程结束前，旅游者解除合同的，组团社应当在扣除必要的费用后，将余款退还旅游者。

包价旅游合同因旅游者行使合同解除权而终止，合同规定的旅游服务已经提供的、旅游者已经享受其利益的，旅游者应当依据解除前的包价旅游合同支付相应的费用；对于尚未提供的旅游服务，旅游经营者无须继续提供，旅游者也无须就未提供的服务向旅游经营者给付报酬。实践中，由于旅游行程开始前，旅游者已预交全部旅游费用，因此，旅游经营者应当向旅游者退还相关费用。

依照法律规定，组团社应当在扣除必要的费用后，将余款退还旅游者。必要费用包括两个部分：①组团社已向地接社或者履行辅助人支付且不可退还的费用；②旅游行程中已实际发生的费用。

（二）旅行社转让、解除合同权的行使及法律后果

1. 因未达到约定成团人数不能出团而解除合同及法律责任

包价旅游合同的价格是预先固定的，旅行社是根据形成团队的旅游者数量，与每一个履行辅助人商定价格的。只有达到一定数量，履行辅助人才会提供相应的价格折扣，旅行社以此确定报价；一旦达不到人数的约定，履行辅助人则将相应调高价格，致使旅行社不能再以原报价提供服务，这样旅游团队的规模化才有履行辅助人的价格优惠，这与现实中的团购情况是相同的。因此，《旅游法》第六十三条规定，旅行社招徕旅游者组团旅游，因未达到约定人数不能出团的，组团社可以解除合同。但是，境内旅游应当至少提前 7 日通知旅游者，出境旅游应当至少提前 30 日通知旅游者。因未达到约定人数不能出团的，组团社经征得旅游者书面同意，可以委托其他旅行社履行合同。组团社对旅游者承担责任，受委托的旅行社对组团社承担责任。旅游者不同意的，可以解除合同。因未达到约定的成团人数解除合同的，组团社应当向旅游者退还已收取的全部费用。

2. 因旅游者原因导致合同解除及法律责任

包价旅游合同关系中，除因不可抗力等导致合同不能履行外，旅行社通常无权解除合同。但是，因旅游者的原因也可能导致合同不能履行。为了保护大多数旅游者的合法权益，法律赋予旅行社在法定情形下的单方解除权。

《旅游法》第六十六条规定，旅游者有下列情形之一的，旅行社可以解除合同：①患有传染病等疾病，可能危害其他旅游者健康和安全的；②携带危害公共安全的物品且不同意交有关部门处理的；③从事违法或者违反社会公德的活动的；④从事严重影响其他旅游者权益的活动，且不听劝阻、不能制止的；⑤法律规定的其他情形。因前款规定情形解除合同的，组团社应当在扣除必要的费用后，将余款退还旅游者；给旅行社造成损失的，旅游者应当依法承担赔偿责任。

（三）包价旅游合同解除后旅行社的协助义务及费用承担

在旅游行程中，由于各种原因导致行程终止、合同解除的情形时有发生。旅游者跟随旅行社统一安排出游，一旦行程终止，其对后续事项的处置，特别是返回出发地的安排，通常需要得到旅行社的协助。为此，《旅游法》第六十八条规定，旅游行程中解除合同的，旅行社应当协助旅游者返回出发地或者旅游者指定的合理地点。由于旅行社或者履行辅助人的原因导致合同解除的，返程费用由旅行社承担。

1. 旅行社协助旅游者返回的义务

旅游的本质是旅游者离开常住地、前往异地活动。因此，在旅游行程中，无论基于何种原因解除合同，旅游者都会因身处异地而面临信息缺乏甚至语言不通等多方面的困难。作为专门从事旅游服务的经营者，旅行社对旅游目的地的信息掌握较为全面，为保护旅游者的权益和安全，有必要要求旅行社协助安排旅游者返程。

旅游者的返回地应不限于旅游出发地，也可由旅游者指定合理的地点以方便旅游者。协助旅游者返回出发地或者旅游者指定的合理地点，是《旅游法》基于保护旅游者利益而规定旅行社必须履行的法定义务。

应当指出，不论何种情形导致行程中合同解除、旅游者需要返程的，旅行社都必须协助其返程。

2. 旅游者返程费用的承担

返程费用的承担，需要根据以下不同情形分别处理：

（1）旅游者因个人原因主动解除合同或者旅行社根据《旅游法》第六十六条规定行使解除权的，返程费用由旅游者自己承担。

（2）因不可抗力或者旅行社、履行辅助人已尽合理注意义务仍不能避免的事件，导致合同不能继续履行，或者旅游者不同意调整行程而解除合同的，应根据《旅游法》第六十七条规定，返程费用由旅行社与旅游者合理分担。

（3）由于旅行社或履行辅助人的原因导致合同解除的，返程费用由旅行社承担。

六、旅游服务合同的违约责任

（一）旅行社的违约责任

违反合同约定应当承担相应责任，是民事法律的基本原则。包价旅游合同，除一般性违约外，故意违约，甚至造成严重后果的，如旅行社无正当理由拒绝履行合同义务甚至甩团等，仅承担违约、赔偿责任不能体现公平、合理的原则，需要法律予以特殊规定。《旅游法》第七十条针对不同情形下旅行社的违约责任作出了具体的规定。

1. 旅行社在一般情形下应当承担的责任

旅行社的违约行为是旅行社承担违约责任的客观前提。旅行社不履行包价旅游合同义务或者履行合同义务不符合约定，主要表现为旅行社擅自改变旅游行程、遗漏旅游景点、减少旅游服务项目、降低旅游服务标准等。

《旅游法》第七十条第一款对旅行社在一般情形下的违约责任作了规定，即旅行社不履行包价旅游合同义务或者履行合同义务不符合约定的，应当依法承担继续履行、采取补救措施或者赔偿损失等违约责任。

继续履行，是指违约方不履行合同时，另一方当事人要求违约方按合同规定的标的履行义务，而不得以支付违约金或赔偿金的方式代替履行的违约责任承担方式。旅行社承担继续履行责任，应当以旅游者在合理期限内请求且旅行社能够继续履行合同为前提。

采取补救措施作为一种独立的违约责任形式，是矫正合同不适当履行，使履行缺陷得以消除的具体措施。具体在包价旅游合同中，补救措施通常为合理的服务项目所替代。旅游者要求旅行社采取补救措施的，应当在发现旅游服务不符合包价旅游合同约定后的合理期限内提出。

损害赔偿责任，是指违约方因不履行或不完全履行合同义务而给对方造成损失，依法或根据合同约定承担赔偿对方当事人所受损失的责任。具体在包价旅游合同中，承担损害赔偿的范围通常是指旅游者的实际损失，主要包括未完成约定旅游服务项目的费用，以及降低旅游服务标准的差价等。如果因旅行社违约导致旅游者食宿费用的增加，以及产生误工等费用的，也在此范围内。

因旅行社的违约行为，还可能造成旅游者的人身损害或者财产损失，旅行社也应当依法承担赔偿责任。

2. 旅行社的惩罚性赔偿责任

《旅游法》第七十条第一款规定，旅行社具备履行条件，经旅游者要求仍拒绝履行合同，造成旅游者人身损害、滞留等严重后果的，旅游者还可以要求旅行社支付旅游费用 1 倍以上 3 倍以下的赔偿金。此即对旅行社惩罚性赔偿责任的规定。该规定针对的主要是“旅行社具备履行条件，经旅游者要求仍拒绝履行合同”的行为，该行为在旅游行业中通常被称为甩团。甩团往往是由于旅游者拒绝购物或者参加另行付费项目，导游、领队未能从中获得回扣等不正当利益所引起的。这种行为性质恶劣，有时会发生旅游者走失、人身伤害、滞留等严重后果。因此，法律规定了对旅行社的惩罚性赔偿。旅行社承担惩罚性赔偿责任的构成要件如下：

（1）旅行社具备履行条件但拒不履行合同。若旅行社因为不可抗力以及尽到合理注意义务仍不可预见的事件而无法履行，则不能认为旅行社拒不履行合同。

（2）经旅游者要求仍然拒绝履行合同。旅游者要求旅行社继续履行合同，是旅行社承担惩罚性赔偿责任的必经程序。经旅游者要求仍然拒绝履行合同，并不要求旅行社明确作出拒不履行的意思表示，而只要存在不履行合同的事实即可。

（3）旅游者发生人身损害、滞留等严重后果。旅游者因旅行社甩团等原因造成人身损害，滞留异地、境外等严重后果，可要求旅行社承担惩罚性赔偿责任。

（4）拒绝履行与人身损害、滞留之间存在因果关系。

需要说明的是，旅游者要求旅行社承担旅游费用 1 倍以上 3 倍以下的赔偿金是惩罚性赔偿，不影响旅游者依照《旅游法》第七十条第一款的前述规定要求旅行社承担人身损害、财产损失赔偿的一般性违约责任。

3. 旅行社不承担违约责任的情形

《旅游法》第七十条第二款规定，由于旅游者自身原因导致包价旅游合同不能履行或者不能按照约定履行，或者造成旅游者人身损害、财产损失的，旅行社不承担责任。

旅游者自身的原因包括：旅游者未尽其应尽的配合、协助履行义务，如擅自脱团、自行参加行程外的活动等主客观原因，以及《旅游法》第六十六条规定的情形。发生上述情形造成旅行社无法履行包价旅游合同时，根据法律规定，旅游者应自负责任，旅行社不承担违约责任。

4. 旅游者自行安排活动期间的旅行社责任

《旅游法》第七十条第三款规定，在旅游者自行安排活动期间，旅行社未尽到安全提示、救助义务的，应当对旅游者的人身损害、财产损失承担相应责任。

旅游者自行安排活动期间，包括旅行社安排的在旅游行程中独立的自由活动期间、旅游者不参加旅游行程的活动期间以及旅游者经导游或者领队同意暂时离队的个人活动期间，也包括旅行社开发的“机票 + 酒店”的包价自助旅游产品（小包价）等。在旅游者自行安排活动期间，旅行社不提供旅游服务，由旅游者自己安排自己的旅游活动，这些旅游活动与包价旅游合同没有紧密的关系，不属于包价旅游合同服务的组成部分。尤其是在此期间，团队中所有旅游者的活动是个性化的，离开了旅行社、导游、领队或履行辅助人的视线，既不可预期其活动内容，也不可控制其活动风险。因此，旅行社在此期间无须承担包价旅游合同所要求的全部安全保障义务，只需承担安全提示、救助义务；如果旅行社未尽到安全提示、救助义务，则应承担相应的法律责任。

要求旅行社不提供旅游服务期间承担提示义务，是因为作为提供专业服务的旅行社，对旅游目的地的自然、社会环境较为熟悉，对于该地区容易造成旅游者人身损害、财产损失的风险比较了解，旅游者却可能不完全知悉将会面临的危险。为此，从保护旅游者合法权益的角度考虑，赋予旅行社必要的提示义务是有其合理性的。对于救助义务，旅游者在自行安排活动期间，即使听从了旅行社的提示，仍然可能遭受各种人身伤害、财产损失。在此情况下，旅行社就负有必要、合理的救助义务，不论此种损害是何种原因造成的，旅行社均负有相应的救助义务。

（二）旅游者的违约责任

旅游者在旅游活动中或者在解决纠纷时享有法定的权利，同时也应承担相应的义务。违反相关义务，给他人造成损害的，应承担相应责任。因此，《旅游法》第七十二条规定，旅游者在旅游活动中或者在解决纠纷时，损害旅行社、履行辅助人、旅游从业人员或者其他旅游者的合法权益的，依法承担赔偿责任。

1. 旅游者的不当行为

旅游者在旅游活动中或者在解决纠纷时的不当行为，可能导致损害旅行社、履行辅助人、旅游从业人员或者其他旅游者的合法权益的情形，主要有以下三种类型：

（1）影响行程，妨碍合同的正常履行。旅游者不遵守行程时间安排的，擅自脱团不归的，违反目的地法律、法规或风俗习惯、禁忌被当地部门处理的，采取“霸机”、阻止经营者或从业人员正常服务等不正当手段解决纠纷的，都会造成团队无法按照行程计划顺利进行活动甚至滞留的后果，给旅行社和同团旅游者的利益带来损失。

（2）侵害他人的财产权。旅游者在行程中故意或过失侵害他人的财产，包括对旅行社、履行辅助人、旅游从业人员或者其他旅游者在内的公私财物的侵犯。例如，拿走飞机上配备的救生衣、损毁酒店或客房物品、在景区内乱涂乱画等。

（3）侵害他人的人身权。旅游者侮辱、打骂旅游从业人员或其他旅游者等的行为，都属于侵犯人身权的行为。

2. 旅游者的侵权损害赔偿责任

旅游者承担赔偿责任，原则上应具备四个要件：①实施了侵害他人民事权益的行为；②旅行社、履行辅助人、旅游从业人员或者其他旅游者遭受了损害；③旅游者的行为与旅行社、履行辅助人、旅游从业人员或者其他旅游者所受损害之间存在因果关系；④主观上存在过错。

（三）地接社、履行辅助人的违约责任

包价旅游合同中，服务内容包含食、住、行等多个方面，旅行社虽然已承诺向旅游者提供这些服务，但实际是委托地接社以及通过交通、餐饮、住宿、景区等履行辅助人直接为旅游者提供合同约定服务的方式实现的。

在实践中，由于地接社或其他直接提供服务的履行辅助人的原因，包价旅游合同出现履行瑕疵或者障碍时，在确定承担责任的主体时，极易产生纠纷。为有效保护旅游者的合法权益，《旅游法》第七十一条第一款规定，由于地接社、履行辅助人的原因导致违约的，由组团社承担责任；组团社承担责任后可以向地接社、履行辅助人追偿。第七十一条第二款规定，由于地接社、履行辅助人的原因造成旅游者人身损害、财产损失的，旅游者可以要求地接社、履行辅助人承担赔偿责任，也可以要求组团社承担赔偿责任；组团社承担责任后可以向地接社、履行辅助人追偿。但是，由于公共交通经营者的原因造成旅游者人身损害、财产损失的，由公共交通经营者依法承担赔偿责任，旅行社应当协助旅游者向公共交通经营者索赔。

1. 组团社应当为地接社、履行辅助人的违约行为承担责任

在包价旅游合同关系中，无论相关旅游服务是由组团社提供的，还是由组团社通过其选择的地接社、履行辅助人提供的，违约责任均由组团社承担。因为旅游者与地接社、履行辅助人之间并无直接的合同关系，即使后者违约，旅游者也难以依据合同要求其承担责任。但旅游者与组团社存在合同关系，地接社、履行辅助人又是组团社选择、确定的，是代表或者协助组团社履行合同义务的，因此，地接社、履行辅助人行为的后果应当由组团社负责，旅游者有权要求组团社承担因地接社、履行辅助人违约造成损失的责任。

2. 组团社向地接社、履行辅助人行使追偿权

为了通过地接社、履行辅助人向旅游者提供服务，组团社也需根据包价旅游合同中的服务内容与提供服务的经营者订立合同。地接社、履行辅助人的服务不符合包价旅游合同要求的，即违反了其与组团社订立的合同，组团社可以据此要求地接社、履行辅助人承担该合同约定的违约责任，形成组团社向旅游者承担包价旅游合同责任后，再向地接社、履行辅助人行使追偿权的机制。

3. 人身损害、财产损失责任的承担

在包价旅游合同的履行中，若旅行社提供的服务存在缺陷，旅游者除不能享受旅游服务外，还可能会受到人身损害、财产损失。根据《民法典》侵权责任编的规定，旅游者可以以被侵权为由，直接要求作为侵权行为人的地接社、履行辅助人承担侵权赔偿责任，即《旅游法》第七十一条规定的可以要求地接社、履行辅助人承担赔偿责任。但是，地接社、履行辅助人都在旅游目的地经营，直接要求其承担赔偿责任，往往会给异地旅游者造成困难和不便。在此情况

下，旅游者也可以要求与其订立合同的组团社承担责任。这就是法律关系中出现的违约与侵权责任竞合的问题。同样地，组团社承担赔偿责任后，有权向地接社、履行辅助人追偿。

4. 旅行社有协助旅游者索赔的义务

根据《旅游法》第七十一条第二款规定，由于公共交通经营者的原因造成旅游者人身损害、财产损失的，由公共交通经营者依法承担赔偿责任。这里所指的公共交通包括航空、铁路、航运客轮、城市公交、地铁等。之所以将公共交通经营者的原因造成的旅游者的损害排除在旅行社的责任范围之外，其理由主要在于：与其他履行辅助人不同，旅行社对公共交通经营者基本没有选择余地，更无控制能力。虽然旅行社不承担赔偿责任，但由于旅行社组织旅游的特性，因此，法律规定其有义务协助旅游者向公共交通经营者索赔。

（四）因不可抗力或者其他原因导致合同解除、变更的法律责任

旅游活动中经常会发生意外状况，导致行程改变以致取消。遇此情形，团队旅游者可能各执已见难以形成统一意见，而旅行社又不可能满足每位旅游者的诉求。为此，《民法典》《旅游法》相关条款作出了明确规定。

1. 影响旅游行程的客观因素

（1）不可抗力。《民法典》第五百六十三条规定，因不可抗力致使不能实现合同目的，当事人可以解除合同。第五百九十条规定，当事人因不可抗力不能履行合同的，根据不可抗力的影响，部分或者全部免除责任，但是法律另有规定的除外。《旅游法》也将不可抗力作为当事人可以解除合同的法定情形之一。

（2）旅行社、履行辅助人已尽合理注意义务仍不能避免的事件。除不可抗力外，合同履行过程中，还可能发生其他旅行社、履行辅助人已尽合理注意义务仍不能避免的事件，导致合同不能履行，或者合同虽能履行，但会产生对一方当事人极不公平的后果，依法则应允许变更合同或者解除合同。

2. 因客观原因解除包价旅游合同的法律后果

根据《旅游法》第六十七条第一款规定，由于不可抗力或者旅行社、履行辅助人已尽合理注意义务仍不能避免的事件，致使包价旅游合同无法继续履行的，旅行社和旅游者可以解除合同。合同解除的法律后果，主要体现在以下几个方面：①合同尚未履行的部分，终止履行；②不可抗力等客观原因解除合同，不可归责于旅行社和履行辅助人，旅行社因此不承担解除合同的违约责任；③组团社应当在扣除已向地接社或者履行辅助人支付且不可退还的费用后，将余款退还旅游者。实践中，旅游者在签订旅游合同时，大多已经全部支付旅游费用，因此享有请求旅行社返还旅游费用的权利，组团社应当从旅游费用中扣除已经提供服务的部分和已向地接社或者履行辅助人支付且不可退还的费用。

3. 因客观原因变更包价旅游合同的法律后果

包价旅游合同通常包含多个阶段的旅游活动，而不可抗力等客观原因，有可能仅影响部分阶段的活动，在对合同做部分变更后，旅游合同其他部分依然可以继续履行。据此，《旅游法》第六十七条规定，合同不能完全履行的，旅行社可以在合理范围内变更合同，但应当向旅游者作出说明；旅游者不同意变更的，可以解除合同。在部分旅游者同意变更、部分旅游者不同意变更时，旅行社依法应当仅对同意变更行程的旅游者根据变更后的行程履行旅游合同；对于不同意变更的，则应当根据第六十七条规定，解除旅游合同。

旅游合同变更的法律后果主要体现在《旅游法》第六十七条第二项关于费用增加、减少的处理上。因为变更旅游行程，可能会导致旅游费用的增减。按照《旅游法》第六十七条第二项的规定，增加的费用由旅游者承担，减少的费用则应当退还旅游者。

4. 因客观原因需要采取的安全、安置措施与相关费用承担

由于不可抗力或者旅行社、履行辅助人已尽合理注意义务仍不能避免的事件，不仅可能影响旅游行程，还可能发生危及旅游者人身、财产安全，造成旅游者滞留的情况。对此，《旅游法》第六十七条第三项和第四项分别作了相应的规定。即在发生危及旅游者人身、财产安全的情况下，旅行社应当采取相应的安全措施，因此支出的费用，由旅行社与旅游者分担；在造成旅游者滞留的情况下，旅行社应当采取相应的安置措施，因此增加的食宿费用，由旅游者承担；增加的返程费用，由旅行社与旅游者分担。发生上述情形，旅行社和旅游者双方都无过错，按照公平原则，相关费用应主要由双方分担。

随堂练

法规文件

第九章 侵权责任法律制度

【学习目标】

了解《民法典》第七编侵权责任关于一般规定的内容，人身损害、财产损失、精神损害的责任承担的规定。熟悉《民法典》第七编关于监护人、用人单位、教育机构责任，机动车交通事故责任，高度危险活动损害责任的规定。掌握《民法典》第七编关于宾馆等经营场所、公共场所的经营者、管理者或者群众性活动的组织者责任，参加具有一定风险文体活动责任，饲养动物损害责任、建筑物和物件损害责任的规定。

第一节 概 述

一、侵权责任法的立法概况

2010 年 7 月 1 日，第十一届全国人大常委会第十二次会议通过的《中华人民共和国侵权责任法》施行。该法详细规定了侵权行为的构成要件以及侵权责任的内容与承担方式，为处理随着经济社会发展出现的新的侵权类型问题提供了法律依据。2021 年 7 月 1 日施行的《民法典》，“侵权责任”成为《民法典》的第七编，《中华人民共和国侵权责任法》同时废止。

二、侵权行为的概念和类型

（一）概念

侵权行为，指侵害他人权利或利益的行为。《民法典》第一百一十条规定，自然人享有生命权、身体权、健康权、姓名权、肖像权、名誉权、荣誉权、隐私权、婚姻自主权等权利。法人、非法人组织享有名称权、名誉权和荣誉权，以上属于《民法典》侵权责任编保护的民事权利。此外,《民法典》第一百零九条、第一百一十一条、第一百二十七条分别增加了对人身自由、人格尊严、个人信息、数据、网络虚拟财产保护的规定,以上属于《民法典》侵权责任编保护的民事权益。依据《民法典》第一千一百六十七条规定,侵权行为危及他人人身、财产安全的,被侵权人有权请求侵权人承担停止侵害、排除妨碍、消除危险等侵权责任。

(二)类型

侵权行为种类很多,依据不同的标准可以划分为不同的类型,但最为重要的一种分类方式是以归责原则为标准,划分为一般侵权行为和特殊侵权行为。凡是适用过错责任原则的侵权行为都属于一般侵权行为,这些侵权行为在法律中并不逐一列举;而如果是适用作为例外的无过错责任、过错推定责任原则的侵权行为,则需要由法律作出特别的规定,因此称之为特殊侵权行为。

三、侵权责任的一般规定

(一)侵权损害赔偿的归责原则

1. 过错责任原则

过错责任原则,指以行为人的过错为依据,判断行为人对其造成的损害应否承担侵权责任的归责原则。《民法典》第一千一百六十五条第一款规定,行为人因过错侵害他人民事权益造成损害的,应当承担侵权责任。

2. 过错推定责任

过错推定责任,指损害事实发生后,依照法律的规定,推定行为人具有过错,如行为人不能证明自己没有过错的,应当承担侵权责任。《民法典》第一千一百六十五条第二款规定,依照法律规定推定行为人有过错,其不能证明自己没有过错的,应当承担侵权责任。

3. 无过错责任原则

无过错责任原则,指无论行为人是否有过错,法律规定应当承担侵权责任的,行为人应当对其行为所造成的损害承担侵权责任。《民法典》第一千一百六十六条规定,行为人造成他人民事权益损害,不论行为人有无过错,法律规定应当承担侵权责任的,依照其规定。

4. 公平责任原则

公平责任原则,指在法律规定的情形下,根据当事人双方的财产状况等因素,由双方公平合理地分担损失。《民法典》第一千一百八十六条规定,受害人和行为人对损害的发生都没有过错的,依照法律的规定由双方分担损失。

（二）数人侵权责任

数人侵权是与单独侵权相对应的，指行为人是两个或两个以上的人。数人侵权主要包括共同侵权行为、共同危险行为和无意思联络的数人侵权行为三种类型。

1. 共同侵权行为

共同侵权行为是指数人基于共同过错而侵害他人的合法权益，依法应当承担连带赔偿责任的侵权行为。《民法典》第一千一百六十八条规定，二人以上共同实施侵权行为，造成他人损害的，应当承担连带责任。可见，共同侵权行为的本质特征在于数人致人损害，在主观上具有共同的过错。

在上述简单的共同侵权中，数人之间没有明确的分工，但是在一些事前通谋或者基于其他共同故意的共同侵权中，数人之间可能会具有不同的分工。《民法典》第一千一百六十九条规定，教唆、帮助他人实施侵权行为的，应当与行为人承担连带责任。教唆、帮助无民事行为能力人、限制民事行为能力人实施侵权行为的，应当承担侵权责任；该无民事行为能力人、限制民事行为能力人的监护人未尽到监护责任的，应当承担相应的责任。

2. 共同危险行为

共同危险行为是指数人实施的危险行为都有造成他人损害的可能，但是不知数人中何人造成实际损害的侵权行为。《民法典》第一千一百七十条规定，二人以上实施危及他人人身、财产安全的行为，其中一人或者数人的行为实际造成他人损害，能够确定具体侵权人的，由侵权人承担责任；不能确定具体侵权人的，行为人承担连带责任。

3. 无意思联络的数人侵权行为

无意思联络的数人侵权行为是指数个行为人并无共同的过错，而因为偶然结合的行为致受害人遭受同一损害。《民法典》第一千一百七十一条规定，二人以上分别实施侵权行为造成同一损害，每个人的侵权行为都足以造成全部损害的，行为人承担连带责任。《民法典》第一千一百七十二条规定，二人以上分别实施侵权行为造成同一损害，能够确定责任大小的，各自承担相应的责任；难以确定责任大小的，平均承担责任。

此外，在法律规定承担连带责任的情况下，《民法典》第一百七十八条第一款规定，二人以上依法承担连带责任的，权利人有权请求部分或者全部连带责任人承担责任。同时，在连带责任人内部责任上，《民法典》第一百七十八条第二款规定，连带责任人的责任份额根据各自责任大小确定；难以确定责任大小的，平均承担责任。实际承担责任超过自己责任份额的连带责任人，有权向其他连带责任人追偿。

(三)免责和减轻责任的事由

1. 受害人故意

受害人故意是指受害人明知自己的行为会发生损害后果，仍然追求损害后果的发生，或者放任损害后果的发生。《民法典》第一千一百七十四条规定，损害是因受害人故意造成的，行为人不承担责任。

2. 受害人过失

受害人过失是指受害人疏忽大意或者盲目自信，实施某种积极作为行为或者消极不作为行为，该行为对损害的发生具有原因力的情况。《民法典》第一千一百七十三条规定，被侵权人对同一损害的发生或者扩大有过错的，可以减轻侵权人的责任。

3. 第三人的原因

第三人的原因是指除原告和被告之外的第三人对原告的损害发生或扩大具有过错，此种过错包括故意和过失。《民法典》第一千一百七十五条规定，损害是因第三人造成的，第三人应当承担侵权责任。

4. 不可抗力

不可抗力是不能预见、不能避免且不能克服的客观情况。《民法典》第一百八十条第一款规定，因不可抗力不能履行民事义务的，不承担民事责任。法律另有规定的，依照其规定。据此可见，在法律没有特别规定的情况下，原则上不可抗力可以作为免责事由。

5. 正当防卫

正当防卫是指公共利益、他人或本人的人身或其他利益受到不法侵害时，行为人所采取的一种防卫措施。《民法典》第一百八十一条规定，因正当防卫造成损害的，不承担责任。正当防卫超过必要的限度，造成不应有的损害的，正当防卫人应当承担适当的民事责任。

6. 紧急避险

紧急避险是指为了使公共利益、本人或他人的合法权益免受正在发生的损害为限，不得已而采取的致公共利益、他人或本人损害的行为。《民法典》第一百八丨二条规定，因紧急避险造成损害的，由引起险情发生的人承担责任。危险由自然原因引起的，紧急避险人不承担民事责任，可以给予适当补偿。紧急避险采取措施不当或者超过必要的限度，造成不应有的损害的，紧急避险人应当承担适当的民事责任。

7. 受害人自甘风险

《民法典》第一千一百七十六条规定，自愿参加具有一定风险的文体活动，因其他参加者的行为受到损害的，受害人不得请求其他参加者承担侵权责任；但是，其他参加者对损害的发生有故意或者重大过失的除外。活动组织者的责任适用本法第一千一百九十八条至第一千二百零一条的规定。此处特指自甘风险的具有一定风险的文体活动的组织者对于造成受害人损害是否承担侵权责任，应当适用违反安全保障义务侵权责任和教育机构损害责任的规定。

8. 自助行为

自助行为具有正当性，造成他人损害时，行为人不承担侵权责任。《民法典》第一千一百七十七条规定，合法权益受到侵害，情况紧迫且不能及时获得国家机关保护，不立即采取措施将使其合法权益受到难以弥补的损害的，受害人可以在保护自己合法权益的必要范围内采取扣留侵权人的财物等合理措施；但是，应当立即请求有关国家机关处理。受害人采取的措施不当造成他人损害的，应当承担侵权责任。

第二节　侵权责任的构成要件及承担方式

一、侵权责任的构成要件

（一）加害行为

加害行为是行为人实施的加害于受害人民事权益的不法行为，其不具有意义表示的要素，属于一种事实行为。

（二）损害

损害，也称损害后果，指受害人一方因他人的侵害行为或者准侵害行为而遭受的人身、精神或财产方面的不利后果。依据《民法典》第一千一百七十九至一千一百八十四条的规定，损害可以分为人身损害、财产损失和精神损害。

（三）因果关系

法律上的因果关系，指损害结果和造成损害的原因之间的关联性，是各种法律责任中确定责任归属的基础。侵权责任中的因果关系，指行为或物件与损害事实之间前因后果的联系。因果关系的形态主要包括一因一果、一因多果、多因一果和多因多果四种。

（四）过错

过错，指行为人的一种可归责的心理状况，表现为故意和过失两种形态。故意，指行为人预见到损害结果的发生并希望或放任该结果发生的心理状态，分为直接故意和间接故意。过失，指行为人因疏忽或轻信而未达到应有的注意程度的一种不正常或不良的心理状态，分为疏忽大意的过失和过于自信的过失。

二、侵权责任的承担方式

侵权责任的承担方式，指侵权人承担侵权责任的具体方法，即侵权责任人具体承担法律上不利后果的方式，属于侵权责任法的核心问题。《民法典》第一百七十九条规定，承担侵权责任的方式主要有：①停止侵害；②排除妨碍；③消除危险；④返还财产；⑤恢复原状；⑥修理、重作、更换；⑦继续履行；⑧赔偿损失；⑨支付违约金；⑩消除影响、恢复名誉；⑪ 赔礼道歉。法律规定惩罚性赔偿的，依照其规定。以上承担侵权责任的方式，可以单独适用，也可以合并适用。依据《民法典》第一百八十七条规定，民事主体因同一行为应当承担民事责任、行政责任和刑事责任的，承担行政责任或者刑事责任不影响承担侵权责任；民事主体的财产不足以支付的，优先用于承担民事责任。

三、侵权损害赔偿规则

（一）财产损害赔偿

1. 侵害财产的损害赔偿

《民法典》第一千一百八十四条规定，侵害他人财产的，财产损失按照损失发生时的市场价格或者其他合理方式计算。

2. 侵害人身权益的财产损害赔偿

《民法典》第一千一百八十二条规定，侵害他人人身权益造成财产损失的，按照被侵权人因此受到的损失或者侵权人因此获得的利益赔偿；被侵权人因此受到的损失以及侵权人因此获得的利益难以确定，被侵权人和侵权人就赔偿数额协商不一致，向人民法院提起诉讼的，由人民法院根据实际情况确定赔偿数额。

3. 人身伤亡的财产损害赔偿

依据《民法典》第一千一百七十九至一千一百八十一条，侵害他人造成人身损害的，应当赔偿医疗费、护理费、交通费、营养费、住院伙食补助费等为治疗和康复支出的合理费用，以及因误工减少的收入。造成残疾的，还应当赔偿辅助器具费和残疾赔偿金；造成死亡的，还应当赔偿丧葬费和死亡赔偿金。因同一侵权行为造成多人死亡的，可以以相同数额确定死亡赔偿金。被侵权人死亡的，其近亲属有权请求侵权人承担侵权责任。被侵权人为组织，该组织分立、合并的，承继权利的组织有权请求侵权人承担侵权责任。被侵权人死亡的，支付被侵权人医疗费、丧葬费等合理费用的人有权请求侵权人赔偿费用，但是侵权人已经支付该费用的除外。

(二)精神损害赔偿

精神损害赔偿，指自然人因人身权益受到不法侵害而导致严重精神痛苦，受害人因此可以就其精神痛苦要求金钱上的赔偿，以对受害人予以抚慰并制裁不法行为人。《民法典》第一千一百八十三条规定，侵害自然人人身权益造成严重精神损害的，被侵权人有权请求精神损害赔偿。因故意或者重大过失侵害自然人具有人身意义的特定物造成严重精神损害的，被侵权人有权请求精神损害赔偿。

第三节　特殊侵权责任

一、责任主体特殊的侵权责任

(一)监护人责任

1. 概念

监护人责任，指监护人就无民事行为能力人或限制民事行为能力人造成他人的损害，依法所应承担的责任。《民法典》第一千一百八十八条第一款规定，无民事行为能力人、限制民事行为能力人造成他人损害的，由监护人承担侵权责任。监护人尽到监护责任的，可以减轻其侵权责任。这就在法律上确立了监护人责任制度。该制度有利于督促监护人履行其监护责任，避免被监护人侵害他人权益，也有利于对受害人进行救济。

2. 构成要件

(1)加害人是无民事行为能力人、限制民事行为能力人。根据《民法典》第十九至二十二条规定，无民事行为能力人包括未满八周岁的未成年人和不能辨认自己行为的成年人；限制民事行为能力人包括已经满八周岁的未成年人和不能完全辨认自己行为的成年人，其中前者不包括以自己的劳动收入为主要来源的十六周岁以上不满十八周岁的人。

(2)造成他人损害。只有在无民事行为能力人或限制民事行为能力人造成他人损害的时候，监护人才承担侵权责任。

(3)无民事行为能力人、限制民事行为人没有独立财产。《民法典》第一千一百八十八条第二款规定，有财产的无民事行为能力人、限制民事行为能力人造成他人损害的，从本人财产中支付赔偿费用。不足部分，由监护人赔偿。据此可知，如果被监护人有自己的独立财产，则不能要求监护人承担完全责任。

3. 监护人责任的承担

依据《民法典》第一千一百八十八条第二款，监护人的责任范围是以被监护人能否承担责任、承担多大的责任为前提的。第一千一百八十八条第一款后半段规定，监护人尽到监护职责的，可以减轻其侵权责任。该规则将公平理念引入无过错责任中，减轻了监护人的责任。此外，《民法典》第一千一百六十九条第二款规定，教唆、帮助无民事行为能力人、限制民事行为能力人实施侵权行为的，应当承担侵权责任；该无民事行为能力人、限制民事行为能力人的监护人未尽到监护职责的，应当承担相应的责任。《民法典》第一千一百八十九条规定，无民事行为能力人、限制民事行为能力人造成他人损害，监护人将监护职责委托给他人的，监护人应当承担侵权责任；受托人有过错的，承担相应的责任。

（二）用人责任

1. 概念

用人责任，指被用工者因执行工作任务或劳务造成他人损害，用工者所应承担的侵权责任。《民法典》第一千一百九十一条第一款规定，用人单位的工作人员因执行工作任务造成他人损害的，由用人单位承担侵权责任。用人单位承担侵权责任后，可以向有故意或者重大过失的工作人员追偿。第一千一百九十二条规定，个人之间形成劳务关系，提供劳务一方因劳务造成他人损害的，由接受劳务一方承担侵权责任。接受劳务一方承担侵权责任后，可以向有故意或者重大过失的提供劳务一方追偿。提供劳务一方因劳务受到损害的，根据双方各自的过错承担相应的责任。提供劳务期间，因第三人的行为造成提供劳务一方损害的，提供劳务一方有权请求第三人承担侵权责任，也有权请求接受劳务一方给予补偿。接受劳务一方补偿后，可以向第三人追偿。上述对单位和个人用工责任的规定，对于保护受害人的合法权益、维护正常的用工关系、促进社会生活的和谐发展具有重要意义。

2. 构成要件

（1）被用工者致他人损害并应承担侵权责任。用人责任成立的前提是被用工者实施了侵权行为，如果被用工者没有实施侵权行为，则用工责任无法成立。被用工者，指为他人提供劳务或工作，并受他人指挥或监督的人。如果被用工者的行为虽然造成了损害，但是存在法定的免责事由，自然也不构成用人责任。

（2）存在用工关系。用工关系，指用工者和被用工者之间因用工而形成的关系。用工关系的存在并不一定以劳动合同的存在为前提，即使在临时用工中，当事人没有签订劳动合同，也可以形成用工关系，因此《民法典》中的用工关系比劳动法中的劳动关系的范围更宽泛。

（3）被用工者因执行工作任务或劳务造成他人损害。在单位用工关系中，用人责任必须是单位的工作人员执行工作任务造成他人损害；在个人劳务关系中，被用工者因提供劳务而造成他人损害，用工者也要承担责任。

3. 劳务派遣相关的责任承担

劳务派遣，指由劳务派遣机构与被派遣劳动者签订劳动合同，由劳动者向接受劳务派遣的实际用工单位给付劳动的特殊劳动关系。《民法典》第一千一百九十一条第二款规定，劳务派遣期间，被派遣的工作人员因执行工作任务造成他人损害的，由接受劳务派遣的用工单位承担侵权责任；劳务派遣单位有过错的，承担相应的责任。

（三）违反安全保障义务的责任

1. 概念

违反安全保障义务的责任，指侵权人未尽到法律、合同、习惯等产生的对他人的安全保障义务，造成他人损害时应承担的赔偿责任。《民法典》第一千一百九十八条第一款规定，宾馆、商场、银行、车站、机场、体育场馆、娱乐场所等经营场所、公共场所的经营者、管理者或者群众性活动的组织者，未尽到安全保障义务，造成他人损害的，应当承担侵权责任。

2. 构成要件

（1）经营场所、公共场所的经营者、管理者或者群众性活动的组织者。负有安全保障义务之人并非任何民事主体，而是特定的主体，即“宾馆、商场、银行、车站、机场、体育场馆、娱乐场所等经营场所、公共场所的经营者、管理者或者群众性活动的组织者”。

（2）未尽到安全保障义务。《民法典》并没有对此作出明确规定，从我国司法实践来看，在判断行为人是否违反安全保障义务时，应当考虑行为人安全保障义务的范围、损害的来源、侵害的强度以及损害预防的能力等多种因素，综合加以判断。

（3）他人遭受了损害。“他人”指安全保障义务人及其工作人员之外的人，这些人可能与安全保障义务人有某种合同关系，也可能曾经有合同关系但已经消灭，也可能完全没有任何合同关系。此外，无论受害人是因安全保障义务人的行为直接遭受侵害，还是因第三人的侵权行为遭受损害，该损害都必须与安全保障义务人未尽安全保障义务的行为之间存在因果关系。

3. 违反安全保障义务责任的承担

依据《民法典》第一千一百九十八条第一款的规定，在没有直接侵权人时，安全保障义务人未尽到安全保障义务，就要承担全部侵权责任。第二款规定，因第三人的行为造成他人损害的，由第三人承担侵权责任；经营者、管理者或者组织者未尽到安全保障义务的，承担相应的补充责任。经营者、管理者或者组织者承担补充责任后，可以向第三人追偿。据此，实施行为的第三人所承担的责任为第一顺序的责任，且是独立的责任。只有在受害人无法从第三人那里获得救济的情况下，才应当要求违反安全保障义务的人承担责任，这就是所谓的补充责任。

（四）幼儿园、学校等教育机构责任

1. 概念

幼儿园、学校等教育机构责任主要是指幼儿园、学校等教育机构的侵权责任，指幼儿园、学校等教育机构对无民事行为能力人或者限制民事行为能力人在幼儿园、学校等教育机构学习、生活期间受到的人身损害承担的侵权责任。

2. 构成要件

（1）幼儿园、学校等教育机构对自己过错的侵权责任。①幼儿、学生在幼儿园、学校等教育机构学习、生活期间受到人身损害。如果是财产损害，则不属于此处的幼儿园、学校等教育机构的侵权责任；②幼儿园、学校等教育机构没有尽到教育、管理职责，没有尽到保护义务，存在不作为的消极侵害行为或者作为的积极侵害行为；③幼儿园、学校等教育机构的过错行为与损害之间存在因果关系。如果幼儿、学生受到人身损害与幼儿园、学校等教育机构的过错行为之间不存在因果关系，自然不存在赔偿责任，比如幼儿、学生因为自身的特殊体质遭受损害，幼儿园、学校等教育机构就不承担赔偿责任。

（2）学校等教育机构对第三人造成损害的侵权责任以及第三人的侵权责任。①第三人侵害在园幼儿、在校学生造成幼儿、学生的人身损害。②幼儿园、学校等教育机构未尽到教育管理职责、保护义务。幼儿园、学校等教育机构有采取安全保障措施防止机构外人员伤害幼儿、学生的义务，未尽到教育管理职责、保障义务则会构成侵权。③幼儿园、学校等教育机构的过错与在园幼儿、在校学生受到人身损害之间存在因果关系。此处，因果关系有两个方面的要求：一是幼儿园、学校等教育机构的过错导致没能避免第三人的侵害行为之发生，二是第三人的侵害行为造成了在园幼儿、在校学生等的人身损害。

3. 幼儿园、学校等教育机构的责任承担

（1）幼儿园、学校等教育机构对自己过错的侵权责任。依据《民法典》第一千一百九十九至一千二百条规定，幼儿园、学校等教育机构的侵权责任依据民事行为能力的不同分为两种类型：①无民事行为能力人。无民事行为能力人在幼儿园、学校或者其他教育机构学习、生活期间受到人身损害的，幼儿园、学校或者其他教育机构应当承担侵权责任；但是，能够证明尽到教育、管理职责的，不承担侵权责任。②限制民事行为能力人。限制民事行为能力人在学校或者其他教育机构学习、生活期间受到人身损害，学校或者其他教育机构未尽到教育、管理职责的，应当承担侵权责任。

（2）第三人的侵害行为造成了在园幼儿、在校学生等的人身损害。无民事行为能力人或者限制民事行为能力人在幼儿园、学校或者其他教育机构学习、生活期间，受到幼儿园、学校或者其他教育机构以外的第三人人身损害的，由第三人承担侵权责任，这里体现的是自己责任原则；幼儿园、学校或者其他教育机构未尽到管理职责的，承担相应的补充责任。当幼儿园、学校或者其他教育机构承担补充责任后，可以向第三人追偿，这一规定与《民法典》第一千一百九十八条第二款规定的追偿权大致相同，体现了立法上的平衡原则。

二、《民法典》规定的其他特殊侵权责任

（一）机动车交通事故责任

1. 概念

机动车交通事故责任，指因机动车在道路上运行造成交通事故，导致他人人身或财产的损害，机动车一方所应承担的侵权责任。依据《中华人民共和国道路交通安全法》（以下简称《道路交通安全法》）第一百一十九条第三项规定，机动车交通事故中的“机动车”是指以动力装置驱动或者牵引，上道路行驶的供人员乘用或者用于运送物品以及进行工程专项作业的轮式车辆。包括汽车、摩托车、非农用拖拉机、各种专用机械车、特种车等用于载人、载物和从事某种作业的轮式车辆。

2. 构成要件

（1）机动车因交通事故造成了损害。《民法典》第一千二百零八条规定，机动车发生交通事故造成损害的，依照道路交通安全法律和本法的有关规定承担赔偿责任。依据《道路交通安全法》第一百一十九条第五项规定，“交通事故”指车辆在道路上因过错或者意外造成的人身伤亡或者财产损失的事件。

（2）机动车运行与损害之间具有因果联系。在机动车一方与非机动车、行人之间发生交通事故的情况下，需要强调机动车运行造成的损害。实践中，机动车交通事故责任在因果关系判断上往往需要借助于公安交通机关对交通事

故的认定。

(3)机动车一方不能证明自己没有过错。当机动车与非机动车或行人之间发生事故时，机动车致人损害的责任主要是过错推定责任，机动车一方必须在事故发生之后证明自己没有过错，才能在法定范围内减轻其责任。

3.机动车交通事故责任的承担

(1)租赁、借用机动车情况下侵权责任主体之确定。《民法典》第一千二百零九条规定，因租赁、借用等情形机动车所有人、管理人与使用人不是同一人时，发生交通事故造成损害，属于该机动车一方责任的，由机动车使用人承担赔偿责任；机动车所有人、管理人对损害的发生有过错的，承担相应的赔偿责任。

(2)转让而未过户情况下侵权责任主体之确定。《民法典》第一千二百一十条规定，当事人之间已经以买卖或者其他方式转让并交付机动车但是未办理登记，发生交通事故造成损害，属于该机动车一方责任的，由受让人承担赔偿责任。

(3)机动车被盗窃、抢劫或者抢夺，以及盗开他人机动车情况下侵权责任主体之确定。《民法典》第一千二百一十五条规定，盗窃、抢劫或者抢夺的机动车发生交通事故造成损害的，由盗窃人、抢劫人或者抢夺人承担赔偿责任。盗窃人、抢劫人或者抢夺人与机动车使用人不是同一人，发生交通事故造成损害，属于该机动车一方责任的，由盗窃人、抢劫人或者抢夺人与机动车使用人承担连带责任。保险人在机动车强制保险责任限额范围内垫付抢救费用的，有权向交通事故责任人追偿。第一千二百一十二条规定，未经允许驾驶他人机动车，发生交通事故造成损害，属于该机动车一方责任的，由机动车使用人承担赔偿责任；机动车所有人、管理人对损害的发生有过错的，承担相应的赔偿责任，但是本章另有规定的除外。

(4)挂靠营运情况下侵权责任主体之确定。《民法典》第一千二百一十一条规定，以挂靠形式从事道路运输经营活动的机动车，发生交通事故造成损害，属于该机动车一方责任的，由挂靠人和被挂靠人承担连带责任。

(5)转让拼装车、报废车造成损害情形下侵权责任主体之确定。《民法典》第一千二百一十四条规定，以买卖或者其他方式转让拼装或者已经达到报废标准的机动车，发生交通事故造成损害的，由转让人和受让人承担连带责任。

4.责任保险与赔付顺序

我国法律规定了机动车道路交通事故强制责任保险制度，此外，机动车所有人等还可以从保险公司购买自愿性质的机动车交通事故责任商业第三者责任险。在发生机动车交通事故赔偿责任时，法律规定了赔付顺序。《民法典》第一千二百一十三条规定，机动车发生交通事故造成损害，属于该机动车一方责任的，先由承保机动车强制保险的保险人在强制保险责任限额范围内予以赔偿；不足部分，由承保机动车商业保险的保险人按照保险合同的约定予以赔偿；仍然不足或者没有投保机动车商业保险的，由侵权人赔偿。

（二）高度危险活动致害责任

1. 概念

高度危险活动致害责任，指从事法律明确规定的高度危险活动（包括高空、高压、地下挖掘活动或者使用高速轨道运输工具），经营者应当承担的严格责任。《民法典》第一千二百四十条规定，从事高空、高压、地下挖掘活动或者使用高速轨道运输工具造成他人损害的，经营者应当承担侵权责任；但是，能够证明损害是因受害人故意或者不可抗力造成的，不承担责任。被侵权人对损害的发生有重大过失的，可以减轻经营者的责任。可见，高度危险活动致害责任适用的是无过错责任原则。

2. 构成要件

（1）必须从事高空、高压、地下挖掘活动或者使用高速轨道运输工具。从事高度危险活动是高度危险活动致害责任的基础和前提。依据《民法典》第一千二百四十条，高度危险活动是法律具体列举的活动，包括高空作业、高压活动、地下挖掘活动和使用高速轨道运输工具。从规定来看，属于封闭性列举，没有兜底规定。

（2）因高度危险活动造成他人损害。此处的损害既包括财产损害，也包括人身损害。

（3）高度危险活动与损害后果之间存在因果关系。高度危险活动责任无须证明责任人的主观过错，但是仍然要以高度危险活动与受害人的损害之间具有因果关系为前提。如果完全是因为受害人的故意行为、不可抗力造成了损害，致使因果关系中断，行为人不承担侵权责任。

3. 高度危险活动责任的赔偿限额

《民法典》第一千二百四十条规定，从事高空、高压、地下挖掘活动或者使用高速轨道运输工具造成他人损害的，经营者应当承担侵权责任；但是，能够证明损害是因受害人故意或者不可抗力造成的，不承担责任。被侵权人对损害的发生有重大过失的，可以减轻经营者的责任。第一千二百四十四条规定，承担高度危险责任，法律规定赔偿限额的，依照其规定，但是行为人有故意或者重大过失的除外。这是对最高赔偿限额的确认，主要考虑到高度危险责任的特殊性，因为这种活动是对社会有益的活动，法律要给予其特殊的保护。

（三）饲养动物致人损害责任

1. 概念

饲养动物致人损害责任，指饲养的动物造成他人人身或财产损害，动物饲养人或者管理人应当承担的侵权责任。《民法典》规定的饲养动物还包括了遗弃、逃逸的动物致害，这对于规范人们饲养动物的行为、救济受害人的损害都具有十分重要的意义。

2. 构成要件

（1）必须是饲养的动物造成损害。《民法典》中动物的概念有其特定的含义，其主要限定于饲养的动物。野生动物致人损害，不属于饲养动物致人损害的范围。

（2）必须是基于动物固有危险的实现而造成的损害。动物的固有危险，指基于动物的固有本性，脱离于具体的人的指使和控制而造成对他人的损害。

（3）造成了受害人的损害。《民法典》第一千二百四十五条规定，饲养的动物造成他人损害的，动物饲养人或者管理人应当承担侵权责任；但是，能够证明损害是因被侵权人故意或者重大过失造成的，可以不承担或者减轻责任。

（4）饲养的动物与损害之间存在因果关系。在饲养动物致人损害的情况下，因果关系指动物致害与损害之间引起与被引起的关系。按照举证责任的一般规则，原告应当举证证明被告饲养的动物造成其损害。

3. 饲养动物致人损害责任的特殊规则

（1）违反管理规定饲养动物和禁止饲养的危险动物致人损害的责任。《民法典》第一千二百四十六条规定，违反管理规定，未对动物采取安全措施造成他人损害的，动物饲养人或者管理人应当承担侵权责任；但是，能够证明损害是因被侵权人故意造成的，可以减轻责任。第一千二百四十七条规定，禁止饲养的烈性犬等危险动物造成他人损害的，动物饲养人或者管理人应当承担侵权责任。这两条规定采用的是严格的无过错责任原则，即便受害人有过错，也不影响动物饲养人或者管理人侵权责任的承担。

（2）动物园的动物致人损害的责任。《民法典》第一千二百四十八条规定，动物园的动物造成他人损害的，动物园应当承担侵权责任；但是，能够证明尽到管理职责的，不承担侵权责任。该条规定采用的是过错推定责任原则。动物园可以通过证明尽到管理职责而免除责任，但是鉴于动物园所承担的独特的社会功能，不应该只是承担善良管理人的注意义务，而应该承担更高的符合其专业管理动物的注意义务。此外，依据《民法典》第一千一百七十三、第一千一百七十四、第一千二百五十条规定，如果动物园能够证明被侵权人或者被害人对于损害的发生也有过错的，可以减轻动物园的责任；能够证明损害是受害人故意造成的，动物园不承担责任；如果是第三人过错致使动物造成他人损害的，被侵权人可以选择向动物园请求赔偿，也可以向第三人请求赔偿，在选择向动物园请求赔偿时，动物园不能以第三人的过错提出抗辩。

(3)遗弃或逃逸的动物致人损害的责任。《民法典》第一千二百四十九条规定，遗弃、逃逸的动物在遗弃、逃逸期间造成他人损害的，由原动物饲养人或者管理人承担侵权责任。本条规定采用的是无过错责任原则。

(4)因第三人过错致使动物致人损害的责任。《民法典》第一千二百五十条规定，因第三人的过错致使动物造成他人损害的，被侵权人可以向动物饲养人或者管理人请求赔偿，也可以向第三人请求赔偿。动物饲养人或者管理人赔偿后，有权向第三人追偿。

(四)建筑物和物件致人损害责任

1. 概念

建筑物和物件损害责任，指建筑物或物件的所有人、管理人或者其他主体对其所管领的建筑物或物件致人损害承担的侵权责任。建筑物和物件损害责任适用过错责任或过错推定责任。

2. 构成要件

(1)建筑物、构筑物或者其他设施致人损害责任。建筑物、构筑物或者其他设施及其搁置物、悬挂物致人损害责任的构成要件：必须是物件；受害人遭受损害；建筑物、构筑物或者其他设施及其搁置物、悬挂物倒塌、塌陷、脱落、坠落与受害人遭受损失之间存在因果关系；所有人、管理人或者使用人存在推定的过失。

(2)抛掷物或坠物致人损害责任。抛掷物或坠物致人损害责任的构成要件：发生高楼抛掷物或坠物的情形；受害人遭受损害；从建筑物抛掷物品与受害人损害之间具有因果关系；难以确定具体侵权人。

(3)堆放物致人损害责任。堆放物致人损害责任的构成要件：堆放物倒塌、滚落或者滑落；受害人遭受损害；堆放物倒塌、滚落或者滑落与受害人遭受损害之间存在因果关系；堆放人有过错。

(4)妨碍通行物致人损害责任。妨碍通行物致人损害责任的构成要件：在公共道路上堆放、倾倒、遗撒妨碍通行的物品；受害人遭受损害；妨碍通行的物品与受害人遭受损害之间存在因果关系；堆放人、倾倒人、遗撒人有过错。

(5)林木致人损害责任。林木致人损害责任的构成要件：林木发生折断、倾倒或者果实坠落；受害人遭受损害；折断、倾倒的林木或者坠落的果实与受害人遭受损害之间存在因果关系；林木的所有人或者管理人存在推定的过失。

(6)地面施工致害责任。地面施工致害责任的构成要件：行为人是在公共场所、道旁或者通道上从事挖坑、修缮安装地下设施等作业的施工人；行为人违反设置明显标志和采取安全措施的注意义务；受害人遭受损害；行为人违反注意义务之不作为与受害人所受损害之间有因果关系。

(7)地下设施致人损害责任。地下设施致人损害责任的构成要件：地下设施欠缺覆盖物或者覆盖物有缺陷；受害人遭受损失；地下设施欠缺覆盖物或者覆盖物有缺陷与受害人遭受损失之间存在因果关系；管理人存在推定的过失。

3. **建筑物和物件损害责任的承担**

(1)建筑物、构筑物或者其他设施及其搁置物、悬挂物致人损害责任。依据《民法典》第一千二百五十二至一千二百五十三条规定，损害责任如下：①所有人、管理人或者使用人的责任。建筑物、构筑物或者其他设施及其搁置物、悬挂物发生脱落、坠落造成他人损害，所有人、管理人或者使用人不能证明自己没有过错的，应当承担侵权责任。②所有人、管理人或者使用人的追偿权。所有人、管理人或者使用人赔偿后，有其他责任人的，有权向其他责任人追偿。③建设单位与施工单位的连带责任。建筑物、构筑物或者其他设施倒塌、塌陷造成他人损害的，由建设单位与施工单位承担连带责任，但是建设单位与施工单位能够证明不存在质量缺陷的除外。④其他责任人的责任。因所有人、管理人、使用人或者第三人的原因，建筑物、构筑物或者其他设施倒塌、塌陷造成他人损害的，由所有人、管理人、使用人或者第三人承担侵权责任。建设单位、施工单位赔偿后，有其他责任人的，有权向其他责任人追偿。

(2)抛掷物或坠物致人损害责任。《民法典》第一千二百五十四条规定，禁止从建筑物中抛掷物品。从建筑物中抛掷物品或者从建筑物上坠落的物品造成他人损害的，由侵权人依法承担侵权责任；经调查难以确定具体侵权人的，除能够证明自己不是侵权人的外，由可能加害的建筑物使用人给予补偿。可能加害的建筑物使用人补偿后，有权向侵权人追偿。发生前款规定的情形的，公安等机关应当依法及时调查，查清责任人。

(3)堆放物致人损害责任。《民法典》第一千二百五十五条规定，堆放物倒塌、滚落或者滑落造成他人损害，堆放人不能证明自己没有过错的，应当承担侵权责任。

(4)妨碍通行物致人损害责任。《民法典》第一千二百五十六条规定，在公共道路上堆放、倾倒、遗撒妨碍通行的物品造成他人损害的，由行为人承担侵权责任。公共道路管理人不能证明已经尽到清理、防护、警示等义务的，应当承担相应的责任。

（5）林木致人损害责任。《民法典》第一千二百五十七条规定，因林木折断、倾倒或者果实坠落等造成他人损害，林木的所有人或者管理人不能证明自己没有过错的，应当承担侵权责任。

（6）地面施工致人损害责任。《民法典》第一千二百五十八条第一款规定，在公共场所或者道路上挖掘、修缮安装地下设施等造成他人损害，施工人不能证明已经设置明显标志和采取安全措施的，应当承担侵权责任。

（7）地下设施致人损害责任。《民法典》第一千二百五十八条第二款规定，窨井等地下设施造成他人损害，管理人不能证明尽到管理职责的，应当承担侵权责任。

随堂练

法规文件

第十章 旅游法基础知识

【学习目标】

了解《中华人民共和国旅游法》的框架及其附则关于本法用语含义的规定。熟悉《中华人民共和国旅游法》关于总则、旅游规划和促进、旅游监督管理及主要法律制度的规定。

第一节 概 述

一、旅游法概念及立法框架

(一)旅游法的概念

旅游法有广义和狭义之分。广义的旅游法，指调整旅游活动领域中各种社会关系的法律规范的总称，包括狭义的旅游法，以及其他调整旅游活动领域社会关系的法律、法规等规范性文件。狭义的旅游法，指调整游览、度假、休闲等形式的旅游活动以及为旅游活动提供相关服务中发生的权利义务关系的基本法。

本章所指旅游法为狭义的旅游法，即由全国人民代表大会常务委员会于2013年4月25日发布，自2013年10月1日起施行的《中华人民共和国旅游法》(以下简称《旅游法》)。

(二)立法框架

《旅游法》设十章共112条。具体包括：第一章总则，共8条，规定了立法目的、适用范围、原则等；第二章旅游者，共8条，规定了旅游者的权利和义务；第三章旅游规划和促进，共11条，规定了旅游规划的编制、与相关规划的衔接、旅游促进与保障等；第四章旅游经营，共 29 条，规定了旅行社的设立和经营业务范围、旅游经营的规则、旅游经营者和履行辅助人的权利义务和责任等；第五章旅游服务合同，共 19 条，规定了旅游服务合同的类别，包价旅游合同的内容和形式，合同当事人的权利、义务和责任等；第六章旅游安全，共 7 条，确立了旅游安全的责任主体，旅游安全过程管理制度等；第七章旅游监督管理，共 8 条，确立了旅游综合监管制度，规定了行业组织自律规范；第八章旅游纠纷处理，共 4 条，规定了旅游投诉统一受理制度、纠纷处理途径和方法等；第九章法律责任，共 16 条，规定了违反本法应当承担的法律责任；第十章附则，共 2 条，规定了相关用语的含义、法律的生效。

二、立法目的与适用范围

(一)立法目的

立法目的，指制定法律所要达到的目标。立法目的作为法律存在的原因贯穿于法律条文始终，并指引法律的适用。《旅游法》开宗明义规定了其立法目的，第一条规定，为保障旅游者和旅游经营者的合法权益，规范旅游市场秩序，保护和合理利用旅游资源，促进旅游业持续健康发展，制定本法。

1. 保障旅游者和旅游经营者的合法权益，规范旅游市场秩序

我国旅游市场的经营规则尚不健全，竞争秩序不够规范，旅游者的合法权益受到损害的情况时有发生，产生的恶劣影响在社会上引起较大反响，迫切需要以法律的形式作出规范。通过立法明确旅游行业的经营规范，切实维护旅游者的合法权益，创造旅游业发展的良好法制环境。不规范的旅游竞争也给旅游经营者的正当经营带来了严重冲击，甚至出现了“守法者吃亏”的错误认识。为实现旅游业的健康持续发展，也亟须通过规范旅游市场秩序来维护旅游经营者的合法权益。

2. 保护和合理利用旅游资源

旅游业是凭借资源和设施为旅游者提供相关服务的产业。旅游资源的开发利用是把这些资源建设成为可供人们游览、参观、疗养、娱乐的风景区或者旅游地。旅游资源是旅游者进行旅游活动的基础和前提条件。从某种意义上而言，旅游资源具有不可替代性。因此，保护旅游资源是旅游开发利用的前提，合理利用是实现资源保护的有效途径。旅游立法强调在有效保护旅游资源的前提下，依法合理利用旅游资源，实现保护和合理利用的有机统一。

3. 促进旅游业持续健康发展

旅游业涉及的领域广、产业带动性强，资源消耗低、综合效益好。发展旅

游业，可以有效拉动居民消费和社会投资、优化产业结构、扩大劳动就业、增加居民收入、推动科学发展、促进社会和谐。为此，旅游法的立法目的就是促进旅游业持续健康发展，充分发挥旅游业对经济建设、文化建设、社会建设、生态文明建设的综合推动作用。

（二）适用范围

法律的适用范围，指法律的效力范围，包括法律适用的地域范围和主体、行为范围。《旅游法》第二条规定，在中华人民共和国境内的和在中华人民共和国境内组织到境外的游览、度假、休闲等形式的旅游活动，以及为旅游活动提供相关服务的经营活动，适用本法。

1. *地域范围*

《旅游法》作为国内法，其效力仅限于我国境内的旅游活动和旅游经营活动。一是在我国境内的旅游活动，主要包括公民在境内的旅游活动和外国旅游者在我国境内的旅游活动；二是我国境内的由我国旅行社等经营者组织的出境旅游活动的全程，包括对派出领队的管理，对境外导游和我国旅游者活动的监督、劝阻，旅游活动的内容安排都适用《旅游法》。需要指出的是，旅游者在境外的旅游活动应当遵守相关国家或者地区的法律。同时，按照属地管理的原则，《旅游法》对外国公民在中国境内的参加旅游活动及行为，也应当遵守我国有关法律法规的规定。

2. *主体、行为范围*

《旅游法》规范和调整的对象主要包括两类：一类是从事游览、度假、休闲等形式的旅游活动；另一类是为这些旅游活动提供相关服务的经营活动。从主体范围而言，《旅游法》未对适用主体作出具体限定，因此，凡从事上述活动的单位和个人都应当遵守《旅游法》。对于行为范围，除观光、休闲、度假等有特定目的的旅游活动和经营行为外，由于旅游涉及面广，包含了食、住、行、游、购、娱各个环节，《旅游法》规定，为旅游活动提供相关服务的其他行业的经营行为也纳入《旅游法》的调整范围。

三、旅游业发展的基本原则和主要制度

（一）基本原则

1. *社会效益、经济效益和生态效益相统一的原则*

作为国民经济的战略性支柱产业，我国旅游业的发展以科学发展为主题，以加快转变经济发展方式为主线，更加注重扩大内需特别是旅游消费、注重保障和改善民生，注重服务业发展，注重生态环境保护。旅游业作为扩大消费需

求的重要领域、服务业的重要内容，作为建设资源节约型、环境友好型社会的重要产业，将进一步凸显自身的优势和地位。为促进旅游业的持续健康发展，充分发挥旅游业对经济建设、文化建设、社会建设、生态文明建设的综合推动作用，《旅游法》第四条规定了旅游业发展应当遵循社会效益、经济效益和生态效益相统一的原则。

2. 依法合理利用旅游资源的原则

旅游资源开发与保护问题一直备受关注。从旅游资源利用的实际情况看，部分地区存在重开发、轻保护，重硬件、轻软件等问题，低水平重复建设、热衷于拆旧建新现象较多，自然、历史文化遗产遭到破坏，生态环境保护不容乐观。对此，《旅游法》第四条规定了国家鼓励各类市场主体在有效保护旅游资源的前提下，依法合理利用旅游资源的原则。

3. 公共资源应当体现公益性的原则

按照社会效益、经济效益、生态效益相统一的原则，利用公共资源建设的游览场所应当更多地体现社会效益，这是旅游业发展到现阶段的必然要求。《旅游法》出台前，一些地方的旅游发展停留在"门票经济"阶段，人民群众对一些利用公共资源建设的景区随意涨价等问题反映强烈。为此，《旅游法》第四十三条规定了利用公共资源建设的游览场所应当体现公益性的原则，规定残疾人、老年人、未成年人等依法享受便利和优惠，对具有公益性的城市公园、博物馆、纪念馆等应当逐步免费开放。

（二）主要制度

1. 旅游综合协调管理制度

《旅游法》第七条规定，国务院建立健全旅游综合协调机制，对旅游业发展进行综合协调。县级以上地方人民政府应当加强对旅游工作的组织和领导，明确相关部门或者机构，对本行政区域的旅游业发展和监督管理进行统筹协调。具体内容包括：国务院建立健全旅游综合协调机制，确立地方政府统筹协调旅游业发展和管理的职能，建立健全旅游市场综合监管机制，整合投诉受理机构、投诉受理部门间转办、处理结果告知的旅游投诉统一受理制度。

2. 旅游者权益保护制度

旅游者权益保护制度的内容包括：设旅游者专章，规定旅游者的权利、义务和权利保障措施；对政府旅游公共服务及基础设施建设提出明确要求；对旅游经营者及其从业人员设定较为严格的行为规范和义务；在遵循《消费者权益保护法》和《民法典》合同编一般性原则的基础上，根据旅游活动的特点，规定针对性强的、特殊的旅游者的权利及其救助途径。

3. 旅游促进和公共服务制度

为满足日益增长的旅游消费需求，提高旅游服务质量，《旅游法》规定了旅游促进和公共服务制度。其内容包括：对各级政府安排资金提出要求，并明确资金用途；规定政府将旅游业发展纳入国民经济和社会发展规划，制定有利于旅游业持续健康发展的产业扶持政策；完善旅游基础设施建设；政府无偿向旅游者提供旅游景区、线路、交通、气象、住宿等必要的信息和咨询服务；建立统一的旅游形象宣传推广；鼓励和支持发展旅游职业教育和培训。

4. 资源保护和旅游利用制度

旅游资源的合理利用十分重要，为此，《旅游法》规定了资源保护和旅游利用制度。其内容包括：规定编制完整的规划体系，明确编制主体和内容；明确旅游规划与其他规划的关系；规定旅游资源事前、事中、事后保护利用制度，资源的旅游利用原则；规定景区流量控制制度，完善景区门票价格制度。

5. 旅游服务合同制度

《旅游法》确立了旅游服务合同制度。其内容包括：规范了旅游服务合同的类别、内容、形式；规范了旅游经营者与旅游者的合同权利与义务；规定特殊情况下对旅游者保护的规则，诸如告知、说明义务，协助返程义务，无正当理由不得拒绝旅游者退换的义务，规定时间内无条件退货、退费的义务等；规范了特殊的责任承担，包括旅行社与旅游者之间，诸如采取安全措施费用的合理分担，滞留安置返程费用的分担，自行安排活动期间的责任承担，旅游者自身原因导致责任的承担，委托社和代理社之间、组团社和地接社之间、旅行社和履行辅助人之间的特殊责任的承担；规定了特殊的合同变更、解除制度，诸如不能成团的特殊处理、单方解除合同、旅游者的任意解除合同权、旅行社的法定解除合同权、因不可抗力等影响行程的处理等。

6. 规范旅游市场、提高服务质量制度

《旅游法》第六条规定了规范旅游市场、提高服务质量制度。其主要内容包括：在平衡旅游者与旅游经营者权益的基础上，设立相关民事法律规范，规范旅游经营者的经营行为；对旅游行业全链条重点领域的经营行为进行规范；规范旅游综合监管机制；明确旅游行业组织的自律规范。

7. 旅游安全保障制度

安全是旅游业的生命线。《旅游法》专章规定了旅游安全，设立了旅游安全保障制度。其主要内容包括：明确政府统一负责、部门依法履职，旅游经营者主体责任，旅游者的自我保护义务的主体责任制度；规定旅游安全的全程责任制度，诸如政府风险提示、流量控制、旅游经营者安全评估、说明警示义务、高风险旅游项目许可、购买责任保险和提示旅游者购买意外保险、旅游者掌握相关信息和告知相关信息的事前预防，政府安全监管和救助、旅游经营者的报告和救助、旅游者遵守安全规定的义务、事中管理，政府、旅游经营者的事后处置，旅游者的配合和依法承担费用的义务。

第二节　旅游规划和促进

一、旅游规划

（一）编制主体

政府是组织编制旅游发展规划的主体。《旅游法》第十七条规定，国务院和县级以上地方人民政府应当将旅游业发展纳入国民经济和社会发展规划。国务院和省、自治区、直辖市人民政府以及旅游资源丰富的设区的市和县级人民政府，应当按照国民经济和社会发展规划的要求，组织编制旅游发展规划。对跨行政区域且适宜进行整体利用的旅游资源进行利用时，应当由上级人民政府组织编制或者由相关地方人民政府协商编制统一的旅游发展规划。

（二）旅游规划的内容

《旅游法》第十八条规定，旅游发展规划应当包括旅游业发展的总体要求和发展目标，旅游资源保护和利用的要求和措施，以及旅游产品开发、旅游服务质量提升、旅游文化建设、旅游形象推广、旅游基础设施和公共服务设施建设的要求和促进等内容。根据旅游发展规划，县级以上人民政府可以编制重点旅游资源开发利用的专项规划，对特定区域内的旅游项目、设施和服务功能配套提出专门要求。

（三）旅游规划与相关规划的关系

《旅游法》确立了旅游发展规划的法定地位，并通过规定“相衔接”的工作要求处理好旅游规划与相关规划的关系。与此同时，规定政府通过其他规划的编制支持旅游业发展，进一步细化了第十九条的规定。

1. *旅游规划与其他规划相衔接*

《旅游法》第十九条规定，旅游发展规划应当与土地利用总体规划、城乡规划、环境保护规划以及其他自然资源和文物等人文资源的保护和利用规划相衔接。

（1）与土地利用总体规划相衔接。土地利用总体规划要适当增加旅游业发展用地；涵养风景、适宜进行旅游利用的土地，应当尽量划定为旅游用地；旅游发展规划也应当根据土地利用总体规划合理确定旅游发展的目标和措施。

（2）与城乡规划相衔接。城乡规划要将促进旅游业发展作为城乡发展的重要目标之一，科学确定旅游功能分区、用地布局，合理配给和提供旅游基础设施、公共服务设施、建设旅游景观设施等，逐步完善城乡的“游憩”功能。

（3）与环境保护规划相衔接。主要体现在具体内容上，特别是旅游项目和设施的规划，建设要体现有关法律法规关于环境保护的要求，不得违反有关环境保护的禁止性规定。

（4）与其他自然资源、文物等保护和利用规划相衔接。旅游规划应当遵循不违反禁止性规定的原则，通过对资源合法、合理的利用，发挥最大效用，实现各产业共同发展，促进经济、环境、社会、文化效益和谐统一。

2. 政府编制其他规划支持旅游业发展

《旅游法》第二十条规定，各级人民政府编制土地利用总体规划、城乡规划，应当充分考虑相关旅游项目、设施的空间布局和建设用地要求。规划和建设交通、通信、供水、供电、环保等基础设施和公共服务设施，应当兼顾旅游业发展的需要。

（四）旅游规划的评估

《旅游法》第二十二条规定，各级人民政府应当组织对本级政府编制的旅游发展规划的执行情况进行评估，并向社会公布。

1. 政府是旅游发展规划评估的组织主体

政府的组织职能包括：确定评估的周期，规划编制完成并开始执行后，即可以开始定期或不定期组织评估；确定参加评估的人员范围，并科学确定相应方面代表的比例；建立相应的评估工作机制和工作程序；确立评估标准和指标体系，以使评估工作有章可循；对评估成果的落实等情况进行监督和检查，并建立责任追究制。

2. 评估的内容及组织

评估的内容包括：规划确定的内容是否得到了严格执行，通过执行，发现规划本身存在哪些问题。发现规划没有得到严格执行的，政府应该建立严格的责任追究制度，通过内部程序进行解决，纠正偏差；发现规划本身存在问题的，应该及时调整或修编。评估要按照公平的要求，合理选择政府及部门、第二方机构或专家学者、公众代表等评估人员，遵循以第三方和公众评价为主的原则。

3. 评估的结果应当向社会公布

引入公众监督，畅通公众表达渠道，搜集和反馈意见，吸纳合理内容，促进旅游规划的科学实施。公布的方式包括政府网站、政府公报、新闻发布会以及报刊、广播、电视、网络等。

二、旅游促进

（一）旅游产业的政策扶持

《旅游法》第二十三条规定，国务院和县级以上地方人民政府应当制定并组织实施有利于旅游业持续健康发展的产业政策，推进旅游休闲体系建设，采取措施推动区域旅游合作，鼓励跨区域旅游线路和产品开发，促进旅游与工业、农业、商业、文化、卫生、体育、科教等领域的融合，扶持少数民族地区、革命老区、边远地区和贫困地区旅游业发展。

（1）推进旅游休闲体系建设。旅游休闲体系建设内涵丰富，从休息时间的保障到休闲设施的完善，再到休闲服务的体系性支撑，都需要政府给予政策支持。

（2）推动区域旅游合作。加强区域旅游合作，打破地区间的行政和非行政壁垒，有利于形成合力、促进旅游业发展。区域旅游合作不仅是为了解决旅游资源的跨区域问题，还在于实现不同地区的优势互补。

（3）促进与其他产业融合发展。实现旅游业与工业、农业、文化、体育、科教等领域的不断融合，丰富旅游产品类型，带动相关产业发展，需要相关政策的扶持和协调。

（4）扶持老少边穷地区旅游发展。革命老区、少数民族地区、边远地区和贫困地区社会经济发展还比较落后、基础设施差，但旅游资源丰富。促进这些地区旅游业的发展，具有重要的社会意义和政治意义。

（二）提供资金保障

投入资金促进旅游业发展是政府的职责。《旅游法》第二十四条规定，国务院和县级以上地方人民政府应当根据实际情况安排资金，加强旅游基础设施建设、旅游公共服务和旅游形象推广。

总体原则是根据旅游发展的需要，量力而行，因地制宜、因事制宜，以引导为主发挥市场的作用。投入资金的主要用途：促进旅游基础设施建设，促进旅游公共服务，促进旅游形象推广。

（三）旅游形象推广

《旅游法》第二十五条规定，国家制定并实施旅游形象推广战略。国务院旅游主管部门统筹组织国家旅游形象的境外推广工作，建立旅游形象推广机构和网络，开展旅游国际合作与交流。县级以上地方人民政府统筹组织本地的旅游形象推广工作。

（1）制定旅游形象推广战略。国家旅游形象确立有特殊市场针对性、国家文化识别性和政治社会代表性，要根据旅游业发展的实际情况和国家整体战略来确立。将旅游形象推广纳入国家整体形象推广的战略布局中，建立起国家层面的旅游形象推广工作机制，制定跨行业、跨部门旅游形象的总体规划，明确工作目标、工作任务、工作措施和各部门工作职责，实现各类对外宣传资源的优势互补、资源共享、效果增强。

（2）旅游形象推广战略内容。旅游形象推广战略的内容包括：将旅游形象推广纳入国家整体形象推广的战略布局中；对旅游形象推广进行总体规划，明确工作的目标、推进的主要步骤、采取的主要措施、传播的主要渠道等；形成国家旅游形象统一，各地旅游形象各具特色，有重点、分层次的旅游对外形象体系；确定旅游形象推广重点工程；配套旅游形象推广的保障机制；转变推广理念，创新推广方式和手段，探索政府推力和市场动力相结合的旅游形象推广新路径。

（3）国务院旅游主管部门的主要职责。在旅游形象境外推广中国务院旅游主管部门的主要职责：对国家旅游形象境外推广进行统筹组织；建立旅游形象推广机构和网络；开展旅游国际合作与交流。

（四）构建旅游公共服务体系

《旅游法》第二十六条规定，国务院旅游主管部门和县级以上地方人民政府应当根据需要建立旅游公共信息和咨询平台，无偿向旅游者提供旅游景区、线路、交通、气象、住宿、安全、医疗急救等必要信息和咨询服务。设区的市和县级人民政府有关部门应当根据需要在交通枢纽、商业中心和旅游者集中场所设置旅游咨询中心，在景区和通往主要景区的道路设置旅游指示标识。旅游资源丰富的设区的市和县级人民政府可以根据本地的实际情况，建立旅游客运专线或者游客中转站，为旅游者在城市及周边旅游提供服务。

（1）政府是旅游公共服务的主体。提供公共服务是政府的应有职责，旅游公共服务的提供涉及多个部门、多个产业，应当由政府统一协调和推动。政府在公共服务提供方面的责任是统筹职责。

（2）提供旅游公共信息和咨询服务。旅游公共信息和咨询平台包括旅游咨询服务中心、旅游集散中心等实体，也包括网络、咨询电话等平台。信息和咨询服务的主要内容：旅游目的地旅游景区、酒店、餐馆等的简介及价格信息；旅游景区及旅游目的地整体的交通布局、流量等相关信息，包括自驾游线路信息；旅游目的地气象信息；旅游景区及旅游目的地安全环境、不可抗力事件、突发事件、公共卫生事件等安全信息；旅游景区及旅游目的地紧急医疗救助机构等相关信息。

(3)建立旅游客运专线和游客中转站。旅游客运专线，主要指联系城市中心区和城市及周边主要景区的专门客运服务；游客中转站一般是集旅游者集散、分流、旅游信息咨询服务等功能于一身的综合服务体。建立的目的是解决通往景区道路交通的拥堵问题。

(五)旅游职业教育和培训

《旅游法》第二十七条规定，国家鼓励和支持发展旅游职业教育和培训，提高旅游从业人员素质。通过立法促进旅游业人力资源的发展，是转变发展方式、增加劳动就业的迫切需要。旅游从业人员与旅游者直接接触，其服务水平关乎整体的旅游者满意度，有必要鼓励积极开展对从业人员的教育与培训工作，实现旅游从业人员综合素质与旅游者满意度的同步提升。需要在专项资金设立、规划指导、整合资源等方面，加强旅游职业教育和培训。

第三节　旅游经营与服务

一、概述

(一)旅游经营者[①]

1.含义

《旅游法》第一百一十一条第一项规定，旅游经营者，是指旅行社、景区以及为旅游者提供交通、住宿、餐饮、购物、娱乐等服务的经营者。这表明，旅游经营者的主体类型包括自然人、法人和非法人，是否经过工商登记不是判断的唯一标准；旅游经营的范围主要是为旅游者提供旅游产品和服务；旅游经营者存在的形态既包括实体旅游经营者，也包括平台经营者；从旅游经营者是否营利的角度看，既包括营利性的，也包括非营利性的。

2.义务

(1)履行旅游合同。《旅游法》第四十九条规定，为旅游者提供交通、住宿、餐饮、娱乐等服务的经营者，应当符合法律、法规规定的要求，按照合同约定履行义务。

(2)提供合格产品。《旅游法》第五十条规定，旅游经营者应当保证其提供的商品和服务符合保障人身、财产安全的要求。旅游经营者取得相关质量标准等级的，其设施和服务不得低于相应标准；未取得质量标准等级的，不得使用

① 相关旅行社、住宿业、娱乐业、餐饮等经营者的经营规则，见本书相关章节。

相关质量等级的称谓和标识。

（3）不得进行商业贿赂。《旅游法》第五十一条规定，旅游经营者销售、购买商品或者服务，不得给予或者收受贿赂。

（4）保护旅游者个人信息。《旅游法》第五十二条规定，旅游经营者对其在经营活动中知悉的旅游者个人信息，应当予以保密。

（5）承担连带责任。《旅游法》第五十四条规定，景区、住宿经营者将其部分经营项目或者场地交由他人从事住宿、餐饮、购物、游览、娱乐、旅游交通等经营的，应当对实际经营者的经营行为给旅游者造成的损害承担连带责任。

（6）报告。《旅游法》第五十五条规定，旅游经营者组织、接待出入境旅游，发现旅游者从事违法活动或者有违反本法第十六条规定情形的，应当及时向公安机关、旅游主管部门或者我国驻外机构报告。

（7）投保责任险。《旅游法》第五十六条规定，国家根据旅游活动的风险程度，对旅行社、住宿、旅游交通以及本法第四十七条规定的高风险旅游项目等经营者实施责任保险制度。

3. 责任承担

违反《旅游法》规定的旅游经营者，将受到相应的处罚。构成犯罪的，依法追究刑事责任。《旅游法》第一百零四条规定，旅游经营者给予或者收受贿赂的，由市场监督管理部门依照有关法律、法规的规定处罚；情节严重的，并由旅游主管部门吊销旅行社业务经营许可证。第一百零七条规定，旅游经营者违反有关安全生产管理和消防安全管理的法律、法规或者国家标准、行业标准的，由有关主管部门依照有关法律、法规的规定处罚。第一百零八条规定，对违反本法规定的旅游经营者及其从业人员，旅游主管部门和有关部门应当记入信用档案，向社会公布。

（二）旅游市场规则

《旅游法》第六条规定，国家建立健全旅游服务标准和市场规则，禁止行业垄断和地区垄断。旅游经营者应当诚信经营，公平竞争，承担社会责任，为旅游者提供安全、健康、卫生、方便的旅游服务。

（1）政府通过制定标准，引导旅游经营者提高服务质量，通过制定法律、法规完善市场规则，干预市场失灵。

（2）国家采取措施禁止旅游经营中的行业垄断和地区垄断，以保护市场公平竞争，提高市场效率。

（3）在经营活动中以诚为本，公平确定与交易对方的权利、义务，讲求信用，严格履行合同。

(4)在经营活动中应当公平对待竞争对手，不得以虚假宣传、假冒他人标识、贿赂等不当竞争手段参与市场竞争，损害竞争对手的合法权益，破坏市场秩序。

(5)旅游经营者在履行法律、行政法规规定的强制性服务的基础上，为实现自身和社会可持续发展，在道德规范、商业伦理方面应承担保护生态环境、维护职工权益及参与社会公益事业等社会责任。

二、旅游景区经营规则

(一)景区开放条件

《旅游法》第四十二条规定，景区开放应当具备下列条件，并听取旅游主管部门的意见：有必要的旅游配套服务和辅助设施；有必要的安全设施及制度，经过安全风险评估，满足安全条件；有必要的环境保护设施和生态保护措施；法律、行政法规规定的其他条件。

(1)有必要的旅游配套服务和辅助设施。这是实现景区旅游功能的必备条件。一般包括：住宿接待设施及其服务、餐饮设施及其服务、旅游购物设施及其服务、文化娱乐设施及其服务、医疗设施及其服务、景区交通设施，具体如供水、排水、供电、停车场、通信、公厕、垃圾箱、无障碍设施，以及景区区域界限、服务设施、游览解说系统、通用指示标识、旅游者中心、求助电话等。

(2)有必要的安全设施及制度。具体包括：场所的安全保障，如景区内道路交通、卫生、环境、山体、植被、物种或水域、雷电等自然环境危害的防范设备等；设施设备的安全保障，如工程管线、游乐设施设备、消防设施设备等；针对旅游者的安全保障制度等，如治安保卫、安全救护、安全警示标识、安全使用说明、紧急救援配置、景区流量控制等安全制度和预案情况、安全操作从业人员和管理人员状况及安全培训。

景区安全风险评估，指运用各相关领域的科学、专业方法和手段，系统地分析景区本身及开放接待旅游者可能面临的威胁及其存在的脆弱性，评估安全事件发生的可能性以及一旦发生可能造成的危害程度，景区是否具有针对性的抵御威胁的防护对策，有效地保护旅游者。

(3)有必要的环境保护设施和生态保护措施。景区应根据其资源的特质和要求，采取相关措施，包括必要的污水处理设施、生态公厕、旅游者容量控制、植被及绿地的保护、噪声的控制、空气质量的监控等，为旅游者创造良好的旅游环境。

(4)法律、行政法规规定的其他条件。开放各类型景区其他法律、法规有规定的，景区也应当遵守。

（5）法律责任。《旅游法》第一百零五条第一款规定，景区不符合规定的开放条件接待旅游者的，由景区主管部门责令停业整顿直至符合开放条件，并处2万元以上20万元以下罚款。

（二）景区门票

《旅游法》第四十三条规定，利用公共资源建设的景区的门票以及景区内的游览场所、交通工具等另行收费项目，实行政府定价或者政府指导价，严格控制价格上涨。拟收费或者提高价格的，应当举行听证会，征求旅游者、经营者和有关方面的意见，论证其必要性、可行性。利用公共资源建设的景区，不得通过增加另行收费项目等方式变相涨价；另行收费项目已收回投资成本的，应当相应降低价格或者取消收费。公益性的城市公园、博物馆、纪念馆等，除重点文物保护单位和珍贵文物收藏单位外，应当逐步免费开放。

（1）严格控制景区的门票等收费项目价格上涨。随着我国经济快速增长以及发展方式的转变，旅游活动日益成为人民群众普遍的需求。"门票经济"已不符合我国旅游业转型升级、建设和谐社会发展的要求，需要作出适当调整。为此，《旅游法》对门票问题作出规定。严格控制景区门票等价格上涨是基本原则和要求；在定价机制上，实行政府定价或者政府指导价；在定价程序上，拟收费或者提高价格的，应当举行听证会；为防止利用公共资源建设的景区变相涨价，在规定政府定价和政府指导价的基础上，明确景区不得通过增加另行收费项目等方式变相涨价。

（2）公益性城市公园、博物馆、纪念馆逐步免费开放。公益性主要是指非营利性和社会效益。城市公园与人民群众的生活密切相关，成为其日常休息、锻炼和放松的重要场所。博物馆、纪念馆免费开放，有利于完善我国现代国民教育体系并充分利用其教育功能，发挥其社会价值的作用，符合世界文物展览业的发展趋势。

（3）门票价格公示、合并售票、减少收费的规定。《旅游法》第四十四条规定，景区应当在醒目位置公示门票价格、另行收费项目的价格及团体收费价格。景区提高门票价格应当提前6个月公布。将不同景区的门票或者同一景区内不同游览场所的门票合并出售的，合并后的价格不得高于各单项门票的价格之和，且旅游者有权选择购买其中的单项票。景区内的核心游览项目因故暂停向旅游者开放或者停止提供服务的，应当公示并相应减少收费。

（4）法律责任。《旅游法》第一百零六条规定，景区违反规定，擅自提高门票或者另行收费项目的价格，或者有其他价格违法行为的，由有关主管部门依照有关法律、法规的规定处罚。

（三）景区承载量

《旅游法》第四十五条规定，景区接待旅游者不得超过景区主管部门核定的最大承载量。景区应当公布景区主管部门核定的最大承载量，制定和实施旅游者流量控制方案，并可以采取门票预约等方式，对景区接待旅游者的数量进行控制。旅游者数量可能达到最大承载量时，景区应当提前公告并同时向当地人民政府报告，景区和当地人民政府应当及时采取疏导、分流等措施。

（1）景区是流量控制的责任主体。景区的主要责任包括：接待旅游者不得超过景区主管部门核定的最大承载量；在其收费处、入口处、网站，必要时还要通过旅游公共服务信息平台、公共媒体等途径公布最大承载量，保障旅游者的知情权和选择权；制定并实施旅游者流量控制方案，做好各项预案；在旅游者数量可能达到最大承载量时，应当提前公告，并同时向当地人民政府报告，根据旅游流量控制方案、预案，采取切实可行的疏导、分流等措施，保障安全。

（2）当地人民政府对景区流量控制负有统筹职责。当景区旅游者数量可能达到最大承载量时，调动各方资源，与景区共同及时采取疏导、分流等措施。

（3）景区主管部门具有核定和监督景区承载量的职责。核定景区最大承载量有两种方式：一是在景区制定规划时核定旅游者容量；二是在景区开放时核定旅游者容量。景区主管部门可以通过专家评估等方式进行核定。

（4）景区采取流量控制的方式。景区应当公布景区主管部门核定的最大承载量，制定和实施旅游者流量控制方案，可以采取门票预约等方式对接待旅游者的数量进行控制。除此之外，景区还应当采取其他措施，诸如合理设计景区内的游览线路，提高旅游者的流动率；设置明确、清晰的景区指示牌，避免误导旅游者，造成不必要的拥堵；提前、及时公布景区流量，保持景区流量信息实时畅通，供旅游者选择和参考；合理设计旅游者排队的方式和途径。

（5）法律责任。《旅游法》第一百零五条第二款规定，景区在旅游者数量可能达到最大承载量时，未依照《旅游法》规定公告或者未向当地人民政府报告，未及时采取疏导、分流等措施，或者超过最大承载量接待旅游者的，由景区主管部门责令改正，情节严重的，责令停业整顿 1 个月至 6 个月。

三、道路旅游客运经营规范

《旅游法》第五十三条规定，从事道路旅游客运的经营者应当遵守道路客运安全管理的各项制度，并在车辆显著位置明示道路旅游客运专用标识，在车厢内显著位置公示经营者和驾驶人信息、道路运输管理机构监督电话等事项。

该条款明确了从事道路旅游客运的经营规范。

（一）遵守道路客运安全管理各项制度

我国现行规定道路客运安全管理相关制度的法律法规，道路旅游客运经营者均应遵守；地方性旅游法规对道路旅游客运作出规定的，道路旅游客运经营者也应当遵守。

（二）明示道路旅游客运经营的相关信息

(1)明示专用标识。从事道路旅游客运的经营者，应当在车辆显著位置明示道路旅游客运专用标识。其目的是加强道路旅游客运市场的管理，形成品牌效应，提升道路旅游客运服务水平。

(2)公布规定事项。从事道路旅游客运的经营者，应当在车厢内显著位置公示经营者和驾驶人信息、道路运输管理机构监督电话。其目的是方便旅客在接受旅游客运服务过程中维护自身合法权益，加强对从事道路旅游客运经营者的监督。经营者的信息包括经营者的名称、性质、法人代表或者负责人、联系方式以及取得道路客运经营许可、线路、经营期限等内容。驾驶人信息包括驾驶人姓名、年龄、取得相应的机动车驾驶证，经道路运输管理机构对有关客运法规、机动车维修和旅客急救基本知识考核合格而取得的相应从业资格证书等内容。

四、城镇和乡村居民从事旅游经营的规则

城镇和乡村居民利用自有住宅或者其他条件从事旅游经营的活动，在满足旅游发展需要的同时，在传承文化、解决就业、提高生活水平、增加收入等方面有着积极的作用。为鼓励、支持、引导和规范城镇和乡村居民从事旅游经营活动，《旅游法》第四十六条规定，城镇和乡村居民利用自有住宅或其他条件依法从事旅游经营，其管理办法由省、自治区、直辖市制定。

第四节　旅游监督管理

一、监督管理与监督检查

（一）监督管理的主体

《旅游法》第八十三条第一款规定，县级以上人民政府旅游主管部门和有关部门依据《旅游法》和有关法律、法规的规定，在各自职责范围内对旅游市场实施监督管理。所以，对旅游市场实施监督管理的主体为县级以上人民政府

旅游主管部门和有关部门。

旅游主管部门，是指县级以上人民政府中负责旅游工作的机构。有关部门，是指县级以上人民政府旅游主管部门以外的其他涉及旅游工作的部门，诸如市场监督管理、交通等执法部门，以及景区主管部门、价格主管部门、负责安全生产监督管理的部门、公安机关等。

（二）监督检查的主体

《旅游法》第八十三条第二款规定，县级以上人民政府应当组织旅游主管部门、有关主管部门和市场监督管理、交通等执法部门对相关旅游经营行为实施监督检查。所以，旅游主管部门、有关主管部门和市场监督管理、交通等执法部门是实施相关监督检查的主体。

根据《旅游法》的相关规定，相关旅游经营行为，主要包括旅行社及其从业人员、景区以及为旅游者提供交通、住宿、餐饮、娱乐等服务的经营者的经营行为。

二、旅游主管部门实施监督检查的事项及可以采取的措施

（一）监督检查事项

《旅游法》第八十五条第一款规定了县级以上人民政府旅游主管部门监督检查的事项范围。包括：经营旅行社业务以及从事导游、领队服务是否取得经营、执业许可，旅行社的经营行为，导游和领队等旅游从业人员的服务行为，法律、法规规定的其他事项。

（二）实施监督检查可以采取的措施

监督检查也称现场检查，是旅游主管部门履行监督职责、实施监督管理的一种重要方式，同时也是旅游主管部门作为执法机关执行法律的一种重要手段。为防止旅游监督检查部门及其人员滥用职权，侵犯企业和个人的合法权益，《旅游法》第八十五条第二款规定，旅游主管部门实施监督检查时，可以对涉嫌违法的合同、票据、账簿及其他资料进行查阅、复制。本条所指的合同，既包括旅行社与旅游者之间签订的包价旅游合同，也包括旅行社与其他经营者之间签订的订购产品和服务的合同；所指的票据，是指以支付金钱为目的的有价证券。所指账簿即会计账簿；所指其他资料，是指除合同、票据、账簿之外，旅行社在开展经营活动过程中产生或者形成的其他单据、凭证等材料，诸如原始凭证、记账凭证等。

三、监督检查主体的行为限制

(一)不得违法收费及参与旅游经营活动

《旅游法》第八十四条规定，旅游主管部门履行监督管理职责，不得违反法律、行政法规的规定向监督管理对象收取费用。旅游主管部门及其工作人员不得参与任何形式的旅游经营活动。

(二)规范实施监督检查职责

《旅游法》第八十六条第一款规定，旅游主管部门和有关部门依法实施监督检查，其监督检查人员不得少于二人，并应当出示合法证件。监督检查人员少于二人或者未出示合法证件的，被检查单位和个人有权拒绝。

“二人以上”和“出示合法证件”必须同时具备，目的是防止监督检查人员独立执法可能出现的滥用权力，以保证监督检查行为及其获取证据的合法性。此处的合法证件，是指地方政府法制部门或者国务院有关主管部门颁发的行政执法证件。

(三)履行保密义务

行政机关及其工作人员在进行旅游监督检查时，可能需要查阅经营者的合同、票据、账簿等资料，这些资料有的可能是企业的商业秘密，一旦泄露将有可能给经营者造成损失；旅游经营者直接面对广大旅游者，旅行社、住宿等旅游经营者按照有关法律法规的规定，或者按照交易习惯，通常会要求旅游者向其提供必要的个人信息，这些信息往往会在企业保存一段时间，且数量较大，监督检查人员在检查中难免会接触到，不经当事人同意泄露，将可能给当事人的生产、生活造成麻烦，甚至带来损失。

《旅游法》第一百零九条规定，旅游主管部门和有关部门工作人员在履行监督管理职责中，滥用职权、玩忽职守、徇私舞弊，尚不构成犯罪的，依法给予处分。

四、行业协会自律管理

《旅游法》第八条规定，依法成立的旅游行业组织，实行自律管理。第九十条规定，依法成立的旅游行业组织依照法律、行政法规和章程的规定，制定行业经营规范和服务标准，对其会员的经营行为和服务质量进行自律管理，组织开展职业道德教育和业务培训，提高从业人员素质。

(一)自律管理的依据

旅游行业组织的自律管理应当依照法律、行政法规以及本行业组织的章程、自律管理规范。法律、行政法规是旅游行业组织及其会员必须遵守的规范，实行自律管理首先应当监督会员合法经营，履行法定义务。行业组织的章程和自律管理规范，是由会员共同制定、反映会员共同利益和意愿的行为规则，对全体会员具有约束力，也是行业组织进行自律管理的依据。旅游行业组织应当根据本行业的实际情况和需要，制定并不断完善行业经营规范和服务标准，作为自律管理的依据。

（二）监督会员的经营行为和服务质量

对会员的经营行为和服务质量进行监督，是旅游行业组织最重要的自律管理职能。一方面，旅游行业组织应当按照法律、行政法规和自律规范规定的要求和标准，对会员的经营行为和服务质量进行监督，考核其合法合规性，对不合法不合规的会员，依照自律规范予以惩戒；另一方面，可以按照本行业组织制定的经营规范和服务标准，对会员的经营行为和服务质量进行考核与评价，对于服务质量优良的会员，可以向社会公示或者给予奖励。

（三）开展教育、培训

发展旅游业，培育人才、提高从业人员素质至关重要。旅游行业组织应当采取多种方式，对从业人员开展职业道德教育和业务培训，提高从业人员素质。旅游行业组织对从业人员进行职业道德教育和业务培训，属于公益性质，应当按照有关规定和本组织的规范进行。

随堂练

法规文件

第十一章 旅游者与消费者法律制度

【学习目标】

了解《中华人民共和国治安管理处罚法》关于处罚种类和适用的规定;《中华人民共和国消费者权益保护法》关于总则的规定。熟悉《中华人民共和国消费者权益保护法》关于消费者权利、消费者权益的国家保护、消费者协会的公益性职责和禁止行为及其相关法律责任的规定;《中华人民共和国治安管理处罚法》关于违反治安管理的行为和处罚的规定;《旅游不文明行为记录管理暂行办法》关于旅游者、旅游从业人员被纳入“旅游不文明行为记录”的主要行为,“旅游不文明行为记录”的信息内容以及评审、申辩和动态管理制度的规定。掌握《中华人民共和国旅游法》关于旅游者权益保护制度及其相关法律责任的规定;《中华人民共和国消费者权益保护法》关于经营者的义务及其相关法律责任的规定。

第一节 概 述

一、消费者与旅游者的立法概况

(一)保护消费者权益的立法概况

为保护消费者的合法权益,维护社会经济秩序,促进社会主义市场经济健康发展,1994 年 1 月 1 日,第八届全国人大常委会第四次会议通过的《中华人民共和国消费者权益保护法》(以下简称《消费者权益保护法》)施行。此后,针对伴随经济社会发展带来的消费方式、消费结构和消费理念所发生的变化,以及在消费者权益保护领域中出现的新情况、新问题,根据第十一届全国人大常委会第十次会议决定、第十二届全国人大常委会第五次会议决定,进行了两次修正。

（二）消费者权益保护的基本原则

1. 对消费者特别保护的原则

《消费者权益保护法》第一条规定，为保护消费者的合法权益，维护社会经济秩序，促进社会主义市场经济健康发展，制定本法。在商品经济，特别是市场经济条件下，由于消费者在经济上的弱势地位，以及消费者利益的特殊性等，国家应对消费者给予特别保护。

2. 自愿、平等、公平、诚实信用的原则

《消费者权益保护法》第四条规定，经营者与消费者进行交易，应当遵循自愿、平等、公平、诚实信用的原则。经营者与消费者进行交易，双方法律地位平等；要充分尊重消费者的意愿；应当符合等价交换的商业规则；应善意、实事求是、恪守信用，不得欺诈、胁迫、乘人之危。

3. 国家保护消费者合法权益不受侵害的原则

《消费者权益保护法》第五条规定，国家保护消费者的合法权益不受侵害。国家采取措施，保障消费者依法行使权利，维护消费者的合法利益。国家倡导文明、健康、节约资源和保护环境的消费方式，反对浪费。

4. 全社会共同保护消费者合法权益的原则

《消费者权益保护法》第六条规定，保护消费者的合法权益是全社会的共同责任。国家鼓励、支持一切组织和个人对损害消费者合法权益的行为进行社会监督。大众传播媒介应当做好维护消费者合法权益的宣传，对损害消费者合法权益的行为进行舆论监督。

二、消费者与旅游者的关系

（一）消费者

《消费者权益保护法》第二条规定，消费者为生活消费需要而购买、使用商品或者接受服务，其权益受本法保护；本法未作规定的，受其他有关法律、法规保护。第六十二条规定，农民购买、使用直接用于农业生产的生产资料，参照本法执行。这表明：

（1）生活消费是一个广义、开放的概念，既包括生存性消费，也包括发展性消费，还包括精神或者休闲消费。

（2）消费者既包括商品的购买者，也包括商品的使用者，还包括服务的接受者，不限于与经营者达成合意的相对方，购买商品一方的家庭成员、受赠人等使用商品的主体都是消费者。

（3）从性质上说，农民购买、使用农资产品是生产消费，但为了体现对农民权益的特别保护，对于农民的上述消费行为参照《消费者权益保护法》执行。

（二）旅游者

旅游者本质上属于消费者，具备消费者的一般共性。旅游消费，即旅游者通过购买旅游产品，满足自身旅游需求的过程。在现代社会，为了保持正常生活，人们已经无法摆脱对消费的依赖。旅游，是一种支出较高的精神文化消费。无论去哪里、采用何种形式旅游，都要通过消费来满足旅游者食、住、行、游、购、娱等最基本的需求。与一般消费者相比，旅游者的特殊性表现在以下方面：

（1）参加旅游活动的目的是获得精神上的愉悦，与满足人的基本需求有明显的不同。因此，旅游者对于提供旅游服务的经营者的要求更高。

（2）由于旅游活动的空间移动性和一定的时间性特征，旅游者的弱者地位更加明显。与一般消费者相比，他们不但会遭遇经济上的损害，还可能遇到生命安全的威胁。因此，特殊的安全保障措施必不可少。

（3）旅游消费的复杂性和专业性，使旅游者对旅游经营者的依赖更加明显。达到旅游活动的最终目的，不仅需要经营者的诚信和努力，也需要旅游者的积极配合，更需要旅游者文明程度的不断提高。

（三）旅游者与消费者的关系

旅游者与消费者既有联系又有区别。从消费者的概念可知，消费者包括生活消费中各个方面的主体，旅游者属于消费者。但由于旅游活动的特点以及旅游服务提供方式的独特性，决定了旅游消费活动与一般的消费活动不同。《旅游法》第三条规定，国家发展旅游事业，完善旅游公共服务，依法保护旅游者在旅游活动中的权利。可见，保障旅游者的合法权益为该法的立法宗旨，同时专设“旅游者”一章，从法律层面确认旅游者的权利。与此同时，由于旅游者的消费者属性，《消费者权益保护法》所规定的消费者的权利也适用旅游者。

第二节　旅游者的权利与义务

一、旅游者

《中华人民共和国旅游法》（以下简称《旅游法》）采用扩大解释的方式界定了旅游者，该法第二条规定，在中华人民共和国境内的和在中华人民共和国境内组织到境外的游览、度假、休闲等形式的旅游活动以及为旅游活动提供相关服务的经营活动，适用本法。这表明，所指旅游者不仅限于参加旅行社组团游的消费者。

二、旅游者的权利

（一）自主选择权

《旅游法》第九条第一款规定，旅游者有权自主选择旅游产品和服务，有权拒绝旅游经营者的强制交易行为。这表明：旅游者在购买旅游产品和服务时，享有与旅游经营者进行公平交易的权利。该权利的主要内容如下：

1. 自主选择旅游产品和服务

旅游者可以对旅游产品进行比较、鉴别和挑选，可以自主选择提供旅游产品和提供服务的经营者，可以自主选择旅游产品的品种和服务的方式，可以自主决定是否购买、是否接受任何一种产品和服务。即使是在旅游经营者已经事先拟定好的旅游产品和服务的格式合同中，也应当允许、尊重和保护旅游者按照自己的意愿选择消费。

2. 拒绝强制交易行为

为保护旅游者的自主选择权，《旅游法》第三十五条明确规定，旅行社以不合理的低价组织旅游活动，诱骗旅游者，并通过安排购物或者另行付费旅游项目获取回扣等不正当利益；旅行社未与旅游者协商一致或未经旅游者要求，指定购物场所、安排旅游者参加另行付费项目的，旅行者有权在旅游行程结束后30日内，要求旅行社为其办理退货并先行垫付退货货款，或者退还另行付费旅游项目的费用。

（二）知悉真情权

《旅游法》第九条第二款规定，旅游者有权知悉其购买的旅游产品和服务的真实情况。了解和熟悉旅游产品和服务的真实情况，是旅游者将消费愿望付诸实施的前提，是自主选择权得以实现的保证。该权利的主要内容如下：

1. 要求宣传信息真实

由于旅游活动的跨区域性，多数旅游者往往通过旅游经营者提供的宣传手册了解旅游目的地的信息，信息的描述直接影响旅游者的购买行为。为此，《旅游法》第三十二条明确规定，旅行社为招徕、组织旅游者发布信息，必须真实、准确，不得进行虚假宣传，误导旅游者。旅游经营者应当保证所提供的诸如行程安排、价格、旅游活动中可能存在的风险等信息真实可靠。

2. 要求旅游经营者作为合同一方主体的情况真实

《旅游法》第六十条规定，旅行社委托其他旅行社代理销售包价旅游产品并与旅游者订立包价旅游合同的，应当在包价旅游合同中载明委托社和代理社的基本信息。旅行社依照本法规定将包价旅游合同中的接待业务委托给地接社履行的，应当在包价旅游合同中载明地接社的基本信息。

3. 获得旅游产品和服务的真实详情

《旅游法》第五十八条规定，包价旅游合同应当采用书面形式，包括下列内容：①旅行社、旅游者的基本信息；②旅游行程安排；③旅游团成团的最低人数；④交通、住宿、餐饮等旅游服务安排和标准；⑤游览、娱乐等项目的具体内容和时间；⑥自由活动时间安排；⑦旅游费用及其交纳的期限和方式；⑧违约责任和解决纠纷的方式；⑨法律、法规规定和双方约定的其他事项。订立包价旅游合同时，旅行社应当向旅游者详细说明前款第二项至第八项所载内容。《旅游法》第六十二条规定，订立包价旅游合同时，旅行社应当向旅游者告知下列事项：①旅游者不适合参加旅游活动的情形；②旅游活动中的安全注意事项；③旅行社依法可以减免责任的信息；④旅游者应当注意的旅游目的地相关法律、法规和风俗习惯、宗教禁忌，依照中国法律不宜参加的活动等；⑤法律、法规规定的其他应当告知的事项。在包价旅游合同履行中，遇有前款规定事项的，旅行社也应当告知旅游者。

（三）要求履约权

《旅游法》第九条第三款规定，旅游者有权要求旅游经营者按照约定提供产品和服务。《民法典》第四百六十五条规定，依法成立的合同，受法律保护。仅依法成立的合同，对当事人具有法律约束力，但是法律另有规定的除外。

（四）受到尊重权

《旅游法》第十条规定，旅游者的人格尊严、民族风俗习惯和宗教信仰应当得到尊重。该权利的主要内容如下：

1. 人格尊严得到尊重

人格尊严在法律上是人格权的一部分，是整个法律体系中的一种基础性权利，是社会个体生存和发展的基础。旅游者的人格尊严得到尊重，意味着其在参加旅游活动时，应当受到旅游经营者和他人的尊重，任何人不得侵犯其姓名权、名誉权、荣誉权和肖像权。

2. 民族风俗习惯得到尊重

民族风俗习惯，是指一个民族在长期的生产生活中形成的风尚、礼节、行为、倾向等。我国是一个多民族的国家，来自各民族、各地区的旅游者要相互尊重，和睦相处。旅游经营者应当尊重旅游者的民族风俗习惯。

3. 宗教信仰得到尊重

宗教信仰，是指人们对某种特定宗教的信奉和皈依。旅游者在参加旅游活动时，可以自由地表达自己的宗教信仰和表明宗教身份，旅游经营者和其他人对其宗教信仰应当予以尊重。

（五）特殊群体的便利和优惠权

《旅游法》第十一条规定，残疾人、老年人、未成年人等旅游者在旅游活动中依照法律、法规和有关规定享受便利和优惠。残疾人、老年人、未成年人等特殊群体有愿望、有条件参与旅游活动，为他们提供便利和优惠是社会文明的基本体现和要求。该权利的主要内容如下：

（1）重视对特殊群体的保护，满足其对精神文化生活的需求。残疾人、老年人、未成年人等特殊群体由于年龄和生理特点，在社会生活中属于应当受到照顾的群体。我国历来重视对该群体的保护，无论是立法还是基础设施建设。

（2）本规定使用“等旅游者”的表述方式，为实践中各地方、景区对诸如在校学生、现役军人、教师等身份的旅游者给予的优惠予以认可。

（六）救助请求权

旅游者的人身、财产安全是其参加旅游活动的前提和保障。人身安全，是指旅游者的生命、健康没有危险，免受威胁，不出事故。财产安全，是指旅游者随身携带的现金、银行卡、身份证件、携带物品等财产不受侵犯。《旅游法》不仅设置旅游安全专章、在相关条文中规定旅游者的安全权，而且在第十二条规定，旅游者在人身、财产安全遇有危险时，有请求救助和保护的权利。旅游者人身、财产受到侵害的，有依法获得赔偿的权利。该权利的主要内容如下：

1. *请求救助和保护*

旅游者在人身、财产安全遇有危险时，即存在侵害旅游者的生命、健康、身体或者其财产的可能性时，有请求救助和保护的权利，以消除可能发生侵害的因素，防止侵害的实际发生，保护自己的人身、财产安全。

2. *依法获得赔偿*

旅游者的人身、财产受到侵害时，有依法获得赔偿的权利。为保障该权利的实现，《旅游法》第五十四条，第七十条第一、第三款，第七十一条第二款等将该权利具体化。由于其他原因造成旅游者人身、财产损害的，旅游者还可以依据民法、侵权责任法等法律请求赔偿、维护其权利。

（七）其他权利

《旅游法》还在相关章节规定了旅游者的安全保障权、合同的任意解除权、合同的替换权、协助返程权、投诉举报权等权利，为旅游者参加旅游活动、达到旅游目的提供了保证。

三、旅游者的义务

(一)遵纪守法

《旅游法》第十三条规定，旅游者在旅游活动中应当遵守公共秩序和社会公德，尊重当地风俗习惯、文化传统和宗教信仰，爱护旅游资源，保护生态环境，遵守旅游文明行为规范。

(二)尊重他人合法权益

《旅游法》第十四条规定，旅游者在旅游活动中或者在解决旅游纠纷时，不得损害当地居民的合法权益，不得干扰他人的旅游活动，不得损害旅游经营者和旅游从业人员的合法权益。处理好旅游活动中与旅游经营者及其从业人员、旅游目的地居民、同行旅游者的关系，既能保证旅游者舒心、愉快、顺利地达到旅游目的，也能维护良好的旅游市场秩序。该义务的主要内容如下：

1. 不得损害当地居民的利益

当地居民的利益，是指旅游目的地或者纠纷发生地的居民，其受法律保护的权益。旅游者在旅游活动中或者在解决旅游纠纷时，都不得损害当地居民的合法权益，否则应当承担赔偿责任。

2. 不得干扰他人的旅游活动

即旅游者不得因其行为而使他人的旅游活动难以顺利进行甚至无法进行。

3. 不得损害旅游经营者和从业人员的合法权益

旅游经营者和从业人员的合法权益受法律保护，损害其合法权益，应当依法承担法律责任。《旅游法》第六十六条规定，旅游者从事严重影响其他旅游者权益的活动，且不听劝阻、不能制止的，旅行社可以解除合同；给旅行社造成损失的，旅游者应当依法承担赔偿责任。第七十二条规定，旅游者在旅游活动中或者在解决纠纷时，损害旅行社、履行辅助人、旅游从业人员或者其他旅游者的合法权益的，依法承担赔偿责任。

(三)安全配合

安全是旅游活动的基本要求。安全不仅仅是政府、旅游经营者的责任，旅游者也应当履行配合义务。《旅游法》第十五条规定，旅游者购买、接受旅游服务时，应当向旅游经营者如实告知与旅游活动相关的个人健康信息，遵守旅游活动中的安全警示规定。旅游者对国家应对重大突发事件暂时限制旅游活动的措施以及有关部门、机构或者旅游经营者采取的安全防范和应急处置措施，应当予以配合。旅游者违反安全警示规定，或者对国家应对重大突发事件暂时限制旅游活动的措施、安全防范和应急处置措施不配合的，依法承担相应责任。

该项义务的主要内容如下：

1. 如实告知健康信息、遵守安全警示规定

旅游活动能带给人们精神享受，同时有的旅游产品和服务对参加者的身体条件有要求，需要旅游者积极配合，在购买旅游产品或者接受旅游服务时，如实告知。这既是对自身安全、其他旅游者负责，也是与旅游经营者诚信缔约、履约的要求。

2. 对相关措施予以配合

旅游活动中可能遭遇突发事件，根据《中华人民共和国突发事件应对法》的规定，有关人民政府会组织有关部门采取相应的应急处置措施，旅游经营者也会采取必要的处置措施，对旅游者做出妥善安排。为了保障旅游安全，旅游者应当服从指挥和安排，配合应对重大突发事件采取的措施。

3. 不履行配合义务应承担相应责任

旅游者如果违反安全警示规定，不配合政府、旅游经营者为应对突发事件采取的应急措施，可能给自身造成损害，也可能给他人或者国家造成损失，应当依法承担相应的民事甚至刑事法律责任。

（四）不非法滞留、擅自分团或脱团

《旅游法》第十六条规定，出境旅游者不得在境外非法滞留，随团出境的旅游者不得擅自分团、脱团。入境旅游者不得在境内非法滞留，随团入境的旅游者不得擅自分团、脱团。该规定既适用于我国旅游者前往其他国家和地区参加旅游活动，也适用于来中国参加旅游活动的外国人。其主要内容：出境旅游者前往其他国家或者地区参加旅游活动，应当按照证件载明的期限、从国家开放的口岸出入国（边）境，依据许可的期限在旅游目的地停留，按照旅游行程的安排参加旅游活动；不得非法滞留、擅自分团或脱团。同样，入境旅游者在我国境内参加旅游活动，也应当遵守本规定。

为规范出境、入境旅游者参加出境、入境旅游活动的行为，《旅游法》第五十五条规定，旅游经营者组织、接待出入境旅游，发现有非法滞留和擅自分团、脱团情形的，应当依法及时向公安机关、旅游主管部门或者我国驻外机构报告。未履行报告义务的，根据《旅游法》第九十九条的规定，由旅游主管部门对旅行社及其直接负责的主管人员和其他责任人员依法追究责任。

（五）文明旅游

1. 纳入“旅游不文明行为记录”的主要行为

2016 年 5 月 26 日国家旅游主管部门发布的《关于旅游不文明行为记录管理暂行办法》（旅办发〔2016〕139 号）（以下简称《办法》）第二条规定，中国游

客在境内外旅游过程中发生的因违反境内外法律法规、公序良俗，造成严重社会不良影响的行为，纳入“旅游不文明行为记录”。主要包括：①扰乱航空器、车船或者其他公共交通工具秩序；②破坏公共环境卫生、公共设施；③违反旅游目的地社会风俗、民族生活习惯；④损毁、破坏旅游目的地文物古迹；⑤参与赌博、色情、涉毒活动；⑥不顾劝阻、警示从事危及自身以及他人人身财产安全的活动；⑦破坏生态环境，违反野生动植物保护规定；⑧违反旅游场所规定，严重扰乱旅游秩序；⑨国务院旅游主管部门认定的造成严重社会不良影响的其他行为。因监护人存在重大过错导致被监护人发生旅游不文明行为，将监护人纳入“旅游不文明行为记录”。

2. “旅游不文明行为记录”管理制度

（1）记录信息。《办法》第四条规定，“旅游不文明行为记录”信息内容包括：不文明行为当事人的姓名、性别、户籍省份；不文明行为的具体表现、不文明行为所造成的影响和后果；对不文明行为的记录期限。

（2）评审。《办法》第八条规定，“旅游不文明行为记录”形成前应经“旅游不文明行为记录评审委员会”评审通过。评审主要事项包括：①不文明行为事件是否应当纳入“旅游不文明行为记录”；②确定“旅游不文明行为记录”的信息保存期限；③“旅游不文明行为记录”是否通报相关部门；④对已经形成的“旅游不文明行为记录”的记录期限进行动态调整。

（3）动态管理。《办法》第九条规定，“旅游不文明行为记录”信息保存期限为1~5年，实行动态管理。①旅游不文明行为当事人违反刑法的，信息保存期限为3~5年；②旅游不文明行为当事人受到行政处罚或法院判决承担责任的，信息保存期限为2~4年；③旅游不文明行为未受到法律法规处罚，但造成严重社会影响的，信息保存期限为1~3年。第十二条规定，“旅游不文明行为记录”形成后，根据被记录人采取补救措施挽回不良影响的程度、对文明旅游宣传引导的社会效果，经评审委员会审议后可缩短记录期限。

（4）申辩。《办法》第十一条规定，“旅游不文明行为记录”形成后，旅游主管部门应当将相关信息通报或送达当事人本人，并告知其有申辩的权利；当事人在接到申辩通知后30个工作日内，有权利进行申辩。旅游主管部门在接到申辩后30个工作日内予以书面回复。申辩理由被采纳的，可依据当事人申辩的理由调整记录期限或取消记录。当事人申辩期间不影响信息公布。

第三节　消费者的权利与经营者的义务

一、消费者的主要权利

消费者的权利，是指消费者在消费领域中所具有的权能，是消费者利益在法律上的体现。

（一）安全保障权

《消费者权益保护法》第七条规定，消费者在购买、使用商品或接受服务时，享有人身、财产安全不受损害的权利。消费者有权要求经营者提供的商品和服务，符合保障人身、财产安全的要求。人身财产安全权是消费者最基本的人身权利，主要包括生命健康安全权和财产安全权。消费者的生命健康安全权，是指消费者的生命健康不受损害的权利。财产安全权，则是指消费者在购买、使用商品和接受服务时享有财产安全不受损害的权利。

（二）知情权

《消费者权益保护法》第八条规定，消费者享有知悉其购买、使用的商品或者接受的服务的真实情况的权利。消费者有权根据商品和服务的不同情况，要求经营者提供商品的价格、产地、生产者、用途、性能、规格、等级、主要成分、生产日期、有效期限、检验合格证明、使用方法说明书、售后服务或者服务的内容、规格、费用等有关情况。

（三）自主选择权

《消费者权益保护法》第九条规定，消费者享有自主选择商品或者服务的权利。消费者有权自主选择提供商品或者服务的经营者，自主选择商品品种或者服务方式，自主决定购买或者不购买任何一种商品、接受或者不接受任何一项服务。消费者在自主选择商品或者接受服务时，有权进行比较、鉴别和挑选。

自主选择权具有以下特征：

（1）消费者选择商品或者接受服务的行为必须是自愿的，因此任何违背消费者自由意志并使其作出消费选择的行为都是对消费者自主选择权的侵害。

（2）自主选择权是一种相对权，因此消费者自主选择商品或者服务的行为，必须是依照法律，遵守社会公德，不侵害国家、集体、他人合法权益的合法行为。

（四）公平交易权

《消费者权益保护法》第十条规定，消费者享有公平交易的权利。消费者在购买商品或者接受服务时，有权获得质量保障、价格合理、计量正确等公平交易条件，有权拒绝经营者的强制交易行为。消费者的公平交易权体现在以下几个方面：

（1）在购买商品或者接受服务时，有权获得质量保障、价格合理、计量正确等公平交易的条件；这些条件符合平等、自愿、公平、等价有偿、诚实信用等市场交易的基本原则。

（2）在购买商品或者接受服务时，有权拒绝经营者的强制交易行为。消费者公平交易权主要体现在交易条件公平和有权拒绝经营者的强制交易行为这两个方面。要保障交易条件公平，经营者必须做到商品或者服务的质量合格，其服务和质量需符合《中华人民共和国产品质量法》等法律法规的要求。价格合理，要求经营者销售、收购商品和提供服务，应当按照政府价格主管部门的规定明码标价，注明商品的品名、产地、规格、等级、计价单位、价格或者服务的项目、收费标准等有关情况；不得在标价之外加价出售商品，不得收取任何未予标明的费用。计量正确，要求经营者不得故意使用不准确的计量器具，不得超量计算提供服务的时间，夸大付出的成本，欺骗消费者付出本不应当付出的金钱，损害消费者的利益。

（五）赔偿请求权

《消费者权益保护法》第十一条规定，消费者因购买、使用商品或者接受服务受到人身、财产损害的，享有依法获得赔偿的权利。享有求偿权的主体是因购买、使用商品或者接受服务而受到人身、财产损害的人，即受害人，具体包括商品购买者、商品使用者、接受服务者和第三人。求偿权的范围如下：

（1）人身损害。人身损害既包括消费者的生命健康权、姓名权、肖像权、名誉权、隐私权的损害，也包括消费者的人身自由、人格尊严等人格权的损害。例如，消费者因购买、使用经营者提供的不符合质量要求的商品或者服务导致死亡、伤残，消费者不愿意公开或让他人知悉的个人秘密、个人信息被公开或者提供给他人等。

（2）财产损害。主要指金钱、时间、可得利益等的损害，包括直接损失和间接损失。

（3）精神损害。消费者因人身伤害或者因其他人身权受到侵害而造成严重精神损害的，经营者还应根据不同情况予以赔偿。例如，消费者的身体被搜查，消费者在消费过程中遭到谩骂、侮辱等。

（六）结社权

《消费者权益保护法》第十二条规定，消费者享有依法成立维护自身合法权益的社会组织的权利。

消费者为了维护自己的合法权益，有权依法成立社团组织。成立社团组织应当具备一定的条件，如所需的会员人数、规范的名称和相应的组织机构、固定的场所，有与其业务相适应的专职人员，有合法的资产和经费来源，有独立承担民事责任的能力等，并经向民政部门申请登记成立。目前，我国对消费者权益保护的组织主要是中国消费者协会和各地方消费者协会。

（七）消费知识了解权

《消费者权益保护法》第十三条规定，消费者享有获得有关消费和消费者权益保护方面的知识的权利。消费者应当努力掌握所需商品或者服务的知识和使用技能，正确使用商品，提高自我保护意识。

消费者权益的保护不仅要靠法律规范、靠政府依法行政、靠消费者组织积极开展活动，也要靠消费者自己提高保护意识，增强权益保护的能力，这需要消费者努力学习有关的消费知识，对商品和服务有一定的了解。

（八）受尊重权

《消费者权益保护法》第十四条规定，消费者在购买、使用商品和接受服务时，享有人格尊严、民族风俗习惯得到尊重的权利，享有个人信息依法得到保护的权利。人格尊严，指人的自尊心、自爱心。人格尊严的权利表现为姓名权、荣誉权、肖像权等，是市场交易过程中公民最起码的权利。少数民族的风俗习惯大量地表现在饮食、服饰、婚葬、节庆、礼仪、禁忌等方面，在不同程度上反映了各民族的历史传统和心理素质。尊重少数民族风俗习惯，对于保护不同民族消费者的合法权益，贯彻党和国家的民族政策，维护各民族团结具有重要意义。个人信息或称个人资料、个人数据，一般是指与自然人相关的能够单独识别或者辅以其他信息识别出特定主体的所有信息，可以表现为文字、图表、图像等任何形式。

（九）监督权

监督权是安全保障权、知情权等前述权利的必然延伸，对消费者权利的实现至关重要。《消费者权益保护法》第十五条规定，消费者享有对商品和服务以及保护消费者权益工作进行监督的权利。消费者有权检举、控告侵害消费者权益的行为和国家机关及其工作人员在保护消费者权益工作中的违法失职行为，有权对保护消费者权益工作提出批评、建议。

二、经营者的义务

在商品和服务提供过程中，消费者的权利与经营者的义务是相对应的，其权利是在经营者切实履行义务过程中实现的。为此，《消费者权益保护法》对经营者的具体义务作了详细规定。

(一)遵守法律法规

《消费者权益保护法》第十六条规定，经营者向消费者提供商品或者服务，应当依照本法和其他有关法律、法规的规定履行义务。经营者和消费者有约定的，应当按照约定履行义务，但双方的约定不得违背法律、法规的规定。经营者向消费者提供商品或者服务，应当恪守社会公德，诚信经营，保障消费者的合法权益；不得设定不公平、不合理的交易条件，不得强制交易。

(二)接受监督

《消费者权益保护法》第十七条规定，经营者应当听取消费者对其提供的商品或者服务的意见，接受消费者的监督。经营者可通过听取消费者的意见和邀请消费者代表实地参观、组织座谈会等方式接受消费者的监督。

从法律上设定经营者接受监督的义务，有利于保证和监督经营者履行各项义务，促进经营者守法经营；有利于经营者改进商品质量，提升服务水平，规范经营行为。

(三)保障消费者安全

《消费者权益保护法》第十八条规定，经营者应当保证其提供的商品或者服务符合保障人身、财产安全的要求。对可能危及人身、财产安全的商品和服务，应当向消费者作出真实的说明和明确的警示，并说明和标明正确使用商品或者接受服务的方法以及防止危害发生的方法。宾馆、商场、餐馆、银行、机场、车站、港口、影剧院等经营场所的经营者，应当对消费者尽到安全保障义务。

安全保障义务，是指宾馆、商场、餐馆等场所的经营者负有在合理限度范围内保护他人人身和财产安全的义务。安全保障义务主体为经营场所的经营者，保护对象为消费者，其主要内容是义务人必须采取一定的行为来维护他人的人身或财产免受侵害。这种义务的具体内容既可能基于法律的明确规定，也可能基于合同义务，还可能基于诚实信用原则而产生。

(四)缺陷信息报告、告知

《消费者权益保护法》第十九条规定，经营者发现其提供的商品或者服务存在缺陷，有危及人身、财产安全危险的，应当立即向有关行政部门报告和告知消费者，并采取停止销售、警示、召回、无害化处理、销毁、停止生产或者服务等措施。采取召回措施的，经营者应当承担消费者因商品被召回支出的必要费用。

产品缺陷，是指产品存在危及人身、财产安全的不合理的危险，不符合国家标准、行业标准对人体健康和人身、财产安全的要求。一旦发现产品缺陷，应立即向市场监督管理部门等主管部门报告，并采取停止销售、警示、召回、无害化处理、销毁、停止生产或者服务等措施。警示，是指对产品有关的危险或产品的正确使用给予说明、提醒，提请使用者在使用该产品时注意已经存在的危险或潜在可能发生的危险，避免危险的发生，防止或者减少对使用者的损害。召回，是指产品的生产者、销售者依法定程序，对其生产或者销售的缺陷产品以换货、退货、更换零配件等方式，及时消除或减少缺陷产品危害的行为。无害化处理，是指经营者对其生产或者销售的有缺陷的商品做不污染环境的处理。若采取召回措施，经营者应当承担因商品被召回支出的必要费用；消费者配合经营者召回采取的方式和支出的费用应选择经济的、符合实际需要的必要费用。

（五）告知真实信息

《消费者权益保护法》第二十条规定，经营者向消费者提供有关商品或者服务的质量、性能、用途、有效期限等信息，应当真实、全面，不得作虚假或者引人误解的宣传。经营者对消费者就其提供的商品或者服务的质量和使用方法等问题提出的询问，应当作出真实、明确的答复。经营者提供商品或者服务应当明码标价。

经营者提供的信息应当真实，即提供的是有关商品或者服务的真实情况。如产品或者服务的价格、产地、生产者、用途等，无论经营者通过何种途径提供，包括包装、标签、说明或者通过广告的方式，所有信息必须是真实的。同时，经营者还负有信息全面义务。信息全面，是指经营者向消费者提供的信息应当是可能影响消费者选择权的所有重要信息。实践中，有些经营者虽然向消费者提供的信息是真实的，但存在故意隐瞒一些可能影响消费者选择权的重要信息的情况，因此在提供信息真实义务的基础上增加提供信息必须全面的规定。值得注意的是，经营者的信息全面义务并不是要求经营者应当提供商品或者服务的全部信息，而是可能影响消费者安全权、选择权等全部重要信息。

（六）标明真实标识

《消费者权益保护法》第二十一条规定，经营者应当标明其真实名称和标记。租赁他人柜台或者场地的经营者，应当标明其真实名称和标记。

同一种类的商品或服务，不同的经营者有不同质量。因此，经营者在提供商品和服务时，应当标明其真实名称和标志，不得假冒、仿冒和擅自使用其他经营者的名称和标志，以防给消费者造成误认。同时，租赁他人柜台或者场地的经营者，不得故意不使用自己的名称和标记，甚至有些直接使用出租者的名称或标记，使消费者误认为出租人为提供商品或者服务的经营者，影响消费者的正确判断和选择。因此，租赁他人柜台或者场地的经营者，应当标明其真实名称和标记。

（七）出具单据

《消费者权益保护法》第二十二条规定，经营者提供商品或者服务，应当按照国家有关规定或者商业惯例向消费者出具发票等购货凭证或者服务单据；消费者索要发票等购货凭证或者服务单据的，经营者必须出具。

（八）质量保证

《消费者权益保护法》第二十三条规定，经营者应当保证在正常使用商品或者接受服务的情况下其提供的商品或者服务应当具有的质量、性能、用途和有效期限；但消费者在购买该商品或者接受该服务前已经知道其存在瑕疵，且存在该瑕疵不违反法律强制性规定的除外。

经营者以广告、产品说明、实物样品或者其他方式表明商品或者服务的质量状况的，应当保证其提供的商品或者服务的实际质量与表明的质量状况相符。

经营者提供的机动车、计算机、电视机、电冰箱、空调器、洗衣机等耐用商品或者装饰装修等服务，消费者自接受商品或者服务之日起6个月内发现瑕疵，发生争议的，由经营者承担有关瑕疵的举证责任。

（九）售后服务

《消费者权益保护法》第二十四条规定，经营者提供的商品或者服务不符合质量要求的，消费者可以依照国家规定、当事人约定退货，或者要求经营者履行更换、修理等义务。没有国家规定和当事人约定的，消费者可以自收到商品之日起7日内退货；7日后符合法定解除合同条件的，消费者可以及时退货，不符合法定解除合同条件的，可以要求经营者履行更换、修理等义务。依照前款规定进行退货、更换、修理的，经营者应当承担运输等必要费用。

（十）无条件退货

《消费者权益保护法》第二十五条规定，经营者采用网络、电视、电话、邮购等方式销售商品，消费者有权自收到商品之日起7日内退货，且无需说明理由，但下列商品除外：消费者定做的；鲜活易腐的；在线下载或者消费者拆封的音像制品、计算机软件等数字化商品；交付的报纸、期刊。除前款所列商品外，其他根据商品性质并经消费者在购买时确认不宜退货的商品，不适用无理由退货。

消费者退货的商品应当完好。经营者应当自收到退回商品之日起 7 日内返还消费者支付的商品价款。退回商品的运费由消费者承担；经营者和消费者另有约定的，按照约定。

（十一）禁止经营者以格式条款等方式免责

《消费者权益保护法》第二十六条规定，经营者在经营活动中使用格式条款的，应当以显著方式提请消费者注意商品或者服务的数量和质量、价款或者费用、履行期限和方式、安全注意事项和风险警示、售后服务、民事责任等与消费者有重大利害关系的内容，并按照消费者的要求予以说明。

经营者不得以格式条款、通知、声明、店堂告示等方式，作出排除或者限制消费者权利、减轻或者免除经营者责任、加重消费者责任等对消费者不公平、不合理的规定，不得利用格式条款并借助技术手段强制交易。

格式条款、通知、声明、店堂告示等含有前款所列内容的，其内容无效。

（十二）禁止侵犯消费者人身权

《消费者权益保护法》第二十七条规定，经营者不得对消费者进行侮辱、诽谤，不得搜查消费者的身体及其携带的物品，不得侵犯消费者的人身自由。

《宪法》第三十七条规定，中华人民共和国公民的人身自由不受侵犯。禁止非法拘禁和以其他方法非法剥夺或者限制公民的人身自由，禁止非法搜查公民的身体。《宪法》第三十八条规定，中华人民共和国公民的人格尊严不受侵犯。禁止用任何方法对公民进行侮辱、诽谤和诬告陷害。公民人格尊严的权利包括消费者的人格尊严、人身自由是宪法赋予的神圣权利，不容许任何人包括经营者侵犯。

（十三）采用网络等方式提供商品或服务的信息告知义务

《消费者权益保护法》第二十八条规定，采用网络、电视、电话、邮购等方式提供商品或者服务的经营者，以及提供证券、保险、银行等金融服务的经营者，应当向消费者提供经营地址、联系方式、商品或者服务的数量和质量、价款或者费用、履行期限和方式、安全注意事项和风险警示、售后服务、民事责任等信息。

（十四）经营者收集、使用消费者个人信息时应履行义务

《消费者权益保护法》第二十九条规定，经营者收集、使用消费者个人信息，应当遵循合法、正当、必要的原则，明示收集、使用信息的目的、方式和范围，并经消费者同意。经营者收集、使用消费者个人信息，应当公开其收集、使用规则，不得违反法律、法规的规定和双方的约定收集、使用信息。

经营者及其工作人员对收集的消费者个人信息必须严格保密，不得泄露、出售或者非法向他人提供。经营者应当采取技术措施和其他必要措施，确保信息安全，防止消费者个人信息泄露、丢失。在发生或者可能发生信息泄露、丢失的情况时，应当立即采取补救措施。

经营者未经消费者同意或者请求，或者消费者明确表示拒绝的，不得向其发送商业性信息。

三、违反治安管理的行为和处罚

（一）违反治安管理的行为的界定

根据第三章的规定，违反治安管理的行为主要是指违反了《中华人民共和国治安管理处罚法》（以下简称《治安管理处罚法》）的行为，通常包括但不限于扰乱公共秩序、妨害公共安全，侵犯人身权利和财产权利以及妨害社会管理的行为。上述行为具有一定的社会危害性，但尚不够刑事处罚。据此，旅游者在旅游活动中的不文明行为情节严重的，可能违反《治安管理处罚法》，执法者将依据法律对违反治安管理的行为给予相应的行政处罚。

（二）治安管理处罚的种类及适用

1. 种类

《治安管理处罚法》第十条规定，治安管理处罚的种类分为：警告；罚款；行政拘留；吊销公安机关发放的许可证。对违反治安管理的外国人，可以附加适用限期出境或者驱逐出境。

2. 适用

（1）未成年人。《治安管理处罚法》第十二条规定，已满 14 周岁不满 18 周岁的人违反治安管理的，从轻或者减轻处罚；不满 14 周岁的人违反治安管理的，不予处罚，但是应当责令其监护人严加管教。

（2）精神病人。《治安管理处罚法》第十三条规定，精神病人在不能辨认或者不能控制自己行为的时候违反治安管理的，不予处罚，但是应当责令其监护人严加看管和治疗。间歇性的精神病人在精神正常的时候违反治安管理的，应当给予处罚。

（3）盲人或聋哑人。《治安管理处罚法》第十四条规定，盲人或者又聋又哑的人违反治安管理的，可以从轻、减轻或者不予处罚。

（4）醉酒的人。《治安管理处罚法》第十五条规定，醉酒的人违反治安管理的，应当给予处罚。醉酒的人在醉酒状态中，对本人有危险或者对他人的人身、财产或者公共安全有威胁的，应当对其采取保护性措施约束至酒醒。

（5）有两种以上违法行为的人。《治安管理处罚法》第十六条规定，有两种以上违反治安管理行为的，分别决定，合并执行。行政拘留处罚合并执行的，最长不超过20日。

（6）共同违法行为人。《治安管理处罚法》第十七条规定，共同违反治安管理的，根据违反治安管理行为人在违反治安管理行为中所起的作用，分别处罚。教唆、胁迫、诱骗他人违反治安管理的，按照其教唆、胁迫、诱骗的行为处罚。

（7）单位违法行为。《治安管理处罚法》第十八条规定，单位违反治安管理的，对其直接负责的主管人员和其他直接责任人员依照本法的规定处罚。其他法律、行政法规对同一行为规定给予单位处罚的，依照其规定处罚。

（8）减轻处罚或不予处罚的情形。《治安管理处罚法》第十九条规定，违反治安管理有下列情形之一的，减轻处罚或者不予处罚：情节特别轻微的；主动消除或者减轻违法后果，并取得被侵害人谅解的；出于他人胁迫或者诱骗的；主动投案，向公安机关如实陈述自己的违法行为的；有立功表现的。

（9）从重处罚的情形。《治安管理处罚法》第二十条规定，违反治安管理有下列情形之一的，从重处罚：有较严重后果的；教唆、胁迫、诱骗他人违反治安管理的；对报案人、控告人、举报人、证人打击报复的；6个月内曾受过治安管理处罚的。

（10）不予执行行政拘留处罚的情形。《治安管理处罚法》第二十一条规定，违反治安管理行为人有下列情形之一，依照本法应当给予行政拘留处罚的，不执行行政拘留处罚：已满14周岁不满16周岁的；已满16周岁不满18周岁，初次违反治安管理的；70周岁以上的；怀孕或者哺乳自己不满1周岁婴儿的。

（11）追究时效。《治安管理处罚法》第二十二条规定，违反治安管理行为在6个月内没有被公安机关发现的，不再处罚。前款规定的期限，从违反治安管理行为发生之日起计算；违反治安管理行为有连续或者继续状态的，从行为终了之日起计算。

（三）违反治安管理的行为与处罚

1. 扰乱公共秩序

（1）《治安管理处罚法》第二十三条规定，扰乱公共汽车、电车、火车、船舶、航空器或者其他公共交通工具上的秩序的，处警告或者200元以下罚款；情节较重的，处5日以上10日以下拘留，可以并处500元以下罚款。聚众实施前款行为的，对首要分子处10日以上15日以下拘留，可以并处1000元以下罚款。

（2）扰乱车站、港口、码头、机场、商场、公园、展览馆或者其他公共场所秩序的，同扰乱公共交通工具秩序一样，依照《治安管理处罚法》第二十三条的规定予以处罚。

（3）扰乱文化、体育等大型群众性活动秩序。《治安管理处罚法》第二十四条规定，有下列行为之一，处警告或者200以下罚款；情节严重的，处5日以上10日以下拘留，可以并处500元以下罚款：强行进入场内的；违反规定，在场内燃放烟花爆竹或者其他物品的；展示侮辱性标语、条幅等物品的；围攻裁判员、运动员或者其他工作人员的；向场内投掷杂物，不听制止的；扰乱大型群众性活动秩序的其他行为。因扰乱体育比赛秩序被处以拘留处罚的，可以同时责令其12个月内不得进入体育场馆观看同类比赛；违反规定进入体育场馆的，强行带离现场。

2. 妨害公共安全

（1）盗窃、损毁公共设施。根据《治安管理处罚法》第三十三条规定，盗窃、损毁油气管道设施、电力电信设施、广播电视设施、水利防汛工程设施或者水文监测、测量、气象测报、环境监测、地质监测、地震监测等公共设施的，处10日以上15日以下拘留。

（2）盗窃、损害航空设施。《治安管理处罚法》第三十四条规定，盗窃、损坏、擅自移动使用中的航空设施，处10日以上15日以下拘留。在使用中的航空器上使用可能影响导航系统正常功能的器具、工具，不听劝阻的，处5日以下拘留或者500元以下罚款。

（3）盗窃、损毁铁路设施。《治安管理处罚法》第三十五条规定，盗窃、损毁或者擅自移动铁路设施、设备、机车车辆配件或者安全标志的以及在铁路线路上放置障碍物，或者故意向列车投掷物品的，处5日以上10日以下拘留，可以并处500元以下罚款；情节较轻的，处5日以下拘留或者500元以下罚款。

3. 侵犯他人人身权利、财产权利

（1）偷窥、偷拍、窃听、散布他人隐私。《治安管理处罚法》第四十二条规定，对此可处5日以下拘留或者500元以下罚款；情节较重的，处5日以上10日以下拘留，可以并处500元以下罚款。

（2）殴打他人或者故意伤害他人身体。根据《治安管理处罚法》第四十三条的规定，对此可处5日以上10日以下拘留，并处200元以上500元以下罚款，情节较轻的，处5日以下拘留或者500元以下罚款。

（3）猥亵他人或在公共场所裸露身体。《治安管理处罚法》第四十四条规定，猥亵他人的，或者在公共场所故意裸露身体，情节恶劣的，处5日以上10日以下拘留；猥亵智力残疾人、精神病人、不满14周岁的人或者有其他严重情节的，处 10 日以上 15 日以下拘留。

（4）侵犯公私财物。《治安管理处罚法》第四十九条规定，盗窃、诈骗、哄抢、抢夺、敲诈勒索或者故意损毁公私财物的，处 5 日以上 10 日以下拘留，可以并处 500 元以下罚款；情节较重的，处 10 日以上 15 日以下拘留，可以并处 1000 元以下罚款。

4. 妨害社会管理

（1）制造噪声干扰他人生活。《治安管理处罚法》第五十八条规定，违反关于社会生活噪声污染防治的法律规定，制造噪声干扰他人正常生活的，处警告；警告后不改正的，处 200 元以上 500 元以下罚款。

（2）妨害文物管理。《治安管理处罚法》第六十三条规定，刻划、涂污或者以其他方式故意损坏国家保护的文物、名胜古迹的，处警告或者 200 元以下罚款；情节较重的，处 5 日以上 10 日以下拘留，并处 200 元以上 500 元以下罚款。

（3）嫖娼。《治安管理处罚法》第六十六条规定，卖淫、嫖娼的，处 10 日以上 15 日以下拘留，可以并处 5000 元以下罚款；情节较轻的，处 5 日以下拘留或者 500 元以下罚款。

（4）参与淫乱活动。《治安管理处罚法》第六十九条规定，参与聚众淫乱活动的，处 10 日以上 15 日以下拘留，并处 500 元以上 1000 元以下罚款。

（5）赌博。《治安管理处罚法》第七十条规定，参与赌博赌资较大的，处 5 日以下拘留或者 500 元以下罚款；情节严重的，处 10 日以上 15 日以下拘留，并处 500 元以上 3000 元以下罚款。

（6）非法持有或吸食毒品。《治安管理处罚法》第七十二条规定，非法持有鸦片不满 200 克、海洛因或者甲基苯丙胺不满 10 克或者其他少量毒品的，或吸食、注射毒品的，处 10 日以上 15 日以下拘留，可以并处 2000 元以下罚款；情节较轻的，处 5 日以下拘留或者 500 元以下罚款。

第四节　消费者权益的保护

在消费者权益的保护方面，不仅经营者负有直接的义务，而且国家、社会也都负有相应的义务。只有各类主体有效承担相应保护消费者的义务，消费者的各项权益才能得到有效的保障。为此，我国对于国家和社会在保护消费者权益方面的义务也都作出了明确的规定。

一、消费者权益的国家保护

国家是公共权力的代表，对消费领域实施适当的干预，以矫正市场经济条件下经营者与消费者之间的不平等是国家应尽的职责。国家对消费者权益的保护，是由立法机关、行政机关、司法机关通过采取相应措施来实现的。国家采取措施，保障消费者依法行使权利，维护消费者的合法权益。

（一）立法保护

完善的法律、法规、政策体系，是国家保护消费者合法权益的基础和依据。国家对消费者的立法保护主要表现为：

（1）国家采取立法措施保护消费者及其合法权益，并将有关消费政策上升为法律、法规。消费者权益的保护只有通过国家的立法上升到法律的层面，形成具体的法律法规，以国家强制力为后盾，才能得到广泛的遵守与严格的执行。

（2）《消费者权益保护法》第三十条规定，国家制定有关消费者权益的法律、法规、规章和强制性标准，应当听取消费者和消费者协会等组织的意见。听取意见的方式多种多样，可以通过网络、报纸等媒体公开征求意见，也可以通过召开座谈会、论证会、听证会等，与消费者进行面对面的沟通、讨论。

（二）行政保护

1. 各级人民政府对消费者权益的保护

《消费者权益保护法》第三十一条规定，各级人民政府应当加强领导，组织、协调、督促有关行政部门做好保护消费者合法权益的工作，落实保护消费者合法权益的职责。各级人民政府应当加强监督，预防危害消费者人身、财产安全行为的发生，及时制止危害消费者人身、财产安全的行为。

2. 执法主管部门对消费者权益的保护

《消费者权益保护法》第三十二条规定，各级人民政府工商行政管理部门和其他有关行政部门应当依照法律、法规的规定，在各自的职责范围内，采取措施，保护消费者的合法权益。有关行政部门应当听取消费者和消费者协会等组织对经营者的交易行为、商品和服务质量问题的意见，及时调查处理。第三十三条规定，有关行政部门在各自的职责范围内，应当定期或者不定期对经营者提供的商品和服务进行抽查检验，并及时向社会公布抽查检验结果。有关行政部门发现并认定经营者提供的商品或者服务存在缺陷，有危及人身、财产安全危险的，应当立即责令经营者采取停止销售、警示、召回、无害化处理、销毁、停止生产或者服务等措施。第三十四条规定，有关国家机关应当依照法律、法规的规定，惩处经营者在提供商品和服务中侵害消费者合法权益的违法犯罪行为。

(三)司法保护

《消费者权益保护法》第三十五条规定，人民法院应当采取措施，方便消费者提起诉讼。对符合《中华人民共和国民事诉讼法》起诉条件的消费者权益争议，人民法院必须受理，并应及时审理。对侵害众多消费者合法权益的行为，中国消费者协会以及在省、自治区、直辖市设立的消费者协会，可以向人民法院提起诉讼，人民法院应当及时受理，并及时作出裁判。

对拒不执行人民法院判决的侵权人，人民法院应当采取强制措施予以执行，切实保护消费者的合法权益。

二、消费者协会对消费者权益的保护

保护消费者的合法权益是全社会的共同责任。国家鼓励、支持一切组织和个人对损害消费者权益的行为进行社会监督，大众传媒尤其应当发挥其舆论监督的优势。在社会保护中，各种消费者组织起着至关重要的作用，尤其是消费者协会，在保护消费者合法权益中发挥着重要作用。《消费者权益保护法》第三十六条规定，消费者协会和其他消费者组织是依法成立的对商品和服务进行社会监督的保护消费者合法权益的社会组织。

(一)公益性职责及保障

1. 公益性职责

在消费者组织中，目前消费者协会是我国保护消费者合法权益的一个最广泛、最重要的社会组织。消费者协会必须依法履行其公益性职责，各级人民政府对消费者协会履行公益性职责应当予以支持。《消费者权益保护法》第三十七条规定，消费者协会履行下列公益性职责：①向消费者提供消费信息和咨询服务，提高消费者维护自身合法权益的能力，引导文明、健康、节约资源和保护环境的消费方式；②参与制定有关消费者权益的法律、法规、规章和强制性标准；③参与有关行政部门对商品和服务的监督、检查；④就有关消费者合法权益的问题，向有关部门反映、查询，提出建议；⑤受理消费者的投诉，并对投诉事项进行调查、调解；⑥投诉事项涉及商品和服务质量问题的，可以委托具备资格的鉴定人鉴定，鉴定人应当告知鉴定意见；⑦就损害消费者合法权益的行为，支持受损害的消费者提起诉讼或者依照本法提起诉讼；⑧对损害消费者合法权益的行为，通过大众传播媒介予以揭露、批评。

2. 保障

《消费者权益保护法》第三十七条第三款规定，各级人民政府对消费者协会职责应当予以必要的经费支持。第四款规定，消费者协会应当认真履行保护消费者合法权益的职责，听取消费者的意见和建议，接受社会监督。第五款规定，依法成立的其他消费者组织依照法律、法规及其章程的规定，开展保护消费者合法权益的活动。

(二)禁止行为及法律责任

《消费者权益保护法》第三十八条规定，消费者组织不得从事商品经营和营利性服务，不得以收取费用或者其他牟取利益的方式向消费者推荐商品和服务。《消费者权益保护法》第四十五条第三款规定，社会团体或者其他组织、个人在关系消费者生命健康商品或者服务的虚假广告或者其他虚假宣传中向消费者推荐商品或者服务，造成消费者损害的，应当与提供该商品或者服务的经营者承担连带责任。

三、经营者的法律责任

经营者直接向消费者提供商品或服务，其经营行为直接关系到消费者的合法权益的实现。根据《消费者权益保护法》的规定，对经营者侵犯消费者权益拒不履行义务、侵害消费者权益的行为，应当依法追究违法者的法律责任。

(一)责任主体

1. 购买、使用商品权益受损害的责任主体

《消费者权益保护法》第四十条规定，消费者在购买、使用商品时，其合法权益受到损害的，可以向销售者要求赔偿。销售者赔偿后，属于生产者的责任或者属于向销售者提供商品的其他销售者的责任的，销售者有权向生产者或者其他销售者追偿。消费者或者其他受害人因商品缺陷造成人身、财产损害的，可以向销售者要求赔偿，也可以向生产者要求赔偿。属于生产者责任的，销售者赔偿后，有权向生产者追偿。属于销售者责任的，生产者赔偿后，有权向销售者追偿。消费者在接受服务时，其合法权益受到损害的，可以向服务者要求赔偿。

2. 原企业分立、合并的责任主体

《消费者权益保护法》第四十一条规定，消费者在购买、使用商品或者接受服务时，其合法权益受到损害，因原企业分立、合并的，可以向变更后承受其权利、义务的企业要求赔偿。

3. 非营业执照持有人造成损害的责任主体

《消费者权益保护法》第四十二条规定，使用他人营业执照的违法经营者提供商品或者服务，损害消费者合法权益的，消费者可以向其要求赔偿，也可以向营业执照的持有人要求赔偿。

4. 在展销会、租赁柜台购买商品、接受服务受到损害的责任主体

《消费者权益保护法》第四十三条规定，消费者在展销会、租赁柜台购买商品或者接受服务，其合法权益受到损害的，可以向销售者或者服务者要求赔偿。展销会结束或者柜台租赁期满后，有权向销售者或者服务者追偿。

5. 网络购物受到损害的责任主体

《消费者权益保护法》第四十四条规定，消费者通过网络交易平台购买商品或者接受服务，其合法权益受到损害的，可以向销售者或者服务者要求赔偿。网络交易平台提供者不能提供销售者或者服务者的真实名称、地址和有效联系方式的，消费者也可以向网络交易平台提供者要求赔偿；网络交易平台提供者作出更有利于消费者的承诺的，应当履行承诺。网络交易平台提供者赔偿后，有权向销售者或者服务者追偿。

网络交易平台提供者明知或者应知销售者或者服务者利用其平台侵害消费者合法权益，未采取必要措施的，依法与该销售者或者服务者承担连带责任。

6. 因虚假广告受到损害的责任主体

《消费者权益保护法》第四十五条规定，消费者因经营者利用虚假广告提供商品或者服务，其消费者合法权益受到损害的，可以向经营者要求赔偿。广告经营者、发布者发布虚假广告的，消费者可以请求行政主管部门予以惩处。广告经营者、发布者不能提供经营者的真实名称、地址和有效联系方式的，应当承担赔偿责任。

广告经营者、发布者设计、制作、发布关系消费者生命健康商品或者服务的虚假广告，造成消费者损害的，应当与提供该商品或服务的经营者承担连带责任。

社会团体或者其他组织、个人在关系消费者生命健康商品或者服务的虚假广告或者其他虚假宣传中向消费者推荐商品或者服务，造成消费者损害的，应当与提供该商品或者服务的经营者承担连带责任。

（二）法律责任

1. 提供的商品或服务存在不当情形

《消费者权益保护法》第四十八条第一款规定，经营者提供商品或者服务有下列情形之一的，除本法另有规定外，应当依照其他有关法律、法规的规定，承担民事责任：商品或者服务存在缺陷的；不具备商品应当具备的使用性能而出售时未作说明的；不符合在商品或者其包装上注明采用的商品标准的；不符合商品说明、实物样品等方式表明的质量状况的；生产国家明令淘汰的商品或者销售失效、变质的商品的；销售的商品数量不足的；服务的内容和费用违反约定的；对消费者提出的修理、重做、更换、退货、补足商品数量、退还货款和服务费用或者赔偿损失的要求，故意拖延或者无理拒绝的；法律、法规规定的其他损害消费者权益的情形。

《治安管理处罚法》第四十六条规定，强买强卖商品，强迫他人提供服务或者强迫他人接受服务的，处5日以上10日以下拘留，并处200元以上500元以下罚款；情节较轻的，处5日以下拘留或者500元以下罚款。

2. 未尽安全保障义务

《消费者权益保护法》第四十八条第二款规定，经营者对消费者未尽到安全保障义务，造成消费者损害的，应当承担侵权责任。

3. 提供的商品或服务造成人身伤害

《消费者权益保护法》第四十九条规定，经营者提供商品或者服务，造成消费者或者其他受害人人身伤害的，应当赔偿医疗费、护理费、交通费等为治疗和康复支出的合理费用，以及因误工减少的收入。造成残疾的，还应当赔偿残疾生活辅助具费和残疾赔偿金。造成死亡的，还应当赔偿丧葬费和死亡赔偿金。

4. 侵害消费者的人格、人身和隐私安全

《消费者权益保护法》第五十条规定，经营者侵害消费者的人格尊严、侵犯消费者人身自由或者侵害消费者个人信息依法得到保护的权利的，应当停止侵害、恢复名誉、消除影响、赔礼道歉，并赔偿损失。

5. 侵害消费者人身权益造成严重精神损害

《消费者权益保护法》第五十一条规定，经营者有侮辱诽谤、搜查身体、侵犯人身自由等侵害消费者或者其他受害人人身权益的行为，造成严重精神损害的，受害人可以要求精神损害赔偿。

6. 提供的商品或服务造成消费者财产损害

《消费者权益保护法》第五十二条规定，经营者提供商品或者服务，造成消费者财产损害的，应当依照法律规定或者当事人约定承担修理、重作、更换、退货、补足商品数量、退还货款和服务费用或者赔偿损失等民事责任。

7. 未按照约定提供商品或服务

《消费者权益保护法》第五十三条规定，经营者以预收款方式提供商品或者服务的，应当按照约定提供。未按照约定提供的，应当按照消费者的要求履行约定或者退回预付款；并应当承担预付款的利息、消费者必须支付的合理费用。

8. 退货责任

《消费者权益保护法》第五十四条规定，依法经有关行政部门认定为不合格的商品，消费者要求退货的，经营者应当负责退货。

9. 欺诈行为责任

《消费者权益保护法》第五十五条规定，经营者提供商品或者服务有欺诈行为的，应当按照消费者的要求增加赔偿其受到的损失，增加赔偿的金额为消费者购买商品的价款或者接受服务的费用的 3 倍；增加赔偿的金额不足 500 元的，为 500 元。法律另有规定的，依照其规定。

经营者明知商品或者服务存在缺陷，仍然向消费者提供，造成消费者或者其他受害人死亡或者健康严重损害的，受害人有权要求经营者依照本法第四十九条、第五十一条等法律规定赔偿损失，并有权要求所受损失 2 倍以下的惩罚性赔偿。

10. 民事赔偿责任优先

《消费者权益保护法》第五十八条规定，经营者违反本法规定，应当承担民事赔偿责任和缴纳罚款、罚金，其财产不足以同时支付的，先承担民事赔偿责任。

随堂练

第十二章
旅行社法律制度

法规文件

【学习目标】

了解《旅行社条例》《旅行社条例实施细则》《文化和旅游市场信用管理规定》关于总则的规定;《在线旅游经营服务管理暂行规定》关于总则、监督检查的规定。熟悉《中华人民共和国旅游法》《旅行社条例》《旅行社条例实施细则》关于旅行社设立与变更的规定;《文化和旅游市场信用管理规定》关于文化和旅游市场信用信息采集与归集，失信主体的分类，信用信息公开与共享的规定。掌握《中华人民共和国旅游法》《旅行社条例实施细则》《旅游服务质量保证金存取管理办法》关于旅行社经营范围、经营原则、经营规范、旅游服务质量保证金制度的规定、旅行社权利和义务等法律制度及其相关法律责任的规定;《旅行社服务质量赔偿标准》关于旅游主管部门调解旅游纠纷时执行的赔偿依据的规定;《文化和旅游市场信用管理规定》关于文化和旅游市场失信主体认定、管理措施、信用修复、信用评价与信用承诺的规定,《在线旅游经营服务管理暂行规定》关于在线旅游经营者运营、法律责任的规定。

第一节　概　述

一、旅行社立法概况

为了适应我国旅游业对外开放的需要，促进旅游业的发展，1985 年 5 月 11 日国务院颁布了《旅行社管理暂行条例》。1996 年 10 月 15 日，国务院发布了《旅行社管理条例》，并于 2001 年根据旅行社的业务发展需要进行了修订。2009 年 5 月 1 日起施行《旅行社条例》,《旅行社管理条例》同时废止。同年，国家旅游局公布新的《旅行社条例实施细则》(以下简称《实施细则》)。2013 年实施的《旅游法》则在旅行社的设立、旅行社的经营、旅游服务合同及法律责任承担等方面作出了明确规定，在法律层面对旅行社的经营规范作出了要求。

二、旅行社及《旅行社条例》的适用范围

（一）概念和法律特征

1. 概念

综合《旅游法》第二十九条、《旅行社条例》第二条的规定，旅行社是指从事招徕、组织、接待旅游者等活动，为旅游者提供相关旅游服务，开展境内旅游业务、入境旅游业务、出境旅游业务或者边境旅游业务的企业法人。《实施细则》第二条规定，旅行社提供的相关旅游服务主要包括：安排交通服务；安排住宿服务；安排餐饮服务；安排观光游览、休闲度假等服务；导游、领队服务；旅游咨询、旅游活动设计服务。

2. 法律特征

（1）旅行社是依法向市场监督管理部门登记注册再经行政许可的企业法人。设立旅行社，必须具备一般企业法人的法定条件，取得旅行社企业法人的资格，经旅游行政管理部门批准，领取旅行社业务经营许可证。

（2）旅行社所从事的旅游业务主要是招徕、组织并接待旅游者，为旅游者提供相关的旅游服务。招徕，指旅行社按照批准的业务范围，在国内外开展宣传活动，组织招徕旅游者的业务。接待，指旅行社根据与旅游者达成的协议为其安排行、游、住、食、购、娱等活动，并提供导游服务。

（二）《旅行社条例》的目的与适用范围

《旅行社条例》第一条规定，为了加强对旅行社的管理，保障旅游者和旅行社的合法权益，维护旅游市场秩序，促进旅游业的健康发展，制定本条例。《旅行社条例》第二条第一款规定，本条例适用于中华人民共和国境内旅行社的设立及经营活动。第六十七条规定，香港特别行政区、澳门特别行政区和台湾地区的投资者在内地投资设立的旅行社，参照适用本条例。

三、旅行社的经营范围和经营原则

（一）经营范围

《旅游法》第二十九条规定，旅行社可以经营下列业务：境内旅游；出境旅游；边境旅游；入境旅游；其他旅游业务。旅行社经营出境旅游与边境旅游业务，应当取得相应的业务经营许可，具体条件由国务院规定。

《实施细则》第三条规定，国内旅游业务，是指旅行社招徕、组织和接待

中国内地居民在境内旅游的业务。入境旅游业务，是指旅行社招徕、组织、接待外国旅游者来我国旅游，香港特别行政区、澳门特别行政区旅游者来内地旅游，台湾地区居民来大陆旅游，以及招徕、组织、接待在中国内地的外国人，在内地的香港特别行政区、澳门特别行政区居民和在大陆的台湾地区居民在境内旅游的业务。出境旅游业务，是指旅行社招徕、组织、接待中国内地居民出国旅游，赴香港特别行政区、澳门特别行政区和台湾地区旅游，以及招徕、组织、接待在中国内地的外国人、在内地的香港特别行政区、澳门特别行政区居民和在大陆的台湾地区居民出境旅游的业务。

（二）经营原则

《旅行社条例》第四条规定，旅行社在经营活动中应当遵循自愿、平等、公平、诚信的原则，提高服务质量，维护旅游者的合法权益。

（1）自愿原则。指旅游者有权自主自愿选择旅游产品，旅行社不得违背旅游者的意愿，强迫或者变相强迫旅游者与自己签订旅游合同，或者干涉旅游者与其他旅行社订立旅游合同。

（2）平等原则。指旅行社和旅游者具有平等的法律地位，在权利义务对等的基础上，双方就旅游合同相关条款充分协商达成一致，旅行社不得将自己的意志强加给旅游者。

（3）公平原则。指在设立权利义务、承担民事责任等方面应当公平、平等，合情合理，保证公平交易和公平竞争。

（4）诚信原则。也称诚实信用原则，诚实是指旅行社在招徕、组织、接待旅游者时，不得对旅游者进行隐瞒、欺骗；信用是指旅行社应当善意地、全面地履行旅游合同，按照约定的旅游项目、标准或者档次提供服务。

第二节　旅行社的设立与变更

一、设立条件

《旅游法》第二十八条规定，设立旅行社，招徕、组织、接待旅游者，为其提供旅游服务，应当具备下列条件，取得旅游主管部门的许可，依法办理工商登记：有固定的经营场所；有必要的营业设施；有符合规定的注册资本；有必要的经营管理人员和导游；法律、行政法规规定的其他条件。

《旅行社条例》第六条规定，申请经营国内旅游业务和入境旅游业务的，应当取得企业法人资格，并且注册资本不少于 30 万元。

《实施细则》第六条规定，旅行社的经营场所应当符合下列要求：①申请者拥有产权的营业用房，或者申请者租用的、租期不少于 1 年的营业用房；②营业用房应当满足申请者业务经营的需要。

《实施细则》第七条规定，旅行社的营业设施应当至少包括下列设施、设备：① 2 部以上的直线固定电话；②传真机、复印机；③具备与旅游行政管理部门及其他旅游经营者联网条件的计算机。

二、设立程序

申请设立旅行社，在申请人经市场监督管理部门登记注册取得企业法人营业执照后，还需向旅游行政管理部门提出申请取得旅行社业务经营许可证。根据《旅行社条例》的规定，申请设立旅行社的程序如下：

（一）提出申请

《旅行社条例》第七条规定，申请设立经营国内旅游业务和入境旅游业务的旅行社，应当向所在地省、自治区、直辖市旅游行政管理部门或受其委托的设区的市（含州、盟）级旅游行政管理部门提出申请。

（二）提交相关申请文件

《实施细则》第八条规定，申请设立旅行社，经营国内旅游业务和入境旅游业务的，应当向省、自治区、直辖市旅游行政管理部门提交下列文件：①设立申请书。内容包括申请设立的旅行社的中英文名称及英文缩写、设立地址、企业形式、出资人、出资额和出资方式、申请人、受理申请部门的全称、申请书名称和申请的时间；②法定代表人履历表及身份证明；③企业章程；④经营场所的证明；⑤营业设施、设备的证明或者说明；⑥工商行政管理部门出具的《企业法人营业执照》。

（三）许可

依据《旅行社条例》第七条规定，申请经营国内旅游业务和入境旅游业务的，应当向所在地省、自治区、直辖市旅游行政管理部门省级旅游主管部门或者其委托的设区的市级旅游行政管理部门旅游主管部门提出申请，并提交符合“取得企业法人资格并且注册资本不少于 30 万元”的相关证明文件。受理申请的旅游行政管理部门应当自受理申请之日起 20 个工作日内作出许可或者不予许可的决定。予以许可的，向申请人颁发旅行社业务经营许可证；不予许可的，书面通知申请人并说明理由。

三、旅行社申请经营出境旅游业务的特别规定

《旅行社条例》第八条规定，旅行社取得经营许可满两年，且未因侵害旅游者合法权益受到行政机关罚款以上处罚的，可以申请经营出境旅游业务。依据《实施细则》第十条规定，旅行社申请出境旅游业务的，应当向国务院旅游行政主管部门提交经营旅行社业务满两年、且连续两年未因侵害旅游者合法权益受到行政机关罚款以上处罚的承诺书和经工商行政管理部门变更经营范围的《企业法人营业执照》。

《旅行社条例》第九条规定，申请经营出境旅游业务的，应当向国务院旅游行政主管部门或者其委托的省、自治区、直辖市旅游行政管理部门提出申请，受理申请的旅游行政管理部门应当自受理申请之日起 20 个工作日内作出许可或者不予许可的决定。予以许可的，向申请人换发旅行社业务经营许可证；不予许可的，书面通知申请人并说明理由。

四、旅行社变更事项的管理

根据《旅行社条例》第十二条规定，旅行社变更名称、经营场所、法定代表人等登记事项或者终止经营的，应当到工商行政管理部门办理相应的变更登记或者注销登记，并在登记办理完毕之日起 10 个工作日内，向原许可的旅游行政管理主管部门备案，换领或者交回旅行社业务经营许可证。

《实施细则》第十二条规定，旅行社名称、经营场所、出资人、法定代表人等登记事项变更的，应当在办理变更登记后，持已变更的《企业法人营业执照》向原许可的旅游行政管理部门备案。

旅行社终止经营的，应当在办理注销手续后，持工商行政管理部门出具的注销文件，向原许可的旅游行政管理部门备案。

第三节　旅行社管理制度

一、旅行社业务经营许可证制度

《旅游法》第二十八条规定，设立旅行社，招徕、组织、接待旅游者，为其提供旅游服务，应当具备规定条件，取得旅游主管部门的许可，依法办理工商登记。这表明，在我国旅行社业为许可经营行业。

（一）许可证的含义

旅行社业务经营许可证是指有许可权的旅游主管部门颁发的，证明持证人具有从事旅游业务经营资格的凭证。为保证许可证的权威性、严肃性和统一性，《实施细则》第十一条规定，旅行社业务经营许可证及副本，由国务院旅游主管部门制定统一样式，国务院旅游主管部门和省级旅游主管部门分别印制。未取得旅行社业务经营许可证的，不得从事旅行社业务经营活动。

（二）许可证的管理

1. 明示

《实施细则》第二十六条规定，旅行社及其分社、服务网点，应当将《旅行社业务经营许可证》、《旅行社分社备案登记证明》或者《旅行社服务网点备案登记证明》，与营业执照一起，悬挂在经营场所的显要位置。

《旅游法》第九十五条规定，违反本法规定，未经许可经营旅行社业务的，由旅游主管部门或者市场监督管理部门责令改正，没收违法所得，并处 1 万元以上 10 万元以下罚款；违法所得 10 万元以上的，并处违法所得 1 倍以上 5 倍以下罚款；对有关责任人员，处 2000 元以上 2 万元以下罚款。违反本法规定，未经许可经营出境旅游、边境旅游业务的，除依照以上规定处罚外，并责令停业整顿；情节严重的，吊销旅行社业务经营许可证；对直接负责的主管人员，处 2000 元以上 2 万元以下罚款。

2. 不得非法转让、出租或者出借

《旅游法》第三十条规定，旅行社不得出租、出借旅行社业务经营许可证，或者以其他形式非法转让旅行社业务经营许可。非法转让，是指旅行社没有通过法律、法规允许的转让方式、程序等要求转让业务经营许可的非法行为；出租，是指将旅行社业务经营许可证件租赁给他人使用并收取租金的非法行为；出借，是指无偿将旅行社业务经营许可证借予他人使用的非法行为。

《旅游法》第九十五条规定，违反本法规定，出租、出借旅行社业务经营许可证，或者以其他方式非法转让旅行社业务经营许可证的，由旅游主管部门或者市场监督管理部门责令改正，没收违法所得，并处 1 万元以上 10 万元以下罚款；违法所得 10 万元以上的，并处违法所得 1 倍以上 5 倍以下罚款；对有关责任人员，处 2000 元以上 2 万元以下罚款，并责令停业整顿；情节严重的，吊销旅行社业务经营许可证；对直接负责的主管人员，处 2000 元以上 2 万元以下罚款。

二、旅游服务质量保证金制度

为了加强对旅行社服务质量的监督和管理，保护旅游者的合法权益，保障旅行社规范经营，《旅游法》第三十一条规定，旅行社应当按照规定交纳旅游服务质量保证金，用于旅游者权益损害赔偿和垫付旅游者人身安全遇有危险时紧急救助的费用。

（一）概念及使用范围

旅游服务质量保证金，是指根据《旅游服务质量保证金存取管理办法》（以下简称《办法》）第二条规定，由旅行社在指定银行缴存或由银行担保提供的一定数额用于旅游服务质量赔偿支付和团队旅游者人身安全遇有危险时紧急救助费用垫付的资金。

依据《旅游法》第三十一条、《办法》第二条的规定，旅行社应当按照规定交纳旅游服务质量保证金，适用于旅游者权益损害赔偿和垫付旅游者人身安全遇有危险时紧急救助的费用。

（二）交纳

1. 交纳期限

《旅行社条例》第十三条第一款规定，旅行社应当自取得旅行社业务经营许可证之日起 3 个工作日内，在国务院旅游行政管理部门指定的银行开设专门的质量保证金账户，存入质量保证金，或者向作出许可的旅游行政管理部门提交依法取得的担保额度不低于相应质量保证金数额的银行担保。

2. 交纳标准

《旅行社条例》第十三条第二款规定，经营国内旅游业务和入境旅游业务的旅行社，应当存入质量保证金 20 万元；经营出境旅游业务的旅行社，应当增存质量保证金 120 万元。

《旅行社条例》第十四条规定，旅行社每设立一个经营国内旅游业务和入境旅游业务的分社，应当向其质量保证金账户增存 5 万元；每设立一个经营出境旅游业务的分社，应当向其质量保证金账户增存 30 万元。

3. 交纳形式

根据《旅行社条例》第十三条规定，旅行社应当自取得旅行社业务经营许可证之日起 3 个工作日内，在国务院旅游行政主管部门指定的银行开设专门的质量保证金账户，存入质量保证金，或者向作出许可的旅游行政管理部门提交依法取得的担保额度不低于相应质量保证金数额的银行担保。可见，在质量保证金的交纳形式上，质量保证金包括现金和银行担保两种形式。

（1）以现金形式交纳质量保证金的。《办法》第三条规定，依据《旅行社条例》第十三条第一款的规定，为旅行社开设保证金专用账户或提供保证金担保业务的银行，由国务院旅游主管部门指定。本着公开、公平、公正的原则，指定符合法律、法规和本办法规定并提出书面申请的中国境内（不含港澳台地区）商业银行作为保证金的存储银行。接受存储的银行应当为旅行社开设保证金专用账户。

（2）以银行担保的方式交纳质量保证金的。《旅行社条例》第十三条规定，旅行社向作出许可的旅游行政管理部门提交依法取得的担保额度不低于相应质量保证金数额的银行担保。规定该交纳方法的目的是降低旅行社的经营成本、避免资金闲置而允许的一种信用支持。

（3）保证金的存期。依据《实施细则》第十四条，旅行社在银行存入质量保证金的，应当设立独立账户，存期由旅行社确定，但不得少于1年。账户存期届满1个月前，旅行社应当办理续存手续或者提交银行担保。

（三）管理

1. 所有权属

《旅行社条例》第十三条规定，质量保证金的利息属于旅行社所有。

2. 取款

《办法》第十一条规定，旅行社因解散或破产清算、业务变更或撤减分社减交、3年内未因侵害旅游者合法权益受到行政机关罚款以上处罚而降低保证金数额50%等原因，需要支取保证金时，须向许可的旅游行政主管部门提出，许可的旅游行政主管部门审核出具《旅游服务质量保证金取款通知书》。银行根据《旅游服务质量保证金取款通知书》，将相应数额的保证金退还给旅行社。

3. 动态管理

为激励旅行社合法经营，形成有序的市场环境，促进旅游业健康发展，我国实行了保证金动态管理。保证金动态管理包括降低交纳标准、退还已交纳的保证金，补足保证金，存入、续存、增存保证金。

（1）保证金的标准降低和退还。《旅行社条例》第十七条规定，旅行社自交纳或者补足质量保证金之日起3年内未因侵害旅游者合法权益受到行政机关罚款以上处罚的，旅游行政管理部门应当将旅行社服务质量保证金的交存数额降低50%，并向社会公告。旅行社可凭省、自治区、直辖市旅游行政管理部门出具的凭证减少其质量保证金。

（2）保证金的补足规定。《旅行社条例》第十八规定，旅行社在旅游行政管理部门使用质量保证金赔偿旅游者的损失，或者依法减少质量保证金后，因侵害旅游者合法权益受到行政机关罚款以上处罚的，应当在收到旅游主管部门补交质量保证金的通知之日起 5 个工作日内补足质量保证金。

(3)保证金的存入、续存、增存规定。《实施细则》第十五条规定，旅行社存入、续存、增存保证金后 7 个工作日内，应当向作出许可的旅游主管部门提交存入、续存、增存质量保证金的证明文件，以及旅行社与银行达成的使用质量保证金的协议。

《实施细则》第十六条规定，旅行社符合《旅行社条例》第十七条降低质量保证金数额规定条件的，原许可的旅游行政管理部门应当根据旅行社的要求，在 10 个工作日内向其出具降低质量保证金数额的文件。

《旅行社条例》第四十八条规定，旅行社未在规定期限内向其质量保证金账户存入、增存、补足质量保证金或者提交相应的银行担保的，由旅游行政管理部门责令改正；拒不改正的，吊销旅行社业务经营许可证。

(四)赔偿范围

旅游服务质量保证金是用于保障旅游者权益的专用款项，主要是用于赔偿旅行社的原因导致的旅游者权益的损害。为了加强对旅游服务质量保证金的监督和管理,《旅游法》和《旅行社条例》规定了旅游行政管理部门划拨使用旅游服务质量保证金的赔偿情形。

1. 用于旅游者权益损害救济的费用

(1)旅游主管部门使用保证金的情形：旅行社违反旅游合同约定，侵害旅游者合法权益，经旅游主管部门查实；旅行社因解散、破产或者其他原因造成旅游者预交旅游费用损失的(预交旅游费用包括旅游团费、签证费)。其他原因主要指旅行社恶意卷款而逃等诈骗行为。

(2)人民法院使用保证金的情形：必须是判决、裁定及其他生效法律文件认定的，未生效的法律文书不能作为使用保证金的依据。使用范围是旅行社损害旅游者合法权益，旅行社拒绝或者无力赔偿的。

2. 用于垫付旅游者人身安全遇有危险时紧急救助的费用

因旅行社拒绝履行合同致旅游者被甩团、滞留，或因不可抗力等导致人身安全遇有危险，且旅行社拒绝或者无力及时承担救助责任时，旅游行政主管部门可以决定使用保证金垫付紧急救助费用。紧急救助费用主要包括安排旅游者食宿、治疗、救援、返程等使旅游者脱离危险的救急费用。

(五)赔偿标准

旅行社不履行合同或者履行合同不符合约定的服务质量标准，旅游者和旅行社对赔偿标准未作出合同约定的，旅游主管部门或者旅游质监执法机构在处理相关旅游投诉时，参照适用《旅行社服务质量赔偿标准》（以下简称《标准》）。

1. 因旅行社的原因不能成行的

《标准》第四条规定，旅行社与旅游者订立合同或收取旅游者预付旅游费用后，因旅行社原因不能成行的，旅行社应在合理期限内通知旅游者，否则按下列标准承担赔偿责任：

（1）境内旅游应提前 7 日（不含 7 日）通知旅游者，否则应向旅游者全额退还预付旅游费用，并按下述标准向旅游者支付违约金：出发前 7 日（含 7 日）至 4 日，支付旅游费用总额 10% 的违约金；出发前 3 日至 1 日，支付旅游费用总额 15% 的违约金；出发当日，支付旅游费用总额 20% 的违约金。

（2）出境旅游（含赴台游）应提前 30 日（不含 30 日）通知旅游者，否则应向旅游者全额退还预付旅游费用，并按下述标准向旅游者支付违约金：出发前 30 日至 15 日，支付旅游费用总额 2% 的违约金；出发前 14 日至 7 日，支付旅游费用总额 5% 的违约金；出发前 6 日至 4 日，支付旅游费用总额 10% 的违约金；出发前 3 日至 1 日，支付旅游费用总额 15% 的违约金；出发当日，支付旅游费用总额 20% 的违约金。

2. 旅行社擅自转团、拼团的

《标准》第五条规定，旅行社未经旅游者同意，擅自将旅游者转团、拼团的，旅行社应向旅游者支付旅游费用总额 25% 的违约金。解除合同的，还应向未随团出行的旅游者全额退还预付旅游费用，向已随团出行的旅游者退还未实际发生的旅游费用。

3. 歧视性收费的

《标准》第六条规定，在同一旅游行程中，旅行社提供相同服务，因旅游者的年龄、职业等差异增收费用的，旅行社应返还增收的费用。

4. 因旅行社的原因未能乘坐交通工具的

《标准》第七条规定，因旅行社的原因造成旅游者未能乘坐预定的公共交通工具的，旅行社应赔偿旅游者的直接经济损失，并支付直接经济损失 20% 的违约金。

5. 安排的旅游活动和服务不符合约定的

《标准》第八条规定，旅行社安排的旅游活动及服务档次与合同不符，造成旅游者经济损失的，旅行社应退还旅游者合同金额与实际花费的差额，并支付同额违约金。

6. 提供的服务不符合标准的

《标准》第九条规定，导游或领队未按照国家或旅游行业对旅游者服务标准提供导游或者领队服务，影响旅游服务质量的，旅行社应向旅游者支付旅游费用总额 1%~5% 的违约金，本赔偿标准另有规定的除外。

7. 违反合同约定的

《标准》第十条规定，旅行社及导游或领队违反旅行社与旅游者的合同约定，损害旅游者合法权益的，旅行社按下述标准承担赔偿责任：

（1）擅自缩短游览时间、遗漏旅游景点、减少旅游服务项目的，旅行社应赔偿未完成约定旅游服务项目等合理费用，并支付同额违约金。遗漏无门票景点的，每遗漏一处旅行社向旅游者支付旅游费用总额 5% 的违约金。

（2）未经旅游者签字确认，擅自安排合同约定以外的用餐、娱乐、医疗保健、参观等另行付费项目的，旅行社应承担另行付费项目的费用。

（3）未经旅游者签字确认，擅自违反合同约定增加购物次数、延长停留时间的，每次向旅游者支付旅游费用总额 10% 的违约金。

（4）强迫或者变相强迫旅游者购物的，每次向旅游者支付旅游费用总额 20% 的违约金。

（5）旅游者在合同约定的购物场所所购物品系假冒伪劣商品的，旅行社应负责挽回或赔偿旅游者的直接经济损失。

（6）私自兜售商品，旅行社应全额退还旅游者购物价款。

8. 中止提供旅游服务的

《标准》第十一条规定，旅行社违反合同约定，中止对旅游者提供住宿、用餐、交通等旅游服务的，应当负担旅游者在被中止旅游服务期间所订的同等级别的住宿、用餐、交通等必要费用，并向旅游者支付旅游费用总额 30% 的违约金。

三、文化和旅游市场信用管理

为规范和加强文化与旅游市场信用管理，保护各类市场主体、从业人员和消费者的合法权益，维护文化和旅游市场秩序，促进文化和旅游市场高质量发展，文化和旅游部制定了《文化和旅游市场信用管理规定》（以下简称《信用管理规定》），自 2022 年 1 月 1 日起实施。

（一）适用范围、管理主体及实施原则

1. 适用范围

《信用管理规定》第三条规定，适用于文化和旅游市场主体与从业人员的信用信息的采集、归集、公开和共享，守信激励和失信惩戒，信用修复，信用承诺和信用评价等活动。旅游市场主体包括从事旅行社经营服务、A 级旅游景区

经营服务、旅游住宿经营服务、在线旅游经营服务的法人或者其他组织；从业人员包括上述市场主体的法定代表人、主要负责人、实际控制人以及导游等有关人员。

2. 管理主体和实施原则

（1）管理主体。《信用管理规定》第四条规定，文化和旅游部信用管理部门负责指导协调和监督管理全国文化和旅游市场信用管理工作;《信用管理规定》第五条规定，县级以上地方人民政府文化和旅游主管部门负责本行政区域内文化和旅游市场信用管理工作;《信用管理规定》第六条规定，鼓励行业协会商会、第三方信用服务机构、金融机构、新闻媒体等各类单位和个人依法参与信用管理；鼓励各类市场主体在生产经营活动中广泛、主动地应用信用报告；支持行业协会商会开展行业信用建设。支持行业协会商会对认定为失信主体的会员采取公开谴责、取消评优评先资格等行业自律措施，加强诚信宣传教育。

（2）实施原则。《信用管理规定》第二条规定，文化和旅游主管部门实施信用管理，应当坚持依法行政、合理关联、保护权益、审慎适度原则，确保奖惩措施与守信失信行为相当。

（二）信用信息采集与归集

1. 分工与原则

《信用管理规定》第七条规定，文化和旅游部建立全国文化和旅游市场主体与从业人员信用信息记录；地方各级文化和旅游主管部门负责补充完善信用信息记录，管理本行政区域内信用信息有关工作。第九条规定，文化和旅游主管部门按照“谁管理、谁采集”的要求，依法依职责采集相关信用信息，任何单位和个人不得违法违规采集。

2. 信用信息的内容

《信用管理规定》第八条规定，文化和旅游市场信用信息包括下列内容：注册登记、备案等用以识别、记载市场主体和从业人员基本情况的信息；司法裁判仲裁执行信息；行政许可、行政处罚信息；与其他部门实施联合奖惩的信息；信用评价结果信息、信用承诺履行情况信息；其他反映市场主体和从业人员信用状况的相关信息。

（三）失信主体的分类及认定

《信用管理规定》第十一条规定，文化和旅游市场失信主体分为严重失信主体和轻微失信主体。

1. 严重失信主体

（1）文化市场类。《信用管理规定》第十八条规定，文化和旅游主管部门对文化市场严重失信主体实施下列管理措施：①适当提高抽查比例和频次，纳入重点监管对象；②将失信信息提供给有关部门查询，供其在相关行政管理、公共服务、评优评先等活动中参考使用；③将失信信息提供给各类市场主体查询，供其在市场活动中参考使用；④因擅自从事娱乐场所经营活动而被认定为严重失信主体的，其投资人和负责人终身不得投资开办娱乐场所或者担任娱乐场所的法定代表人、负责人；⑤因擅自设立互联网上网服务营业场所经营单位而被认定为严重失信主体的，其法定代表人或者主要负责人 5 年内不得担任互联网上网服务营业场所经营单位的法定代表人或者主要负责人；⑥因被吊销营业性演出许可证而被认定为严重失信主体的，当事人为单位的，其法定代表人、主要负责人 5 年内不得担任文艺表演团体、演出经纪机构或者演出场所经营单位的法定代表人、主要负责人；⑦因营业性演出含有禁止内容被吊销营业性演出许可证而被认定为严重失信主体的，不得再次从事营业性演出或者营业性演出的居间、代理、行纪活动；⑧因被吊销或者撤销娱乐经营许可证而被认定为严重失信主体的，其法定代表人、主要负责人 5 年内不得担任娱乐场所的法定代表人、负责人；⑨因被吊销《网络文化经营许可证》而被认定为严重失信主体的，其法定代表人或者主要负责人 5 年内不得担任互联网上网服务营业场所经营单位的法定代表人或者主要负责人；⑩法律、行政法规和党中央、国务院政策文件规定的其他管理措施。

（2）旅游市场类。《信用管理规定》第十九条规定，文化和旅游主管部门对旅游市场严重失信主体实施下列管理措施：①适当提高抽查比例和频次，纳入重点监管对象；②将失信信息提供给有关部门查询，供其在相关行政管理、公共服务、评优评先等活动中参考使用；③将失信信息提供给各类市场主体查询，供其在市场活动中参考使用；④旅行社因被吊销旅行社业务经营许可证而被认定为严重失信主体的，其主要负责人 5 年内不得担任任何旅行社的主要负责人；⑤导游、领队因被吊销导游证而被认定为严重失信主体的，旅行社有关管理人员因旅行社被吊销旅行社业务经营许可证而被认定为严重失信主体的，自处罚之日起 3 年内不得重新申请导游证或者从事旅行社业务；⑥旅行社因侵犯旅游者合法权益受到罚款以上行政处罚而被认定为严重失信主体的，自处罚之日起 2 年内不得申请出境旅游业务；⑦法律、行政法规和党中央、国务院政策文件规定的其他管理措施。

2. 轻微失信主体

《信用管理规定》第二十条规定，文化和旅游主管部门对轻微失信主体实施下列管理措施：①依据法律、行政法规和党中央、国务院政策文件，在审查行政许可、资质资格等时作为参考因素；②加大日常监管力度，提高随机抽查的比例和频次；③将失信信息提供给有关部门查询，供其在相关行政管理、公共服务等活动中参考使用；④在行政奖励、授予称号等方面予以重点审查；⑤法律、行政法规和党中央、国务院政策文件规定的其他管理措施。

《信用管理规定》第二十一条规定，对严重失信主体实施信用管理措施的期限为 3 年，对轻微失信主体实施信用管理措施的期限为 1 年。法律法规另有规定的，从其规定。

（四）信用信息公开与共享

1. 公开与共享原则

（1）《信用管理规定》第二十二条规定，文化和旅游市场信用信息的公开与共享坚持合法、必要、安全原则，防止信息泄露，不得侵犯商业秘密和个人隐私。

（2）《信用管理规定》第二十三条规定，失信主体信息应当按照“谁认定、谁公开”原则，通过全国文化和旅游市场信用管理系统等渠道公开。

（3）《信用管理规定》第二十四条规定，文化和旅游部信用管理部门应当建立健全信用信息查询、应用和反馈机制，推进信用信息与其他有关部门共享，实施信用联合奖惩。

2. 信用信息查询及更正

《信用管理规定》第二十五条规定，公民、法人和其他组织有权查询与自身相关的信用信息。文化和旅游主管部门应当依法依规为查询提供便利。认定部门或者信用信息归集管理部门发现信用信息有误的，应当及时主动更正。公民、法人和其他组织认为自己的信用信息有误时，有权向认定部门申请更正相关信息。认定部门应当在收到实名提交的书面更正申请之日起 5 个工作日内作出是否更正的决定。

（五）信用修复

1. 修复条件与程序

（1）修复条件。《信用管理规定》第二十六条规定，信用修复应当通过全国文化和旅游市场信用管理系统进行。符合以下条件的，认定部门应当主动进行信用修复：实施信用管理措施期限届满；认定为失信主体的依据被撤销或者变更，不符合认定为失信主体标准的；因为政策变化或者法律法规修订，已经不适宜认定为失信主体的；其他应当主动修复的情形。信用修复应当通过全国文化和旅游市场信用管理系统进行。

（2）修复程序。《信用管理规定》第二十七条规定，文化和旅游市场失信主体积极进行合规整改、纠正失信行为、消除不良影响、接受信用修复培训、作出信用承诺的，可以向认定部门提出信用修复申请，并遵循以下程序：①申请。有关市场主体和从业人员可以向认定部门提出信用修复申请，说明事实和理由，提交信用修复申请书、培训记录、纠正失信行为等有关材料；②受理。认定部门收到申请后，应当于 10 个工作日内予以受理。不符合条件的不予受理并说明理由；③核查。认定部门应当自受理之日起 10 个工作日内，采取线上、书面、实地等方式检查核实。必要时，可以组织开展约谈或者指导；④决定。认定部门应当自核查完成之日起 5 个工作日内作出准予信用修复或者不予信用修复的决定，不予信用修复的应当说明理由；⑤修复。认定部门应当自作出准予信用修复决定之日起 5 个工作日内，解除对失信主体的相关管理措施。

2. 不予修复情形

《信用管理规定》第二十八条规定，具有下列情形之一的，不予信用修复：①认定为严重失信主体不满 6 个月的、认定为轻微失信主体不满 3 个月的；②因违反相关法律法规规定，依法被限制或者禁止行业准入期限尚未届满的；③距离上一次信用修复时间不到 1 年的；④申请信用修复过程中存在弄虚作假、故意隐瞒事实等欺诈行为的；⑤申请信用修复过程中又因同一原因受到行政处罚，造成不良社会影响的；⑥法律法规和党中央、国务院政策文件明确规定不可修复的。

（六）信用评价与信用承诺

1. 信用评价

《信用管理规定》第二十九条规定，文化和旅游部根据工作需要，制定行业信用评价制度和规范，组织开展信用评价，实施分级分类管理。各级文化和旅游主管部门在职责范围内开展信用评价工作。鼓励行业协会商会、第三方信用服务机构等具备条件的机构依法依规参与信用评价。《规定》第三十条规定，鼓励各部门在评优评先、人员招聘、试点示范等方面优先选择信用评价较好的市场主体和从业人员。鼓励和支持有关机构积极利用信用评价结果，拓展信用应用场景。

2. 信用承诺

《信用管理规定》第三十一条规定，文化和旅游主管部门在行政管理、政务服务等工作中应当规范应用信用承诺，将文化和旅游市场主体和从业人员的承诺履约情况记入信用信息记录，作为监督管理的重要依据。文化和旅游市场主体和从业人员被认定为严重失信主体或者曾经作出虚假承诺的，不适用信用承诺的有关规定。

第四节　旅行社的经营规范、权利与义务

一、旅行社的经营规范

（一）依法从事旅游经营活动

1. 按照核定的业务范围开展经营活动

旅行社应当按照核定的业务范围开展经营活动，严禁超范围经营。《旅游法》第二十九条规定，旅行社可以经营下列业务：①境内旅游；②出境旅游；③边境旅游；④入境旅游；⑤其他旅游业务。旅行社应当按照核定的业务范围开展经营活动，严禁超范围经营。超范围经营包括：未取得相应的旅行社业务经营许可，经营境内旅游、出境旅游、边境旅游、入境旅游、其他旅游业务；分社超出设立分社的旅行社的经营范围经营旅游业务；旅行社服务网点从事招徕、咨询以外的旅行社业务经营活动；外商投资旅行社违规经营中国内地居民出境、边境旅游业务及赴港、澳、台旅游业务；经营出境、边境旅游业务的旅行社组织旅游者到国务院旅游主管部门公布的中国公民出境、边境旅游目的地之外的国家和地区旅游。

《旅游法》第九十五条规定，未经许可经营旅行社业务的，由旅游主管部门或者市场监督管理部门责令改正，没收违法所得，并处 1 万元以上 10 万元以下罚款；违法所得 10 万元以上的，并处违法所得 1 倍以上 5 倍以下罚款；对有关责任人员，处 2000 元以上 2 万元以下罚款。旅行社未经许可经营出境旅游、边境旅游业务的，除依照前款规定处罚外，并责令停业整顿；情节严重的，吊销旅行社业务经营许可证；对直接负责的主管人员，处 2000 元以上 2 万元以下罚款。

2. 安排的旅游活动不得含有违法或违反社会公德的内容

《旅游法》第三十三条规定，旅行社及其从业人员组织、接待旅游者，不得安排参观或者参与违反我国法律、法规和社会公德的项目或者活动。《旅行社条例》第二十六条规定，旅行社为旅游者安排或者介绍的旅游活动不得含有违反有关法律、法规规定的内容。

《旅游法》第一百零一条规定，旅行社安排旅游者参观或者参与违反我国法律、法规和社会公德的项目或者活动的，由旅游主管部门责令改正，没收违法所得，责令停业整顿，并处 2 万元以上 20 万元以下罚款；情节严重的，吊销旅行社业务经营许可证；对直接负责的主管人员和其他直接责任人员，处 2000

元以上 2 万元以下罚款，并暂扣或者吊销导游证。

3. 选择合格的供应商

旅行社组织旅游活动所提供的旅游产品和服务，绝大多数是向旅游活动的要素供应商订购的。餐饮、住宿、交通运输、景区景点、娱乐场所供应商所提供的旅游产品和服务的质量，直接影响旅游市场的经营秩序与旅游者的旅游权益。因此，《旅游法》第三十四条规定，旅行社组织旅游活动应当向合格的供应商订购产品和服务。

《旅游法》第九十七条规定，旅行社向不合格的供应商订购产品和服务的，由旅游主管部门或者有关部门责令改正，没收违法所得，并处 5000 元以上 5 万元以下的罚款；违法所得 5 万元以上的，并处违法所得 1 倍以上 5 倍以下罚款；情节严重的，责令停业整顿或者吊销旅行社业务经营许可证；对直接负责的主管人员和其他直接责任人员，处 2000 元以上 2 万元以下罚款。

4. 依法委托旅游业务

（1）选择具有相应资质的旅行社。实践中，旅行社需要将在旅游目的地接待旅游者的业务委托给地接社，这是旅行社业的通行做法。为保护旅游者合法权益，《旅行社条例》第三十六条规定，旅行社需要对旅游业务作出委托的，应当委托给具有相应资质的旅行社，征得旅游者的同意，并与接受委托的旅行社就接待旅游者的事宜签订委托合同，确定接待旅游者的各项服务安排及其标准，约定双方的权利、义务。第五十五条规定，旅行社将旅游业务委托给不具有相应资质的旅行社，由旅游主管部门责令改正，处 2 万元以上 10 万元以下罚款；情节严重的，责令停业整顿 1 个月至 3 个月。

（2）支付合理的费用。《旅行社条例》第三十七条规定，旅行社将旅游业务委托给其他旅行社的，应当向接受委托的旅行社支付不低于接待和服务成本的费用；接受委托的旅行社不得接待不支付或者不足额支付接待和服务费用的旅游团队。

接受委托的旅行社违约，造成旅游者合法权益受到损害的，作出委托的旅行社应当承担相应的赔偿责任。作出委托的旅行社赔偿后，可以向接受委托的旅行社追偿。接受委托的旅行社故意或者重大过失造成旅游者合法权益受损害的，应当承担连带责任。

旅行社、接受委托的旅行社违反《旅行社条例》费用支付规定的，由旅游主管部门责令改正，停业整顿 1 个月至 3 个月；情节严重的，吊销旅行社业务经营许可证。

（二）依法提供诚信服务

1. 发布真实、准确的信息

《旅游法》第三十二条规定，旅行社为招徕、组织旅游者发布信息，必须真实、准确，不得进行虚假宣传，误导旅游者。第四十八条第二款规定，发布旅游经营信息的网站，应当保证其信息真实、准确。《旅行社条例》第二十四条规定，旅行社向旅游者提供的旅游服务信息必须真实可靠，不得作虚假宣传。《旅游法》的规定既适用于通过网络经营旅行社业务的旅行社，也适用于不经营旅行社业务，仅为旅行社提供平台，代为发布线路、产品信息的互联网。此外，实体旅行社在其网站上发布相关旅游经营信息也应当遵守该规定。

《旅游法》第九十七条规定，旅行社进行虚假宣传，误导旅游者的，由旅游主管部门或者有关部门责令改正，没收违法所得，并处5000元以上5万元以下罚款；违法所得5万元以上的，并处违法所得1倍以上5倍以下罚款；情节严重的，责令停业整顿或者吊销旅行社业务经营许可证；对直接负责的主管人员和其他直接责任人员，处2000元以上2万元以下罚款。

2. 合理报价

《旅游法》第三十五条规定，旅行社不得以不合理的低价组织旅游活动，诱骗旅游者，并通过安排购物或者另行付费旅游项目获取回扣等不正当利益。旅行社组织、接待旅游者，不得指定具体购物场所，不得安排另行付费旅游项目。但是，经双方协商一致或者旅游者要求，且不影响其他旅游者行程安排的除外。旅行社若违反上述规定，旅游者有权在旅游行程结束后30日内，要求旅行社为其办理退货并先行垫付退货货款，或者退还另行付费旅游项目的费用。《旅行社条例》第二十七条规定，旅行社不得以低于旅游成本的报价招徕旅游者。未经旅游者同意，旅行社不得在旅游合同约定之外提供其他有偿服务。

《旅游法》第九十八条规定，旅行社违反本法第三十五条规定的，由旅游主管部门责令改正，没收违法所得，责令停业整顿，并处3万元以上30万元以下罚款；违法所得30万元以上的，并处违法所得1倍以上5倍以下罚款；情节严重的，吊销旅行社业务经营许可证；对直接负责的主管人员和其他直接责任人员，没收违法所得，处2000元以上2万元以下罚款，并暂扣或者吊销导游证。

3. 安排持证领队或者导游全程陪同

《旅游法》第三十六条规定，旅行社组织团队出境旅游或者组织、接待团队入境旅游，应当按照规定安排领队或者导游全程陪同。《旅行社条例》第三十一条规定，旅行社为接待旅游者委派的导游人员，应当持有国家规定的导游证。取得出境旅游业务经营许可的旅行社为组织旅游者出境旅游委派的领队，应当取得导游证，具有相应的学历、语言能力和旅游从业经历，并与委派其从事领队业务的旅行社订立劳动合同。旅行社应当将本单位领队名单报所在地设区的市级旅游行政管理部门备案。

《旅游法》第九十六条规定，旅行社违反规定的，由旅游主管部门责令改正，没收违法所得，并处5000元以上5万元以下罚款；情节严重的，责令停业整顿或者吊销旅行社业务经营许可证；对直接负责的主管人员和其他直接责任人员，处2000元以上2万元以下罚款。

（三）依法规范内部管理

1. 维护导游、领队的合法权益

为提高导游、领队的服务质量，维护导游、领队的合法权益，《旅游法》第三十八条规定，旅行社应当与其聘用的导游依法订立劳动合同，支付劳动报酬，缴纳社会保险费用。旅行社临时聘用导游为旅游者提供服务的，应当全额向导游支付本法规定的导游服务费用。旅行社安排导游为团队旅游提供服务的，不得要求导游垫付或者向导游收取任何费用。

同时，《旅行社条例》第三十二条规定，旅行社聘用导游人员、领队人员应当依法签订劳动合同，并向其支付不低于当地最低工资标准的报酬。第三十四条规定，旅行社不得要求导游人员和领队人员接待不支付接待和服务费用或者支付的费用低于接待和服务成本的旅游团队，不得要求导游人员和领队人员承担接待旅游团队的相关费用。

《旅游法》第九十六条规定，旅行社未向临时聘用的导游支付导游服务费用的，要求导游垫付或者向导游收取费用的，由旅游主管部门责令改正，没收违法所得，并处5000元以上5万元以下罚款；情节严重的，责令停业整顿或者吊销旅行社业务经营许可证；对直接负责的主管人员和其他直接责任人员，处2000元以上2万元以下罚款。

2. 妥善保存旅游者信息

《实施细则》第五十条规定，旅行社应当妥善保存招徕、组织、接待旅游者的各类合同及相关文件、资料，以备县级以上旅游行政管理部门核查。保存期应当不少于2年。旅行社不得向其他经营者或者个人泄露旅游者因签订旅游合同提供的个人信息；超过保存期限的旅游者个人信息资料，应当妥善销毁。

《实施细则》第六十五条规定，违反本实施细则第五十条的规定，未妥善保存各类旅游合同及相关文件、资料，保存期不够两年，或者泄露旅游者个人信息的，由县级以上旅游行政管理部门责令改正，没收违法所得，处违法所得3倍以下但最高不超过3万元的罚款；没有违法所得的，处1万元以下的罚款。

二、旅行社的权利

（一）自主签订旅游合同

依据《旅游法》第五十七条规定，旅行社组织和安排旅游活动，应当与旅游者订立合同。旅行社组织、安排旅游活动，是其作为经营者向旅游者提供且以营利为目的的服务，双方的权利义务关系必须通过订立合同作出明确和规范，并以此约束双方的行为。换言之，旅行社有权自主地与任何团体和个人（旅游者）签订旅游服务合同。在此类合同关系中，旅行社与合同另一方当事人的法律地位平等，应按平等、自愿、等价有偿的原则履行合同。

（二）收取合理旅游费用

依据《旅游法》第五十八条规定，包价旅游合同应当采用书面形式，包括旅游费用及其交纳的期限和方式等内容。旅游费用是作为旅行社提供服务的报酬，也是合同价金。合理的旅游费用必须与旅行社提供的服务相称，必须符合国家有关法律和物价政策的规定。

（三）要求旅游者履行旅游合同

旅行社有权要求旅游者按照包价旅游合同规定的时间、路线、方式进行旅游，有权要求旅游者遵守法律、法规的相关规定。《旅游法》第五十八条规定，包价旅游合同应当采用书面形式，包括下列内容：①旅行社、旅游者的基本信息；②旅游行程安排；③旅游团成团的最低人数；④交通、住宿、餐饮等旅游服务安排和标准；⑤游览、娱乐等项目的具体内容和时间；⑥自由活动时间安排；⑦旅游费用及其交纳的期限和方式；⑧违约责任和解决纠纷的方式；⑨法律、法规规定和双方约定的其他事项。订立包价旅游合同时，旅行社应当向旅游者详细说明前款第二项至第八项所载内容。

三、旅行社的义务

（一）警示、告知义务

在旅游活动中，为了保障旅游者的人身、财产安全，规范旅行社的应急处置行为，《旅行社条例》第三十九条规定，旅行社对可能危及旅游者人身、财产安全的事项，应当向旅游者作出真实的说明和明确的警示，并采取防止危害发生的必要措施。发生危及旅游者人身安全的情形时，旅行社及其委派的导游人员、领队人员应当采取必要的处置措施并及时报告旅游行政主管部门；在境外发生的，还应当及时报告中华人民共和国驻该国使领馆、相关驻外机构、当地警方。

（二）报告及协助义务

为维护国家利益，保障旅游市场健康有序发展，《旅游法》第五十五条规定，旅游经营者组织、接待出入境旅游，发现旅游者从事违法活动；出境旅游者在境外非法滞留，随团出境的旅游者擅自分团、脱团；入境旅游者在境内非法滞留，随团入境的旅游者擅自分团、脱团的，应当及时向公安机关、旅游主管部门或者我国驻外机构报告。

《旅行社条例》第四十条规定，旅游者在境外滞留不归的，旅行社委派的领队人员应当及时向旅行社和中华人民共和国驻该国使领馆、相关驻外机构报告。旅行社接到报告后应当及时向旅游行政管理部门和公安机关报告，并协助提供非法滞留者的信息。

旅行社接待入境旅游发生旅游者非法滞留我国境内的，应当及时向旅游行政管理部门、公安机关和外事部门报告，并协助提供非法滞留者的信息。

《旅游法》第九十九条规定，旅行社未履行报告义务的，由旅游主管部门处 5000 元以上 5 万元以下罚款；情节严重的，责令停业整顿或者吊销旅行社业务经营许可证；对直接负责的主管人员和其他直接责任人员，处 2000 元以上 2 万元以下罚款，并暂扣或者吊销导游证。

《旅行社条例》第六十四条规定，因妨害国（边）境管理受到刑事处罚的，在刑罚执行完毕之日起 5 年内不得从事旅行社业务经营活动；旅行社被吊销旅行社业务经营许可证的，其主要负责人在旅行社业务经营许可证被吊销之日起 5 年内不得担任任何旅行社的主要负责人。

（三）提示义务

1. 提示旅游意外险

《旅游法》第六十一条规定，旅行社应当提示参加团队旅游的旅游者按照规定投保人身意外伤害保险。《实施细则》第四十六条规定，为减少自然灾害等意外风险给旅游者带来的损害，旅行社在招徕、接待旅游者时，可以提示旅游者购买旅游意外保险。鼓励旅行社依法取得保险代理资格，并接受保险公司的委托，为旅游者提供购买人身意外伤害保险的服务。

2. 提示文明旅游

《实施细则》第四十八条规定，在旅游行程中，旅行社及其委派的导游人员、领队人员应当提示旅游者遵守文明旅游公约和礼仪。

第五节　在线旅游经营服务管理

为保障旅游者合法权益，规范在线旅游市场秩序，促进在线旅游行业可持续发展，加强法治建设、强化行业监管、规范市场秩序成为社会共识，2020 年 10 月 1 日，文化和旅游部发布的《在线旅游经营服务管理暂行规定》（以下简称《暂行规定》）施行，对在线旅游经营者的经营规范作出了规定。

一、在线旅游经营者的概念

《暂行规定》第三条第一款规定，在线旅游经营者，指从事在线旅游经营服务的自然人、法人和非法人组织，包括在线旅游平台经营者、平台内经营者以及通过自建网站、其他网络服务提供旅游服务的经营者。

《暂行规定》第三条第二款规定，平台经营者，指为在线旅游经营服务交易双方或者多方提供网络经营场所、交易撮合、信息发布等服务的法人或者非法人组织。

《暂行规定》第三条第三款规定，平台内经营者，是指通过平台经营者提供旅游服务的在线旅游经营者。

二、经营原则及监管

1. 经营原则

《暂行规定》第四条规定，在线旅游经营者提供在线旅游经营服务，应当遵守社会主义核心价值观的要求，坚守人身财产安全、信息内容安全、网络安全等底线，诚信经营、公平竞争，承担产品和服务质量责任，接受政府和社会的监督。

2. 监管

在线旅游经营服务的监管主体为文化和旅游部、县级以上地方文化和旅游主管部门。《暂行规定》第五条规定，文化和旅游部按照职责依法负责全国在线旅游经营服务的指导、协调、监管工作。县级以上地方文化和旅游主管部门按照职责分工负责本辖区内在线旅游经营服务的监督管理工作。

三、在线旅游经营者的经营管理制度

（一）信息采集、核验与信息监管管理

（1）游客信息采集。《暂行规定》第十四条规定，在线旅游经营者应当保护

旅游者个人信息等数据安全，在收集旅游者信息时事先明示收集旅游者个人信息的目的、方式和范围，并经旅游者同意。同时，在签订包价旅游合同或者出境旅游产品代订合同时，应当提示旅游者提供紧急联络人信息。

(2)在线旅游经营者信息管理。依据《暂行规定》第八条规定，一方面，在线旅游经营者发现法律、行政法规禁止发布或者传输的信息，应当立即停止传输该信息，采取消除等处置措施防止信息扩散，保存有关记录并向主管部门报告；另一方面，平台经营者应当对上传至平台的文字、图片、音视频等信息内容加强审核，确保平台信息内容安全。

《暂行规定》第三十一条规定，在线旅游经营者违反本规定第八条第一款规定，由县级以上文化和旅游主管部门依照《中华人民共和国网络安全法》第六十八条有关规定处理。《中华人民共和国网络安全法》第六十八条有关规定，网络运营者违反本法第四十七条规定，对法律、行政法规禁止发布或者传输的信息未停止传输、采取消除等处置措施、保存有关记录的，由有关主管部门责令改正，给予警告，没收违法所得；拒不改正或者情节严重的，处十万元以上五十万元以下罚款，并可以责令暂停相关业务、停业整顿、关闭网站、吊销相关业务许可证或者吊销营业执照，对直接负责的主管人员和其他直接责任人员处一万元以上十万元以下罚款。

(3)平台经营者信息核验与监管。依据《暂行规定》第十一条规定，平台经营者核验信息主要包含两个方面：①平台经营者应当对平台内经营者的身份、地址、联系方式、行政许可、质量标准等级、信用等级等信息进行真实性核验、登记，建立登记档案，并定期核验更新。依据第二十八条第二款规定，平台经营者未对平台内经营者资质进行审核，造成旅游者合法权益损害的，依法承担相应责任；②平台经营者应当督促平台内经营者对其旅游辅助服务者的相关信息进行真实性核验、登记。依据《中华人民共和国电子商务法》第八十条规定，平台经营者不依法履行核验、登记义务的，由县级以上文化和旅游主管部门责令限期改正；逾期不改正的，处 2 万元以上 10 万元以下的罚款；情节严重的，责令停业整顿，并处 10 万元以上 50 万元以下的罚款。

(二)旅游者安全保护、网络安全等级保护、保险投保等安全管理

(1)安全保护义务。同线下旅游经营一样，在线旅游经营者也应尽到旅游安全保护义务。《暂行规定》第七条规定，在线旅游经营者应当依法建立旅游者安全保护制度，制定应急预案，结合有关政府部门发布的安全风险提示等信息进行风险监测和安全评估，及时排查安全隐患，做好旅游安全宣传与引导、风险提示与防范、应急救助与处置等工作。第二十八条第二款规定，平台经营者未对旅游者尽到安全提示或保障义务，依法承担相应责任。第三十条规定，因不可抗力或者第三人造成旅游者损害的，在线旅游经营者应当及时进行救助。在线旅游经营者未及时进行救助造成旅游者损害的，依法承担相应责任。旅游者接受救助后，依法支付应当由个人承担的费用。

（2）网络安全等级保护制度。《暂行规定》第九条规定，在线旅游经营者应当按照《网络安全法》等相关法律规定，贯彻网络安全等级保护制度，落实网络安全管理和技术措施，制定网络安全应急预案，并定期组织开展演练，确保在线旅游经营服务正常开展。

（3）保险制度。《暂行规定》第十七条规定，经营旅行社业务的在线旅游经营者应当投保旅行社责任险。在线旅游经营者应当提示旅游者投保人身意外伤害保险。销售出境旅游产品时，应当为有购买境外旅游目的地保险需求的旅游者提供必要协助。

在线旅游经营者未依法投保旅行社责任保险的，依据《旅游法》第九十七条规定，由县级以上文化和旅游主管部责令改正，没收违法所得，并处5000元以上5万元以下罚款；违法所得5万元以上的，并处违法所得1倍以上5倍以下罚款；情节严重的，责令停业整顿或者吊销旅行社业务经营许可证；对直接负责的主管人员和其他直接责任人员，处2000元以上2万元以下罚款。

（三）打击虚假宣传、不合理低价游、价格歧视等管理制度

（1）虚假宣传。为防止虚假宣传，《暂行规定》对在线旅游经营服务提供的信息、平台性质及预订渠道作出详细规定。依据第十二条规定，在线旅游经营者应当提供真实、准确的旅游服务信息，不得进行虚假宣传。具体包括：未取得质量标准、信用等级的，不得使用相关称谓和标识；平台经营者应当以显著方式区分标记自营业务和平台内经营者开展的业务；在线旅游经营者为旅游者提供交通、住宿、游览等预订服务的，应当建立公开、透明、可查询的预订渠道，促成相关预订服务依约履行。

《暂行规定》第三十四条规定，在线旅游经营者违反本规定第十二条第一款有关规定，未取得质量标准、信用等级使用相关称谓和标识的，由县级以上文化和旅游主管部门责令改正，给予警告，可并处3万元以下罚款。

（2）不合理低价游。为治理依托在线平台的不合理低价行为，《暂行规定》第十八条规定，在线旅游经营者应当协助文化和旅游主管部门对不合理低价游进行管理，不得为其提供交易机会。

在线旅游经营者违反本规定，为以不合理低价组织的旅游活动提供交易机会的，依据《暂行规定》第三十六条规定，由县级以上文化和旅游主管部门责令改正，给予警告，可并处 3 万元以下罚款。

（3）价格歧视。为防止利用大数据等对旅游者价格歧视等行为，《暂行规定》第十五条规定，在线旅游经营者不得滥用大数据分析等技术手段，基于旅游者消费记录、旅游偏好等设置不公平的交易条件，侵犯旅游者合法权益。

（四）处理措施规定

《暂行规定》第二十条规定，社交网络平台、移动应用商店等信息网络提供者知道或者应当知道他人利用其服务从事违法违规在线旅游经营服务，或者侵害旅游者合法权益的，应当采取删除、屏蔽、断开链接等必要措施。依据第二十八条第一款规定，平台经营者未及时采取必要措施的，依法与该平台内经营者承担连带责任。

《暂行规定》第二十二条规定，平台经营者发现以下情况，应当立即采取必要的救助和处置措施，并依法及时向县级以上文化和旅游主管部门报告：提供的旅游产品或者服务存在缺陷，危及旅游者人身、财产安全的；经营服务过程中发生突发事件或者旅游安全事故的；平台内经营者未经许可经营旅行社业务的；出现法律、法规禁止交易的产品或者服务的；其他应当报告的事项。违反本规定，不依法对违法情形采取必要处置措施或者未报告的，参照《电子商务法》第八十条的处罚规定。

（五）其他规定

（1）保障旅游者的评价权。《暂行规定》第十三条规定，在线旅游经营者应当保障旅游者的正当评价权，不得擅自屏蔽、删除旅游者对其产品和服务的评价，不得误导、引诱、替代或者强制旅游者作出评价，对旅游者作出的评价应当保存并向社会公开。在线旅游经营者删除法律、法规禁止发布或者传输的评价信息的，应当在后台记录和保存。

（2）信用监管。平台经营者应依据《暂行规定》第十九条的规定承担信用监管职责，对平台内经营者服务情况、旅游合同履行情况以及投诉处理情况等产品和服务信息、交易信息依法进行记录、保存，进行动态管理。不依法履行商品和服务信息、交易信息保存义务的，依照《电子商务法》第八十条的处罚规定。

（3）资质审核。《暂行规定》第十条规定，在线旅游经营者经营旅行社业务的，应当依法取得旅行社业务经营许可。在线旅游经营者未依法取得旅行社业务经营许可开展相关业务的，依据《旅游法》第九十五条规定，由县级以上文化和旅游主管部门责令改正，没收违法所得，并处 1 万元以上 10 万元以下罚款；违法所得 10 万元以上的，并处违法所得 1 倍以上 5 倍以下罚款；对有关责任人员，处 2000 元以上 2 万元以下罚款。

(4)纠纷解决。《暂行规定》第二十一条规定，平台经营者应当在首页显著位置公示全国旅游投诉渠道。平台内经营者与旅游者发生旅游纠纷的，平台经营者应当积极协助旅游者维护合法权益。鼓励平台经营者先行赔付。

(5)合同签订。《暂行规定》第十六条规定，在线旅游经营者为旅游者提供包价旅游服务的，应当依法与旅游者签订合同，并在全国旅游监管服务平台填报合同有关信息。未在全国旅游监管服务平台填报包价旅游合同有关信息的，依据《暂行规定》第三十五条规定，由县级以上文化和旅游主管部门责令改正，给予警告；拒不改正的，处1万元以下罚款。

四、监督检查

(一)文化和旅游主管部门

(1)执法检查及权利、义务。《暂行规定》第二十三条规定，各级文化和旅游主管部门应当建立日常检查、定期检查以及与相关部门联合检查的监督管理制度，依法对在线旅游经营服务实施监督检查，查处违法违规行为。在监督检查过程中，县级以上文化和旅游主管部门要求在线旅游经营者提供相关数据信息的，在线旅游经营者应当予以配合。县级以上文化和旅游主管部门应当采取必要措施保护数据信息的安全。

(2)监督执法及惩罚。《暂行规定》第二十四条规定，县级以上文化和旅游主管部门对有不诚信经营、侵害旅游者评价权、滥用技术手段设置不公平交易条件等违法违规经营行为的在线旅游经营者，可以通过约谈等行政指导方式予以提醒、警示、制止，并责令其限期整改。

(3)管辖范围。《暂行规定》第二十五条规定，在线旅游经营服务违法行为由实施违法行为的经营者住所地县级以上文化和旅游主管部门管辖。不能确定经营者住所地的，由经营者注册登记地或者备案地、旅游合同履行地县级以上文化和旅游主管部门管辖。受理在线旅游经营服务相关投诉，参照前款处理。

(4)信用监管。《暂行规定》第二十六条规定，县级以上文化和旅游主管部门依法建立在线旅游行业信用档案，将在线旅游经营者市场主体登记、行政许可、抽查检查、列入经营异常名录或者严重违法失信企业名单、行政处罚等信息依法列入信用记录，适时通过全国旅游监管服务平台或者本部门官方网站公示，并与相关部门建立信用档案信息共享机制，依法对严重违法失信者实施联合惩戒措施。

(二)在线旅游经营行业组织

《暂行规定》第二十七条规定，支持在线旅游经营者成立行业组织，并按照本组织章程依法制定行业经营规范和服务标准，加强行业自律，推动行业诚信建设和服务质量评价，监督、引导本行业经营者公平参与市场竞争。

随堂练

法规文件

第十三章 导游管理法律制度

【学习目标】

熟悉《中华人民共和国旅游法》《旅行社条例》《导游人员管理条例》《导游管理办法》关于导游资格考试制度的规定。掌握《中华人民共和国旅游法》《旅行社条例》《导游人员管理条例》《导游管理办法》关于导游执业管理，导游执业保障与激励，导游的权利和义务及其相关法律责任的规定。

第一节 概 述

一、导游管理立法概况

1987 年 12 月 1 日，为了规范导游活动，保障旅游者和导游人员的合法权益，促进旅游业的健康发展，国务院批准国家旅游局发布自 1988 年 3 月 1 日起实施《导游人员管理暂行规定》。1999 年 5 月 14 日，国务院发布自同年 10 月 1 日起施行的《导游人员管理条例》。2001 年 12 月 27 日颁布自 2002 年 1 月 1 日起施行的《导游人员管理实施办法》。2013 年，《旅游法》将经过实践证明行之有效的政策、制度上升为法律制度，规定了导游证的申领、导游的权益保障、导游和领队的行为规范、导游和领队的法律责任等。

2016 年 9 月，国务院旅游主管部门发布《关于废止〈导游人员管理实施办法〉的决定》，同时导游岗前培训考核制度、计分管理制度、年审管理制度和导游资格证 3 年有效等制度停止实施。2017 年 10 月，根据《国务院关于修改部分行政法规的决定》，将“登记”改为“注册”，并取消临时导游证的规定。2018 年 1 月 1 日，《导游管理办法》正式实施。

二、导游的概念

《导游人员管理条例》第二条规定，导游是指依照条例规定取得导游证，接受旅行社委派，为旅游者提供向导、讲解及相关旅游服务的人员。

（1）依法取得导游证，是担任导游工作的前提条件。只有参加导游资格考试合格，并取得导游证的人，才能从事导游工作。

（2）接受旅行社委派，是导游的主要特征。只有接受旅行社委派从事导游活动的人，其合法从业权才能受到法律保护。私自承揽导游业务进行导游活动的行为将受到法律的追究。

（3）为旅游者提供向导、讲解及相关旅游服务，是导游的工作范围。向导是指引路、带路；讲解是指解说、指点风景名胜；相关旅游服务，一般是指代办各种旅行证件和手续、代购交通票据、安排旅游行程等与旅行游览有关的各种活动。

三、导游的管理主体

（一）旅游主管部门

根据属地管理原则，旅游主管部门对导游实行分级管理。根据《旅游法》《导游人员管理条例》《导游管理办法》的规定，国务院旅游主管部门负责全国导游的管理工作，负责制定导游管理的有关政策、法规；依法行使国家权力，接受投诉处罚违法导游；依法保护导游的合法权利并通过相关法律制度对导游进行管理。旅行社（含旅行社分社），旅游行业组织所在地的省、自治区、直辖市旅游主管部门或者其委托的设区的市级旅游主管部门，县级旅游主管部门负责本行政区域内导游的管理工作，并根据国务院旅游主管部门的委托，行使相应管理权。

（二）旅行社

《旅游法》第三十八条第二款规定，旅行社应当与其聘用的导游依法订立劳动合同，支付劳动报酬，缴纳社会保险费用。旅行社对导游的管理主要是通过订立劳动合同确立的，旅行社与导游之间不仅存在劳动合同法律关系，还存在内部管理的关系。导游在执行职务过程中因其过错给法人造成财产损失时，有义务向法人承担赔偿责任；造成的对第三人的损害则由法人承担。

领队管理由审核制改为备案制以后，其监管重心向旅行社转移。《导游管理办法》第二十五条规定，具备领队条件的导游从事领队业务的，应当符合《旅行社条例实施细则》等法律、法规和规章的规定。旅行社应当按要求将本单位具备领队条件的领队信息及变更情况，通过全国旅游监管服务信息系统报旅游主管部门备案。

（三）旅游行业组织

《旅游法》第三十七条规定，参加导游资格考试成绩合格，与旅行社订立劳动合同或者在相关旅游行业组织注册的人员，可以申请取得导游证。此处所指旅游行业组织，根据《导游管理办法》第三十九条第二项的规定，是指依照《社会团体登记管理条例》成立的导游协会，以及在旅游协会、旅行社协会等旅游行业社会团体内设立的导游分会或者导游工作部门，具体由所在地旅游主管部门确定。旅游行业组织承担着导游注册职能，同时也应积极发挥行业组织的自律作用，建立健全以章程为核心的内部管理制度、会员约束制度，积极协调会员间利益，开展会员培训、权益维护、法律咨询等服务，切实把行业组织建设成“导游之家”。

第二节　导游执业管理制度

一、导游资格考试制度

资格考试制度即导游从业资格核准制度，是指欲从事导游职业者通过本人申请并按照规定的程序参加全国统一的导游资格考试，考试合格并经国务院旅游主管部门审核批准，方可取得从业资格的管理制度。

（一）报考条件

根据《导游人员管理条例》第三条的规定，国家实行全国统一的导游人员资格考试制度。报考导游资格考试应当符合以下条件：具有高级中学、中等专业学校或者以上学历，身体健康，具有适应导游需要的基本知识和语言表达能力的中华人民共和国公民，可以参加导游人员资格考试。

（二）监督管理

《导游管理办法》第六条第二、第三款规定，国务院旅游主管部门负责制定全国导游资格考试政策、标准，组织导游资格统一考试，以及对地方各级旅游主管部门导游资格考试实施工作进行监督管理。省、自治区、直辖市旅游主管部门负责组织、实施本行政区域内导游资格考试具体工作。

（三）导游资格证书的颁发

《导游管理办法》第六条第一款规定，经导游人员资格考试合格的人员，方可取得导游资格证书。《导游人员管理条例》第三条第二款规定，经考试合格的，由国务院旅游行政部门或者国务院旅游行政部门委托省、自治区、直辖市人民政府旅游行政部门颁发导游人员资格证书。导游资格证由国务院旅游主管部门统一印制，在中华人民共和国全国范围内使用。

二、导游执业许可制度

（一）从事导游、领队服务的条件

1. 从事导游执业的条件

《旅游法》第三十七条规定，参加导游资格考试成绩合格，与旅行社订立劳动合同或者在相关旅游行业组织注册的人员，可以申请取得导游证。

（1）参加导游资格考试成绩合格。经过导游资格考试合格，取得国务院旅游主管部门颁发的导游资格证书，是从事导游职业的前提条件。导游资格是衡量一个公民是否具备从事导游业务应当具有的基本政治思想、道德品质、遵纪守法观念等基本素质，以及必备的专业知识和技能的标准。

（2）取得导游证。依法取得导游证是进行导游活动的必备条件，没有取得导游证，不得为牟取经济利益从事导游活动。申领导游证有两种途径：一是与旅行社订立劳动合同；二是在相关旅游行业组织注册。相关旅游行业组织可以是导游协会、旅游协会的导游分会或导游工作部门等。

2. 从事领队业务的条件

《旅游法》第三十九条规定，从事领队业务，应当取得导游证，具有相应的学历、语言能力和旅游从业经历，并与委派其从事领队业务的取得出境旅游业务经营许可的旅行社订立劳动合同。这表明，从事领队服务应当具备以下三个条件：

（1）取得导游证。取得导游证是导游从事领队服务的前提条件。领队的执业特点和导游类似。由于领队工作的区域有别于导游，因此对领队有更高的政策水平、语言、专业能力要求。取得导游证，表明具备了从事领队职业的基本素质。

（2）具有相应的学历、语言能力和旅游从业经历。根据《旅行社条例实施细则》第三十一条的规定，导游从事领队业务应当具有大专以上学历；取得相关语言水平测试等级证书或通过外语语种导游资格考试，但为赴港澳台地区旅游委派的领队除外；具有两年以上旅行社业务经营、管理或导游等相关从业经历。

（3）与旅行社订立劳动合同。导游从事领队业务应与取得出境旅游业务经营许可的旅行社订立劳动合同，这也表明我国目前只允许旅行社的正式员工从事领队职业。

（二）导游证的申领

1. 申领条件

《旅游法》第三十七条规定，参加导游资格考试成绩合格，与旅行社订立劳动合同或者在相关旅游行业组织注册的人员，可以申请取得导游证。

（1）取得导游资格证书。通过全国导游资格统一考试并合格，是申请领取导游资格证书的前提条件。

（2）与旅行社订立劳动合同或者在相关旅游行业组织注册。与旅行社签订劳动合同的人员指专职导游，为旅行社的正式员工。导游与旅行社订立劳动合同，明确其在旅行社有完成担任的工作、遵守用人单位内部劳动规则的义务；旅行社则有按导游工作的数量和质量付给工资，并提供相应劳动条件的责任。相关旅游行业组织，是指从事导游注册、业务管理、培训等工作，并为旅行社和导游提供供需信息等服务的部门，在导游和旅行社之间起桥梁作用。相关旅游行业组织可以是导游协会、旅游协会的导游分会或者导游工作部门等。

2. 不予颁发导游证的情形

《导游人员管理条例》第五条、《导游管理办法》第十二条规定了不予颁发导游执业证书的四种情形：

（1）无民事行为能力或者限制民事行为能力的。执业的导游要行使法定权利，承担法定义务，不具备完全民事行为能力的人是不能履行导游职务的。

（2）患有甲类、乙类以及其他可能危害旅游者人身健康安全的传染性疾病的。传染性疾病是指由病原体侵入生物体，使生物体产生病理反应而引起的疾病。种类由《中华人民共和国传染病防治法》规定。旅游主管部门不得向患有传染性疾病的申请人颁发导游证，是由导游这一职业的特性决定的。导游为旅游者提供向导、讲解及相关旅游服务，在旅游活动中与旅游者朝夕相处，若患有传染性疾病，就可能将其患有的疾病传染给旅游者，造成交叉感染。

（3）受过刑事处罚的。此类人员曾因其行为触犯了国家刑法依法受到刑罚制裁，旅游主管部门不对这类人员颁发导游证。《导游人员管理条例》及《导游管理办法》同时又规定过失犯罪的除外。规定除外情形的理由是，根据《中华人民共和国刑法》的规定，犯罪分为故意犯罪和过失犯罪，明知自己的行为会发生危害社会的结果，并且希望或者放任这种结果发生，因而构成犯罪的，是故意犯罪；应当预见自己的行为可能发生危害社会的结果，因为疏忽大意而没有预见，或者已经预见而轻信能够避免，以致发生这种结果的是过失犯罪。因此，过失犯罪的人虽然也受到过刑罚的制裁，但仍然可以申请领取导游证，旅游主管部门也可以对其颁发导游证。

（4）被吊销导游证之日起未逾三年的。这是指曾经取得导游证的人员，因违反有关导游管理法律、法规，被旅游主管部门处以吊销导游证的处罚，须经过一段从业禁止的期限方可重新申请导游证。此类人员在进行导游活动中有过不良记录、受过被吊销导游证的处罚，表明已不适合继续从事该职业。关于导游的从业禁止期限，《旅游法》第一百零三条规定，违反本法规定被吊销导游证的导游、领队，自处罚之日起未逾三年的，不得重新申请导游证。

（三）导游证的核发

1. 电子导游证

为进一步规范导游证管理，《导游管理办法》也对电子导游证作出了规范和要求。《导游管理办法》第七条规定，导游证采用电子证件形式，由国务院旅游主管部门制定格式标准，由各级旅游主管部门通过全国旅游监管服务信息系统实施管理。电子导游证以电子数据形式保存于导游个人移动电话等移动终端设备中。导游在执业过程中应当携带电子导游证、佩戴导游身份标识，并开启导游执业相关应用软件。其中，导游身份标识是指标识有导游姓名、证件号码等导游基本信息，以便于旅游者和执法人员识别身份的工作标牌。导游身份标识具体标准也由国务院旅游主管部门制定。

2. 核发程序

《导游管理办法》第十条规定，申请取得导游证，申请人应当通过全国旅游监管服务信息系统填写申请信息，并提交下列申请材料：①身份证的扫描件或者数码照片等电子版；②未患有传染性疾病的承诺；③无过失犯罪以外的犯罪记录的承诺；④与经常执业地区的旅行社订立劳动合同或者在经常执业地区的旅游行业组织注册的确认信息。

申请电子导游证者，可下载“全国导游之家”APP 申领电子导游证，也可登录网站“全国旅游监管服务平台”，进入“导游入口”在线申领电子导游证。旅游主管部门审核完毕后，导游可在 APP 上获取电子导游证。

根据新法优于旧法的原则，《导游管理办法》第十条第二款规定，旅行社或者旅游行业组织应当自申请人提交申请之日起 5 个工作日内确认。第十一条规定，所在地旅游主管部门对申请人提出的取得导游证的申请，应当依法出具受理或者不予受理的书面凭证。需补正相关材料的，应当自收到申请材料之日起 5 个工作日内一次性告知申请人需要补正的全部内容；逾期不告知的，收到材料之日起即为受理；所在地旅游主管部门应当自受理申请之日起 10 个工作日内，作出准予核发或者不予核发导游证的决定。不予核发的，应当书面告知申请人理由。

（四）导游证的变更

《导游管理办法》第十三条第一款规定，导游证的有效期为 3 年。导游需要在导游证有效期届满后继续执业的，应当在有效期限届满前 3 个月内，通过全国旅游监管服务信息系统向所在地旅游主管部门提出申请，并提交本办法第十条第（二）项至第（四）项规定的材料。

《导游管理办法》第十四条规定，导游与旅行社订立的劳动合同解除、终止或者在旅游行业组织取消注册的，导游及旅行社或者旅游行业组织应当自解除、终止合同或者取消注册之日起 5 个工作日内，通过全国旅游监管服务信息系统将信息变更情况报告旅游主管部门。

《导游管理办法》第十五条规定，导游应当自下列情形发生之日起 10 个工作日内，通过全国旅游监管服务信息系统提交相应材料，申请变更导游证信息：①姓名、身份证号、导游等级和语种等信息发生变化的；②与旅行社订立的劳动合同解除、终止或者在旅游行业组织取消注册后，在 3 个月内与其他旅行社订立劳动合同或者在其他旅游行业组织注册的；③经常执业地区发生变化的；④其他导游身份信息发生变化的。

旅行社或者旅游行业组织应当自收到申请之日起 3 个工作日内对信息变更情况进行核实。所在地旅游主管部门应当自旅行社或者旅游行业组织核实信息之日起 5 个工作日内予以审核确认。

（五）导游证的撤销

导游证的撤销，是指依法取消导游证行政许可法律效力的行为。《导游管理办法》第十六条规定，有下列情形之一的，所在地旅游主管部门应当撤销导游证：①对不具备申请资格或者不符合法定条件的申请人核发导游证的；②申请人以欺骗、贿赂等不正当手段取得导游证的；③依法可以撤销导游证的其他情形。

（六）导游证的注销

导游证的注销，是指一种程序性的行为，主要针对导游证行政许可已经失去法律效力或者在事实上导游证无法使用的情况下，行政机关履行取消登记的一种行政管理行为。

《导游管理办法》第十七条规定，有下列情形之一的，所在地旅游主管部门应当注销导游证：①导游死亡的；②导游证有效期届满未申请换发导游证的；③导游证依法被撤销、吊销的；④导游与旅行社订立的劳动合同解除、终止或者在旅游行业组织取消注册后，超过 3 个月未与其他旅行社订立劳动合同或者未在其他旅游行业组织注册的；⑤取得导游证后出现无民事行为能力或限制行为能力，患有甲类、乙类以及其他可能危害旅游者人身健康安全的传染性疾病的，受过刑事处罚（过失犯罪的除外）情形的；⑥依法应当注销导游证的其他情形。导游证被注销后，导游符合法定执业条件需要继续执业的，应当依法重新申请取得导游证。

三、导游执业保障制度

（一）签订劳动合同

导游劳动报酬及相关权益的实现，主要依靠劳动合同得以保障。《导游管理办法》第二十八条规定，旅行社应当与通过其取得导游证的导游订立不少于1个月期限的劳动合同，并支付基本工资、带团补贴等劳动报酬，缴纳社会保险费用。旅行社临时聘用在旅游行业组织注册的导游为旅游者提供服务的，应当依照旅游和劳动相关法律、法规的规定足额支付导游服务费用；旅行社临时聘用的导游与其他单位不具有劳动关系或者人事关系的，旅行社应当与其订立劳动合同。

（二）保障执业安全

导游带团过程中的安全事件频发引起了有关部门对导游执业安全保障的关注。《导游管理办法》第二十六条第二款规定，旅行社等用人单位应当维护导游执业安全、提供必要的职业安全卫生条件，并为女性导游提供执业便利、实行特殊劳动保护。《导游管理办法》第二十九条规定，旅行社应当提供设置“导游专座”的旅游客运车辆，安排的旅游者与导游总人数不得超过旅游客运车辆核定乘员数。导游应当在旅游车辆“导游专座”就座，避免在高速公路或者危险路段站立讲解。

（三）星级评价

导游星级评价制度是一种与导游服务质量直接相关，通过市场化方式对导游服务水平进行标识的评价模式，以便于旅行社、旅游消费者对导游进行辨识和选择。星级评价与等级评价的不同之处在于，星级评价侧重于导游服务水平，而等级评价侧重于导游技能水平的评价和考量。星级评价制度有利于促进导游诚实劳动、至诚服务，赢得更好的社会评价，取得更高的星级，获取更多的就业机会。

导游星级以游客满意度为导向，包括若干客观性评价指标。《导游管理办法》第三十条规定，导游服务星级评价是对导游服务水平的综合评价，星级评价指标由技能水平、学习培训经历、从业年限、奖惩情况、执业经历和社会评价等构成。导游服务星级根据星级评价指标通过全国旅游监管服务信息系统自动生成，并根据导游执业情况每年度更新一次。旅游主管部门、旅游行业组织和旅行社等单位应当通过全国旅游监管服务信息系统，及时、真实地备注各自获取的导游奖惩情况等信息。

（四）教育培训

国家鼓励支持旅游教育与培训。《旅游法》第二十七、第九十条均对旅游培训教育作出了规定。《导游管理办法》第三十一条规定，各级旅游主管部门应当积极组织开展导游培训，培训内容应当包括政策法规、安全生产、突发事件应对和文明服务等，培训方式可以包括培训班、专题讲座和网络在线培训等，每年累计培训时间不得少于 24 小时。培训不得向参加人员收取费用。旅游行业组织和旅行社等应当对导游进行包括安全生产、岗位技能、文明服务和文明引导等内容的岗前培训和执业培训。导游应当参加旅游主管部门、旅游行业组织和旅行社开展的有关政策法规、安全生产、突发事件应对和文明服务内容的培训；鼓励导游积极参加其他培训，提高服务水平。

第三节　导游的权利义务与职责

一、导游的权利

（一）人身权

《导游人员管理条例》第十条规定，导游人员进行导游活动时，其人格尊严应当受到尊重，其人身安全不受侵犯；导游人员有权拒绝旅游者提出的侮辱其人格尊严或者违反其职业道德的不合理要求。《导游管理办法》第二十六条规定，导游在执业过程中，其人格尊严受到尊重，人身安全不受侵犯，合法权益受到保障。导游有权拒绝旅行社和旅游者的下列要求：①侮辱其人格尊严的要求；②违反其职业道德的要求；③不符合我国民族风俗习惯的要求；④可能危害其人身安全的要求；⑤其他违反法律、法规和规章规定的要求；旅行社等用人单位应当维护导游执业安全、提供必要的职业安全卫生条件，并为女性导游提供执业便利、实行特殊劳动保护。

（二）劳动报酬权

为保护导游获取劳动报酬的权利，《旅游法》第三十八条规定，旅行社应当与其聘用的导游依法订立劳动合同，支付劳动报酬，缴纳社会保险费用。旅行社临时聘用导游为旅游者提供服务的，应当全额向导游支付在包价旅游合同中载明的导游服务费用。旅行社安排导游为团队旅游提供服务的，不得要求导游垫付或者向导游收取任何费用。这表明：旅行社对与其明确了劳动合同关系的导游，应当支付劳动报酬、缴纳社会保险费用；旅行社对其临时聘用的导游，应当支付包价旅游合同约定的导游服务费；为确保导游获取劳动报酬的权利，旅行社不得要求导游垫付或者向导游收取费用。

《旅游法》第九十六条规定，旅行社发生未向临时聘用的导游支付导游服务费用的；要求导游垫付或者向导游收取费用的行为，旅游主管部门将责令改正，没收违法所得，并处 5000 元以上 5 万元以下罚款；情节严重的，责令停业整顿或者吊销旅行社业务经营许可证；对直接负责的主管人员和其他直接责任人员，处 2000 元以上 2 万元以下罚款。

（三）履行职务权

履行职务权，是指导游履行职务时所享有的权利。《旅行社条例实施细则》第四十九条规定，旅行社及其委派的导游人员、领队人员在经营、服务中享有下列权利：要求旅游者如实提供旅游所必需的个人信息，按时提交相关证明文件；要求旅游者遵守旅游合同约定的旅游行程安排，妥善保管随身物品；出现突发公共事件或者其他危急情形，以及旅行社因违反旅游合同约定采取补救措施时，要求旅游者配合处理防止扩大损失，以将损失降到最低程度；拒绝旅游者提出的超出旅游合同约定的不合理要求；制止旅游者违背旅游目的地的法律、风俗习惯的言行。

（四）调整或变更接待计划权

《导游人员管理条例》第十三条第二款规定，导游人员在引导旅游者旅行、游览过程中，遇有可能危及旅游者人身安全的紧急情形时，经征得多数旅游者的同意，可以调整或者变更接待计划，但是应当立即报告旅行社。

导游行使调整或变更接待计划权，应当特别注意以下四个限制条件：

（1）必须是在引导旅游者旅行、游览的过程中，即旅游活动开始后、结束前。在旅游合同订立后，旅游活动开始前出现不利于旅游活动的情形，应由旅行社与旅游者协商，达成一致意见后，由旅行社调整、变更旅游接待计划。

（2）必须是遇到有可能危及人身安全的紧急情形。

（3）必须是征得多数旅游者的同意。通常，旅游合同包括旅游接待计划一经双方确认后，应严格按约定履行，但发生了法定的紧急情形，为保证旅游者的人身安全，导游只要征得多数旅游者的同意，就可以行使该项权利。

（4）必须立即报告旅行社。旅游接待计划是旅行社确定，并得到旅游者认可的，导游受旅行社委派执行旅游接待计划本无变更权，在法定情形下行使该权利应当立即报告旅行社，以得到旅行社的认可。

二、导游的职责与义务

（一）导游职责

1. 提高业务素质和职业技能

《导游人员管理条例》第七条第一款规定，导游人员应当不断提高自身业务素质和职业技能。导游自身业务素质的高低、职业技能的优劣，直接关系导游服务的质量，影响到能否为旅游者提供优质的导游服务。因此，提高导游业务素质及职业技能，对旅游业的发展至关重要。

2. 维护国家利益和民族尊严

《导游人员管理条例》第十一条规定，导游人员进行导游活动时，应当自觉维护国家利益和民族尊严，不得有损害国家利益和民族尊严的言行。《导游管理办法》第二十二条第一项规定，导游在执业过程中应当自觉维护国家利益和民族尊严。热爱祖国，拥护社会主义制度，维护国家利益和民族尊严，不得有损害国家利益和民族尊严的言行，是导游必须具备的政治条件和业务要求。为此，导游在进行导游活动时，应当自觉履行该项义务。

《导游人员管理条例》第二十条规定，导游人员进行导游活动时，有损害国家利益和民族尊严的言行的，由旅游行政部门责令改正；情节严重的，由省、自治区、直辖市人民政府旅游主管部门吊销导游证并予以公告；对该导游人员所在旅行社予以警告直至责令停业整顿。

3. 依约提供服务和讲解

《导游管理办法》第二十二条第三项规定，导游在执业过程中应当按照旅游合同提供导游服务，讲解自然和人文资源知识、风俗习惯、宗教禁忌、法律法规和有关注意事项。

导游讲解是导游服务的核心，对导游服务质量起着决定作用。导游在执业过程中进行导游讲解，应当严格按照《导游服务规范》（GB/T 15971—2010）的要求，在行前、行中、行后各环节提供相应的景点讲解和注意事项的说明。《导游人员管理条例》第十二条第二款规定，导游人员进行导游活动时，应当向旅游者讲解旅游地点的人文和自然情况，介绍风土人情和习俗；但是，不得迎合个别旅游者的低级趣味，在讲解、介绍中掺杂庸俗下流的内容。

4. 尊重旅游者的权利

《旅游法》第二章对旅游者的权利义务作了具体规定。旅游者的权利包含自主选择权、知情权、获得诚信服务权、被尊重权、遭遇危险与损害时要求救助和赔偿的权利等。

其中，人格尊严、民族风俗习惯、宗教信仰应当得到尊重，是旅游者基本权利的重要体现，也与导游服务密切相关。《导游人员管理条例》第十二条第一款规定，导游人员进行导游活动时，应当遵守职业道德，着装整洁，礼貌待人，尊重旅游者的宗教信仰、民族风俗和生活习惯。

5. 引导文明旅游

《旅游法》第四十一条第一款规定，导游和领队从事业务活动，应当佩戴导游证，遵守职业道德，尊重旅游者的风俗习惯和宗教信仰，应当向旅游者告知和解释旅游文明行为规范，引导旅游者健康、文明旅游，劝阻旅游者违反社会公德的行为。导游、领队在执业活动中，应当按照严格遵守《导游领队引导文明旅游规范》(LB/T 039—2015)的规定，率先垂范遵守文明旅游行为，告知旅游者《中国公民国内旅游文明行为公约》和《中国公民出国(境)旅游文明行为指南》等所明确的旅游文明行为规范。

6. 警示、处置风险及突发事件

《导游人员管理条例》第十四条规定，导游人员在引导旅游者旅行、游览过程中，应当就可能发生危及旅游者人身、财物安全的情况，向旅游者作出真实说明和明确警示，并按照旅行社的要求采取防止危害发生的措施。导游应当严格遵守《旅游安全管理办法》(国家旅游局第 41 号令)、《导游管理办法》第二十四条规定的旅游突发事件报告制度、突发事件应急处置措施进行处理。《导游管理办法》第三十三条规定，不依照本办法第二十四条规定采取相应措施的，由县级以上旅游主管部门责令改正，并可以处 1000 元以下罚款；情节严重的，可以处 1000 元以上 5000 元以下罚款。

(二)导游义务

1. 接受委派提供服务

《旅游法》第四十条规定，导游和领队为旅游者提供服务必须接受旅行社委派，不得私自承揽导游和领队业务。导游服务并不是独立的，而是从属于旅行社，必须经过旅行社委派方能执业。只有接受旅行社的委派从事导游活动的人，其合法从业权才能受到法律保护，私自承揽导游业务进行导游活动的行为将受到法律的追究。

《旅游法》第一百零二条第二款规定，导游、领队违反规定，私自承揽业务的，由旅游主管部门责令改正，没收违法所得，处 1000 元以上 1 万元以下罚款，并暂扣或者吊销导游证。

2. 携带、佩戴有效执业证件

根据《旅游法》第四十一条第一款的规定，导游和领队从事业务活动，应当佩戴导游证。根据《导游管理办法》第七条第二款的规定，导游证采用电子导游证形式，由国家旅游主管部门制定格式标准，由各级旅游主管部门通过全国旅游监管服务信息系统实施管理。电子导游证以电子数据形式保存于导游个人移动电话等移动终端设备中。《导游管理办法》第二十条规定，导游在执业过程中应当携带电子导游证、佩戴导游身份标识，并开启导游执业相关应用软件。要求导游携带证件、佩戴身份标识，为的是醒目、直观地向旅游者证明其具有合法资格，便于旅游者、旅游经营者和旅游主管部门识别和监管。

《导游人员管理条例》第二十一条规定，导游人员进行导游活动时未佩戴导游证的，由旅游行政部门责令改正；拒不改正的，处500元以下的罚款。

3. 依法安排旅游活动

《旅游法》第三十三条规定，旅行社及其从业人员组织、接待旅游者，不得安排参观或者参与违反我国法律、法规和社会公德的项目或者活动。《导游管理办法》第二十三条第一项规定，导游在执业过程中，不得安排参观或者参与涉及色情、赌博、毒品等违反我国法律、法规和社会公德的项目或者活动。

《旅行社条例实施细则》第三十条将旅行社不得安排的活动细化为，含有损害国家利益和民族尊严内容的；含有民族、种族、宗教歧视内容的；含有淫秽、赌博、涉毒内容的；其他含有违反法律、法规规定内容的行为。

4. 严格执行行程安排

《旅游法》第四十一条第二款规定，导游和领队应当严格执行旅游行程安排，不得擅自变更旅游行程或者中止服务活动，不得向旅游者索取小费，不得诱导、欺骗、强迫或者变相强迫旅游者购物或者参加另行付费旅游项目。《导游人员管理条例》第十三条规定，导游人员应当严格按照旅行社确定的接待计划，安排旅游者的旅行、游览活动，不得擅自增加、减少旅游项目或者中止导游活动；导游人员在引导旅游者旅行、游览过程中，遇有可能危及旅游者人身安全的紧急情形时，经征得多数旅游者的同意，可以调整或者变更接待计划，但是应当立即报告旅行社。

旅游行程安排，是旅行社确定的接待计划，是经旅游者认可的，是旅行社与旅游者订立的旅游合同的一部分，对双方都有约束力。为保证旅游者的合法权利，导游应当严格按照旅行社确定的接待计划安排旅游者的旅行游览活动。但导游在引导旅游者旅行、游览过程中，遇有可能危及旅游者人身安全的紧急情形时，经征得多数旅游者的同意，可以调整或者变更接待计划，并应立即报告旅行社。

导游不得擅自中止导游活动。通常，构成中止导游活动的行为，必须同时具备下列条件：其一，必须在导游活动已经开始尚未结束之前，即出现在执行接待计划过程中；其二，必须是擅自中止，这是中止导游活动的最主要特征。这就排除了由于旅行社的决定和其他外部作用的影响而导致的导游中止导游活动；其三，必须是彻底中止，即导游彻底放弃了原来的导游活动。如果导游因某种原因暂时放弃了正在进行的导游活动，待该原因消失后又继续进行导游活动的，是导游活动的中断。

《导游人员管理条例》第二十二条规定，导游人员有下列情形之一的，由旅游行政部门责令改正，暂扣导游证 3 至 6 个月；情节严重的，由省、自治区、直辖市人民政府旅游行政部门吊销导游证并予以公告：①导游擅自增加或者减少旅游项目的；②擅自变更接待计划的；③擅自中止导游活动的。

5. 不兜售物品及索要小费

《导游人员管理条例》第十五条规定，导游人员进行导游活动，不得向旅游者兜售物品或者购买旅游者的物品，不得以明示或者暗示的方式向旅游者索要小费。《导游管理办法》第二十三条第八项和第九项规定，导游不得向旅游者兜售物品或者购买旅游者的物品，不得向旅游者索要小费。

该义务的履行是以“不作为”的形式表现的，有以下两层含义：

（1）向旅游者兜售物品或购买旅游者物品，不属于导游的职责范围，与导游身份亦不相称。尤其是以导游这一特定身份向旅游者兜售物品或购买旅游者物品，极易造成交易上的不公平和不公正，从而侵害旅游者的合法权益，损害导游的职业形象，并因此产生纠纷。

（2）索要小费，历来为我国旅游法规所禁止。无论导游采用语言、文字或其他直接表达意思的方法明确地向旅游者索要小费，还是采取其他方式索要小费，都是法律不允许的。

《旅游法》第一百零二条第二款规定，导游、领队向旅游者索要小费的，由旅游主管部门责令退还，处 1000 元以上 1 万元以下罚款，情节严重的，并暂扣或者吊销导游证。《导游人员管理条例》第二十三条规定，导游向旅游者兜售物品或购买旅游者的物品，或者以明示或者暗示的方式向旅游者索要小费的，由旅游行政部门责令改正，处 1000 元以上 3 万元以下罚款；有违法所得的，并处没收违法所得；情节严重的，由省、自治区、直辖市人民政府旅游行政部门吊销导游证并予以公告；对委派该导游的旅行社予以警告，直至责令停业整顿。

6. 不诱导、欺骗、强迫或变相强迫消费

《导游人员管理条例》第十六条规定，导游人员进行导游活动，不得欺骗、胁迫旅游者消费或者与经营者串通欺骗、胁迫旅游者消费。《导游管理办法》第二十三条第三、第四项规定，导游不得诱导、欺骗、强迫或者变相强迫旅游者购物或者参加另行付费旅游项目。诱导也是采用引诱和引导方式的一种欺骗；胁迫是指以给旅游者及其亲友的生命健康、名誉、荣誉、财产等造成损害为要挟，迫使旅游者作出违背真实消费意思表示的行为；欺骗是指故意告知旅游者虚假的情况，或者隐瞒真实情况，诱使旅游者作出错误消费意思表示的行为。诱导、欺骗、胁迫旅游者消费，是严重侵犯旅游者合法权益的行为，理应为法律、法规所禁止。

《导游人员管理条例》第二十四条规定，导游人员进行导游活动，欺骗、胁迫旅游者消费或者与经营者串通欺骗、胁迫旅游者消费的，由旅游行政部门责令改正，处 1000 元以上 3 万元以下的罚款；有违法所得的，并处没收违法所得；情节严重的，由省、自治区、直辖市人民政府旅游行政部门吊销导游证并予以公告；对委派该导游人员的旅行社予以警告，直至责令停业整顿；构成犯罪的，依法追究其刑事责任。

7. **法律法规规定的其他义务**

导游除了要遵守以上义务，还应遵守如按期报告信息变更情况、申请变更导游证信息、申请更换导游身份标识、依规参加培训、提供真实材料及信息等法律法规规定的其他义务。

随堂练

第十四章
旅游安全与保险法律制度

法规文件

【学习目标】

了解《旅游安全管理办法》关于旅游突发事件等级及相关罚则；关于及时上报突发事件信息的内容要求；《大型群众性活动安全管理条例》关于大型群众性活动的界定、参加大型群众性活动的义务的规定；《中华人民共和国安全生产法》关于从业人员的安全生产权利义务的规定。熟悉《中华人民共和国旅游法》《旅行社条例》《旅游安全管理办法》《旅行社责任保险管理办法》关于旅游安全保障、安全管理、责任保险制度的规定。掌握《旅游安全管理办法》关于旅游经营者安全经营义务与责任、旅游目的地安全风险提示制度的规定；《中华人民共和国突发事件应对法》关于突发事件的界定、种类、级别，公民、法人和其他组织参与突发事件应对的义务、突发事件预警制度、突发事件应急处置与救援制度的规定。

第一节　突发事件应对法律制度

为预防和减少突发事件的发生，控制、减轻和消除突发事件引起的严重社会危害，规范突发事件应对活动，保护人民生命财产安全，维护国家安全、公共安全、环境安全和社会秩序，2007 年 8 月 30 日，第十届全国人大常委会第二十九次会议通过自同年 11 月 1 日起实施的《中华人民共和国突发事件应对法》（以下简称《突发事件应对法》）。该法明确了应急管理主体、原则、体制、机制、程序、责任等内容，全面、系统地规范了突发事件预防与应急准备、监测与预警、应急处置与救援、事后恢复与重建等应对活动。

一、突发事件的界定、种类与级别

（一）概念界定

《突发事件应对法》第三条第一款规定，突发事件指突然发生，造成或者可能造成严重社会危害，需要采取应急处置措施予以应对的自然灾害、事故灾难、公共卫生事件和社会安全事件。通过概括和列举相结合的方式对突发事件的概念进行了阐述，主要包含的核心要素如下所述：

1. 公共性或社会性

国家启动制定《突发事件应对法》的核心目的是应对突发公共危机。公共危机管理与个体、企业危机管理的本质区别在于，前者具有公共性或社会性。公共性或社会性表现在事件本身引起公众的高度关注，对公众利益产生较大消极负面影响，事件本身与公共权力之间发生直接联系尤其是形成某种公法关系时，才能构成公共危机事件。

2. 突发性和紧迫性

突发事件的发生往往是突如其来的，若不能及时采取应对措施，危机会迅速扩大和升级，造成更大的危害和损害。

3. 危害性和破坏性

这是突发事件的本质特征，一旦发生会对生命财产、社会秩序、公共安全构成严重威胁，应对不当也会造成巨大的生命、财产损失或社会秩序的严重动荡。

4. 必须借助于公权力的介入或动用社会人力、物力才能解决

公权力在突发事件应对过程中发挥着领导、组织、指挥、协调等功能，公权力的介入，既是政府的权力也是政府的义务。

（二）种类

《突发事件应对法》第三条第一款规定，按照突发事件的性质、过程和机理的不同，将其分为自然灾害、事故灾难、公共卫生事件和社会安全事件。

1. 自然灾害

主要包括水旱灾害、气象灾害、地震灾害、地质灾害、海洋灾害、生物灾害和森林草原火灾等。

2. 事故灾难

主要包括工矿商贸等企业的各类安全事故、交通运输事故、公共设施和设备事故、环境污染和生态破坏事件等。

3. 公共卫生事件

主要包括传染病疫情、群体性不明原因疾病、食品安全和职业危害、动物

疫情以及其他严重影响公共健康和生命安全的事件。

4. **社会安全事件**

主要包括严重危害社会治安秩序的突发事件。

（三）级别

《突发事件应对法》第三条第二款规定，按照社会危害程度、影响范围等因素，将自然灾害、事故灾难、公共卫生事件分为特别重大、重大、较大和一般四级。

对于突发事件的分级标准，则授权国务院或者国务院确定的部门制定。国务院或者国务院确定的部门是统一领导、分类处置突发事件的主管部门，在各自的职责权限内，针对每一类别突发事件的特殊性及不同发展机理，在科学论证的基础上确定分级标准。

二、突发事件相关主体的应对义务与法律责任

依据宪法，公民、法人和其他组织不仅是权利主体，也是义务主体。公民、法人和其他组织有义务参与突发事件应对工作。在突发事件应对中获得救助是其享有的一项权利，更重要的是还要履行参与自救、互救的义务。

在突发事件的处置过程中，政府具有处置突发事件的优先权，公民、法人和其他组织要自觉接受来自政府权力的限制，并根据本法和其他有关法律、法规、规范性文件的要求负有较平常时期更多、更严格的法律义务，以配合应急权的行使。法律义务包括：对突发事件应急状态保持高度关注；公民在应急状态时期应当主动接受政府和有关部门的各项应急措施，特别是各项管制；公民要接受来自宪法和法律的权利被政府和有关部门限制；主动参与突发事件应急处置各项工作。具体如下所述。

（一）信息报告义务

突发事件信息报告制度中的社会动员和参与机制，体现了信息报告义务主体的广泛性。《突发事件应对法》第三十八条第三款规定，获悉突发事件信息的公民、法人或者其他组织，应当立即向所在地人民政府、有关主管部门或者指定的专业机构报告。突发事件的信息报告需要群众的参与，许多突发事件苗头都是通过群众的细心观察而发现的。应当充分发挥人民群众的作用，拓宽收集突发事件信息的渠道。

同时，突发事件应对法明确了在突发事件发生前、发生时、发生后相关主体和政府的报告义务。如《突发事件应对法》第七条规定，突发事件发生后，发生地县级人民政府应当立即采取措施控制事态发展，组织开展应急救援和处置

工作，并立即向上一级人民政府报告，必要时可以越级上报。突发事件发生地县级人民政府不能消除或者不能有效控制突发事件引起的严重社会危害的，应当及时向上级人民政府报告。第五十六条规定，受到自然灾害危害或者发生事故灾难、公共卫生事件的单位，应当立即组织本单位应急救援队伍和工作人员营救受害人员，疏散、撤离、安置受到威胁的人员，控制危险源，标明危险区域，封锁危险场所，并采取其他防止危害扩大的必要措施，同时向所在地县级人民政府报告。第五十九条规定，突发事件应急处置工作结束后，履行统一领导职责的人民政府应当立即组织对突发事件造成的损失进行评估，组织受影响地区尽快恢复生产、生活、工作和社会秩序，制定恢复重建计划，并向上一级人民政府报告。第六十二条规定，履行统一领导职责的人民政府应当及时查明突发事件的发生经过和原因，总结突发事件应急处置工作的经验教训，制定改进措施，并向上一级人民政府提出报告。

特别是《旅游安全管理办法》根据《突发事件应对法》和《生产安全事故报告和调查处理条例》规定，结合旅游行业实际，明确了旅游行业有关信息报告制度，如第七条规定，旅游经营者应当定期检查本单位安全措施的落实情况，及时排除安全隐患；对可能发生的旅游突发事件及采取安全防范措施的情况，应当按照规定及时向所在地人民政府或者人民政府有关部门报告。第十五条规定，旅游突发事件发生后，旅游经营者的现场人员应当立即向本单位负责人报告，单位负责人接到报告后，应当于 1 小时内向发生地县级旅游主管部门、安全生产监督管理部门和负有安全生产监督管理职责的其他相关部门报告；旅行社负责人应当同时向单位所在地县级以上地方旅游主管部门报告。情况紧急或者发生重大、特别重大旅游突发事件时，现场有关人员可直接向发生地、旅行社所在地县级以上旅游主管部门、安全生产监督管理部门和负有安全生产监督管理职责的其他相关部门报告。旅游突发事件发生在境外的，旅游团队的领队应当立即向当地警方、中国驻当地使领馆或者政府派出机构，以及旅行社负责人报告。旅行社负责人应当在接到领队报告后 1 小时内，向单位所在地县级以上地方旅游主管部门报告。

（二）制订、演练应急预案与排查、消除风险隐患义务

《突发事件应对法》第二十二、第二十三、第二十四条规定，各类企业、事业单位，高危行业企业，公共交通工具、公共场所和其他人员密集场所的经营单位或者管理单位的预防突发事件的义务规定，具体包括制订、演练应急预案与排查、消除风险隐患。其一，所有单位应当建立健全安全管理制度，定期检查本单位各项安全防范措施的落实情况，及时消除事故隐患；掌握并及时处理本单位存在的可能引发社会安全事件的问题，防止矛盾激化和事态扩大；对本单位可能发生的突发事件和采取安全防范措施的情况，应当按照规定及时向所在地人民政府或者人民政府有关部门报告。其二，矿山、建筑施工单位和易燃易爆物品、危险化学品、放射性物品等危险物品的生产、经营、储运、使用单位，应当制订具体应急预案，并对生产经营场所、有危险物品的建筑物、构筑物及周边环境开展隐患排查，及时采取措施消除隐患，防止发生突发事件。其三，公共交通工具、公共场所和其他人员密集场所的经营单位或者管理单位应当制定具体应急预案，为交通工具和有关场所配备报警装置和必要的应急救援设备、设施，注明其使用方法，并显著标明安全撤离的通道、路线，保证安全通道、出口的畅通。有关单位应当定期检测、维护其报警装置和应急救援设备、设施，使其处于良好状态，确保正常使用。

《突发事件应对法》第六十四条规定，有关单位未按规定采取预防措施，导致发生严重突发事件的；未及时消除已发现的可能引发突发事件的隐患，导致发生严重突发事件的；未做好应急设备、设施日常维护、检测工作，导致发生严重突发事件或者突发事件危害扩大的，由所在地履行统一领导职责的人民政府责令停产停业，暂扣或者吊销许可证或者营业执照，并处 5 万元以上 20 万元以下的罚款；构成违反治安管理行为的，由公安机关依法给予处罚。

（三）参加应急专、兼职或志愿者救援队伍义务

在县级以上人民政府建立综合性应急救援队伍的基础上，应逐步建立社会化的应急救援机制，推动企事业单位专兼职应急队伍建设，以壮大救援队伍力量。《突发事件应对法》第二十六条第二款规定，县级以上人民政府及其有关部门可以建立由成年志愿者组成的应急救援队伍。单位应当建立由本单位职工组成的专职或者兼职应急救援队伍。如推进矿山、危险化学品、高风险油气田勘探与开采、核工业、森工、民航、铁路、水运、电力和电信等企事业单位应急队伍建设，按有关标准和规范配备应急技术装备，提高现场先期快速处置能力。推进企事业单位建立应急互助机制，发挥企事业单位应急队伍在区域联防和救援互助中的重要作用。

（四）为应急处置提供科研、宣传、医疗、物质、技术、生产能力等义务

公民、法人、组织有为突发事件的应急处置提供科研、宣传、医疗、物质、技术、生产能力等义务。如科研方面，《突发事件应对法》第三十六条规定，国家鼓励、扶持具备相应条件的教学科研机构培养应急管理专门人才，鼓励、扶持教学科研机构和有关企业研究开发用于突发事件预防、监测、预警、应急处置与救援的新技术、新设备和新工具；宣传方面，《突发事件应对法》第二十九条第三款规定，新闻媒体应当无偿开展突发事件预防与应急、自救与互救知识的公益宣传；其他方面，如《突发事件应对法》第三十四条规定，国家鼓励公民、法人和其他组织为人民政府应对突发事件工作提供物资、资金、技术支持和捐赠。

（五）执行有关决定和命令义务

为了防止、减轻突发事件引起的危害，人民政府需要采取必要的应急处置措施，如《突发事件应对法》第四十九条第一项规定的疏散、撤离人员；第四项规定的限制使用有关场所等。这些措施在一定程度上对公民权利有所限制，但其目的是避免突发事件所引起的对人民生命财产的危害。公民应服从人民政府的决定、命令，服从人民政府关于疏散、撤离的安排。《突发事件应对法》第五十六、第五十七条规定，在突发事件应急处置中，突发事件发生地的其他单位应当服从人民政府发布的决定、命令，配合人民政府采取的应急处置措施。公民应当服从所在地人民政府、居民委员会、村民委员会或者所属单位的指挥和安排，配合人民政府采取的应急处置措施，积极参加应急救援工作，协助维护社会秩序。

《突发事件应对法》第六十六条规定，单位或者个人违反本法规定，不服从所在地人民政府及其有关部门发布的决定、命令或者不配合其依法采取的措施，构成违反治安管理行为的，由公安机关依法给予处罚。

（六）参加抢险救灾义务

《突发事件应对法》第五十六条规定，受到自然灾害危害或者发生事故灾难、公共卫生事件的单位，应当立即组织本单位应急救援队伍和工作人员营救受害人员，疏散、撤离、安置受到威胁的人员，控制危险源，标明危险区域，封锁危险场所，并采取其他防止危害扩大的必要措施，同时向所在地县级人民政府报告；突发事件发生地的其他单位应当服从人民政府发布的决定、命令，配合人民政府采取的应急处置措施，做好本单位的应急救援工作，并积极组织人员参加所在地的应急救援和处置工作。

《突发事件应对法》第六十四条规定，突发事件发生后，不及时组织开展应急救援工作，造成严重后果的，由所在地履行统一领导职责的人民政府责令停产停业，暂扣或者吊销许可证或者营业执照，并处5万元以上20万元以下的罚款；构成违反治安管理行为的，由公安机关依法给予处罚。

（七）服从征用、征调等措施义务

征用是负责突发事件应急处置工作的人民政府在突发事件应急处置与救援过程中，通过行使行政权，强制征用单位、个人的财产。《突发事件应对法》

第十二条规定，有关人民政府及其部门为应对突发事件，可以征用单位和个人的财产。被征用的财产在使用完毕或者突发事件应急处置工作结束后，应当及时返还。财产被征用或者征用后毁损、灭失的，应当给予补偿。《突发事件应对法》第五十二条规定，履行统一领导职责或者组织处置突发事件的人民政府，必要时可以向单位和个人征用应急救援所需设备、设施、场地、交通工具和其他物资。有关人民政府及部门为了应对突发事件，征用单位和个人的财产的具体行政行为属于应急征用。这种强制征用措施的采取是通过给行政管理相对人设定一项法律义务的方式实现的，被征用的单位、个人必须服从。

三、突发事件预警制度

突发事件的早发现、早报告、早预警，是及时做好应急准备、有效处置突发事件、减少人员伤亡和财产损失的前提。我国建立健全突发事件预警制度，其目的在于及时向公众发布突发事件即将发生的信息，使公众为应对突发事件做好准备。

（一）突发事件预警级别

《突发事件应对法》第四十二条第二款规定，可以预警的自然灾害、事故灾难和公共卫生事件的预警级别，按照突发事件发生的紧急程度、发展势态和可能造成的危害程度分为一级、二级、三级和四级，分别用红色、橙色、黄色和蓝色标示，一级为最高级别。

（二）突发事件的发布和报告、通告

1. 自然灾害、事故灾难或者公共卫生事件的预警

《突发事件应对法》第四十三条规定，可以预警的自然灾害、事故灾难或者公共卫生事件即将发生或者发生的可能性增大时，县级以上地方各级人民政府应当根据有关法律、行政法规和国务院规定的权限和程序，发布相应级别的警报，决定并宣布有关地区进入预警期，同时向上一级人民政府报告，必要时可以越级上报，并向当地驻军和可能受到危害的毗邻或者相关地区的人民政府通报。

2. 社会安全事件的预警

《突发事件应对法》第四十六条规定，对即将发生或者已经发生的社会安全事件，县级以上地方各级人民政府及其有关主管部门应当按照规定向上一级人民政府及其有关主管部门报告，必要时可以越级上报。

《突发事件应对法》第六十三条规定，地方各级人民政府和县级以上各级人民政府有关部门违反本法规定，不履行法定职责的，由其上级行政机关或者监察机关责令改正；迟报、谎报、瞒报、漏报有关突发事件的信息，或者通报、

报送、公布虚假信息，造成后果的，根据情节对直接负责的主管人员和其他直接责任人员依法给予处分。

（三）突发事件发布应采取的措施

1. 三级、四级警报

《突发事件应对法》第四十四条规定，发布三级、四级警报，宣布进入预警期后，县级以上地方各级人民政府应当根据即将发生的突发事件的特点和可能造成的危害，采取下列措施：①启动应急预案；②责令有关部门、专业机构、监测网点和负有特定职责的人员及时收集、报告有关信息，向社会公布反映突发事件信息的渠道，加强对突发事件发生、发展情况的监测、预报和预警工作；③组织有关部门和机构、专业技术人员、有关专家学者，随时对突发事件信息进行分析评估，预测发生突发事件可能性的大小、影响范围和强度以及可能发生的突发事件的级别；④定时向社会发布与公众有关的突发事件预测信息和分析评估结果，并对相关信息的报道工作进行管理；⑤及时按照有关规定向社会发布可能受到突发事件危害的警告，宣传避免、减轻危害的常识，公布咨询电话。

2. 一级、二级警报

《突发事件应对法》第四十五条规定，发布一级、二级警报，宣布进入预警期后，县级以上地方各级人民政府除采取本法第四十四条规定的措施外，还应当针对即将发生的突发事件的特点和可能造成的危害，采取下列一项或者多项措施：①责令应急救援队伍、负有特定职责的人员进入待命状态，并动员后备人员做好参加应急救援和处置工作的准备；②调集应急救援所需物资、设备、工具，准备应急设施和避难场所，并确保其处于良好状态、随时可以投入正常使用；③加强对重点单位、重要部位和重要基础设施的安全保卫，维护社会治安秩序；④采取必要措施，确保交通、通信、供水、排水、供电、供气、供热等公共设施的安全和正常运行；⑤及时向社会发布有关采取特定措施避免或者减轻危害的建议、劝告；⑥转移、疏散或者撤离易受突发事件危害的人员并予以妥善安置，转移重要财产；⑦关闭或者限制使用易受突发事件危害的场所，控制或者限制容易导致危害扩大的公共场所的活动；⑧法律、法规、规章规定的其他必要的防范性、保护性措施。

（四）预警级别的调整及解除

突发事件预警在发布之后应根据发展情况进行动态调整或解除。《突发事件应对法》第四十七条规定，发布突发事件警报的人民政府应当根据事态的发展，按照有关规定适时调整预警级别并重新发布。有事实证明不可能发生突发事件或者危险已经解除的，发布警报的人民政府应当立即宣布解除警报，终止预警期，并解除已经采取的有关措施。

四、突发事件应急处置与救援制度

突发事件发生后，履行统一领导职责或者组织处置突发事件的人民政府应当针对其性质、特点和危害程度第一时间组织各方面力量，依法及时采取有力措施控制事态发展，开展应急救援工作，避免其发展为特别严重的事件，努力减轻和消除其对人民生命财产造成的损害。

(一)自然灾害、事故灾难或者公共卫生事件的应急处置措施

《突发事件应对法》第四十九条规定，自然灾害、事故灾难或者公共卫生事件发生后，履行统一领导职责的人民政府可以采取下列一项或者多项应急处置措施：①组织营救和救治受害人员，疏散、撤离并妥善安置受到威胁的人员以及采取其他救助措施；②迅速控制危险源，标明危险区域，封锁危险场所，划定警戒区，实行交通管制以及其他控制措施；③立即抢修被损坏的交通、通信、供水、排水、供电、供气、供热等公共设施，向受到危害的人员提供避难场所和生活必需品，实施医疗救护和卫生防疫以及其他保障措施；④禁止或者限制使用有关设备、设施，关闭或者限制使用有关场所，中止人员密集的活动或者可能导致危害扩大的生产经营活动以及采取其他保护措施；⑤启用本级人民政府设置的财政预备费和储备的应急救援物资，必要时调用其他急需物资、设备、设施、工具；⑥组织公民参加应急救援和处置工作，要求具有特定专长的人员提供服务；⑦保障食品、饮用水、燃料等基本生活必需品的供应；⑧依法从严惩处囤积居奇、哄抬物价、制假售假等扰乱市场秩序的行为，稳定市场价格，维护市场秩序；⑨依法从严惩处哄抢财物、干扰破坏应急处置工作等扰乱社会秩序的行为，维护社会治安；⑩采取防止发生次生、衍生事件的必要措施。

《突发事件应对法》第六十三条规定，地方各级人民政府和县级以上各级人民政府有关部门违反本法规定，不履行法定职责的，由其上级行政机关或者监察机关责令改正；未采取必要的防范措施，导致发生次生、衍生事件的，根据情节对直接负责的主管人员和其他直接责任人员依法给予处分。

(二)社会安全事件的应急处置措施

《突发事件应对法》第五十条规定，社会安全事件发生后，组织处置工作的人民政府应当立即组织有关部门并由公安机关针对事件的性质和特点，依照有关法律、行政法规和国家其他有关规定，采取下列一项或者多项应急处置措施：①强制隔离使用器械相互对抗或者以暴力行为参与冲突的当事人，妥善解决现

场纠纷和争端，控制事态发展；②对特定区域内的建筑物、交通工具、设备、设施以及燃料、燃气、电力、水的供应进行控制；③封锁有关场所、道路，查验现场人员的身份证件，限制有关公共场所内的活动；④加强对易受冲击的核心机关和单位的警卫，在国家机关、军事机关、国家通讯社、广播电台、电视台、外国驻华使领馆等单位附近设置临时警戒线；⑤法律、行政法规和国务院规定的其他必要措施。严重危害社会治安秩序的事件发生时，公安机关应当立即依法出动警力，根据现场情况依法采取相应的强制性措施，尽快使社会秩序恢复正常。

第二节　大型群众性活动及从业安全管理

为了加强对大型群众性活动的安全管理，保护公民生命和财产安全，维护社会治安秩序和公共安全，2007 年，《大型群众性活动安全管理条例》（以下简称《安全管理条例》）颁布施行。《安全管理条例》遵循安全第一、预防为主的方针，坚持承办者负责、政府监管的原则，明确了大型群众性活动的安全责任制度和安全管理措施要求等。

同时，为了加强安全生产工作，防止和减少生产安全事故，保障人民群众生命和财产安全，促进经济社会持续健康发展，2002 年，《中华人民共和国安全生产法》（以下简称《安全生产法》）颁布施行，2014 年、2021 年进行了两次修正。《安全生产法》明确规定安全生产坚持安全第一、预防为主、综合治理的方针，明确了生产经营单位的安全生产保障、从业人员的安全生产权利义务、政府的安全生产监督管理等责任，是各类主体从事安全生产活动的总规程。

一、大型群众性活动的安全管理

（一）大型群众性活动的含义界定

《安全管理条例》第二条规定，大型群众性活动是指法人或者其他组织面向社会公众举办的每场次预计参加人数达到 1000 人以上的下列活动：①体育比赛活动；②演唱会、音乐会等文艺演出活动；③展览、展销等活动；④游园、灯会、庙会、花会、焰火晚会等活动；⑤人才招聘会、现场开奖的彩票销售等活动。大型群众性活动必须符合两个基本要件：一是面向的对象是不特定的社会公众，而不是特定的群体；二是预计参加人数达到 1000 人以上。虽然影剧院、音乐厅、公园、娱乐场所等在其业务范围内举办的活动符合大型群众性活动的特征，但是因为已通过相关部门依法经营许可，其安全问题可以纳入日常公共安全进行管理，故此类活动不适用相关规定。

（二）大型群众性活动参加人员应遵守的义务

《安全管理条例》第九条规定，参加大型群众性活动的人员应当遵守下列规定：①遵守法律、法规和社会公德，不得妨碍社会治安、影响社会秩序；②遵守大型群众性活动场所治安、消防等管理制度，接受安全检查，不得携带爆炸性、易燃性、放射性、毒害性、腐蚀性等危险物质或者非法携带枪支、弹药、管制器具；③服从安全管理，不得展示侮辱性标语、条幅等物品，不得围攻裁判员、运动员或者其他工作人员，不得投掷杂物。参加大型群众性活动的人员有违反相关规定行为的，由公安机关给予批评教育；有危害社会治安秩序、威胁公共安全行为的，公安机关可以将其强行带离现场，依法给予治安管理处罚；构成犯罪的，依法追究刑事责任。

（三）大型群众性活动的安全管理制度要求

《安全管理条例》规定的大型群众性活动的安全管理制度和措施主要包括：①大型群众性活动实行安全许可制度，公安机关是安全许可的实施单位；②大型群众性活动举办过程中的安全保障措施，主要包括承办者发现进入活动场所的人员达到核准数量时，应当立即停止验票；发现持有划定区域以外的门票或者持假票的人员，应当拒绝其入场并向活动现场的公安机关工作人员报告；在大型群众性活动举办过程中发生公共安全事故、治安案件的，安全责任人应当立即启动应急救援预案，并立即报告公安机关。

二、《安全生产法》明确的从业人员的安全生产权利义务

（一）从业人员的概念

生产经营单位的从业人员，是指该单位从事生产经营活动各项工作的所有人员，包括管理人员、技术人员和各岗位的工人，也包括生产经营单位临时聘用的人员和被派遣劳动者。从业人员是生产经营单位中从事生产经营活动的主体，按照宪法、劳动法等法律的规定，应当受到劳动保护，同时也应当遵守法律、法规和生产经营单位的规章制度，履行安全生产义务。

（二）从业人员安全生产保障方面的权利

《安全生产法》总则第六条规定，生产经营单位的从业人员有依法获得安全生产保障的权利，并应当依法履行安全生产方面的义务，此条在分则中专章作出具体规定。主要包括：

（1）安全生产的知情权。《安全生产法》第五十二条规定，生产经营单位与从业人员订立的劳动合同，应当载明有关保障从业人员劳动安全、防止职业危害的事项，以及依法为从业人员办理工伤保险的事项。第五十三条规定，生产经营

单位的从业人员有权了解其作业场所和工作岗位存在的危险因素、防范措施及事故应急措施。具体如获得安全生产教育和技能培训的权利，被如实告知作业场所和工作岗位存在的危险因素、防范措施及事故应急措施的权利，获得符合国家标准的劳动防护用品的权利等。

（2）提出批评、建议、检举、控告的权利。《安全生产法》第五十四条规定，从业人员有权对本单位安全生产工作中存在的问题提出批评、检举、控告。

（3）拒绝违章指挥的权利。根据《安全生产法》第五十四条的规定，从业人员有权拒绝违章指挥和强令冒险作业。

（4）采取紧急避险措施的权利。根据《安全生产法》第五十五条规定，从业人员发现直接危及人身安全的紧急情况时，有权停止作业或者在采取紧急措施后撤离作业场所。

（5）及时获得救援和赔偿的权利。《安全生产法》第五十六条规定，生产经营单位发生生产安全事故后，应当及时采取措施救治有关人员。因生产安全事故受到损害的从业人员，除依法享有工伤保险外，依照有关民事法律尚有获得赔偿的权利的，有权提出赔偿要求。

法律同时明确，生产经营单位不得因从业人员对本单位安全生产工作提出批评、检举、控告或者拒绝违章指挥、强令冒险作业等上述行为，而降低其工资、福利等待遇或者解除与其订立的劳动合同。

（三）从业人员安全生产方面的义务

从业人员认真履行安全生产义务，是生产经营单位能够真正实现安全生产的非常重要的因素。实践中，许多生产安全事故发生，都是由于从业人员违章操作，或者不遵守规章制度造成的，教训非常深刻。

（1）遵守规章规程的义务。《安全生产法》第五十七条规定，从业人员在作业过程中，应当严格落实岗位安全责任，遵守本单位的安全生产规章制度和操作规程，服从管理，正确佩戴和使用劳动防护用品。

（2）接受安全教育培训的义务。《安全生产法》第五十八条规定，从业人员应当接受安全生产教育和培训，掌握本职工作所需的安全生产知识，提高安全生产技能，增强事故预防和应急处理能力。

（3）依法报告的义务。《安全生产法》第五十九条规定，从业人员发现事故隐患或者其他不安全因素，应当立即向现场安全生产管理人员或者本单位负责人报告，接到报告的人员应当及时予以处理。

（4）特种作业人员的特别义务。考虑到特种作业人员在工作中接触的危险因素较多，危险性较大，很容易发生生产安全事故，发生事故不仅对作业人员本人，而且会对他人和周围设备、设施造成较大危害，《安全生产法》第三十条规定，“生产经营单位的特种作业人员必须按照国家有关规定经专门的安全作业培训，取得相应资格”，明确了特种作业人员持证上岗制度。《特种作业人员安全技术培训考核管理规定》作出了具体规定。特种作业人员的范围由国务院应急管理部门会同国务院有关部门确定。根据现行特种作业目录，特种作业大致包括电工作业、焊接与热切割作业、高处作业、制冷与空调作业、煤矿安全作业、金属非金属矿山安全作业、石油天然气安全作业、冶金（有色）生产安全作业、危险化学品安全作业、烟花爆竹安全作业等。

第三节 旅游安全管理制度

没有安全，便没有旅游业的发展，旅游安全是旅游业的生命线。为加强旅游安全管理工作，保障旅游者人身、财产安全，国家有关部门先后制定了一系列法律法规，有力地促进了我国旅游安全管理工作的规范化、制度化。我国的旅游安全管理已步入法制化轨道，主要包括《旅游法》以及 2016 年 12 月 1 日起施行的《旅游安全管理办法》。

一、旅游安全管理部门及职责

《旅游法》第七十六条规定，县级以上人民政府统一负责旅游安全工作。县级以上人民政府有关部门依照法律、法规履行旅游安全监管职责。

《旅游安全管理办法》第三条规定，各级旅游主管部门应当在同级人民政府的领导和上级旅游主管部门及有关部门的指导下，在职责范围内，依法对旅游安全工作进行指导、防范、监管、培训、统计分析和应急处理。

（一）县级以上人民政府的监管职责

旅游安全是一项综合性强、涉及面广、管理难度大的工作，需要由各级人民政府担当统一领导者和负责人，全面扎实推进旅游安全工作。县级以上人民政府统一负责旅游安全工作，主要体现在以下两个方面：其一，加强对旅游安全和应急工作的领导，督促有关部门履行旅游安全的监管职责；其二，对旅游安全监管和应急管理中存在的重大问题及时予以协调、解决。

（二）有关部门的安全监管职责

旅游安全工作涉及应急管理、公安、交通、卫生健康、市场监督、农业农村、住建、文化和旅游等众多管理部门，各有关部门应当在县级以上人民政府的统一领导下，按照《旅游法》及其他法律、法规和国务院规定的职责，切实履行旅游安全的监督管理和突发事件应对职能。

旅游服务的所有环节都涉及旅游安全问题，多个部门涉及旅游安全监管职责，尽管县级以上人民政府是旅游安全的领导者和责任人，在旅游安全日常监管中，有关职能部门必须依法认真履行旅游安全监管职责，各司其职、共同协作。

（三）旅游主管部门的旅游安全日常管理工作

2015年8月，国务院安全生产委员会印发了《国务院安全生产委员会成员单位安全生产工作职责分工》，在文件中落实了国务院旅游主管部门的安全生产工作职责分工，主要包括：负责旅游安全监督管理工作，在职责范围内对旅游安全实施监督管理；会同国家有关部门对旅游安全实行综合治理，配合有关部门加强旅游客运安全管理；负责全国旅游安全管理的宣传、教育、培训工作；负责旅游行业安全生产统计分析，依法参加有关事故的调查处理，按照职责分工对事故发生单位落实防范和整改措施的情况进行监督检查。

为贯彻该文件精神，《旅游安全管理办法》第二十二条规定，旅游主管部门应当加强下列旅游安全日常管理工作：督促旅游经营者贯彻执行安全和应急管理的有关法律、法规，并引导其实施相关国家标准、行业标准或者地方标准，提高其安全经营和突发事件应对能力；指导旅游经营者组织开展从业人员的安全及应急管理培训，并通过新闻媒体等多种渠道，组织开展旅游安全及应急知识的宣传普及活动；统计分析本行政区域内发生旅游安全事故的情况；法律、法规规定的其他旅游安全管理工作；旅游主管部门应当加强对星级饭店和A级景区旅游安全和应急管理工作的指导。

二、旅游目的地安全风险提示制度

《旅游法》第七十七条规定，国家建立旅游目的地安全风险提示制度。

旅游目的地发生的社会动荡、自然灾害、天气变化、公共卫生事件等，对游客的人身和财产安全到底有多大影响，旅行社和旅游者心中无数，是否继续前往目的地，很难抉择。从保护旅游者权益的角度出发，建立旅游目的地安全风险提示制度具有十分重要的意义。

（一）风险提示信息的发布

1. 风险级别划分

根据可能对旅游者造成的危害程度、紧急程度和发展态势，风险提示级别分为一级（特别严重）、二级（严重）、三级（较重）和四级（一般），分别用红色、橙色、黄色和蓝色标示。

风险提示级别的划分标准，由国务院旅游主管部门会同外交、卫生健康、公安、自然资源、交通、气象、地震和海洋等有关部门制定或者确定。风险提示信息应当包括风险类别、提示级别、可能影响的区域、起始时间、注意事项、应采取的措施和发布机关等内容。

一级、二级风险的结束时间能够与风险提示信息内容同时发布的，应当同时发布；无法同时发布的，待风险消失后通过原渠道补充发布。三级、四级风险提示可以不发布风险结束时间，待风险消失后自然结束。

2. 风险提示信息发布权限和渠道

《旅游安全管理办法》第二十条规定，国家旅游局负责发布境外旅游目的地国家（地区），以及风险区域范围覆盖全国或者跨省级行政区域的风险提示。发布一级风险提示的，需经国务院批准；发布境外旅游目的地国家（地区）风险提示的，需经外交部门同意。地方各级旅游主管部门应当及时转发上级旅游主管部门发布的风险提示，并负责发布前款规定之外涉及本辖区的风险提示。

《旅游安全管理办法》第二十一条规定，风险提示信息应当通过官方网站、手机短信及公众易查阅的媒体渠道对外发布。一级、二级风险提示应同时通报有关媒体。

（二）风险提示信息的应对

1. 旅行社

风险提示发布后，旅行社应当根据风险级别采取下列措施：①四级风险的，加强对旅游者的风险提示；②三级风险的，采取必要的安全防范措施；③二级风险的，停止组团或者带团前往风险区域；已在风险区域的，调整或者中止行程；④一级风险的，停止组团或者带团前往风险区域，组织已在风险区域的旅游者撤离。

2. 其他旅游经营者

其他旅游经营者应当根据风险提示的级别，加强对旅游者的风险提示，采取相应的安全防范措施，妥善安置旅游者，并根据政府或者有关部门的要求，暂停或者关闭易受风险危害的旅游项目或者场所。

3. 旅游者

风险提示发布后，旅游者应当关注相关风险，加强个人安全防范，并配合国家应对风险暂时限制旅游活动的措施，以及有关部门、机构或者旅游经营者采取的安全防范和应急处置措施。

三、旅游经营者的安全经营义务

（一）安全防范、经营和保障义务

（1）《旅游法》第七十九条第一款规定，旅游经营者应当严格执行安全生产管理和消防安全管理的法律、法规和国家标准、行业标准，具备相应的安全生产条件，制定旅游者安全保护制度和应急预案。

（2）《旅游法》第七十九条第二款规定，旅游经营者应当对直接为旅游者提供服务的从业人员开展经常性应急救助技能培训，对提供的产品和服务进行安全检验、监测和评估，采取必要措施防止危害发生。

未经安全生产教育和培训合格的旅游从业人员，不得上岗作业；特种作业人员必须按照国家有关规定经专门的安全作业培训，取得相应资格。

（3）《旅游法》第七十九条第三款规定，旅游经营者组织、接待老年人、未成年人、残疾人等旅游者，应当采取相应的安全保障措施。

（4）《旅行社条例》第三十九条规定，旅行社对可能危及旅游者人身、财产安全的事项，应当向旅游者作出真实的说明和明确的警示，并采取防止危害发生的必要措施。

发生危及旅游者人身安全的情形的，旅行社及其委派的导游人员、领队人员应当采取必要的处置措施并及时报告旅游行政管理部门；在境外发生的，还应当及时报告中华人民共和国驻该国使领馆、相关驻外机构、当地警方。

（5）《旅行社条例》第四十条规定，旅游者在境外滞留不归的，旅行社委派的领队人员应当及时向旅行社和中华人民共和国驻该国使领馆、相关驻外机构报告。旅行社接到报告后应当及时向旅游行政管理部门和公安机关报告，并协助提供非法滞留者的信息。

旅行社接待入境旅游发生旅游者非法滞留我国境内的，应当及时向旅游行政管理部门、公安机关和外事部门报告，并协助提供非法滞留者的信息。

（二）安全说明或警示义务

《旅游法》第八十条规定，旅游经营者应当就旅游活动中的下列事项，以明示的方式事先向旅游者作出说明或者警示：①正确使用相关设施、设备的方法；②必要的安全防范和应急措施；③未向旅游者开放的经营、服务场所和设施、设备；④不适宜参加相关活动的群体；⑤可能危及旅游者人身、财产安全的其他情形。

《旅游法》第六十二条还规定，订立包价旅游合同时或者在包价旅游合同履行中，旅行社应当向旅游者告知下列事项：①旅游者不适合参加旅游活动的情形；②旅游活动中的安全注意事项；③旅行社依法可以减免责任的信息；④ 旅游者应当注意的旅游目的地相关法律、法规和风俗习惯、宗教禁忌，依照中国法律不宜参加的活动等；⑤ 法律、法规规定的其他应当告知的事项。

（三）安全救助、处置和报告义务

（1）《旅游法》第八十一条规定，突发事件或者旅游安全事故发生后，旅游经营者应当立即采取必要的救助和处置措施，依法履行报告义务，并对旅游者作出妥善安排。

（2）《旅游安全管理办法》第十二条规定，旅行社组织出境旅游，应当制作安全信息卡。安全信息卡应当包括旅游者姓名、出境证件号码和国籍，以及紧急情况下的联系人、联系方式等信息，使用中文和目的地官方语言（或者英文）填写。

旅行社应当将安全信息卡交由旅游者随身携带，并告知其自行填写血型、过敏药物和重大疾病等信息。

四、旅游者的安全权利和义务

（一）旅游者的安全权利

《旅游法》第八十二条第一、第二款规定，旅游者在人身、财产安全遇有危险时，有权请求旅游经营者、当地政府和相关机构进行及时救助。中国出境旅游者在境外陷于困境时，有权请求我国驻当地机构在其职责范围内给予协助和保护。

（二）旅游者的安全义务

《旅游法》第十五、第八十二条分别规定了旅游者的安全义务，包括：健康信息告知义务；安全配合义务；旅游者接受相关组织或者机构的救助后，应当支付应由个人承担的费用。

五、旅游突发事件的应急管理

（一）旅游突发事件的等级

（1）界定。《旅游安全管理办法》第三十九条第一款规定，旅游突发事件，是指突然发生，造成或者可能造成旅游者人身伤亡、财产损失，需要采取应急处置措施予以应对的自然灾害、事故灾难、公共卫生事件和社会安全事件。

（2）等级。《旅游安全管理办法》第三十九条第二款规定，根据旅游突发事件的性质、危害程度、可控性以及造成或者可能造成的影响，旅游突发事件一般分为特别重大、重大、较大和一般四级。

（3）适用。《旅游安全管理办法》第四十四条规定，本办法所称的“以上”包括本数；除第三十四、第三十五、第三十六条的规定外，所称的“以下”不包括本数。

1. 特别重大旅游突发事件

《旅游安全管理办法》第四十条规定，本办法所称特别重大旅游突发事件，是指下列情形：①造成或者可能造成人员死亡（含失踪）30 人以上或者重伤 100 人以上；②旅游者 500 人以上滞留超过 24 小时，并对当地生产生活秩序造成严重影响；③其他在境内外产生特别重大影响，并对旅游者人身、财产安全造成特别重大威胁的事件。

2. 重大旅游突发事件

《旅游安全管理办法》第四十一条规定，本办法所称重大旅游突发事件，是指下列情形：①造成或者可能造成人员死亡（含失踪）10 人以上、30 人以下或者重伤 50 人以上、100 人以下；②旅游者 200 人以上滞留超过 24 小时，对当地生产生活秩序造成较严重影响；③其他在境内外产生重大影响，并对旅游者人身、财产安全造成重大威胁的事件。

3. 较大旅游突发事件

《旅游安全管理办法》第四十二条规定，本办法所称较大旅游突发事件，是指下列情形：①造成或者可能造成人员死亡（含失踪）3 人以上、10 人以下或者重伤 10 人以上、50 人以下；②旅游者 50 人以上、200 人以下滞留超过 24 小时，并对当地生产生活秩序造成较大影响；③其他在境内外产生较大影响，并对旅游者人身、财产安全造成较大威胁的事件。

4. 一般旅游突发事件

《旅游安全管理办法》第四十三条规定，本办法所称一般旅游突发事件，是指下列情形：①造成或者可能造成人员死亡（含失踪）3 人以下或者重伤 10 人以下；②旅游者 50 人以下滞留超过 24 小时，并对当地生产生活秩序造成一定影响；③其他在境内外产生一定影响，并对旅游者人身、财产安全造成一定威胁的事件。

（二）旅游突发事件的应急处理

1. 旅游突发事件发生后应采取的措施

《旅游安全管理办法》第二十五条规定，旅游突发事件发生后，发生地县级以上旅游主管部门应当根据同级人民政府的要求和有关规定，启动旅游突发事件应急预案，并采取下列一项或者多项措施：①组织或者协同、配合相关部门开展对旅游者的救助及善后处置，防止次生、衍生事件的发生；②协调医疗、救援和保险等机构对旅游者进行救助及善后处置；③按照同级人民政府的要求，统一、准确、及时发布有关事态发展和应急处置工作的信息，并公布咨询电话。

2. 旅游突发事件报告制度

《旅游安全管理办法》第二十八条规定，旅游主管部门在接到旅游经营者的报告后，应当向同级人民政府和上级旅游主管部门报告。一般旅游突发事件上报至设区的市级旅游主管部门；较大旅游突发事件逐级上报至省级旅游主管部门；重大和特别重大旅游突发事件逐级上报至国务院旅游主管部门。向上级旅游主管部门报告旅游突发事件，应当包括下列内容：①事件发生的时间、地点、信息来源；②简要经过、伤亡人数、影响范围；③事件涉及的旅游经营者、其他有关单位的名称；④事件发生原因及发展趋势的初步判断；⑤采取的应急措施及处置情况；⑥需要支持协助的事项；⑦报告人姓名、单位及联系电话。

以上内容暂时无法确定的，应当先报告已知情况；报告后出现新情况的，应当及时补报、续报。

3. 旅游突发事件信息通报制度

（1）建立通报制度。《旅游安全管理办法》第二十九条规定，各级旅游主管部门应当建立旅游突发事件信息通报制度。旅游突发事件发生后，旅游主管部门应当及时将有关信息通报相关行业主管部门。

（2）提交报告程序。《旅游安全管理办法》第三十条规定，旅游突发事件处置结束后，发生地旅游主管部门应当及时查明突发事件的发生经过和原因，总结突发事件应急处置工作的经验教训，制定改进措施，并在30日内按照下列程序提交总结报告：①一般旅游突发事件向设区的市级旅游主管部门提交；②较大旅游突发事件逐级向省级旅游主管部门提交；③重大和特别重大旅游突发事件逐级向国务院旅游主管部门提交。旅游团队在境外遇到突发事件的，由组团社所在地旅游主管部门提交总结报告。

第三十一条规定，省级旅游主管部门应当于每月5日前，将本地区上月发生的较大旅游突发事件报国务院旅游主管部门备案，内容应当包括突发事件发生的时间、地点、原因及事件类型和伤亡人数等。

第三十二条规定，县级以上地方各级旅游主管部门应当定期统计分析本行政区域内发生旅游突发事件的情况，并于每年1月底前将上一年度相关情况逐级报国务院旅游主管部门。

六、违反旅游安全管理规定的处罚

(一)违反安全生产和消防安全管理

《旅游法》第一百零七条规定,旅游经营者违反有关安全生产管理和消防安全管理的法律、法规或者国家标准、行业标准的,由有关主管部门依照有关法律、法规的规定处罚。《旅游安全管理办法》第三十三条进一步规定,旅游经营者及其主要负责人、旅游从业人员违反法律、法规有关安全生产和突发事件应对规定的,依照相关法律、法规处理。

(二)未制止履行辅助人的非法或不规范行为

《旅游安全管理办法》第三十四条规定,旅行社未制止履行辅助人的非法、不安全服务行为,或者未更换履行辅助人的,由旅游主管部门给予警告,可并处2000元以下罚款;情节严重的,处2000元以上1万元以下罚款。

(三)不按要求制作安全信息卡

《旅游安全管理办法》第三十五条规定,旅行社不按要求制作安全信息卡,未将安全信息卡交由旅游者,或者未告知旅游者相关信息的,由旅游主管部门给予警告,可并处2000元以下罚款;情节严重的,处2000元以上1万元以下罚款。

(四)针对风险提示不采取相应措施

《旅游安全管理办法》第三十六条规定,旅行社针对旅游目的地安全风险提示,不采取相应措施的,由旅游主管部门处2000元以下罚款;情节严重的,处2000元以上1万元以下罚款。

(五)按国家标准、行业标准评定的旅游经营者违法

《旅游安全管理办法》第三十七条规定,按照旅游业国家标准、行业标准评定的旅游经营者违反本办法规定的,由旅游主管部门建议评定组织依据相关标准作出处理。

(六)旅游主管部门及其工作人员违法

《旅游安全管理办法》第三十八条规定,旅游主管部门及其工作人员违反相关法律、法规及本办法规定,玩忽职守,未履行安全管理职责的,由有关部门责令改正,对直接负责的主管人员和其他直接责任人员依法给予处分。

第四节　旅游责任保险法律制度

一、旅游责任保险制度的依据及投保主体

（一）旅游责任保险制度的依据及意义

旅游活动具有群体性、异地性的特点，旅游经营场所属于公众聚集场所，容易发生旅游安全事故。为保护旅游者合法权益，《旅游法》第五十六条确立了责任保险制度。设立该项制度的意义主要如下：

（1）保障旅游者利益。旅游活动场所一般人员密集，旅游活动中有的项目风险程度较高，一旦发生群体性伤亡事故，需要大量资金赔付。实行责任保险制度，有利于旅游经营者转移风险，提高赔付能力，保障旅游者的利益。

（2）保护旅游经营者。责任保险费率的制定，通常根据责任保险的风险大小、损失率的高低及投保人的数量等来确定。实践中，尽管住宿、景区、高风险旅游项目经营者有意愿投保责任险，但由于投保人基数低，保费数额就很高，企业难以承受。建立法定强制责任险有利于降低单个经营者投保责任险的保费，更好地保护旅游经营者。

（3）提高防范能力。我国旅游者投保商业险的意识相对较低，规定强制责任保险制度，有利于提高经营者的风险防范能力，增强保险意识。

（二）旅游责任保险的投保主体

《旅游法》第五十六条规定，国家根据旅游活动的风险程度，对旅行社、住宿、旅游交通以及本法第四十七条规定的高风险旅游项目等经营者实施责任保险制度。也就是说旅行社、住宿、旅游交通以及高空、高速、水上、潜水、探险等高风险旅游项目的经营者应投保责任保险。

这表明，在我国境内设立的旅行社，应当投保旅行社责任保险；《旅游法》第四十七条规定的经营高空、高速、水上、潜水、探险等高风险旅游项目的经营者，亦应当投保相应责任保险。

二、旅行社责任保险制度

依照《旅游法》《旅行社条例》和《旅行社责任保险管理办法》（以下简称《责任保险管理办法》）的规定，在中华人民共和国境内依法设立的旅行社，应当投保旅行社责任保险。

（一）旅行社责任保险的概念

《责任保险管理办法》第二条第二款规定，旅行社责任保险，是指以旅行社因其组织的旅游活动对旅游者和受其委派并为旅游者提供服务的导游或者领队人员依法应当承担的赔偿责任为保险标的的保险。

概念表明，旅行社责任保险是旅行社为自己投保的险种，投保人、被保险人、受益人均为旅行社，一旦因旅行社责任造成游客、导游、领队遭受人身和财产损失，保险公司代表旅行社承担赔偿责任，起到既能对游客、导游、领队的人身伤害和财产损失进行赔偿，保障游客、导游、领队权益，又使旅行社的责任风险得以转嫁的双重作用。

（二）保险责任、期限、金额

1. 保险责任

《责任保险管理办法》第四条规定，旅行社责任保险的保险责任，应当包括旅行社在组织旅游活动中依法对旅游者的人身伤亡、财产损失承担的赔偿责任和依法对受旅行社委派并为旅游者提供服务的导游或者领队人员的人身伤亡承担的赔偿责任。具体包括下列情形：①因旅行社疏忽或过失应当承担赔偿责任的；②因发生意外事故旅行社应当承担赔偿责任的；③国家旅游局会同中国保险监督管理委员会规定的其他情形。

2. 保险期限和保险金额

（1）保险期限。《责任保险管理办法》第十五条规定，旅行社责任保险的保险期间为 1 年。第十六条规定，旅行社应当在保险合同期满前及时续保。

（2）保险金额。《责任保险管理办法》第十八条规定，旅行社在组织旅游活动中发生本办法第四条所列情形的，保险公司依法根据保险合同约定，在旅行社责任保险责任限额内予以赔偿。责任限额可以根据旅行社业务经营范围、经营规模、风险管控能力、当地经济社会发展水平和旅行社自身需要，由旅行社与保险公司协商确定，但每人人身伤亡责任限额不得低于 20 万元人民币。

（三）投保

1. 当事人

《责任保险管理办法》第七条规定，旅行社投保旅行社责任保险的，应当与保险公司依法订立书面旅行社责任保险合同。第十七条规定，旅行社投保责任险，可以依法自主投保，也可以由组织统一投保。这表明，投保责任保险的当事人，即旅行社（投保人）和保险公司（承保人），双方应当依法订立书面旅行社责任保险合同（保险合同）；应当依照《保险法》的有关规定履行告知和说明义务。

2. 旅行社的义务

(1)交付保险费。《责任保险管理办法》第十条规定，保险合同成立后，旅行社按照约定交付保险费。保险公司应当及时向旅行社签发保险单或者其他保险凭证，并在保险单或者其他保险凭证中载明当事人双方约定的合同内容，同时按照约定的时间开始承担保险责任。

(2)解除保险合同的。《责任保险管理办法》第十二条规定，保险合同成立后，旅行社要解除保险合同的，应当同时订立新的保险合同，并书面通知所在地县级以上旅游行政管理部门，但因旅行社业务经营许可证被依法吊销或注销而解除合同的除外。

(3)通知。《责任保险管理办法》第十四条规定，旅行社的名称、法定代表人或者业务经营范围等重要事项变更时，应当及时通知保险公司，必要时应当办理责任险变更合同手续。

3. 保险公司的义务

(1)不得强制投保。《责任保险管理办法》第九条规定，订立保险合同时，保险公司不得强制旅行社投保其他商业保险。

(2)不得任意解除合同。《责任保险管理办法》第十一条规定，保险合同成立后，除符合《中华人民共和国保险法》规定的情形外，保险公司不得解除保险合同。

(3)合同解除的。《责任保险管理办法》第十三条规定，保险合同解除的，保险公司应当收回保险单，并书面通知旅行社所在地县级以上旅游主管部门。

(四)赔偿

《责任保险管理办法》第三章规范了请求赔偿人在责任险索赔过程中旅行社与保险公司的责任与行为。请求赔偿人，是指旅行社、受害人(受害的旅游者、导游及领队)。

1. 旅行社的责任与行为

(1)通知保险事故。《责任保险管理办法》第十九条规定，在发生保险事故时，旅行社或者受害的旅游者、导游及领队人员应及时通知保险公司。

(2)提供证明和资料。《责任保险管理办法》第二十条第一款规定，保险事故发生后，按照保险合同请求保险公司赔偿保险金时，应当向保险公司提交其所能提供的与确认保险事故的性质、原因、损失程度等有关的证明和资料。

(3)依法解决争议。《责任保险管理办法》第二十四条规定，旅行社与保险公司对赔偿有争议的，可以按照双方的约定申请仲裁，或者依法向人民法院提起诉讼。

2. 保险公司的责任与行为

（1）及时告知。《责任保险管理办法》第十九条规定，旅行社组织的旅游活动中发生保险事故，旅行社或受害的旅游者、导游及领队人员通知保险公司的，保险公司应当及时告知具体的赔偿程序等有关事项。第二十条第二款规定，保险公司按照保险合同约定，认为有关证明和资料不完整的，应当及时一次性通知旅行社补充提供。

（2）直接赔偿。《责任保险管理办法》第二十条第三款规定，旅行社对受害人应负的赔偿责任确定的，根据旅行社的请求，保险公司应当直接向受害人赔偿保险金。旅行社怠于请求的，受害人有权就其应获赔偿部分直接向保险公司请求赔偿保险金。

（3）履行赔偿义务。《责任保险管理办法》第二十一条规定，保险公司收到赔偿保险金的请求和相关证明、资料后，应当及时作出核定；情形复杂的，应当在 30 日内作出核定，但合同另有规定的除外。保险公司应当及时将核定结果通知旅行社以及受害人；对属于保险责任的，在与旅行社达成赔偿保险金的协议后 10 日内，履行赔偿保险金义务。

（4）先行支付。《责任保险管理办法》第二十二条规定，因抢救受伤人员需要保险公司先行赔付保险金用于支付抢救费用的，保险公司在接到旅行社或者受害人（旅游者、导游或领队）的通知后，经核定属于保险责任的，可以在责任限额内先向医疗机构支付必要的费用。

（5）代位请求赔偿权。《责任保险管理办法》第二十三条规定，因第三者损害而造成保险事故的，保险公司自直接赔偿保险金或者先行支付抢救费用之日起，在赔偿、支付金额范围内代位行使对第三者请求赔偿的权利。旅行社以及受害人应当向保险公司提供必要的文件和所知道的有关情况。

（五）监管

《责任保险管理办法》为保监机构和旅游主管部门联合发布的部门规章，对旅游行业和保险行业都具有约束作用。为此，我国对责任险的监管实行“旅保合作”机制，两部门依法在各自职权范围内共同对责任险行使监管权。监管权包括监督检查和行使行政处罚权。

（1）监管主体及职责。《责任保险管理办法》第五、第二十六条和第二十七条规定：①县级以上旅游行政管理部门依法对旅行社投保旅行社责任保险情况实施监督检查；②中国保监会及其派出机构依法对旅行社责任险的保险条款和保险费率进行管理；依法对保险公司开展旅行社责任保险业务实施监督管理。

（2）行政处罚权限。《责任保险管理办法》第二十八、第二十九条和第三十条规定：①县级以上旅游行政管理部门对旅行社解除保险合同但未同时订立新的保险合同，保险合同期满前未及时续保，或者人身伤亡责任限额低于 20 万元的，依据《旅行社条例》第四十九条规定责令改正；拒不改正的，吊销旅行社业务经营许可证；②中国银保监会或者其派出机构对保险公司经营旅行社责任保险，违反有关保险条款和保险费率管理规定的，依据《保险法》和中国银保监会的有关规定予以处罚；保监会或者其派出机构对保险公司拒绝或者妨碍依法监督检查的，依据《保险法》的有关规定予以处罚。

随堂练

法规文件

第十五章
入出境及交通法律制度

【学习目标】

了解《中华人民共和国民用航空法》关于运输凭证、承运人责任的规定;《中华人民共和国铁路法》关于铁路运输营业中铁路运输合同、铁路运输企业和旅客权利义务的规定;《中华人民共和国道路运输条例》关于客运经营的规定;《国内水路运输管理规定》关于水路运输承运人和旅客之间的权利义务规定。熟悉《中华人民共和国民用航空法》关于劫持航空器、危及飞行安全、携带危险品及管制刀具等乘坐航空器、在航空器上放置危险品、损毁移动航空设施、聚众扰乱机场秩序法律责任的规定;《中华人民共和国出境入境管理法》《中华人民共和国护照法》关于中国公民出境入境和外国人入境出境的义务性规定和禁止性规定及相关法律责任的规定。

第一节　入出境法律制度

一、概述

(一) 出境入境管理立法概况

出境入境法律、法规的内容有关国家主权、安全和社会秩序，主要涉及证件管理、出境入境权利义务、边防检查、卫生检疫等制度，以及违反上述法律制度应当承担的法律责任。1985 年，我国制定并实施了《中华人民共和国公民出境入境管理法》和《中华人民共和国外国人入境出境管理法》，建立了出入境管理法律制度，在规范出入境方面发挥了重要的作用。随着出入境人员的不断增加，非法入境、非法居留、非法就业问题突出，有必要采取针对性措施来完善制度，加强并规范出入境管理。2007 年 1 月 1 日，第十届全国人大常委会第二十一次会议通过的《中华人民共和国护照法》（以下简称《护照法》）施行。2013 年 7 月 1 日，第十一届全国人大常委会第二十七次会议通过的《中华人民共和国出境入境管理法》（以下简称《出境入境管理法》）施行。《中华人民共和国外国人入境出境管理法》和《中华人民共和国公民出境入境管理法》同时废止。

（二）出境入境的含义及管理

依据《出境入境管理法》第八十九条的规定，出境，是指中国内地前往其他国家或者地区，由中国内地前往香港特别行政区、澳门特别行政区，由中国大陆前往台湾地区；入境，是指由其他国家或地区进入中国内地，由香港特别行政区、澳门特别行政区进入中国内地，由台湾地区进入中国大陆。

出入境管理，指国家主管机关依据法律、法规规定，对中国公民、外国人、交通运输工具出境入境及外国人在中国境内停留居住行使管辖权的行为，是国家涉外管辖的重要组成部分。

二、中国公民出境入境的义务性规定和禁止性规定

（一）义务性规定

1. 从对外开放的口岸出境入境并接受边防检查

《出境入境管理法》第六条第二款规定，中国公民、外国人以及交通运输工具应当从对外开放的口岸出境入境，特殊情况下，可以从国务院或者国务院授权的部门批准的地点出境入境。出境入境人员和交通运输工具应当接受出境入境边防检查。

2. 依法申办有关证件

《出境入境管理法》第九条规定，中国公民出境入境，应当依法申请办理护照或者其他旅行证件。中国公民前往其他国家或者地区，还需要取得前往国签证或者其他入境许可证明。但是，中国政府与其他国家政府签订互免签证协议或者公安部、外交部另有规定的除外。第十条规定，中国公民往来内地与香港特别行政区、澳门特别行政区，中国公民往来大陆与台湾地区，应当依法申请办理通行证件。

3. 依法交验证件

《出境入境管理法》第十一条规定，中国公民出境入境，应当向出入境边防检查机关交验本人的护照或者其他旅行证件等出境入境证件，履行规定的手续，经查验准许，方可出境入境。具备条件的口岸，出入境边防检查机关应当为中国公民出境入境提供专用通道等便利措施。

（二）禁止性规定

《出境入境管理法》第十二条规定，中国公民有下列情形之一的，不准出境：①未持有效出境入境证件或者拒绝、逃避接受边防检查的；②被判处刑罚尚未执行完毕或者属于刑事案件被告人、犯罪嫌疑人的；③有未了结的民事案件，人民法院决定不准出境的；④因妨害国（边）境管理受到刑事处罚或者因非法出境、非法居留、非法就业被其他国家或者地区遣返，未满不准出境规定年限的；⑤可能危害国家安全和利益，国务院有关主管部门决定不准出境的；⑥法律、行政法规规定不准出境的其他情形。

三、外国人入境出境的义务性规定和禁止性规定

（一）义务性规定

1. 遵守中国法律

《出境入境管理法》第三条第二款规定，在中国境内的外国人的合法权益受法律保护。在中国境内的外国人应当遵守中国法律，不得危害中国国家安全、损害社会公共利益、破坏社会公共秩序。

2. 从对外开放的口岸入境出境、接受边防检查

《出境入境管理法》第六条规定，国家在对外开放的口岸设立出入境边防检查机关。中国公民、外国人以及交通运输工具应当从对外开放的口岸出境入境，特殊情况下，可以从国务院或者国务院授权的部门批准的地点出境入境。出境入境人员和交通运输工具应当接受出境入境边防检查。

3. 依法申办签证

《出境入境管理法》第十五条规定，外国人入境，应当向驻外签证机关申请办理签证，但是本法另有规定的除外。

4. 依法交验证件

《出境入境管理法》第二十四条规定，外国人入境，应当向出入境边防检查机关交验本人的护照或者其他国际旅行证件、签证或者其他入境许可证明，履行规定的手续，经查验准许，方可入境。第二十七条规定，外国人出境，应当向出入境边防检查机关交验本人的护照或者其他国际旅行证件等出境入境证件，履行规定的手续，经查验准许，方可出境。

（二）禁止性规定

1. 不准入境的情形

《出境入境管理法》第二十五条规定，外国人不准入境的情形有：①未持有效出境入境证件或者拒绝、逃避接受边防检查的；②具有拒发签证的前四种

情形的；③入境后可能从事与签证种类不符的活动的；④法律、行政法规规定不准入境的其他情形。对不准入境的，出入境边防检查机关可以不说明理由。

2. 不准出境的情形

《出境入境管理法》第二十八条规定，外国人不准出境的情形有：①被判处刑罚尚未执行完毕或者属于刑事案件被告人、犯罪嫌疑人的，但是按照中国与外国签订的有关协议，移管被判刑人的除外；②有未了结的民事案件，人民法院决定不准出境的；③拖欠劳动者的劳动报酬，经国务院有关部门或者省、自治区、直辖市人民政府决定不准出境的；④法律、行政法规规定不准出境的其他情形。

四、法律责任

（一）非法出境入境

《出境入境管理法》第七十一条规定，有下列行为之一的，处 1000 元以上 5000 元以下罚款；情节严重的，处 5 日以上 10 日以下拘留，可以并处 2000 元以上 1 万元以下罚款：①持用伪造、变造、骗取的出境入境证件出境入境的；②冒用他人出境入境证件出境入境的；③逃避出境入境边防检查的；④以其他方式非法出境入境的。

（二）协助他人非法出境入境

《出境入境管理法》第七十二条第一款规定，协助他人非法出境入境的，处 2000 元以上 1 万元以下罚款；情节严重的，处 10 日以上 15 日以下拘留，并处 5000 元以上 2 万元以下罚款，有违法所得的，没收违法所得。

（三）弄虚作假骗取出入境证件

《出境入境管理法》第七十三条规定，弄虚作假骗取签证、停留居留证件等出境入境证件的，处 2000 元以上 5000 元以下罚款；情节严重的，处 10 日以上 15 日以下拘留，并处 5000 元以上 2 万元以下罚款。单位有前款行为的，处 1 万元以上 5 万元以下罚款，并对其直接负责的主管人员和其他直接责任人员依照前款规定予以处罚。

（四）违法为外国人出具材料

《出境入境管理法》第七十四条规定，违反本法规定，为外国人出具邀请函件或者其他申请材料的，处 5000 元以上 1 万元以下罚款；有违法所得的，没收违法所得，并责令其承担所邀请外国人的出境费用。单位有前款行为的，处 1 万元以上 5 万元以下罚款，有违法所得的，没收违法所得，并责令其承担所邀请外国人的出境费用，对其直接负责的主管人员和其他直接责任人员依照前款规定予以处罚。

(五)非法前往其他国家或者地区被遣返

《出境入境管理法》第七十五条规定，中国公民出境后非法前往其他国家或者地区被遣返的，出入境边防检查机关应当收缴其出境入境证件，出境入境证件签发机关自其被遣返之日起6个月至3年以内不予签发出境入境证件。

(六)其他承担法律责任的情形

《出境入境管理法》第七十六条规定，有下列情形之一的，给予警告，可以并处2000元以下罚款：①外国人拒不接受公安机关查验其出境入境证件的；②外国人拒不交验居留证件的；③未按照规定办理外国人出生登记、死亡申报的；④外国人居留证件登记事项发生变更，未按照规定办理变更的；⑤在中国境内的外国人冒用他人出境入境证件的；⑥未按照本法第三十九条第二款规定办理登记的。

第二节　交通管理法律制度

一、概述

“行”是旅游活动中的一个重要环节。现代旅游业的蓬勃发展得益于现代交通的迅速发展。各类交通运输企业向旅游者提供交通工具及相关服务，是保障旅游者顺利完成旅游活动，充分实现法律赋予的自由旅行权的一个重要条件。旅游交通，是指利用一定的载运工具，通过一定的交通线路和场、站、港等设施，在约定的期限内，为旅游者提供空间位置转移的服务活动。通常包括民航运输、铁路运输、道路运输、水路运输等。旅游交通具有游览性、舒适性、淡旺季明显等特点。

旅游交通管理法律法规是国家管理旅游交通事业，规范旅游交通市场，调整旅游交通中产生的各种社会关系的重要法律工具。《民法典》规定的运输合同的相关内容，《旅游法》规定的旅游活动中旅游交通经营者、公共交通经营者的行为规范和责任，也是承运人应当遵守的行为规范。

二、民航运输管理法律制度

(一)立法概况

1996年3月1日，第八届全国人大常委会第十六次会议审议通过的《中华人民共和国民用航空法》(以下简称《民航法》)施行，后历经6次修正。此后，交通运输主管部门、民航运输主管部门依据该法，陆续发布了《国内航空运输承运人赔偿责任限额规定》《航班正常管理规定》《公共航空运输旅客服务管理规定》等。上述法律法规明确了航空运输承运人的权利、义务，以及相应的法律责任，为保护民用航空活动当事人各方的合法权益提供了保障。

（二）运输凭证

1. 内容和形式

客票和行李票是航空承运人和旅客双方客运合同关系的证据，是旅客搭乘交通运输工具、行李托运的凭证。《民航法》第一百一十一条第一款规定，客票是航空旅客运输合同订立和运输合同条件的初步证据。第一百一十二条第二款规定，行李票是行李托运和运输合同条件的初步证据。

《民航法》第一百一十条规定客票应当包括的内容由国务院民用航空主管部门规定，至少应当包括以下内容：①出发地点和目的地点；②出发地点和目的地点均在中华人民共和国境内，而在境外有一个或者数个约定的经停地点的，至少注明一个经停地点；③旅客航程的最终目的地点、出发地点或者约定的经停地点之一不在中华人民共和国境内，依照所适用的国际航空运输公约的规定，应当在客票上声明此项运输适用该公约的，客票上应当载有该项声明。第一百一十二条第一款规定，承运人载运托运行李时，行李票可以包含在客票之内或者与客票相结合。除第一百一十一条的规定外，行李票还应当包括下列内容：其一，托运行李的件数和重量；其二，需要声明托运行李在目的地点交付时的利益的，注明声明金额。

2. 效力

《民航法》第一百零九条规定，承运人运送旅客，应当出具客票。旅客乘坐民用航空器，应当交验有效客票。为保障旅客安全、加强交通运输管理，我国在民航运输中对客票实行实名制。实名制客运合同的旅客丢失客票的，可以请求承运人挂失补办，承运人不得再次收取票款和其他不合理费用。《民航法》第一百一十一条第二款规定，旅客未能出示客票、客票不符合规定或者客票遗失，不影响运输合同的存在或者有效。第一百一十二条第三款规定，旅客未能出示行李票、行李票不符合规定或者行李票遗失，不影响运输合同的存在或者有效。

（三）承运人的责任

1. 对旅客人身伤亡的责任

《民航法》第一百二十四条规定，因发生在民用航空器上或者在旅客上、下民用航空器过程中的事件，造成旅客人身伤亡的，承运人应当承担责任；但是，旅客的人身伤亡完全是由于旅客本人的健康状况造成的，承运人不承担责任。

本条中所称的“事件”，是指发生在民用航空器上或者发生在旅客上下民用航空器过程中，与航空运输操作或者航空运输服务有关的，造成旅客人身伤亡的任何事件，既包括航空运输过程中发生的航空事故，如飞机坠毁，也包括尚未构成事故的航空事件，如空中颠簸，还包括与航空运输风险无关的事件，如某旅客在飞机上被劫机者杀害等。承运人承担民事责任的范围仅限于旅客的人身伤亡，而不包括旅客精神上的伤害，也不包括因旅客的伤亡给他人造成的精神痛苦。

2. 对旅客随身携带物品、托运行李损毁的责任

《民航法》第一百二十五条规定，因发生在民用航空器上或者在旅客上、下民用航空器过程中的事件，造成旅客随身携带物品毁灭、遗失或者损坏的，承运人应当承担责任。因发生在航空运输期间的事件，造成旅客的托运行李毁灭、遗失或者损坏的，承运人应当承担责任。旅客随身携带物品或者托运行李的毁灭、遗失或者损坏完全是由于行李本身的自然属性、质量或者缺陷造成的，承运人不承担责任。

本条中的“航空运输期间”，是指在机场内、民用航空器上或者机场外降落的任何地点，托运行李、货物处于承运人掌管之下的全部期间。它不包括机场外的任何陆路运输、海上运输、内河运输过程；但是，此种陆路运输、海上运输、内河运输是为了履行航空运输合同而装载、交付或者转运，在没有相关证据的情况下，所发生的损失视为在航空运输期间发生的损失。

3. 对延误运输的责任

《民航法》第一百二十六条规定，旅客、行李或者货物在航空运输中因延误造成的损失，承运人应当承担责任；但是，承运人证明本人或者其受雇人、代理人为了避免损失的发生，已经采取一切必要措施或者不可能采取此种措施的，不承担责任。

“延误”是指承运人未能按照运输合同约定的时间将旅客、行李运抵目的地。运输合同约定的时间，一般指承运人的班机时刻表或者机票载明的旅客抵达目的地的时间。

4. 国内航空运输承运人的限制赔偿责任

《民航法》第一百二十八条规定，国内航空运输承运人的赔偿责任限额由国务院民用航空主管部门制定，报国务院批准后公布执行。旅客或者托运人在交运托运行李或者货物时，特别声明在目的地点交付时的利益，并在必要

时支付附加费的，除承运人证明旅客或者托运人声明的金额高于托运行李或者货物在目的地点交付时的实际利益外，承运人应当在声明金额范围内承担责任；本法第一百二十九条的其他规定，除赔偿责任限额外，适用于国内航空运输。

赔偿责任限制制度具体体现为我国制定的《国内航空运输承运人赔偿责任限额规定》。其中，第三条规定，国内航空运输承运人应当在下列规定的赔偿责任限额内按照实际损害承担赔偿责任，但是《民航法》另有规定的除外：①对每名旅客的赔偿责任限额为人民币 40 万元；②对每名旅客随身携带物品的赔偿责任限额为人民币 3000 元；③对旅客托运的行李和对运输的货物的赔偿责任限额为每公斤人民币 100 元。此外，旅客可以自己选择向保险公司投保航空运输人身意外伤害险。此项保险金额的给付，不得免除或减少承运人应当承担的赔偿金额。

5. 国际航空运输承运人的限制赔偿责任

《民航法》第一百二十九条规定，国际航空运输承运人的赔偿责任限额按如下执行：①对每名旅客的赔偿责任限额为 16 600 计算单位；但是，旅客可以同承运人书面约定高于本项规定的赔偿责任限额；②对托运行李或者货物的赔偿责任限额，每公斤为 17 计算单位。旅客或者托运人在交运托运行李或者货物时，特别声明在目的地点交付时的利益，并在必要时支付附加费的，除承运人证明旅客或者托运人声明的金额高于托运行李或者货物在目的地点交付时的实际利益外，承运人应当在声明金额范围内承担责任。托运行李或者货物的一部分或者托运行李、货物中的任何物件毁灭、遗失、损坏或者延误的，用以确定承运人赔偿责任限额的重量，仅为该一包件或者数包件的总重量；但是，因托运行李或者货物的一部分或者托运行李、货物中的任何物件的毁灭、遗失、损坏或者延误，影响同一份行李票或者同一份航空货运单所列其他包件的价值的，确定承运人的赔偿责任限额时，此种包件的总重量也应当考虑在内；③对每名旅客随身携带的物品的赔偿责任限额为 332 计算单位。

以上规定所称“计算单位”，是指国际货币基金组织规定的特别提款权，其人民币数额为法院判决之日、仲裁机构仲裁之日或者当事人协议之日，按照国家外汇管理机关的国际货币基金组织的特别提款权对人民币的换算办法计算得出的人民币数额。

无论是在国内航空运输中还是在国际航空运输中，经证明，航空运输中的损失是由于承运人或者其受雇人、代理人的故意或者明知可能造成损失而轻率地作为或者不作为造成的，承运人无权援用本法有关赔偿责任限制的规定；证明承运人的受雇人、代理人有此种作为或者不作为的，还应当证明该受雇人、代理人是在受雇、代理范围内行事。

6. 免责和减轻责任的情形

《民航法》第一百二十七条规定，在旅客、行李运输中，经承运人证明，损失是由索赔人的过错造成或者促成的，应当根据造成或者促成此种损失的过错的程度，相应免除或者减轻承运人的责任。旅客以外的其他人就旅客死亡或者受伤提出赔偿请求时，经承运人证明，死亡或者受伤是旅客本人的过错造成或者促成的，同样应当根据造成或者促成此种损失的过错的程度，相应免除或者减轻承运人的责任。

（四）法律责任

1. 劫持航空器

《民航法》第一百九十一条规定，以暴力、胁迫或者其他方法劫持航空器的，依照刑法有关规定追究刑事责任。

2. 危及飞行安全

《民航法》第一百九十二条规定，对飞行中的民用航空器上的人员使用暴力，危及飞行安全的，依照刑法有关规定追究刑事责任。

3. 携带危险品及管制刀具等乘坐航空器

《民航法》第一百九十三条规定，违反本法规定，隐匿携带炸药、雷管或者其他危险品乘坐民用航空器，或者以非危险品品名托运危险品的，依照刑法有关规定追究刑事责任。企业事业单位犯前款罪的，判处罚金，并对直接负责的主管人员和其他直接责任人员依照前款规定追究刑事责任。隐匿携带枪支子弹、管制刀具乘坐民用航空器的，依照刑法有关规定追究刑事责任。

4. 在航空器上放置危险品

《民航法》第一百九十五条规定，故意在使用中的民用航空器上放置危险品或者唆使他人放置危险品，足以毁坏该民用航空器，危及飞行安全的，依照刑法有关规定追究刑事责任。

5. 损毁移动航空设施

《民航法》第一百九十七条规定，盗窃或者故意损毁、移动使用中的航行设施，危及飞行安全，足以使民用航空器发生坠落、毁坏危险的，依照刑法有关规定追究刑事责任。

6. 聚众扰乱机场秩序

《民航法》第一百九十八条规定，聚众扰乱民用机场秩序的，依照刑法有关规定追究刑事责任。

三、铁路运输管理法律制度

(一)立法概况

1991 年 5 月 1 日，第七届全国人大常委会第十五次会议通过的《中华人民共和国铁路法》(以下简称《铁路法》)施行，后历经 2 次修正。国务院及其铁道部据此相继发布相关法规、部门规章，如《铁路交通事故应急救援和调查处理条例》《铁路安全管理条例》《铁路旅客运输规程》等。上述法律法规规定了铁路运输中旅客和承运人的权利、义务以及相应的法律责任，为规范管理铁路运输、保障旅客安全提供了法律依据。

(二)铁路运输合同

《铁路法》第十一条规定，铁路运输合同是明确铁路运输企业与旅客、托运人之间权利义务关系的协议。旅客车票、行李票、包裹票和货物运单是合同或者合同的组成部分。

我国在铁路运输中对客票实行实名制。

(三)铁路运输企业的权利和义务

1. 权利

(1)按照规定收取运输费用。《铁路法》第十四条规定，对无票乘车或者持失效车票乘车的，应当补收票款，并按照规定加收票款；拒不交付的，铁路运输企业可以责令下车。

(2)进行运输安全检查。《铁路法》第四十八条第二款规定，禁止旅客携带危险品进站上车。铁路公安人员和国务院铁路主管部门规定的铁路职工，有权对旅客携带的物品进行运输安全检查。实施运输安全检查的铁路职工应当佩戴执勤标志。

(3)处理无人领取的货物。《铁路法》第二十二条规定，自铁路运输企业发出领取货物通知之日起满 30 日仍无人领取的货物，或者收货人书面通知铁路运输企业拒绝领取的货物，铁路运输企业应当通知托运人，托运人自接到通知之日起满 30 日未作答复的，由铁路运输企业变卖；所得价款在扣除保管等费用后尚有余款的，应当退还托运人，无法退还、自变卖之日起 180 日内托运人又未领回的，上缴国库。自铁路运输企业发出领取通知之日起满 90 日仍无人领取的包裹或者到站后满 90 日仍无人领取的行李，铁路运输企业应当公告，公告满 90 日仍无人领取的，可以变卖；所得价款在扣除保管等费用后尚有余款的，托运人、收货人或者旅客可以自变卖之日起 180 日内领回，逾期不领回的，上缴国库。对危险物品和规定限制运输的物品，应当移交公安机关或者有关部门处理，不得自行变卖。对不宜长期保存的物品，可以按照国务院铁路主管部门的规定缩短处理期限。

（4）制止危害运输安全行为。《铁路法》第四十九条规定，对损毁、移动铁路信号装置及其他行车设施或者在铁路线路上放置障碍物的，铁路职工有权制止，可以扭送公安机关处理。第五十条规定，禁止偷乘货车、攀附行进中的列车或者击打列车。对偷乘货车、攀附行进中的列车或者击打列车的，铁路职工有权制止。第五十一条规定，禁止在铁路线路上行走、坐卧。对在铁路线路上行走、坐卧的，铁路职工有权制止。第五十三条规定，对聚众拦截列车或者聚众冲击铁路行车调度机构的，铁路职工有权制止；不听制止的，公安人员现场负责人有权命令解散；拒不解散的，公安人员现场负责人有权依照国家有关规定决定采取必要手段强行驱散，并对拒不服从的人员强行带离现场或者予以拘留。第五十五条规定，在列车内，寻衅滋事，扰乱公共秩序，危害旅客人身、财产安全的，铁路职工有权制止，铁路公安人员可以予以拘留。

2. 义务

（1）按照约定运输。《铁路法》第十二条规定，铁路运输企业应当保证旅客按车票载明的日期、车次乘车，并到达目的站。因铁路运输企业的责任造成旅客不能按车票载明的日期、车次乘车的，铁路运输企业应当按照旅客的要求，退还全部票款或者安排改乘到达相同目的站的其他列车。第十六条第一款规定，铁路运输企业应当按照全国约定的期限或者国务院铁路主管部门规定的期限，将货物、包裹、行李运到目的站；逾期运到的，铁路运输企业应当支付违约金。

（2）提供良好的旅行环境和服务设施。《铁路法》第十三条第一款规定，铁路运输企业应当采取有效措施做好旅客运输服务工作，做到文明礼貌、热情周到，保持车站和车厢内的清洁卫生，提供饮用开水，做好列车上的饮食供应工作。

（3）保障运输安全。《铁路法》第十条规定，铁路运输企业应当保证旅客和货物运输的安全，做到列车正点到达。第四十二条规定，铁路运输企业必须加强对铁路的管理和保护，定期检查、维修铁路运输设施，保证铁路运输设施完好，保障旅客和货物运输安全。

（4）承担赔偿责任。①对旅客人身伤亡的责任。《铁路法》第五十八条规定，因铁路行车事故及其他铁路运营事故造成人身伤亡的，铁路运输企业应当承担赔偿责任；如果人身伤亡是因不可抗力或者由于受害人自身的原因造成的，铁路运输企业不承担赔偿责任。违章通过平交道口或者人行过道，或者在铁路线路上行走、坐卧造成的人身伤亡，属于受害人自身的原因造成的人身伤亡。②对行李物品损失的责任。《铁路法》第十七条规定，铁路运输企业应当对承运的货物、包裹、行李自接受承运时起到交付时止发生的灭失、短少、变质、污染或者损坏，承担赔偿责任。赔偿限额有两种情况：一是托运人或者旅客根据自愿申请办理保价运输的，按照实际损失赔偿，但最高不超过保价额。二是未按保价运输承运的，按照实际损失赔偿，但最高不超过国务院铁路主管部门规定的赔偿限额；如果损失是由于铁路运输企业的故意或者重大过失造成的，不适用赔偿限额的规定，按照实际损失赔偿。托运人或者旅客根据自愿，可以办理保价运输，也可以办理货物运输保险；还可以既不办理保价运输，也不办理货物运输保险。不得以任何方式强迫办理保价运输或者货物运输保险。③免责的情形。《铁路法》第十八条规定，由于不可抗力，货物或者包裹、行李中的物品本身的自然属性，或者合理损耗，托运人、收货人或者旅客的过错造成的货物、包裹、行李损失的，铁路运输企业不承担赔偿责任。

（四）旅客的权利和义务

1. 权利

旅客的权利包括：依据车票票面记载的内容乘车；要求承运人提供与车票等级相适应的服务并保障其旅行安全；对运送期间发生的身体损害有权要求承运人赔偿；对运送期间承运人过错造成的随身携带物品损失有权要求承运人赔偿。铁路运输企业逾期 30 日仍未将货物、包裹、行李交付收货人或者旅客的，托运人、收货人或者旅客有权按货物、包裹、行李灭失向铁路运输企业要求赔偿。

2. 义务

（1）持有效车票乘车。《铁路法》第十四条规定，旅客乘车应当持有效车票。

（2）按照规定托运行李物品。《铁路法》第十九条规定，托运人应当如实填报托运单，铁路运输企业有权对填报的货物和包裹的品名、重量、数量进行检查。经检查，申报与实际不符的，检查费用由托运人承担；申报与实际相符的，检查费用由铁路运输企业承担，因检查对货物和包裹中的物品造成的损坏由铁路运输企业赔偿。托运人因申报不实而少交的运费和其他费用应当补交，铁路运输企业按照国务院铁路主管部门的规定加收运费和其他费用。

《铁路法》第二十条规定，托运货物需要包装的，托运人应当按照国家包装标准或者行业包装标准包装；没有国家包装标准或者行业包装标准的，应当妥善包装，使货物在运输途中不因包装原因而受损坏。铁路运输企业对承运的容易腐烂变质的货物和活动物，应当按照国务院铁路主管部门的规定和合同的约定，采取有效的保护措施。

《铁路法》第四十八条规定，运输危险品必须按照国务院铁路主管部门的规定办理，禁止以非危险品品名托运危险品。

（3）及时领取行李物品。《铁路法》第二十一条规定，货物、包裹、行李到站后，收货人或者旅客应当按照国务院铁路主管部门规定的期限及时领取，并支付托运人未付或者少付的运费和其他费用；逾期领取的，收货人或者旅客应当按照规定交付保管费。

（4）承担对铁路运输企业造成的财产损失。《铁路法》第二十三条规定，因旅客、托运人或者收货人的责任给铁路运输企业造成财产损失的，由旅客、托运人或者收货人承担赔偿责任。

四、道路运输管理法律制度

（一）立法概况

1998 年 1 月 1 日，第八届全国人大常委会第二十六次会议通过的《中华人民共和国公路法》（以下简称《公路法》）施行，后历经 5 次修正。国务院于 2004 年 4 月 30 日公布了《中华人民共和国道路运输条例》（以下简称《道路运输条例》），并依法 5 次修订。2020 年 7 月 2 日，交通运输部通过了自同年 9 月 1 日起施行的《道路旅客运输及客运站管理规定》。上述法律法规规定了道路运输中旅客和客运经营者的权利、义务以及相应的法律责任，为规范管理道路客运、保障旅客安全提供了法律依据。

（二）客运经营的从业条件

《道路运输条例》第八条规定，申请从事客运经营的，应当具备下列条件：①有与其经营业务相适应并经检测合格的车辆；②有符合规定条件的驾驶人员；③有健全的安全生产管理制度。申请从事班线客运经营的，还应当有明确的线路和站点方案。

第九条规定，从事客运经营的驾驶人员，应当符合下列条件：①取得相应的机动车驾驶证；②年龄不超过 60 周岁；③ 3 年内无重大以上交通责任事故记录；④经设区的市级人民政府交通运输主管部门对有关客运法律法规、机动车维修和旅客急救基本知识考试合格。

（三）客运经营者的权利和义务

1. 权利

《道路运输条例》第十七条规定，旅客应当持有效客票乘车，遵守乘车秩序，讲究文明卫生，不得携带国家规定的危险物品及其他禁止携带的物品乘车。因此，客运经营者有权依法查验旅客客票，并对旅客携带的物品进行安全检查。

2. 义务

（1）提供良好的乘车环境。根据《道路运输条例》第十六条的规定，客运经营者应当为旅客提供良好的乘车环境，保持车辆清洁、卫生。

（2）保障旅客安全。根据《道路运输条例》第十六条的规定，客运经营者应采取必要的措施防止在运输过程中发生侵害旅客人身、财产安全的违法行为。第二十八条规定，客运经营者应当加强对从业人员的安全教育、职业道德教育，确保道路运输安全。道路运输从业人员应当遵守道路运输操作规程，不得违章作业。驾驶人员连续驾驶时间不得超过 4 个小时。

（3）按照约定提供服务。《道路运输条例》第十八条规定，班线客运经营者取得道路运输经营许可证后，应当向公众连续提供运输服务，不得擅自暂停、终止或者转让班线运输。第十九条规定，从事包车客运的，应当按照约定的起始地、目的地和线路运输。从事旅游客运的，应当在旅游区域按照旅游线路运输。第二十条规定，客运经营者不得强迫旅客乘车，不得甩客、敲诈旅客；不得擅自更换运输车辆。第三十三条规定，道路运输车辆应当随车携带车辆营运证，不得转让、出租。

（4）使用符合规定的车辆。《道路运输条例》第二十九条第二款规定，客运经营者应当使用符合国家规定标准的车辆从事道路运输经营。第三十条规定，客运经营者应当加强对车辆的维护和检测，确保车辆符合国家规定的技术标准；不得使用报废的、擅自改装的和其他不符合国家规定的车辆从事道路运输经营。

（5）按照核定标准运输。《道路运输条例》第二十九条第一款规定，生产（改装）客运车辆的企业应当按照国家规定标定车辆的核定人数或者载重量，严禁多标或者少标车辆的核定人数或者载重量。第三十四条规定，道路运输车辆运输旅客的，不得超过核定的人数，不得违反规定载货；运输货物的，不得运输旅客，运输的货物应当符合核定的载重量，严禁超载；载物的长、宽、高不得违反装载要求。

（6）制定突发事件应急预案。《道路运输条例》第三十一条规定，客运经营者应当制定有关交通事故、自然灾害以及其他突发事件的道路运输应急预案。应急预案应当包括报告程序、应急指挥、应急车辆和设备的储备以及处置措施等内容。第三十二条规定，发生交通事故、自然灾害以及其他突发事件，客运经营者应当服从县级以上人民政府或者有关部门的统一调度、指挥。

（7）投保承运人责任险。《道路运输条例》第三十五条规定，客运经营者应当为旅客投保承运人责任险。

（四）客运经营者的法律责任

1. 擅自从事道路客运经营

《道路运输条例》第六十三条规定，未取得道路运输经营许可，擅自从事道路客运经营，由县级以上地方人民政府交通运输主管部门责令停止经营，并处罚款；构成犯罪的，依法追究刑事责任，违法所得超过 2 万元的，没收违法所得，处违法所得 2 倍以上 10 倍以下的罚款；没有违法所得或者违法所得不足 2 万元的，处 1 万元以上 10 万元以下的罚款。

2. 不符合规定条件的人员驾驶道路运输经营车辆

《道路运输条例》第六十四条规定，不符合规定条件的人员驾驶道路运输经营车辆的，由县级以上地方人民政府交通运输主管部门责令改正，处 200 元以上 2000 元以下的罚款；构成犯罪的，依法追究刑事责任。

3. 非法转让、出租道路运输许可证件

《道路运输条例》第六十六条规定，违反本条例的规定，客运经营者非法转让、出租道路运输许可证件的，由县级以上地方人民政府交通运输主管部门责令停止违法行为，收缴有关证件，处 2000 元以上 1 万元以下的罚款；有违法所得的，没收违法所得。

4. 未投保承运人责任险

《道路运输条例》第六十七条规定，违反本条例的规定，客运经营者未按规定投保承运人责任险的，由县级以上地方人民政府交通运输主管部门责令限期投保；拒不投保的，由原许可机关吊销道路运输经营许可证。

5. 未按照约定提供服务

《道路运输条例》第六十八条规定，违反本条例的规定，客运经营者有下列情形之一的，由县级以上地方人民政府交通运输主管部门责令改正，处 1000 元以上 2000 元以下的罚款；情节严重的，由原许可机关吊销道路运输经营许可证：①不按批准的客运站点停靠或者不按规定的线路、公布的班次行驶的；②在旅客运输途中擅自变更运输车辆或者将旅客移交他人运输的；③未报告原许可机关，擅自终止客运经营的。

客运经营者强行招揽旅客，货运经营者强行招揽货物或者没有采取必要措施防止货物脱落、扬撒等的，由县级以上地方人民政府交通运输主管部门责令改正，处 1000 元以上 3000 元以下的罚款；情节严重的，由原许可机关吊销道路运输经营许可证。

6. 不按规定维护和检测运输车辆

《道路运输条例》第六十九条第一款规定，违反本条例的规定，客运经营者不按规定维护和检测运输车辆的，由县级以上地方人民政府交通运输主管部门责令改正，处1000元以上5000元以下的罚款。

7. 擅自改装已取得车辆营运证的车辆

《道路运输条例》第六十九条第二款规定，违反本条例的规定，客运经营者擅自改装已取得车辆营运证的车辆的，由县级以上地方人民政府交通运输主管部门责令改正，处5000元以上2万元以下的罚款。

五、水路运输管理法律制度

（一）立法概况

1996年6月1日，交通运输部发布的《水路旅客运输规则》施行，后历经2次修正。2012年9月26日，国务院通过自2013年1月1日起施行的《国内水路运输管理条例》，后历经2次修订。2014年1月3日，交通运输部发布自同年3月1日起施行的《国内水路运输管理规定》（以下简称《水路运输规定》），《水路旅客运输规则》同时废止，后历经3次修正。上述法律法规为明确水路旅客运输中承运人，港口经营人，旅客之间的权利、义务及法律责任，维护水路运输各方当事人的合法权益提供了保障。

（二）承运人的权利和义务

1. 权利

（1）知晓市场情况。《水路运输规定》第十六条第一、第二款规定，交通运输部对水路运输市场进行监测，分析水路运输市场运力状况，定期公布监测结果。对特定的旅客班轮运输等航线、水域暂停新增运力许可的决定，应当依据水路运输市场监测分析结果作出。

（2）拒绝载运。《水路运输规定》第二十六条第一款规定，水路旅客运输业务经营者应当拒绝携带或者托运国家规定的危险物品及其他禁止携带或者托运的物品的旅客乘船。船舶开航后发现旅客随船携带或者托运国家规定的危险物品及其他禁止携带或者托运的物品的，应当妥善处理，旅客应当予以配合。

（3）查验乘船凭证。《水路运输规定》第二十六条第三款规定，旅客应当持有效凭证乘船，遵守乘船相关规定，自觉接受安全检查。

2. 义务

（1）按许可从事经营活动。《水路运输规定》第二十条第一款规定，水路运输经营者应当保持相应的经营资质条件，按照《国内水路运输经营许可证》核定的经营范围从事水路运输经营活动。第二十一条规定，水路运输经营者不得出租、出借水路运输经营许可证，或者以其他形式非法转让水路运输经营资格。

第二十二条规定，从事水路运输的船舶应当随船携带《船舶营业运输证》，不得转让、出租、出借或者涂改。《船舶营业运输证》遗失或者损毁的，应当及时向原配发机关申请补发。

（2）依法载客。《水路运输规定》第二十三条规定，水路运输经营者应该按照《船舶营业运输证》标定的载客定额、载货定额和经营范围从事旅客和货物运输，不得超载。水路运输经营者使用客货船或者滚装客船载运危险货物时，不得载运旅客，但按照相关规定随船押运货物的人员和滚装车辆的司机除外。

（3）公布有关信息。《水路运输规定》第二十六条第二款规定，水路旅客运输业务经营者应当向社会公布国家规定的不得随船携带或者托运的物品清单。第二十七条规定，水路旅客班轮运输业务经营者应当自取得班轮航线经营许可之日起 60 日内开航，并在开航的 15 日前通过媒体在该航线停靠的各客运站点的明显位置向社会公布所使用的船舶、班期、班次、票价等信息。旅客班轮应当按照公布的班期、班次运行。变更班期、班次、票价的，水路旅客班轮运输业务经营者应当在变更的 15 日前向社会公布。停止经营部分或者全部班轮航线的，经营者应当在停止经营的 30 日前向社会公布，并报原许可机关备案。

（4）依法提供客票。《水路运输规定》第二十九条第一款规定，水路旅客运输业务经营者应当向旅客提供客票。客票包括纸质客票、电子客票等乘船凭证，一般应当载明经营者名称、船舶名称、始发港、目的港、乘船时间、票价等基本信息。鼓励水路旅客运输业务经营者开展互联网售票。水路旅客运输业务经营者应当以公布的票价销售客票，不得对相同条件的旅客实施不同的票价，不得以搭售、现金返还、加价等不正当方式变相变更公布的票价并获取不正当利益，不得低于客票载明的舱室或者席位等级安排旅客。水路旅客运输业务经营者应当向旅客明示退票、改签等规定。

（5）依法经营。《水路运输规定》第三十一条规定，水路运输经营者从事水路运输经营活动，应当依法经营，诚实守信，禁止以不合理的运价或者其他不正当方式、不规范行为争抢客源、货源及提供运输服务。水路旅客运输业务经营者为招揽旅客发布信息，必须真实、准确，不得进行虚假宣传，误导旅客，对其在经营活动中知悉的旅客个人信息，应当予以保密。

（6）确保运输安全。《水路运输规定》第三十二条规定，水路旅客运输业务经营者应当配备具有相应业务知识和技能的乘务人员，保持船上服务设施和警告标识完好，为老幼病残孕等需要帮助的旅客提供无障碍服务，在船舶开航前播报旅客乘船安全须知，并及时向旅客播报特殊情况下的禁航等信息。

（7）明示有关事项。《水路运输规定》第三十三条规定，水路旅客运输业务经营者应当就运输服务中的下列事项，以明示的方式向旅客作出说明或者警示：①不适宜乘坐客船的群体；②正确使用相关设施、设备的方法；③必要的安全防范和应急措施；④未向旅客开放的经营、服务场所和设施、设备；⑤可能危及旅客人身、财产安全的其他情形。

（三）旅客的权利和义务

1. 权利

旅客有权要求水路旅客运输业务经营者按照约定的运输时间，提供与座位等级相适应的服务，保障运输正常和安全。军人、人民警察、国家综合性消防救援队伍人员、学生、老幼病残孕等旅客按有关规定享有优先、优惠、免票等优待服务。

2. 义务

《水路运输规定》第二十六条第三款规定，旅客应当持有效凭证乘船，遵守乘船相关规定，自觉接受安全检查。

随堂练

法规文件

第十六章 食品安全、娱乐场所、住宿业法律制度

【学习目标】

熟悉《中华人民共和国食品安全法》关于食品安全保障法律制度及相关法律责任的规定;《中华人民共和国旅游法》《旅馆业治安管理办法》及有关法律法规关于饭店经营者权利和义务及相关法律责任的规定;《娱乐场所管理条例》关于娱乐场所的设立和经营规则、监督管理及相关法律责任的规定。掌握《中华人民共和国食品安全法》关于食品安全事故处置制度及相关法律责任。

第一节 食品安全相关法律制度

一、概述

(一)食品安全

食品，是指各种供人食用或者饮用的成品和原料以及按照传统既是食品又是中药材的物品，但是不包括以治疗为目的的物品。食品安全，是指食品无毒、无害，符合应当有的营养要求，对人体健康不造成任何急性、亚急性或者慢性危害，即食品的种植、养殖、加工、包装、储藏、运输、销售、消费等活动符合国家强制标准和要求，不存在可能损害或威胁人体健康的有毒、有害物质，以致消费者病亡或者危及消费者及其后代的隐患。

(二)立法情况

为保证食品安全，保障包括旅游者在内的公众的身体健康和生命安全，2009年6月1日，第十一届全国人民代表大会常务委员会第七次会议通过的《中华人

民共和国食品安全法》(以下简称《食品安全法》)施行，并于2015年、2018年、2021年依法进行了修订和修正。《食品安全法》总则规定，食品安全工作实行预防为主、风险管理、全程控制、社会共治的基本原则，建立科学、严格的监管制度。

二、食品安全保障法律制度

(一)食品安全风险监测和评估制度

《食品安全法》第十四条规定，国家建立食品安全风险监测制度，对食源性疾病、食品污染以及食品中的有害因素进行监测。国务院卫生行政部门会同国务院食品安全监督管理等部门，制定、实施国家食品安全风险监测计划。第十七条规定，国家建立食品安全风险评估制度，运用科学方法，根据食品安全风险监测信息、科学数据以及有关信息，对食品、食品添加剂、食品相关产品中生物性、化学性和物理性危害因素进行风险评估。国务院卫生行政部门负责组织食品安全风险评估工作，成立由医学、农业、食品、营养、生物、环境等方面的专家组成的食品安全风险评估专家委员会进行食品安全风险评估。食品安全风险评估结果由国务院卫生行政部门公布。

(二)食品安全国家标准制度

《食品安全法》第二十四条规定，制定食品安全标准，应当以保障公众身体健康为宗旨，做到科学合理、安全可靠。第二十五条规定，食品安全标准是强制执行的标准。除食品安全标准外，不得制定其他食品强制性标准。第二十七条第一款规定，食品安全国家标准由国务院卫生行政部门会同国务院食品安全监督管理部门制定、公布，国务院标准化行政部门提供国家标准编号。第二十九条规定，对地方特色食品，没有食品安全国家标准的，省、自治区、直辖市人民政府卫生行政部门可以制定并公布食品安全地方标准，报国务院卫生行政部门备案。食品安全国家标准制定后，该地方标准即行废止。第三十条规定，国家鼓励食品生产企业制定严于食品安全国家标准或者地方标准的企业标准，在本企业适用，并报省、自治区、直辖市人民政府卫生行政部门备案。第九十二条第一款规定，进口的食品、食品添加剂、食品相关产品应当符合我国食品安全国家标准。

(三)食品生产经营许可制度

《食品安全法》第三十五条规定，国家对食品生产经营实行许可制度。从事食品生产、食品销售、餐饮服务，应当依法取得许可。但是，销售食用农产品和仅销售预包装食品的，不需要取得许可。第三十九条第一款规定，国家对食品添加剂生产实行许可制度。从事食品添加剂生产，应当具有与所生产食品添加剂品种相适应的场所、生产设备或者设施、专业技术人员和管理制度，并依照本法第三十五条第二款规定的程序，取得食品添加剂生产许可。

（四）食品安全全程追溯制度

《食品安全法》第四十二条第二、第三款规定，食品生产经营者应当建立食品安全追溯体系，保证食品可追溯。国家鼓励食品生产经营者采用信息化手段采集、留存生产经营信息，建立食品安全追溯体系。国务院食品安全监督管理部门会同国务院农业行政等有关部门建立食品安全全程追溯协作机制。

（五）食品从业人员健康管理制度

《食品安全法》第四十五条规定，食品生产经营者应当建立并执行从业人员健康管理制度。一是患有国务院卫生行政部门规定的有碍食品安全疾病的人员，不得从事接触直接入口食品的工作。二是从事接触直接入口食品工作的食品生产经营人员应当每年进行健康检查，取得健康证明后方可上岗工作。

（六）食品安全自查制度

《食品安全法》第四十七条规定，食品生产经营者应当建立食品安全自查制度，定期对食品安全状况进行检查评价。生产经营条件发生变化，不再符合食品安全要求的，食品生产经营者应当立即采取整改措施；有发生食品安全事故潜在风险的，应当立即停止食品生产经营活动，并向所在地县级人民政府食品安全监督管理部门报告。

（七）食品出厂检验记录制度

《食品安全法》第五十一条规定，食品生产企业应当建立食品出厂检验记录制度，查验出厂食品的检验合格证和安全状况，如实记录食品的名称、规格、数量、生产日期或者生产批号、保质期、检验合格证号、销售日期以及购货者名称、地址、联系方式等内容，并保存相关凭证。第五十二条规定，食品、食品添加剂、食品相关产品的生产者，应当按照食品安全标准对所生产的食品、食品添加剂、食品相关产品进行检验，检验合格后方可出厂或者销售。

（八）食品召回制度

《食品安全法》第六十三条规定，国家建立食品召回制度。食品生产者发现其生产的食品不符合食品安全标准或者有证据证明可能危害人体健康的，应当立即停止生产，召回已经上市销售的食品，通知相关生产经营者和消费者，并记录召回和通知情况。食品经营者发现其经营的食品有前款规定情形的，应当立即停止经营，通知相关生产经营者和消费者，并记录停止经营和通知情况。食品生产者认为应当召回的，应当立即召回。由于食品经营者的原因造成其经营的食品有前款规定情形的，食品经营者应当召回。

（九）特殊食品严格监管制度

《食品安全法》第七十四条规定，国家对保健食品、特殊医学用途配方食品和婴幼儿配方食品等特殊食品实行严格监督管理。第七十五条规定，保健食品声称有保健功能的，应当具有科学依据，不得对人体产生急性、亚急性或者慢性危害。保健食品原料目录和允许保健食品声称的保健功能目录，由国务院食品安全监督管理部门会同国务院卫生行政部门、国家中医药管理部门制定、调整并公布。保健食品原料目录应当包括原料名称、用量及其对应的功效；列入保健食品原料目录的原料只能用于保健食品生产，不得用于其他食品生产。第八十条第一款规定，特殊医学用途配方食品应当经国务院食品安全监督管理部门注册。注册时，应当提交产品配方、生产工艺、标签、说明书以及表明产品安全性、营养充足性和特殊医学用途临床效果的材料。第八十一条第二款规定，生产婴幼儿配方食品使用的生鲜乳、辅料等食品原料、食品添加剂等，应当符合法律、行政法规的规定和食品安全国家标准，保证婴幼儿生长发育所需的营养成分。

（十）民事赔偿优先制度

《食品安全法》第一百四十七条规定，违反本法规定，造成人身、财产或者其他损害的，依法承担赔偿责任。生产经营者财产不足以同时承担民事赔偿责任和缴纳罚款、罚金时，先承担民事赔偿责任。

（十一）首负责任制和惩罚性赔偿制度

《食品安全法》第一百四十八条规定，消费者因不符合食品安全标准的食品受到损害的，可以向经营者要求赔偿损失，也可以向生产者要求赔偿损失。接到消费者赔偿要求的生产经营者，应当实行首负责任制，先行赔付，不得推诿；属于生产者责任的，经营者赔偿后有权向生产者追偿；属于经营者责任的，生产者赔偿后有权向经营者追偿。生产不符合食品安全标准的食品或者经营明知是不符合食品安全标准的食品，消费者除要求赔偿损失外，还可以向生产者或者经营者要求支付价款 10 倍或者损失 3 倍的赔偿金；增加赔偿的金额不足 1000 元的，为 1000 元。但是，食品的标签、说明书存在不影响食品安全且不会对消费者造成误导的瑕疵的除外。首负责任制有利于防止生产者和经营者相互推诿，维护消费者的合法权益。同时，惩罚性赔偿制度有利于制裁消费领域的欺诈行为，维护消费者的合法权益。

三、食品安全事故处置

（一）食品安全事故

《食品安全法》第一百五十条规定，食品安全事故，是指食源性疾病、食品污染等源于食品，对人体健康有危害或者可能有危害的事故。即在食物种植、养殖、生产加工、包装、仓储、运输、销售、消费等环节发生食源性疾病，造成社会公众病亡或者对人体健康构成潜在危害的事故。实践中，较为常见的食品安全事故主要是食物中毒。

（二）食品安全事故应急预案体系

《食品安全法》第一百零二条规定，国务院组织制定国家食品安全事故应急预案。县级以上地方人民政府应当根据有关法律、法规的规定和上级人民政府的食品安全事故应急预案以及本行政区域的实际情况，制定本行政区域的食品安全事故应急预案，并报上一级人民政府备案。食品安全事故应急预案应当对食品安全事故分级、事故处置组织指挥体系与职责、预防预警机制、处置程序、应急保障措施等作出规定。食品生产经营企业应当制定食品安全事故处置方案，定期检查本企业各项食品安全防范措施的落实情况，及时消除事故隐患。这表明，食品生产经营企业是食品安全的第一责任人，有防范食品安全事故发生的义务。为了从源头上消除事故隐患，将事故危害控制在可控范围，需要将食品生产经营企业纳入食品安全事故应急预案体系中。

1. 应急预案体系的内容

建立健全食品安全事故应急预案体系是有效预防、积极应对食品安全事故的重要制度保障，有利于高效组织应急处置工作，最大限度地减少食品安全事故的危害，保障公众健康与生命安全，维护正常的社会经济秩序。应急预案体系主要包括：食品安全事故分级；事故处置组织指挥体系与职责；预防预警机制；处置程序；应急保障措施等内容。

2. 应急预案体系的分工

食品安全事故应急预案体系分为国家和地方两个层面，并明确规定食品生产经营企业是食品安全的第一责任人，有防范食品安全事故发生的义务。食品生产经营企业应当制订食品安全事故处置方案，定期检查本企业各项食品安全防范措施的落实情况，及时消除事故隐患。

（三）食品安全事故的处置和法律责任

1. 食品安全事故的处置

《食品安全法》第一百零三条规定，发生食品安全事故的单位应当立即采取措施，防止事故扩大。事故单位和接收病人进行治疗的单位应当及时向事故发生地县级人民政府食品安全监督管理、卫生行政部门报告。发生食品安全事故，接到报告的县级人民政府食品安全监督管理部门应当按照应急预案的规定向本级人民政府和上级人民政府食品安全监督管理部门报告。县级人民政府和上级人民政府食品安全监督管理部门应当按照应急预案的规定上报。任何单位和个人不得对食品安全事故隐瞒、谎报、缓报，不得隐匿、伪造、毁灭有关证据。

2. 部门监管的职责

在发生食品安全事故后，需要疾病与预防控制机构提供相应技术支持，来协助相关部门对事故现场进行卫生处理，并对食品安全事故有关的因素开展流行病学调查，便于消除事故危害、查清事故原因。《食品安全法》第一百零三条第二款规定，县级以上人民政府农业行政等部门在日常监督管理中发现食品安全事故或者接到事故举报，应当立即向同级食品安全监督管理部门通报。

3. 行政处理措施

《食品安全法》第一百零五条规定，县级以上人民政府食品安全监督管理部门接到食品安全事故的报告后，应当立即会同同级卫生行政、农业行政等部门进行调查处理，并采取下列措施，防止或者减轻社会危害：①开展应急救援工作，组织救治因食品安全事故导致人身伤害的人员；②封存可能导致食品安全事故的食品及其原料，并立即进行检验；对确认属于被污染的食品及其原料，责令食品生产经营者依照本法第六十三条的规定召回或者停止经营；③封存被污染的食品相关产品，并责令进行清洗消毒；④做好信息发布工作，依法对食品安全事故及其处理情况进行发布，并对可能产生的危害加以解释、说明。

发生食品安全事故需要启动应急预案的，县级以上人民政府应当立即成立事故处置指挥机构，启动应急预案，依照前款和应急预案的规定进行处置。发生食品安全事故，县级以上疾病预防控制机构应当对事故现场进行卫生处理，并对与事故有关的因素开展流行病学调查，有关部门应当予以协助。县级以上疾病预防控制机构应当向同级食品安全监督管理、卫生行政部门提交流行病学调查报告。

4. 法律责任

(1)事故单位责任。《食品安全法》第一百二十八条规定，事故单位在发生食品安全事故后未进行处置、报告的，由有关主管部门按照各自职责分工责令改正，给予警告；隐匿、伪造、毁灭有关证据的，责令停产停业，没收违法所得，并处 10 万元以上 50 万元以下罚款；造成严重后果的，吊销许可证。

(2)县级以上地方人民政府的直接责任人。县级以上地方人民政府对发生在本行政区域内的食品安全事故，未及时组织协调有关部门开展有效处置，造成不良影响或者损失，或者隐瞒、谎报、缓报食品安全事故的，对直接负责的主管人员和其他直接责任人员给予记大过处分；情节较重的，给予降级或者撤职处分；情节严重的，给予开除处分；造成严重后果的，其主要负责人还应当引咎辞职。

（3）县级以上人民政府食品安全监督管理、卫生行政等部门的直接责任人。县级以上人民政府食品安全监督管理、卫生行政、农业行政等部门隐瞒、谎报、缓报食品安全事故，或者接到食品安全事故报告后未及时处理，造成事故扩大或者蔓延的，对直接负责的主管人员和其他直接责任人员给予记大过处分；情节较重的，给予降级或者撤职处分；情节严重的，给予开除处分；造成严重后果的，其主要负责人还应当引咎辞职。

第二节　娱乐场所相关法律制度

一、立法概况

娱乐业是为娱乐活动提供场所和服务的行业，是满足人民群众精神文化需求、开展文化休闲活动的重要载体。《娱乐场所管理条例》第二条规定，本条例所称娱乐场所，是指以营利为目的，并向公众开放、消费者自娱自乐的歌舞、游艺等场所。这表明，娱乐场所具有下列特点：一是经营性的，以营利为目的；二是对公众开放的，不包括家庭或单位的娱乐活动；三是消费者自娱自乐的场所，不涵盖电影院、剧院等观赏场所；四是适用范围是歌舞、游艺等场所的经营活动。

为加强娱乐场所规范管理，保障娱乐场所经营者、消费者和从业人员的合法权益，2006 年 3 月 1 日，国务院发布的《娱乐场所管理条例》施行，后于 2016 年、2020 年 2 次依法修订，对维护娱乐业市场秩序具有重要作用。

二、娱乐场所及其管理

（一）娱乐场所的管理部门及其职责

《娱乐场所管理条例》第三条规定，县级以上人民政府文化主管部门负责对娱乐场所日常经营活动的监督管理；县级以上公安部门负责对娱乐场所消防、治安状况的监督管理。对娱乐场所的监督管理涉及不同的行政主管部门，除在设立环节中涉及卫生行政主管部门、市场监督管理部门外，日常的监管工作主要由文化行政主管部门和公安部门负责。

(二)禁止性规定和法律责任

1. **禁止性规定**

《娱乐场所管理条例》第四条规定,国家机关及其工作人员不得开办娱乐场所,不得参与或者变相参与娱乐场所的经营活动。与文化主管部门、公安部门的工作人员有夫妻关系、直系血亲关系、三代以内旁系血亲关系以及近姻亲关系的亲属,不得开办娱乐场所,不得参与或者变相参与娱乐场所的经营活动。

2. **法律责任**

国家机关及其工作人员开办娱乐场所,参与或者变相参与娱乐场所经营活动的,对直接负责的主管人员和其他直接责任人员依法给予撤职或者开除的行政处分。文化主管部门、公安部门的工作人员明知其亲属开办娱乐场所或者发现其亲属参与、变相参与娱乐场所的经营活动,不予制止或者制止不力的,依法给予行政处分;情节严重的,依法给予撤职或者开除的行政处分。

三、主要制度

(一)设立限制

1. **人员的限制**

《娱乐场所管理条例》第五条规定,有下列情形之一的人员,不得开办娱乐场所或者在娱乐场所内从业:①曾犯有组织、强迫、引诱、容留、介绍卖淫罪,制作、贩卖、传播淫秽物品罪,走私、贩卖、运输、制造毒品罪,强奸罪,强制猥亵、侮辱妇女罪,赌博罪,洗钱罪,组织、领导参加黑社会性质组织罪的;②因犯罪曾被剥夺政治权利的;③因吸食、注射毒品曾被强制戒毒的;④因卖淫、嫖娼曾被处以行政拘留的。

2. **外商投资者的限制**

《娱乐场所管理条例》第六条规定,外国投资者可以在中国境内设立娱乐场所。

3. **设立地点的限制**

《娱乐场所管理条例》第七条第一款规定,娱乐场所不得设在下列地点:①居民楼、博物馆、图书馆和被核定为文物保护单位的建筑物内;②居民住宅区和学校、医院、机关周围;③车站、机场等人群密集的场所;④建筑物地下一层以下;⑤与危险化学品仓库毗连的区域。

4. **边界噪声标准的限制**

《娱乐场所管理条例》第七条第二款规定,娱乐场所的边界噪声,应当符合国家规定的环境噪声标准。

5. 设立面积的限制

《娱乐场所管理条例》第八条规定，娱乐场所的使用面积，不得低于国务院文化主管部门规定的最低标准；设立含有电子游戏机的游艺娱乐场所，应当符合国务院文化主管部门关于总量和布局的要求。

（二）娱乐场所的设立程序与法律责任

1. 设立程序

（1）申请。《娱乐场所管理条例》第九条规定，娱乐场所申请从事娱乐场所经营活动，应当向所在地县级人民政府文化主管部门提出申请；外商投资的娱乐场所申请从事娱乐场所经营活动，应当向所在地省、自治区、直辖市人民政府文化主管部门提出申请。娱乐场所申请从事娱乐场所经营活动，应当提交投资人员、拟任的法定代表人和其他负责人没有本条例第五条规定情形的书面声明。申请人应当对书面声明内容的真实性负责。

（2）核查、检查和决定。《娱乐场所管理条例》第九条第三款规定，受理申请的文化主管部门应当就书面声明向公安部门或者其他有关单位核查，公安部门或者其他有关单位应当予以配合；经核查属实的，文化主管部门应当对娱乐场所的设立地点、边界噪声和使用面积进行实地检查，作出决定。予以批准的，颁发娱乐经营许可证，并根据国务院文化主管部门的规定核定娱乐场所容纳的消费者数量；不予批准的，应当书面通知申请人并说明理由。

（3）听证。《娱乐场所管理条例》第十条规定，文化主管部门审批娱乐场所应当举行听证。有关听证的程序，依照《中华人民共和国行政许可法》的规定执行。

（4）备案。《娱乐场所管理条例》第十一条规定，娱乐场所依法取得营业执照和相关批准文件、许可证后，应当在 15 日内向所在地县级公安部门备案。第十二条规定，娱乐场所改建、扩建营业场所或者变更场地主要设施设备、投资人员，或者变更娱乐经营许可证载明的事项的，应当向原发证机关申请重新核发娱乐经营许可证，并向公安部门备案；需要办理变更登记的，应当依法向市场监督管理部门办理变更登记。

2. 法律责任

《娱乐场所管理条例》第四十一条规定，未取得娱乐经营许可证，擅自从事娱乐场所经营活动的，由文化主管部门依法予以取缔；公安部门在查处治安、刑事案件时，发现擅自从事娱乐场所经营活动的，应当依法予以取缔。第四十二条规定，以欺骗等不正当手段取得娱乐经营许可证的，由原发证机关撤销娱乐经营许可证。第四十七条规定，娱乐场所取得营业执照后，未按照规定向公安部门备案的，由县级公安部门责令改正，给予警告。第四十九条规定，娱乐场所变更有关事项，未按照规定申请重新核发娱乐经营许可证的，由县级人民政府文化主管部门责令改正，给予警告；情节严重的，责令停业整顿1个月至3个月。

（三）娱乐场所的经营规则与法律责任

1. 禁止性规定

（1）禁止内容。《娱乐场所管理条例》第十三条规定，国家倡导弘扬民族优秀文化，禁止娱乐场所内的娱乐活动含有下列内容：①违反宪法确定的基本原则的；②危害国家统一、主权或者领土完整的；③危害国家安全，或者损害国家荣誉、利益的；④煽动民族仇恨、民族歧视，伤害民族感情或者侵害民族风俗、习惯，破坏民族团结的；⑤违反国家宗教政策，宣扬邪教、迷信的；⑥宣扬淫秽、赌博、暴力以及与毒品有关的违法犯罪活动，或者教唆犯罪的；⑦违背社会公德或者民族优秀文化传统的；⑧侮辱、诽谤他人，侵害他人合法权益的；⑨法律、行政法规禁止的其他内容。

（2）禁止行为。《娱乐场所管理条例》第十四条规定，娱乐场所及其从业人员不得实施下列行为，不得为进入娱乐场所的人员实施下列行为提供条件：①贩卖、提供毒品，或者组织、强迫、教唆、引诱、欺骗、容留他人吸食、注射毒品；②组织、强迫、引诱、容留、介绍他人卖淫、嫖娼；③制作、贩卖、传播淫秽物品；④提供或者从事以营利为目的的陪侍；⑤赌博；⑥从事邪教、迷信活动；⑦其他违法犯罪行为。娱乐场所的从业人员不得吸食、注射毒品，不得卖淫、嫖娼；娱乐场所及其从业人员不得为进入娱乐场所的人员实施上述行为提供条件。

2. 娱乐场所经营环境规则

（1）闭路电视监控设备。《娱乐场所管理条例》第十五条规定，歌舞娱乐场所应当按照国务院公安部门的规定在营业场所的出入口、主要通道安装闭路电视监控设备，并应当保证闭路电视监控设备在营业期间正常运行，不得中断。歌舞娱乐场所应当将闭路电视监控录像资料留存30日备查，不得删改或者挪作他用。

（2）包厢、包间门窗装置。《娱乐场所管理条例》第十六条规定，歌舞娱乐场所的包厢、包间内不得设置隔断，并应当安装展现室内整体环境的透明门窗。包厢、包间的门不得有内锁装置。

（3）亮度标准。《娱乐场所管理条例》第十七条规定，营业期间，歌舞娱乐场所内亮度不得低于国家规定的标准。

（4）音像制品或电子产品。《娱乐场所管理条例》第十八条规定，娱乐场所使用的音像制品或者电子游戏应当是依法出版、生产或者进口的产品。歌舞娱乐场所播放的曲目和屏幕画面以及游艺娱乐场所的电子游戏机内的游戏项目，不得含有《娱乐场所管理条例》禁止的内容；歌舞娱乐场所使用的歌曲点播系统不得与境外的曲库连接。

（5）游戏设施设备。《娱乐场所管理条例》第十九条规定，游艺娱乐场所不得设置具有赌博功能的电子游戏机机型、机种、电路板等游戏设施设备，不得以现金或者有价证券作为奖品，不得回购奖品。

（6）消防安全。《娱乐场所管理条例》第二十条规定，娱乐场所的法定代表人或者主要负责人应当对娱乐场所的消防安全和其他安全负责。娱乐场所应当确保其建筑、设施符合国家安全标准和消防技术规范，定期检查消防设施状况，并及时维护、更新。娱乐场所应当制订安全工作方案和应急疏散预案。第二十一条规定，营业期间，娱乐场所应当保证疏散通道和安全出口畅通，不得封堵、锁闭疏散通道和安全出口，不得在疏散通道和安全出口设置栅栏等影响疏散的障碍物。娱乐场所应当在疏散通道和安全出口设置明显指示标志，不得遮挡、覆盖指示标志。

（7）安全检查。《娱乐场所管理条例》第二十二条规定，任何人不得非法携带枪支、弹药、管制器具或者携带爆炸性、易燃性、毒害性、放射性、腐蚀性等危险物品和传染病病原体进入娱乐场所。迪斯科舞厅应当配备安全检查设备，对进入营业场所的人员进行安全检查。

（8）警示标识。《娱乐场所管理条例》第三十条规定，娱乐场所应当在营业场所的大厅、包厢、包间内的显著位置悬挂含有禁毒、禁赌、禁止卖淫嫖娼等内容的警示标志、未成年人禁入或者限入标志。标志应当注明公安部门、文化主管部门的举报电话。

（9）保安人员。《娱乐场所管理条例》第二十六条规定，娱乐场所应当与保安服务企业签订保安服务合同，配备专业保安人员；不得聘用其他人员从事保安工作。

（10）消费者。《娱乐场所管理条例》第二十三条规定，歌舞娱乐场所不得接纳未成年人。除国家法定节假日外，游艺娱乐场所设置的电子游戏机不得向未成年人提供。

3. 娱乐场所经营营业规则

（1）文明执业。《娱乐场所管理条例》第二十七条规定，营业期间，娱乐场所的从业人员应当统一着工作服，佩戴工作标识并携带居民身份证或者外国人就业许可证。从业人员应当遵守职业道德和卫生规范，诚实守信、礼貌待人，不得侵害消费者的人身和财产权利。

（2）限定营业时间。《娱乐场所管理条例》第二十八条规定，每日凌晨 2 时至上午 8 时，娱乐场所不得营业。

（3）公平交易。《娱乐场所管理条例》第二十九条规定，娱乐场所提供娱乐服务项目和出售商品，应当明码标价，并向消费者出示价目表；不得强迫、欺骗消费者接受服务、购买商品。

（4）建立巡查制度。《娱乐场所管理条例》第三十一条规定，娱乐场所应当建立巡查制度，发现娱乐场所内有违法犯罪活动的，应当立即向所在地县级公安部门、县级人民政府文化主管部门报告。

4. 法律责任

（1）违反娱乐活动禁止性规定的处罚。《娱乐场所管理条例》第四十三条规定，实施本条例第十四条禁止行为的，由县级公安部门没收违法所得和非法财物，责令停业整顿 3 个月至 6 个月；情节严重的，由原发证机关吊销娱乐经营许可证，对直接负责的主管人员和其他直接责任人员处 1 万元以上 2 万元以下的罚款。

（2）违反娱乐场所环境规则的处罚。《娱乐场所管理条例》第四十四条规定，违反本条例规定，有下列情形之一的，由县级公安部门责令改正，给予警告；情节严重的，责令停业整顿 1 个月至 3 个月：①照明设施、包厢、包间的设置以及门窗的使用不符合本条例规定的；②未按照本条例规定安装闭路电视监控设备或者中断使用的；③未按照本条例规定留存监控录像资料或者删改监控录像资料的；④未按照本条例规定配备安全检查设备或者未对进入营业场所的人员进行安全检查的；⑤未按照本条例规定配备保安人员的。第四十五条规定，娱乐场所违反本条例规定，有下列情形之一的，由县级公安部门没收违法所得和非法财物，并处违法所得 2 倍以上 5 倍以下的罚款；没有违法所得或者违法所得不足 1 万元的，并处 2 万元以上 5 万元以下的罚款；情节严重的，责令停业整顿 1 个月至 3 个月：①设置具有赌博功能的电子游戏机机型、机种、电路板等游戏设施设备的；②以现金有价证券作为奖品，或者回购奖品的。第四十八条规定，娱乐场所违反本条例规定，有下列情形之一的，由县级人民政府文化主管部门没收违法所得和非法财物，并处违法所得 1 倍以上 3 倍以下的罚款；没有违法所得或者违法所得不足 1 万元的，并处 1 万元以上 3 万元以下的罚款；情节严重的，责令停业整顿 1 个月至 6 个月：①歌舞娱乐场所的歌曲点播系统与境外的曲库连接的；②歌舞娱乐场所播放的曲目、屏幕画面或者游艺娱乐场所电子游戏机内的游戏项目含有娱乐活动禁止内容的；③歌舞娱乐场所接纳未成年人的；④游艺娱乐场所设置的电子游戏机在国家法定节假日外向未成年人提供的；⑤娱乐场所容纳的消费者超过核定人数的。第五十一条规定，娱乐场所未按照规定悬挂警示标志、未成年人禁入或者限入标志的，由县级人民政府文化主管部门、县级公安部门依据法定职权责令改正，给予警告。

(3)违反娱乐场所营业规则的处罚。《娱乐场所管理条例》第四十九条规定，违反本条例娱乐场所规定，有下列情形之一的，由县级人民政府文化主管部门责令改正，给予警告；情节严重的，责令停业整顿 1 个月至 3 个月：①在本条例规定的禁止营业时间内营业的；②从业人员在营业期间未统一着装并佩戴工作标志的。

(四)娱乐场所的监督管理制度和法律责任

1. **监督管理制度**

文化主管部门应当建立娱乐场所的经营活动信用监管制度，建立健全信用约束机制，并及时公布行政处罚信息。其中，主要包括：警示记录公开制度、信息通报制度、信用监管制度、及时处理举报制度。

2. **法律责任**

《娱乐场所管理条例》第五十六条规定，文化和旅游主管部门、公安部门、市场监督管理部门和其他有关部门的工作人员有下列行为之一的，对直接负责的主管人员和其他直接责任人员依法给予行政处分，其中构成犯罪的，依法追究刑事责任：①向不符合法定设立条件的单位颁发许可证、批准文件、营业执照的；②不履行监督管理职责，或者发现擅自从事娱乐场所经营活动不依法取缔，或者发现违法行为不依法查处的；③接到对违法行为的举报、通报后不依法查处的；④利用职务之便，索取、收受他人财物或者谋取其他利益的；⑤利用职务之便，参与包庇违法行为，或者向有关单位、个人通风报信的；⑥有其他滥用职权、玩忽职守、徇私舞弊行为的。

第三节　住宿业相关法律制度

一、立法概况

(一)住宿业与旅游住宿

我国住宿业主要包括饭店、宾馆、酒店、旅馆、招待所、青年旅舍、民宿客栈等形式，旅游住宿业是指为旅游者提供住宿、餐饮及多种综合服务的行业。在旅游业的食、住、行、游、购、娱六大要素中，住宿是十分重要的环节，是人们在旅行游览活动中必不可少的“驿站”，在旅游业发展过程中起着非常重要的作用。

（二）立法情况

为保障旅馆业的规范经营和旅客的生命财产安全，1987 年 11 月 10 日，经国务院批准，公安部发布的《旅馆业治安管理办法》（以下简称《旅馆业管理办法》）施行，并于 2011 年、2020 年、2022 年依法进行了修订。

二、饭店经营者的权利和义务

饭店是旅游住宿业中的主体，在旅游业的发展中起着重要的作用。饭店的权利、义务与旅客的权利、义务密切相关，不可分割。旅客的权利往往通过饭店的义务体现出来，旅客的义务则是由饭店的权利加以限定的。依照《旅游法》及有关法律法规和我国饭店行业规范、国际惯例等规定，饭店与旅客法律关系中饭店的权利义务概括如下。

（一）饭店经营者的权利

1. 收取费用的权利

饭店提供的服务一般为有偿服务，这是由饭店的企业性质决定的。当饭店向旅客提供住宿客房及相关配套服务时，旅客有义务承担住宿费和法律允许或双方约定的服务费用，如餐饮、洗衣、电话等费用。当旅客无力支付或拒绝支付时，饭店有权留置旅客的财物，从旅客的财物中受偿住宿等费用。但是，旅客被留置的财物价值只能是相当于旅客所欠缴的实际费用，同时饭店的留置权在旅客付清所欠费用时终止。

2. 合理拒绝接待旅客的权利

饭店接待旅客，不得因旅客的种族、国籍、肤色、宗教信仰等原因对旅客加以歧视，甚至拒绝接待。但在有正当理由的前提下，饭店可以合理地拒绝接待旅客，即不与旅客签订住宿合同或者终止与旅客的住宿合同。

一般包括以下情形：①旅客已满，无客房出租；②旅客的行为违反饭店制定的合理规则；③旅客自身状态不适合于住店；④在不可抗力发生的情况下；⑤旅客从事赌博、卖淫、盗窃等违反法律法规的活动；⑥旅客无力或者拒绝支付饭店费用；⑦旅客被饭店列入黑名单；⑧法律法规规定的其他情况。

综上，饭店在依法拒绝接待旅客时，行为应当慎重，要使用足够谨慎、合理的方式，否则容易引起新的纠纷。对于旅客的违法犯罪行为，饭店应当及时向公安机关报告。

3. 制止旅客在饭店内不良行为的权利

对于旅客在饭店内从事违背社会公序良俗，但未构成犯罪的行为，以及给其他大多数旅客带来不良感受的行为，饭店有权加以制止。制止的方式不宜简单粗暴，使旅客受到不必要的强制或屈辱。对于旅客在饭店里进行的违法犯罪活动，饭店经营者和工作人员应当加以举报，配合公安机关的执法行为。

4. 要求旅客遵守饭店规则的权利

饭店有权要求旅客正确使用饭店提供的设施、设备，爱护饭店的公共财物，遵守饭店作息时间，登记时查验旅客身份证明，旅客不得私自留客住宿或转让床位，不得卧床吸烟等。

5. 要求旅客赔偿合理损失的权利

旅客不履行合同的约定造成饭店损失的，饭店可以要求旅客赔偿合理的损失。旅客应当向饭店支付住宿费用，这是旅客应履行的最重要的合同义务。旅客预订客房不住宿又不及时通知，给饭店造成不必要的损失的，应当向饭店承担违约责任，饭店有权在合理的范围内要求旅客赔偿其损失。在饭店内住宿的旅客不遵守合同的约定和饭店有关规定，造成饭店设施、设备损坏等情形的，饭店也有权向旅客索赔，视情况要求旅客承担相应的赔偿责任。

（二）饭店经营者的义务

1. 按照合同约定提供服务的义务

饭店和旅客的住宿合同一旦成立，必须按照合同约定提供住宿以及与饭店性质相适应的其他服务；提供的服务应当符合国家或行业标准，否则应当承担违约责任；造成旅客人身损害或者财产损失的，应当支付赔偿金。

因某种客观原因不能向旅客提供预订房间的，在征得旅客同意的前提下，饭店可以在本饭店内另换标准相近的房间，或将其转移至其他饭店，为其提供相同等级的服务，因此增加的合理费用，由饭店承担。《旅游法》第七十五条规定，住宿经营者应当按照旅游服务合同的约定为团队旅游者提供住宿服务。住宿经营者未能按照旅游服务合同提供服务的，应当为旅游者提供不低于原定标准的住宿服务，因此增加的费用由住宿经营者承担；但由于不可抗力、政府因公共利益需要采取措施造成不能提供服务的，住宿经营者应当协助安排旅游者住宿。

住宿经营者未能按照合同提供住宿服务的，按照《民法典》的规定，应当承担继续履行、采取补救措施或者赔偿损失等违约责任。由于住宿服务具有特殊性，所以要求饭店实际履行显然对于旅客更为有利。唯有要求饭店继续按照约定提供住宿服务，且其标准不得低于约定的服务标准，才是最符合旅客利益的，因此，《旅游法》要求饭店对违约承担继续履行的责任。当然，由于不可抗力、政府因公共利益需要采取措施造成饭店不能提供服务的，应当免除其实际履行的责任，但是依然应当协助安排旅客住宿。

2.保障旅客人身安全的义务

饭店应当把保障旅客的人身安全放在首要位置，预防损害旅客人身安全的各类事故的发生。《民法典》第一千一百九十八条规定，宾馆、商场、银行、车站、机场、体育场馆、娱乐场所等经营场所、公共场所的经营者、管理者或者群众性活动的组织者，未尽到安全保障义务，造成他人损害的，应当承担侵权责任。因第三人的行为造成他人损害的，由第三人承担侵权责任；经营者、管理者或者组织者未尽到安全保障义务的，承担相应的补充责任。经营者、管理者或者组织者承担补充责任后，可以向第三人追偿。《最高人民法院关于审理人身损害赔偿案件适用法律若干问题的解释》第六条规定，从事住宿、餐饮、娱乐等经营活动或者其他社会活动的自然人、法人、其他组织，未尽合理限度范围内的安全保障义务致使他人遭受人身损害，赔偿权利人请求其承担相应赔偿责任的，人民法院应予支持。因第三人侵权导致损害结果发生的，由实施侵权行为的第三人承担赔偿责任。安全保障义务人有过错的，应当在其能够防止或者制止损害的范围内承担相应的补充赔偿责任。

实践中，饭店将其部分经营项目或者场地交由他人从事住宿、餐饮、购物、娱乐等经营，从而在饭店与实际经营者之间形成租赁合同、承包合同等法律关系。实际经营者向旅客提供住宿、餐饮、购物、娱乐等服务时，会形成相应的合同法律关系，诸如住宿服务合同、餐饮合同、买卖合同等。《旅游法》第五十四条规定，景区、住宿经营者将其部分经营项目或者场地交由他人从事住宿、餐饮、购物、游览、娱乐、旅游交通等经营的，应当对实际经营者的经营行为给旅游者造成的损害承担连带责任。因此，当实际旅游经营者的经营行为给旅客造成人身损害或财产损失时，旅客既有权向饭店和实际经营者要求共同承担责任，也可以要求其中的任何一方承担全部责任，任何一方均不得拒绝。

3.保障旅客财产安全的义务

饭店在保障旅客人身安全的同时，还应当保护旅客的财产安全。当饭店和旅客之间的服务合同成立后，饭店对旅客的财产安全即负有责任，产生合同之债的法律关系。因此，旅客可以依照合同要求饭店保护自身财物的安全。饭店有义务对旅客寄存的贵重财物进行保管并设置保险箱、柜、室，指定专人负责，建立登记、领取和交接制度。同时，饭店还应当保护旅客在饭店停车场内车辆的安全，并提醒旅客保管好放置在汽车内的物品，贵重财物需要寄存。由于饭店的原因造成旅客财物灭失、毁损的，饭店应当承担赔偿责任；由于旅客自己的行为造成损害的，饭店不承担赔偿责任；双方均有过错的，应当各自承担相应的责任。

旅客离店后，在客房内发现旅客遗留物品的，饭店应当将其记录在登记册上，并写明旅客的姓名、房号、离店时间、物品名称及拾得者姓名，交领班送客房部妥善保管，然后根据旅客登记所留下的地址或联系方式设法将遗留财物归还原主，绝不能据为己有。当旅客索取时，饭店应当无条件返还，但是可以收取一定数量的保管费。

4. 尊重旅客隐私权的义务

隐私权作为一种基本人格权利，是指公民享有私人生活安宁与私人信息依法受到保护，不被他人非法侵扰、知悉、搜集、利用和公开的一种人格权。旅客租用饭店的客房依法享有使用权，享有在客房里独处和安宁地使用客房的权利，并且其私人信息受到饭店的保护。因此，饭店应当充分尊重旅客的隐私权。非经旅客的允许或者法定的事由，饭店的工作人员不得随意进入旅客的房间，也不得将旅客的住宿信息告诉他人或者将旅客的房间钥匙交给他人。因工作需要执行公务的人员对旅客的房间进行搜查，应当出示规定的证件，并符合法律规定的程序。

三、主要制度

（一）旅馆经营企业的开办条件

《旅馆业管理办法》第三条规定，开办旅馆，要具备必要的防盗安全设施。这一规定是为了保障旅馆业的正常经营，同时也是为了保障旅客的生命财产的安全。从治安管理的角度出发，为了便于掌握旅馆的有关情况，加强对旅馆的治安管理。第四条规定，申请开办旅馆，应取得市场监管部门核发的营业执照，向当地公安机关申领特种行业许可证后，方准开业。经批准开业的旅馆，如有歇业、转业、合并、迁移、改变名称等情况，应当在市场监管部门办理变更登记后 3 日内，向当地的县、市公安局、公安分局备案。

（二）旅馆经营企业的治安管理

1. 健全内部规章制度

《旅馆业管理办法》第五条规定，经营旅馆，必须遵守国家的法律，建立各项安全管理制度，设置治安保卫组织或者指定安全保卫人员。我国的旅游住宿企业，凡是经营旅游住宿业务的，都必须设置治安保卫部门，如饭店的保安部等。

2. 接待旅客住宿必须登记

《旅馆业管理办法》第六条规定，旅馆接待旅客住宿必须登记。登记时，应当查验旅客的身份证件，按规定的项目如实登记。接待境外旅客住宿，还应当在 24 小时内向当地公安机关报送住宿登记表。

3. 完善财物保管制度

《旅馆业管理办法》第七条规定，旅馆应当设置旅客财物保管箱、柜或者保管室、保险柜，指定专人负责保管工作。对旅客寄存的财物，要建立登记、领取和交接制度。这样，就可以减少旅客与旅馆之间的纠纷。第八条规定，旅馆对旅客遗留的物品，应当妥善保管，设法归还原主或揭示招领；经招领 3 个月后无人认领的，要登记造册，送当地公安机关按拾遗物品处理。对违禁物品和可疑物品，应当及时报告公安机关处理。

4. 配合查处犯罪行为

《旅馆业管理办法》第九条规定，旅馆工作人员发现违法犯罪分子，行迹可疑的人员和被公安机关通缉的罪犯，应当立即向当地公安机关报告，不得知情不报或隐瞒包庇。

5. 规范住宿旅客的行为

《旅馆业管理办法》第十一、第十二、第十三条规定，旅馆内，严禁旅客将易燃、易爆、剧毒、腐蚀性和放射性等危险品带入旅馆；旅馆内，严禁卖淫、嫖娼、赌博、吸毒、传播淫秽物品等违法犯罪活动；旅馆内，不得酗酒滋事、大声喧哗、影响他人休息，旅客不得私自留客住宿或者转让床位。

（三）旅馆经营的法律责任

1. 旅馆的开办人

《旅馆业管理办法》第十五条规定，违反本办法第四条规定开办旅馆的，公安机关可以酌情给予警告或者处以200元以下罚款；未经登记，私自开业的，公安机关应当协助市场监督管理部门依法处理。

2. 旅馆的工作人员和负责人

《旅馆业管理办法》第十六条规定，旅馆工作人员违反本办法第九条规定的，公安机关可以酌情给予警告或者处以 200 元以下罚款；情节严重构成犯罪的，依法追究刑事责任。旅馆负责人参与违法犯罪活动，其所经营的旅馆已成为犯罪活动场所的，公安机关除依法追究其责任外，对该旅馆还应当会同工商行政管理部门依法处理。第十七条规定，旅馆接待旅客住宿不按规定登记的，依照《治安管理处罚法》有关条款的规定，处罚有关人员；发生重大事故、造成严重后果构成犯罪的，依法追究刑事责任。

3. 旅客

《旅馆业管理办法》第十七条规定，旅客将易燃、易爆、剧毒、腐蚀性和放射性等危险物品带入旅馆，在旅馆内从事卖淫、嫖宿、赌博、吸毒、传播淫秽物品等违法犯罪活动的，依照《治安管理处罚法》有关条款的规定，处罚有关人员；发生重大事故、造成严重后果构成犯罪的，依法追究刑事责任。

随堂练

第十七章
旅游资源管理法律制度

法规文件

【学习目标】

了解《博物馆条例》关于博物馆开展社会服务的原则、设立条件、社会服务及其相关法律责任的规定;《保护世界文化和自然遗产公约》关于文化遗产和自然遗产的定义、国家保护和国际保护、保护世界文化和自然遗产政府间委员会的规定;《保护非物质文化遗产公约》关于非物质文化遗产的定义、缔约国的作用、其他保护措施的规定。熟悉《风景名胜区条例》关于风景名胜区及其设立、保护、利用和管理及其相关法律责任的规定;《中华人民共和国非物质文化遗产法》关于非物质文化遗产及其保护措施和原则，非物质文化遗产代表性项目传承与传播的规定。掌握《中华人民共和国自然保护区条例》关于自然保护区及其类别、设立条件、区域构成、管理及相关法律责任的规定;《中华人民共和国文物保护法》关于适用范围、文物工作方针、所有权归属，不可移动文物、民间收藏文物、文物出境及其相关法律责任的规定。

第一节　风景名胜区法律制度

一、风景名胜区的概念、设立与管理

（一）概念

1985 年 6 月 7 日，国务院发布《风景名胜区管理暂行条例》，为加强对风景名胜区的管理，有效保护和合理利用风景名胜资源提供了法律依据。2006 年 12 月 1 日，为适应新发展，国务院公布的《风景名胜区条例》施行。《风景名胜区管理暂行条例》同时废止。

依据《风景名胜区条例》第二条第二款的规定，风景名胜区，是指具有观

赏、文化或者科学价值，自然景观、人文景观比较集中，环境优美，可供人们游览或者进行科学、文化活动的区域。

（二）设立

1. 设立原则

《风景名胜区条例》第七条规定，设立风景名胜区，应当有利于保护和合理利用风景名胜资源。新设立的风景名胜区与自然保护区不得重合或者交叉；已设立的风景名胜区与自然保护区重合或者交叉的，风景名胜区规划与自然保护区规划应当相协调。

2. 设立程序

（1）级别。《风景名胜区条例》第八条规定，风景名胜区划分为国家级风景名胜区和省级风景名胜区。自然景观和人文景观能够反映重要自然变化过程和重大历史文化发展过程，基本处于自然状态或者保持历史原貌，具有国家代表性的，可以申请设立国家级风景名胜区；具有区域代表性的，可以申请设立省级风景名胜区。

（2）设立。《风景名胜区条例》第十条规定，设立国家级风景名胜区，由省、自治区、直辖市人民政府提出申请，国务院建设主管部门会同国务院环境保护主管部门、林业主管部门、文物主管部门等有关部门组织论证，提出审查意见，报国务院批准公布。设立省级风景名胜区，由县级人民政府提出申请，省、自治区人民政府建设主管部门或者直辖市人民政府风景名胜区主管部门，会同其他有关部门组织论证，提出审查意见，报省、自治区、直辖市人民政府批准公布。

（三）管理

1. 管理原则

《风景名胜区条例》第三条规定，国家对风景名胜区实行科学规划、统一管理、严格保护、永续利用的原则。

2. 管理部门

《风景名胜区条例》第五条规定，国务院建设主管部门负责全国风景名胜区的监督管理工作。国务院其他有关部门按照国务院规定的职责分工，负责风景名胜区的有关监督管理工作。省、自治区人民政府建设主管部门和直辖市人民政府风景名胜区主管部门，负责本行政区域内风景名胜区的监督管理工作。省、自治区、直辖市人民政府其他有关部门按照规定的职责分工，负责风景名胜区的有关监督管理工作。第四条规定，风景名胜区所在地县级以上地方人民政府设置的风景名胜区管理机构，负责风景名胜区的保护、利用和统一管理工作。

二、风景名胜区的保护

依法保护风景名胜区是风景名胜区各项工作的核心，也是颁布《风景名胜区条例》的主要目的。风景名胜区保护制度包括保护的原则、保护机构及其职责、禁止性行为、居民及游览者的义务、开展的活动范围和限制、重大建设工程的审核及审批。

（一）保护原则

《风景名胜区条例》第二十四条第一款规定，风景名胜区内的景观和自然环境，应当根据可持续发展的原则，严格保护，不得破坏或者随意改变。

（二）保护机构及其职责

《风景名胜区条例》第二十四条第二款、第二十五条规定，风景名胜区管理机构是风景名胜资源保护的责任主体，应当建立健全风景名胜资源保护的各项管理制度，对区内的重要景观进行调查、鉴定，并制定相应的保护措施。

（三）禁止性行为

（1）《风景名胜区条例》第二十六条规定，在风景名胜区内禁止进行的活动包括：①开山、采石、开矿、开荒、修坟立碑等破坏景观、植被和地形地貌的活动；②修建储存爆炸性、易燃性、放射性、毒害性、腐蚀性物品的设施；③在景物或者设施上刻划、涂污；④乱扔垃圾。

（2）《风景名胜区条例》第二十七条规定，禁止违反风景名胜区规划，在风景名胜区内设立各类开发区和在核心区内建设宾馆、招待所、培训中心、疗养院以及与风景名胜资源保护无关的其他建筑物；已经建设的，应当按照风景名胜区规划，逐步迁出。

（四）居民和游览者的义务

《风景名胜区条例》第二十四条第三款规定，风景名胜区内的居民和游览者应当保护风景名胜区的景物、水体、林草木植被、野生动物和各项设施。

三、风景名胜资源的利用和管理

（一）利用

《风景名胜区条例》第三十二条规定，风景名胜区管理机构应当根据风景名胜区的特点，保护民族民间传统文化，开展健康有益的游览观光和文化娱乐活动，普及历史文化和科学知识。

（二）管理

1. 监督检查和评估

《风景名胜区条例》第三十五条规定，国务院建设主管部门应当对国家级风景名胜区的规划实施情况、资源保护状况进行监督检查和评估，对发现的问题及时纠正、处理。

2. 安全保障

《风景名胜区条例》第三十六条规定，风景名胜区管理机构应当建立健全安全保障制度，加强安全管理，保障游览安全，并督促风景名胜区内经营单位接受有关部门依据法律、法规进行的监督检查。禁止超过允许容量接纳游客和在没有安全保障的区域开展游览活动。

3. 门票和资源有偿使用

《风景名胜区条例》第三十七条第一款规定，进入风景名胜区的门票，由风景名胜区管理机构负责出售。门票价格依照有关价格的法律、法规的规定执行。第三十八条规定，风景名胜区的门票收入和风景名胜资源有偿使用费，实行收支两条线管理，收入和使用费应当专门用于风景名胜资源的保护和管理以及对风景名胜区内财产的所有权人、使用权人损失的补偿。

4. 经营项目的管理

《风景名胜区条例》第三十七条第二款规定，风景名胜区内的交通、服务等项目，应当由风景名胜区管理机构依照法律、法规和风景名胜区规划，采用招标等公平竞争方式确定经营者。第三款规定，风景名胜区管理机构应当与经营者签订合同，依法确定各自的权利义务。经营者应当缴纳风景名胜资源有偿使用费。第三十九条规定，风景名胜区管理机构不得从事以营利为目的的经营活动，不得将规划、管理和监督等行政管理职能委托给企业或者个人行使。风景名胜区管理机构的工作人员，不得在区内的企业兼职。

（三）法律责任

1. 管理机构及工作人员责任

《风景名胜区条例》第四十八条规定，风景名胜区管理机构有下列行为之一的，由设立该风景名胜区管理机构县级以上地方人民政府责令改正；情节严重的，对直接负责人的主管人员和其他责任人员给予降级或者撤职的处分；构成犯罪的，依法追究刑事责任：①超过允许容量接纳游客或者在没有安全保障的区域开展游览活动的；②未设置风景名胜区标识和路标、安全警示等标牌的；③从事以营利为目的的经营活动的；④将规划、管理和监督等行政管理职能委托给企业或者个人行使的；⑤允许风景名胜区管理机构的工作人员在风景名胜区内兼职的；⑥审核同意在风景名胜区内进行不符合风景名胜区规划的建设活动的；⑦发现违法行为不查处的。

2. 禁止行为及其法律责任

（1）《风景名胜区条例》第四十条规定，有下列行为之一的，由风景名胜区管理机构责令停止违法行为、恢复原状或者限期拆除，没收违法所得，并处50万元以上100万元以下的罚款：①在风景名胜区内进行开山、采石、开矿等破坏景观、植被、地形地貌的活动的；②在风景名胜区内修建储存爆炸性、易燃性、放射性、毒害性、腐蚀性物品设施的；③在核心景区内建设宾馆、招待所、培训中心、疗养院以及与风景名胜资源保护无关的其他建筑物的。

县级以上地方人民政府及其有关主管部门批准实施上述行为的，对直接负责的主管人员和其他直接责任人员依法给予降级或撤职的处分；构成犯罪的，依法追究刑事责任。

（2）《风景名胜区条例》第四十一条规定，在风景名胜区内从事禁止范围以外的建设活动的，未经风景名胜区管理机构审核的，由风景名胜区管理机构责令停止建设、限期拆除，对个人处2万元以上5万元以下的罚款，对单位处20万元以上50万元以下的罚款。

（3）《风景名胜区条例》第四十二条规定，在国家级风景名胜区内修建缆车、索道等重大建设工程，项目的选址方案未经省、自治区人民政府建设主管部门和直辖市人民政府风景名胜区主管部门核准，县级以上地方人民政府有关部门核发选址意见书的，对直接负责的主管人员和其他责任人依法给予处分；构成犯罪的，依法追究刑事责任。

（4）《风景名胜区条例》第四十三条规定，个人在风景名胜区内进行开荒、修坟立碑等破坏景观、植被、地形地貌活动的，由风景名胜区管理机构责令停止违法行为、限期恢复原状或者采取其他补救措施，没收违法所得，并处1000元以上1万元以下的罚款。

（5）《风景名胜区条例》第四十四条规定，在景物、设施上刻划、涂污或者在风景名胜区内乱扔垃圾的，由风景名胜区管理机构责令恢复原状或者采取其他补救措施，处50元的罚款；刻划、涂污或者以其他方式故意损坏国家保护的文物、名胜古迹的，按照《治安管理处罚法》的有关规定予以处罚；构成犯罪的，追究刑事责任。

（6）《风景名胜区条例》第四十五条规定，未经风景名胜区管理机构审核，在风景名胜区内进行下列活动的，由风景名胜区管理机构责令停止违法行为、限期恢复原状或者采取其他补救措施，没收违法所得，并处5万元以上10万元以下的罚款；情节严重的，并处10万元以上20万元以下的罚款：①设置、张贴商业广告的；②举办大型游乐等活动的；③改变水资源、水环境自然状态的活动的；④其他影响生态和景观的活动。

（7）《风景名胜区条例》第四十六条规定，施工单位在施工过程中，对周围景物、水体、林木植被、野生动物资源和地形地貌造成破坏的，由风景名胜区管理机构责令停止违法行为、限期恢复原状或者采取其他补救措施，并处2万元以上10万元以下的罚款；逾期未恢复原状或者未采取有效措施的，由风景名胜区管理机构责令停止施工。

第二节　自然保护区法律制度

一、自然保护区的概念及类别

（一）概念

为加强自然保护区的建设和管理，保护自然环境和自然资源，1994年12月1日，国务院发布的《中华人民共和国自然保护区条例》（以下简称《自然保护区条例》）施行，后依法两次修订。

《自然保护区条例》第二条规定，自然保护区，是指对有代表性的自然生态系统，珍稀濒危野生动植物物种的天然集中分布区、有特殊意义的自然遗址等保护对象所在的陆地、陆地水体或者海域，依法划出一定面积予以特殊保护和管理的区域。

（二）类别

《自然保护区条例》第十一条规定，自然保护区分为国家级自然保护区和地方级自然保护区。国家级自然保护区指在国内外有典型意义，在科学上有重大国际影响或者有特殊科学研究价值的自然保护区。地方级自然保护区指除国家级自然保护区外，其他具有典型意义或者重要科学研究价值的自然保护区。

二、自然保护区的设立条件与区域构成

（一）设立条件

《自然保护区条例》第十条规定，凡具有下列条件之一的，应当建立自然保护区：①典型的自然地理区域、有代表性的自然生态系统区域以及已经遭受破坏但经保护能够恢复的同类自然生态系统区域；②珍稀、濒危野生动植物物种的天然集中分布区域；③具有特殊保护价值的海域、海岸、岛屿、湿地、内陆

水域、森林、草原和荒漠；④具有重大科学文化价值的地质构造、著名溶洞、化石分布区、冰川、火山、温泉等自然遗迹；⑤经国务院或者省、自治区、直辖市人民政府批准，需要予以特殊保护的其他自然区域。

（二）区域构成

《自然保护区条例》第十八条第一款规定，自然保护区划分为核心区、缓冲区和实验区。

（1）核心区。核心区是自然保护区内保存完好的天然状态的生态系统以及珍稀、濒危动植物的集中分布区。非经批准，禁止任何单位和个人进入，一般也不允许进入从事科学研究活动。

（2）缓冲区。缓冲区是在核心区外围划定的一定面积的区域。这里只准进入从事科学研究观测活动。

（3）实验区。实验区是指缓冲区的外围区域。这里可进入从事科学实验、教学实习、参观考察、旅游以及驯化、繁殖珍稀、濒危野生动植物活动等。

原批准建立自然保护区的人民政府认为必要时，可以在自然保护区的外围划定一定面积的外围保护地带。

三、自然保护区的管理及其法律责任

（一）管理机构与职责

《自然保护区条例》第二十一条规定，国家级自然保护区，由其所在地的省、自治区、直辖市人民政府有关自然保护区行政主管部门或者国务院有关自然保护区行政主管部门管理。地方级自然保护区，由其所在地的县级以上人民政府有关自然保护区行政主管部门管理。有关自然保护区行政主管部门应当在自然保护区内设立专门管理机构，配备专业技术人员，负责自然保护区的具体管理工作。

《自然保护区条例》第八条规定，国家对自然保护区实行综合管理与分部门管理相结合的管理体制。国务院环境保护行政主管部门负责全国自然保护区的综合管理。国务院林业、农业、地质矿产、水利、海洋等有关行政主管部门在各自职责范围内，主管有关自然保护区。县级以上地方人民政府负责自然保护区管理部门的设置和职责，由省、自治区、直辖市人民政府根据当地具体情况确定。

《自然保护区条例》第二十二条规定，自然保护区管理机构的主要职责有：①贯彻执行国家有关自然保护的法律、法规和方针、政策；②制定自然保护区的各项管理制度，统一管理自然保护区；③调查自然资源并建立档案，组织环境监测，保护自然保护区内的自然环境和自然资源；④组织或者协助有关部门开展自然保护区的科学研究工作；⑤进行自然保护的宣传教育；⑥在不影响保护自然保护区的自然环境和自然资源的前提下，组织开展参观、旅游等活动。

（二）管理制度

《自然保护区条例》第三条规定，凡在中华人民共和国领域和中华人民共和国管辖的其他海域内建设和管理自然保护区，必须遵守本条例。对自然保护区的管理，《自然保护区条例》主要规定了以下三个方面的内容：

（1）范围和界线的划定。《自然保护区条例》第十四条规定，自然保护区的范围和界线由批准建立自然保护区的人民政府确定，并标明区界，予以公告。确定自然保护区的范围和界线，应当兼顾保护对象的完整性和适度性，以及当地经济建设和居民生产、生活的需要。

（2）调查、评价和规划。《自然保护区条例》第十七条第一款规定，国务院环境保护行政主管部门应当会同国务院有关自然保护区行政主管部门，在对全国自然环境和自然资源状况进行调查和评价的基础上，拟定国家自然保护区发展规划，经国务院计划部门综合平衡后，报国务院批准实施。

（3）自然保护区管理的禁止性和义务性规定。《自然保护区条例》第二十六条规定，禁止在自然保护区内进行砍伐、放牧、狩猎、捕捞、采药、开垦、烧荒、开矿、采石、挖沙等活动，但法律、行政法规另有规定的除外。第二十八条第一款规定，禁止在自然保护区的缓冲区开展旅游和生产经营活动。因教学科研的目的，需要进入自然保护区的缓冲区从事非破坏性的科学研究、教学实习和标本采集活动的，应当事先向自然保护区管理机构提交申请和活动计划，经自然保护区管理机构批准。从事上述活动的单位和个人，应当将其活动成果的副本提交自然保护区管理机构。第三十二条第一款规定，在自然保护区的核心区和缓冲区内，不得建设任何生产设施。在自然保护区的实验区内，不得建设污染环境、破坏资源或者景观的生产设施；建设其他项目，其污染物排放不得超过国家和地方规定的污染物排放标准。在自然保护区的实验区内已经建成的设施，其污染物排放超过国家和地方规定的排放标准的，应当限期治理；造成损害的，必须采取补救措施。第二十五条规定，在自然保护区内的单位、居民和经批准进入自然保护区的人员，必须遵守自然保护区的各项管理制度，接受自然保护区管理机构的管理。第三十一条规定，外国人进入自然保护区，应当事先向自然保护区管理机构提交活动计划，并经自然保护区管理机构批准；其中，进入国家级自然保护区的，应当经省、自治区、直辖市环境保护、海洋、渔业等有关自然保护区行政主管部门按照各自职责批准。进入自然保护区的外国人，应当遵守有关自然保护区的法律、法规和规定，未经批准，不得在自然保护区内从事采集标本等活动。

（三）法律责任

1. 对单位和个人的处罚

《自然保护区条例》第三十四条规定，有下列行为之一的单位和个人，由自然保护区管理机构责令其改正，并可以根据不同情节处以100元以上5000元以下的罚款：①擅自移动或者破坏自然保护区界标的；②未经批准进入自然保护区或者在自然保护区内不服从管理机构管理的；③经批准在自然保护区的缓冲区内从事科学研究、教学实习和标本采集的单位和个人，不向自然保护区管理机构提交活动成果副本的。

《自然保护区条例》第三十五条规定，在自然保护区进行砍伐、放牧、狩猎、捕捞、采药、开垦、烧荒、开矿、采石、挖沙等活动的单位和个人，除可以依照有关法律、行政法规规定给予处罚的以外，由县级以上人民政府有关自然保护区行政主管部门或者其授权的自然保护区管理机构没收违法所得，责令停止违法行为，限期恢复原状或者采取其他补救措施；对自然保护区造成破坏的，可以处以300元以上1万元以下的罚款。

《自然保护区条例》第三十九条规定，妨碍自然保护区管理人员执行公务的，由公安机关依照《治安管理处罚条例》的规定给予处罚；情节严重，构成犯罪的，依法追究刑事责任。

《自然保护区条例》第四十条规定，违反本条例规定，造成自然保护区重大污染或者破坏事故，导致公私财产重大损失或者人身伤亡的严重后果，构成犯罪的，对直接负责的主管人员和其他直接责任人员依法追究刑事责任。

2. 对管理机构及工作人员的处罚

《自然保护区条例》第三十六条规定，自然保护区管理机构违反本条例规定，拒绝环境保护行政主管部门或者有关自然保护区行政主管部门监督检查，或者在被检查时弄虚作假的，由县级以上人民政府环境保护行政主管部门或者有关自然保护区行政主管部门给予300元以上3000元以下的罚款。

《自然保护区条例》第三十七条规定，自然保护区管理机构违反本条例规定，有下列行为之一的，由县级以上人民政府有关自然保护区行政主管部门责令限期改正；对直接责任人员，由其所在单位或者上级机关给予行政处分：①开展参观、旅游活动未编制方案或者编制的方案不符合自然保护区管理目标的；②开设与自然保护区保护方向不一致的参观、旅游项目的；③不按照编制的方案开展参观、旅游活动的；④违法批准人员进入自然保护区的核心区，或者违法批准外国人进入自然保护区的；⑤有其他滥用职权、玩忽职守、徇私舞弊行为的。

《自然保护区条例》第四十一条规定，自然保护区管理人员滥用职权、玩忽职守、徇私舞弊，构成犯罪的，依法追究刑事责任；情节轻微，尚不构成犯罪的，由其所在单位或者上级机关给予行政处分。

第三节　文物保护法律制度

一、概述

（一）立法目的

1982 年 11 月 19 日，第五届全国人大常委会第二十五次会议通过的《中华人民共和国文物保护法》（以下简称《文物保护法》）施行，后依法进行了 5 次修正。该法第一条规定了立法目的：为加强对文物的保护，继承中华民族优秀的历史文化遗产，促进科学研究工作，进行爱国主义和革命传统教育，建设社会主义精神文明和物质文明，依据宪法，制定本法。

（二）适用范围

第二条明确规定，在中华人民共和国境内，下列文物受国家保护：①具有历史、艺术、科学价值的古文化遗址、古墓葬、古建筑、石窟寺和石刻、壁画；②与重大历史事件、革命运动或者著名人物有关的以及具有重要纪念意义、教育意义或者史料价值的近现代重要史迹、实物、代表性建筑；③历史上各时代珍贵的艺术品、工艺美术品；④历史上各时代重要的文献资料以及具有历史、艺术、科学价值的手稿和图书资料等；⑤反映历史上各时代、各民族社会制度、社会生产、社会生活的代表性实物。此外，具有科学价值的古脊椎动物化石和古人类化石同文物一样受国家的保护。

（三）工作方针

《文物保护法》第四条明确规定，我国文物工作贯彻“保护为主、抢救第一、合理利用、加强管理”的方针。

（四）所有权归属

《文物保护法》第五条第一款规定，中华人民共和国境内地下、内水和领海中遗存的一切文物，属于国家所有。

《文物保护法》第五条第二款规定，古文化遗址、古墓葬、石窟寺属于国家所有。国家指定保护的纪念建筑物、古建筑、石刻、壁画、近代现代代表性建筑等不可移动文物，除国家另有规定的以外，属于国家所有。第三款规定，国有不可移动文物的所有权不因其所依附的土地所有权或者使用权的改变而改变。

《文物保护法》第五条第四款规定，下列可移动文物，属于国家所有：①中国境内出土的文物，国家另有规定的除外；②国有文物收藏单位以及其他国家机关、部队和国有企业、事业组织等收藏、保管的文物；③国家征集、购买的文物；④公民、法人和其他组织捐赠给国家的文物；⑤法律规定属于国家所有的其他文物。第五款规定，属于国家所有的可移动文物的所有权不因其保管、收藏单位的终止或者变更而改变。国有文物所有权受法律保护，不容侵犯。

《文物保护法》第六条规定，属于集体所有和私人所有的纪念建筑物、古建筑和祖传文物以及依法取得的其他文物，其所有权受法律保护。文物的所有者必须遵守国家有关文物保护的法律、法规的规定。

二、不可移动文物与民间收藏文物

（一）不可移动文物

《文物保护法》第三条规定，古文化遗址、古墓葬、古建筑、石窟寺、石刻、壁画、近代现代重要史迹和代表性建筑等不可移动文物，根据它们的历史、艺术、科学价值，可以分别确定为全国重点文物保护单位，省级文物保护单位，市、县级文物保护单位。

（二）民间收藏文物

民间收藏文物，是指文物收藏单位以外的公民、法人和其他组织通过一定方式取得的收藏的文物。《文物保护法》第五十条规定，民间收藏文物可以通过下列方式取得：①依法继承或者接受赠予；②从文物商店购买；③从经营文物拍卖的拍卖企业购买；④公民个人合法所有的文物相互交换或者依法转让；⑤国家规定的其他合法方式。文物收藏单位以外的公民、法人和其他组织合法收藏的文物可以依法流通。

《文物保护法》第五十一条规定，公民、法人和其他组织不得买卖下列文物：①国有文物，但是国家允许的除外；②非国有馆藏珍贵文物；③国有不可移动文物中的壁画、雕塑、建筑构件等，但是依法拆除的国有不可移动文物中的壁画、雕塑、建筑构件等不属于应由文物收藏单位收藏的除外；④来源不合法的文物。

三、文物出境进境法律制度

《文物保护法》第六十条规定，国有文物、非国有文物中的珍贵文物和国家规定禁止出境的其他文物，不得出境；但是依照法律规定出境展览或者因特殊需要经国务院批准出境的除外。

《文物保护法》第六十一条规定，文物出境，应当经国务院文物行政部门指定的文物进出境审核机构审核。经审核允许出境的文物，由国务院文物行政部门发给文物出境许可证，从国务院文物行政部门指定的口岸出境。任何单位或者个人运送、邮寄、携带文物出境，应当向海关申报；海关凭文物出境许可证放行。

《文物保护法》第六十二条规定，文物出境展览，应当报国务院文物行政部门批准；一级文物超过国务院规定数量的，应当报国务院批准。一级文物中的孤品和易损品，禁止出境展览。出境展览的文物出境，由文物进出境审核机构审核、登记。海关凭国务院文物行政部门或者国务院的批准文件放行。出境展览的文物复进境，由原文物进出境审核机构审核查验。

《文物保护法》第六十三条规定，文物临时进境，应当向海关申报，并报文物进出境审核机构审核、登记。临时进境的文物复出境，必须经原审核、登记的文物进出境审核机构审核查验；经审核查验无误的，由国务院文物行政部门发给文物出境许可证，海关凭文物出境许可证放行。

四、法律责任

（一）行政责任

《文物保护法》第六十五条规定，违反本法规定，情节尚不严重的，由有关机关给予行政处罚。构成违反治安管理行为的，由公安机关依法给予治安管理处罚。违反法律规定，构成走私行为，尚不构成犯罪的，由海关依照有关法律、行政法规的规定给予处罚。

（二）刑事责任

《文物保护法》第六十四条规定，有下列行为之一，构成犯罪的，依法追究刑事责任：①盗掘古文化遗址、古墓葬的；②故意或者过失损毁国家保护的珍贵文物的；③擅自将国有馆藏文物出售或者私自送给非国有单位或者个人的；④将国家禁止出境的珍贵文物私自出售或者送给外国人的；⑤以牟利为目的倒卖国家禁止经营的文物的；⑥走私文物的；⑦盗窃、哄抢、私分或者非法侵占国有文物的；⑧应当追究刑事责任的其他妨害文物管理的行为。

（三）民事责任

《文物保护法》第六十五条第一款规定，违反本法规定，造成文物灭失、损毁的，应当依法承担民事责任。

第四节　博物馆管理法律制度

一、概述

（一）博物馆的概念

为促进博物馆事业发展，发挥博物馆功能，满足公民精神文化需求，提高公民思想道德和科学文化素质，2015 年 3 月 20 日，国务院发布的《博物馆条例》施行。

《博物馆条例》第二条规定，博物馆是指以教育、研究和欣赏为目的，收藏、保护并向公众展示人类活动和自然环境的见证物，经登记管理机关依法登记的非营利组织。

博物馆包括国有博物馆和非国有博物馆。其中，利用或者主要利用国有资产设立的博物馆为国有博物馆，利用或者主要利用非国有资产设立的博物馆为非国有博物馆。

国家在博物馆的设立条件、提供社会服务、规范管理、专业技术职称评定、财税扶持政策等方面，公平对待国有和非国有博物馆。

（二）开展社会服务的原则

《博物馆条例》第三条规定，博物馆开展社会服务应当坚持为人民服务、为社会主义服务的方向和贴近实际、贴近生活、贴近群众的原则，丰富人民群众精神文化生活。

二、博物馆的设立与备案制度

（一）博物馆的设立

1. 设立条件

《博物馆条例》第十条第一款规定，设立博物馆，应当具备下列条件：①固定的馆址以及符合国家规定的展室、藏品保管场所；②相应数量的藏品以及必要的研究资料，并能够形成陈列展览体系；③与其规模和功能相适应的专业技术人员；④必要的办馆资金和稳定的运行经费来源；⑤确保观众人身安全的设施、制度及应急预案。

2. 制定章程

《博物馆条例》第十一条规定，设立博物馆，应当制定章程。其内容应当包括下列事项：①博物馆名称、馆址；②办馆宗旨及业务范围；③组织管理制度，包括理事会或者其他形式决策机构的产生办法、人员构成、任期、议事规则等；④藏品展示、保护、管理、处置的规则；⑤资产管理和使用规则；⑥章程修改程序；⑦终止程序和终止后资产的处理；⑧其他需要由章程规定的事项。

（二）博物馆备案制度

1. 国有博物馆

《博物馆条例》第十二条规定，国有博物馆的设立、变更、终止依照有关事业单位登记管理法律、行政法规的规定办理，并应当向馆址所在地省、自治区、直辖市人民政府文物主管部门备案。

2. 非国有博物馆

《博物馆条例》第十四条规定，设立藏品不属于古生物化石的非国有博物馆的，应当向馆址所在地省、自治区、直辖市人民政府文物主管部门备案，并提交下列材料：①博物馆章程草案；②馆舍所有权或者使用权证明，展室和藏品保管场所的环境条件符合藏品展示、保护、管理需要的论证材料；③藏品目录、藏品概述及藏品合法来源说明；④出资证明或者验资报告；⑤专业技术人员和管理人员的基本情况；⑥陈列展览方案。

《博物馆条例》第十五条规定，设立藏品不属于古生物化石的非国有博物馆的，应当到有关登记管理机关依法办理法人登记手续；有变更、终止行为的，应当到有关登记管理机关依法办理变更登记、注销登记，并向馆址所在地省、自治区、直辖市人民政府文物主管部门备案。

3. 古生物化石博物馆

《博物馆条例》第十三条规定，藏品属于古生物化石的博物馆，其设立、变更、终止应当遵守有关古生物化石保护法律、行政法规的规定，并向馆址所在地省、自治区、直辖市人民政府文物主管部门备案。

三、博物馆的社会服务

（一）公众开放制度

1. 开放时间

《博物馆条例》第二十八条规定，博物馆应当自取得登记证书之日起 6 个月内向公众开放。第二十九条规定，博物馆应当向公众公告具体开放时间。在国家法定节假日和学校寒暑假期间，博物馆应当开放。

2. 免费政策

《博物馆条例》第三十三条规定，国家鼓励博物馆向公众免费开放。县级以上人民政府应当对向公众免费开放的博物馆给予必要的经费支持。博物馆未实行免费开放的，其门票、收费的项目和标准按照国家有关规定执行，并在收费地点的醒目位置予以公布。博物馆未实行免费开放的，应当对未成年人、成年学生、教师、老年人、残疾人和军人等实行免费或者其他优惠。博物馆实行优惠的项目和标准应当向公众公告。

（二）陈列展览制度

1. 举办要求

《博物馆条例》第三十条规定，博物馆举办陈列展览，应当遵守下列规定：①主题和内容应当符合宪法所确定的基本原则和维护国家安全与民族团结、弘扬爱国主义、倡导科学精神、普及科学知识、传播优秀文化、培养良好风尚、促进社会和谐、推动社会文明进步的要求；②与办馆宗旨相适应，突出藏品特色；③运用适当的技术、材料、工艺和表现手法，达到形式与内容的和谐统一；④展品以原件为主，使用复制品、仿制品应当明示；⑤采用多种形式提供科学、准确、生动的文字说明和讲解服务；⑥法律、行政法规的其他有关规定。陈列展览的主题和内容不适宜未成年人的，博物馆不得接纳未成年人。

2. 备案制度

《博物馆条例》第三十一条规定，博物馆举办陈列展览的，应当在陈列展览开始之日 10 个工作日前，将陈列展览主题、展品说明、讲解词等向陈列展览举办地的文物主管部门或者其他有关部门备案。各级人民政府文物主管部门和博物馆行业组织应当加强对博物馆陈列展览的指导和监督。

（三）社会教育与服务制度

1. 博物馆的义务

《博物馆条例》第三十二条规定，博物馆应当配备适当的专业人员，根据不同年龄段的未成年人接受能力进行讲解；学校寒暑假期间，具备条件的博物馆应当增设适合学生特点的陈列展览项目。

《博物馆条例》第三十四条规定，博物馆应当根据自身特点、条件，运用现代信息技术，开展形式多样、生动活泼的社会教育和服务活动，参与社区文化建设和对外文化交流与合作。国家鼓励博物馆挖掘藏品内涵，与文化创意、旅游等产业相结合，开发衍生产品，增强博物馆发展能力。

《博物馆条例》第三十六条规定，博物馆应当发挥藏品优势，开展相关专业领域的理论及应用研究，提高业务水平，促进专业人才的成长。博物馆应当为高等学校、科研机构和专家学者等开展科学研究工作提供支持和帮助。

2. 主管部门的义务

《博物馆条例》第三十五条规定，国务院教育行政部门应当会同国家文物主管部门，制定利用博物馆资源开展教育教学、社会实践活动的政策措施。地方各级人民政府教育行政部门应当鼓励学校结合课程设置和教学计划，组织学生到博物馆开展学习实践活动。博物馆应当对学校开展各类相关教育教学活动提供支持和帮助。

3. 社会公众的义务

《博物馆条例》第三十七条规定，公众应当爱护博物馆展品、设施及环境，不得损坏博物馆的展品、设施。

四、法律责任

（一）主管部门及工作人员的法律责任

《博物馆条例》第四十三条规定，县级以上人民政府文物主管部门或者其他有关部门及其工作人员玩忽职守、滥用职权、徇私舞弊或者利用职务上的便利索取或者收受他人财物的，由本级人民政府或者上级机关责令改正，通报批评；对直接负责的主管人员和其他直接责任人员依法给予处分。

（二）违法经营责任

《博物馆条例》第四十一条规定，博物馆自取得登记证书之日起6个月内未向公众开放，或者未依照本条例的规定实行免费或者其他优惠的，由省、自治区、直辖市人民政府文物主管部门责令改正；拒不改正的，由登记管理机关撤销登记。

《博物馆条例》第四十二条规定，博物馆违反有关价格法律、行政法规规定的，由馆址所在地县级以上地方人民政府价格主管部门依法给予处罚。

《博物馆条例》第三十九条规定，博物馆取得来源不明或者来源不合法的藏品，或者陈列展览的主题、内容造成恶劣影响的，由省、自治区、直辖市人民政府文物主管部门或者有关登记管理机关按照职责分工，责令改正，有违法所得的，没收违法所得，并处违法所得2倍以上5倍以下罚款；没有违法所得的，处5000元以上2万元以下罚款；情节严重的，由登记管理机关撤销登记。

《博物馆条例》第四十条规定，博物馆从事文物藏品的商业经营活动的，由市场监督管理部门依照有关文物保护法律、行政法规的规定处罚。博物馆从事非文物藏品的商业经营活动，或者从事其他商业经营活动违反办馆宗旨、损害观众利益的，由省、自治区、直辖市人民政府文物主管部门或者有关登记管理机关按照职责分工，责令改正，有违法所得的，没收违法所得，并处违法所得2倍以上5倍以下罚款；没有违法所得的，处5000元以上2万元以下罚款；情节严重的，由登记管理机关撤销登记。

第五节　非物质文化遗产保护法律制度

一、非物质遗产的国际和国内定义

(一) 国际定义

2003 年 10 月 17 日，联合国教育、科学及文化组织通过了《保护非物质文化遗产公约》。该公约第二条第一款规定，非物质文化遗产是指被各社区、群体，有时是个人，视为其文化遗产组成部分的各种社会实践、表演、表现形式、知识、技能以及相关的工具、实物、工艺品和文化场所。按照上述定义，非物质文化遗产主要包括以下方面：①口头传说和表述，包括作为非物质文化遗产媒介的语言；②表演艺术；③社会风俗、礼仪、节庆；④有关自然界和宇宙的知识和实践；⑤传统的手工艺技能。

(二) 国内定义

2011 年 6 月 1 日，第十一届全国人大常委会第十九次会议通过的《中华人民共和国非物质文化遗产法》(以下简称《非物质文化遗产法》)施行。该法第二条规定，非物质文化遗产，是指各族人民世代相传并视为其文化遗产组成部分的各种传统文化表现形式，以及与传统文化表现形式相关的实物和场所。包括：①传统口头文学以及作为其载体的语言；②传统美术、书法、音乐、舞蹈、戏剧、曲艺和杂技；③传统技艺、医药和历法；④传统礼仪、节庆等民俗；⑤传统体育和游艺；⑥其他非物质文化遗产。

二、非物质遗产的国际和国内保护

(一) 国际保护

1. 缔约国的作用

《保护非物质文化遗产公约》第十一条规定，各缔约国应该采取必要措施确保其领土上的非物质文化遗产受到保护，并由各社区、群体和有关非政府组织参与，确认和确定其领土上的各种非物质文化遗产。

《保护非物质文化遗产公约》第十二条规定，为了使其领土上的非物质文化遗产得到确认以便加以保护，各缔约国应根据自己的国情拟订一份或数份关于这类遗产的清单，并应定期加以更新；各缔约国在定期向委员会提交报告时，应提供有关这些清单的情况。

2. 其他保护措施

（1）缔约国的义务。《保护非物质文化遗产公约》第十三条规定，为了确保其领土上的非物质文化遗产得到保护、弘扬和展示，各缔约国应努力做到：①制定一项总的政策，使非物质文化遗产在社会中发挥应有的作用，并将这种遗产的保护纳入规划工作；②指定或建立一个或数个主管保护其领土上的非物质文化遗产的机构；③鼓励开展有效保护非物质文化遗产，特别是濒危非物质文化遗产的科学、技术和艺术研究以及方法研究；④采取适当的法律、技术、行政和财政措施，以便促进建立或加强培训管理非物质文化遗产的机构以及通过为这种遗产提供活动和表现的场所和空间，促进这种遗产的传承；确保对非物质文化遗产的享用，同时对享用这种遗产的特殊方面的习俗做法予以尊重；建立非物质文化遗产文献机构并创造条件促进对它的利用。

（2）教育、宣传和能力培养。《保护非物质文化遗产公约》第十四条规定，各缔约国应竭力采取种种必要的手段，以便：①使非物质文化遗产在社会中得到确认、尊重和弘扬，主要通过：其一，向公众，尤其是向青年进行宣传和传播信息的教育计划；其二，有关社区和群体的具体的教育和培训计划；其三，保护非物质文化遗产，尤其是管理和科研方面的能力培养活动；其四，非正规的知识传播手段；②不断向公众宣传对这种遗产造成的威胁以及根据本公约所开展的活动；③促进保护表现非物质文化遗产所需的自然场所和纪念地点的教育。

（3）社区、群体和个人的参与。根据《保护非物质文化遗产公约》第十五条的规定，缔约国在开展保护非物质文化遗产活动时，应努力确保创造、延续和传承这种遗产的社区、群体，有时是个人的最大限度的参与，并吸收他们积极地参与有关的管理。

（二）国内保护

1. 保护原则

《保护非物质文化遗产法》第四条规定，保护非物质文化遗产，应当注重其真实性、整体性和传承性，有利于增强中华民族的文化认同，有利于维护国家统一和民族团结，有利于促进社会和谐和可持续发展。

2. 保护措施

《保护非物质文化遗产法》第三条规定，国家对非物质文化遗产采取认定、记录、建档等措施予以保存，对体现中华民族优秀传统文化，具有历史、文学、艺术、科学价值的非物质文化遗产采取传承、传播等措施予以保护。

3. 代表性项目传承与传播

《保护非物质文化遗产法》第十八条规定，国务院建立国家级非物质文化遗产代表性项目名录，将体现中华民族优秀传统文化，具有重大历史、文学、艺术、科学价值的非物质文化遗产项目列入名录予以保护。根据《保护非物质文化遗产法》第二十八条的规定，国家鼓励和支持开展非物质文化遗产代表性项目的传承、传播。

（1）非物质文化遗产的传承。①认定条件。根据《保护非物质文化遗产法》第二十九条的规定，国务院文化主管部门和省、自治区、直辖市人民政府文化主管部门对本级人民政府批准公布的非物质文化遗产代表性项目，可以认定代表性传承人。非物质文化遗产代表性项目的代表性传承人应当符合下列条件：熟练掌握其传承的非物质文化遗产；在特定领域内具有代表性，并在一定区域内具有较大影响；积极开展传承活动。认定非物质文化遗产代表性项目的代表性传承人，应当参照执行本法有关非物质文化遗产代表性项目评审的规定，并将所认定的代表性传承人名单予以公布。②支持措施。根据《保护非物质文化遗产法》第三十条的规定，县级以上人民政府文化主管部门根据需要，采取下列措施，支持非物质文化遗产代表性项目的代表性传承人开展传承、传播活动：提供必要的传承场所；提供必要的经费资助其开展授徒、传艺、交流等活动；支持其参与社会公益性活动；支持其开展传承、传播活动的其他措施。③传承义务。根据《保护非物质文化遗产法》第三十一条的规定，非物质文化遗产代表性项目的代表性传承人应当履行下列义务：开展传承活动，培养后继人才；妥善保存相关的实物、资料；配合文化主管部门和其他有关部门进行非物质文化遗产调查；参与非物质文化遗产公益性宣传。非物质文化遗产代表性项目的代表性传承人无正当理由不履行前款规定义务的，文化主管部门可以取消其代表性传承人资格，重新认定该项目的代表性传承人；丧失传承能力的，文化主管部门可以重新认定该项目的代表性传承人。

（2）非物质文化遗产的传播。①宣传展示。《保护非物质文化遗产法》第三十二条规定，县级以上人民政府应当结合实际情况，采取有效措施，组织文化主管部门和其他有关部门宣传、展示非物质文化遗产代表性项目。②研究出版。《保护非物质文化遗产法》第三十三条规定，国家鼓励开展与非物质文化遗产有关的科学技术研究和非物质文化遗产保护、保存方法研究，鼓励开展非物质文化遗产的记录和非物质文化遗产代表性项目的整理、出版等活动。③宣传教育。《保护非物质文化遗产法》第三十四条规定，学校应当按照国务院教育主管部门的规定，开展相关的非物质文化遗产教育。新闻媒体应当开展非物质文化遗产代表性项目的宣传，普及非物质文化遗产知识。第三十五条规定，图书馆、文化馆、博物馆、科技馆等公共文化机构和非物质文化遗产学术研究机构、保护机构以及利用财政性资金举办的文艺表演团体、演出场所经营单位等，应当根据各自业务范围，开展非物质文化遗产的整理、研究、学术交流和非物质文化遗产代表性项目的宣传、展示。④民间传承。《非物质文化遗产法》第三十六条规定，国家鼓励和支持公民、法人和其他组织依法设立非物质文化遗产展示场所和传承场所，展示和传承非物质文化遗产代表性项目。⑤合理利用。《非物质文化遗产法》第三十七条规定，国家鼓励和支持发挥非物质文化遗产资源的特殊优势，在有效保护的基础上，合理利用非物质文化遗产代表性项目开发具有地方、民族特色和市场潜力的文化产品和文化服务。开发利用非物质文化遗产代表性项目的，应当支持代表性传承人开展传承活动，保护属于该项目组成部分的实物和场所。县级以上地方人民政府应当对合理利用非物质文化遗产代表性项目的单位予以扶持。单位合理利用非物质文化遗产代表性项目的，依法享受国家规定的税收优惠。

第六节　保护世界文化和自然遗产公约

一、概述

（一）世界遗产的含义

世界遗产，是指被联合国教科文组织和世界遗产委员会确认的人类罕见的、目前无法替代的财富，是全人类公认的具有突出意义和普遍价值的文物古迹及自然景观。申请世界遗产须具备以下几个前提：①备选项目具有“真实性”和“完整性”；②制定相关法律法规；③设立保护机构；④有经费。

（二）世界遗产的分类

1. 世界文化遗产

《保护世界文化和自然遗产公约》（以下简称《文化和自然遗产公约》）第一条规定，文化遗产，包括从历史、艺术或科学角度看具有突出的普遍价值的建筑物、碑雕和碑画，具有考古性质成分或结构的铭文、窟洞以及联合体；从历史、艺术或科学角度看，在建筑式样、分布均匀或与环境景色结合方面具有突出的普遍价值的单立或连接的建筑群；从历史、审美、人种学或人类学角度看，具有突出的普遍价值的人类工程或自然与人联合工程以及考古地址等地方。

2. 世界自然遗产

《文化和自然遗产公约》第二条规定，自然遗产，包括从审美或科学角度看具有突出的普遍价值的由物质和生物结构或这类结构群组成的自然面貌；从科学或保护角度看，具有突出的普遍价值的地质和自然地理结构以及明确划为受威胁的动物和植物生境区；从科学、保护或自然美角度看，具有突出的普遍价值的天然名胜或明确划分的自然区域。

3. 世界文化与自然遗产

世界文化与自然遗产，指自然和文化价值相结合的遗产。

4. 文化景观

文化景观是1994年才正式确立的一种文化遗产类型，是指自然与人类的共同作品。

二、世界遗产的国家保护和国际保护

（一）国家保护

《文化和自然遗产公约》第四条规定，本公约缔约国均承认，保证该国领土内的文化和自然遗产的确定、保护、保存、展出和遗传后代，主要是有关国家的责任。该国将为此目的竭尽全力，最大限度地利用本国资源，必要时利用所能获得的国际援助和合作，特别是财政、艺术、科学及技术方面的援助和合作。

第五条规定，为确保公约各缔约国为保护、保存和展出该国领土内的文化和自然遗产采取积极有效的措施，各缔约国应视该国具体情况尽力做到以下几点：①通过一项旨在使文化和自然遗产在社会生活中起一定作用并把遗产保护纳入全面规划计划的总政策；②如该国内尚未建立负责文化和自然遗产的保护、保存和展出的机构，则建立一个或几个此类机构，配备适当的工作人员和为履行其职能所需的手段；③发展科学和技术研究，并制定出能够抵抗威胁该国文化或自然遗产的危险的实际方法；④采取为确定、保护、保存、展出和恢复这类遗产所需的适当的法律、科学、技术、行政和财政措施；⑤促进建立或发展有关保护、保存和展出文化和自然遗产的国家或地区培训中心，并鼓励这方面的科学研究。

（二）国际保护

《文化和自然遗产公约》第七条指出，世界文化和自然遗产的国际保护应被理解为建立一个旨在支持本公约缔约国保存和确定这类遗产的努力的国际合作和援助系统。

第六条规定，本公约缔约国应在充分尊重文化和自然遗产所在国的主权，并不使国家立法规定的财产权受到损害的同时，承认这类遗产是世界遗产的一部分，因此，整个国际社会有责任合作予以保护。

缔约国有义务应有关国家的要求帮助该国确定、保护、保存和展出《世界遗产目录》和《处于危险的世界遗产目录》中提及的文化和自然遗产。

缔约国不得故意采取任何可能直接或间接损害位于本公约其他缔约国领土内的文化和自然遗产的措施。

三、保护世界文化和自然遗产政府间委员会的规定

（一）设立目的

《文化和自然遗产公约》第八条规定，在联合国教育、科学及文化组织内，要建立一个保护具有突出的普遍价值的文化和自然遗产的政府间委员会，称为“世界遗产委员会”。该委员会委员的选举须保证均衡地代表世界的不同地区和不同文化。

（二）任务职责

（1）确定《世界遗产目录》。《文化和自然遗产公约》第十一条第二款规定，委员会根据各缔约国的申请制订、更新和出版《世界遗产目录》，一份最新目录应至少每两年发布一次。

（2）设立《处于危险的世界遗产名录》。《文化和自然遗产公约》第十一条第四款规定，委员会应在必要时制订、更新和出版一份《处于危险的世界遗产目录》，其中所列的财产均为载于《世界遗产目录》之中，需要采取重大活动加以保护并给予援助的财产。

这些危险包括：蜕变加剧；大规模公共或私人工程；城市或旅游业迅速发展的项目造成的消失威胁；土地的使用变动或易主造成的破坏；未知原因造成的重大变化；随意摈弃；武装冲突的爆发或威胁；灾害和灾变；严重火灾、地震、山崩；火山爆发；水位变动、洪水和海啸等。在紧急情况下，世界遗产委员会可以随时把面临上述危险的遗产列入《处于危险的世界遗产名录》并立即予以发表。

随堂练

法规文件

第十八章 解决旅游纠纷的相关法律制度

【学习目标】

了解旅游纠纷及其特点,《旅游投诉处理办法》关于旅游投诉及其管辖的规定。熟悉《消费者权益保护法》关于争议解决的规定;《最高人民法院关于审理旅游纠纷案件适用法律若干问题的规定》的主要内容。掌握《旅游投诉处理办法》关于旅游投诉的受理和处理制度的规定。

第一节 概 述

一、旅游纠纷及其特点

(一)概念

旅游纠纷,泛指在旅游活动中,旅游关系的当事人之间发生的矛盾和冲突。《最高人民法院关于审理旅游纠纷案件适用法律若干问题的规定》第一条第一款明确指出:旅游纠纷是指旅游者与旅游经营者、旅游辅助服务者之间因旅游发生的合同纠纷或者侵权纠纷。

(二)特点

与一般纠纷相比,旅游纠纷因旅游活动及旅游消费的特点表现出以下四个特征:

(1)旅游纠纷的法律关系复杂。既有合同双方,如旅游者与旅游经营者之间因权利义务产生的民事法律关系旅游纠纷,也有因地接社、履行辅助人等服务提供者与旅游者之间发生的旅游纠纷。

(2)旅游纠纷的内容广泛多样。旅游业是综合性产业,旅游活动涉及多种经营主体,具有移动性、异地性和综合性的特点。因此,旅游纠纷发生的领域非常广泛，内容极为丰富。旅游纠纷的内容除与旅游合同、旅游服务等相关外，还会涉及应急管理、卫生、交通、市场监督、保险等诸多方面，从而执法检查、纠纷解决、投诉受理等监管工作必然会涉及多个部门。

（3）旅游纠纷所涉金额普遍不高。旅游者参加旅游活动的目的是满足高层次的消费需求，通过领略风景名胜、体验民俗风情、探寻异域文化，达到愉悦身心、陶冶情操、吸纳文明的目的，旅游活动更多的是属于精神和文化的消费和体验。因此，相较于其他满足物质需求的消费活动，旅游者实际消费不能完全量化且金额并不高，故纠纷所涉标的额也较小。

（4）旅游纠纷的主体地位不平等。旅游者通常"先付费、后接受服务"，旅游活动结束后，才能对活动的满意度进行客观、真实的评价。即便遭遇旅游合同违约或侵权时，也很难通过类似其他物品消费的修理、退换、重作等方式予以有效补救，因此造成旅游纠纷风险防范成本高，旅游者维权难度大，其弱者地位较为明显。

二、旅游纠纷的解决途径

（一）法律依据

《消费者权益保护法》第三十九条规定，消费者与经营者发生消费者权益争议的，可以通过下列途径解决：①与经营者协商和解；②请求消费者协会或者依法成立的其他调解组织调解；③向有关行政部门投诉；④根据与经营者达成的仲裁协议提请仲裁机构仲裁；⑤向人民法院提起诉讼。《旅游法》第九十二条规定，旅游者与旅游经营者发生纠纷，可以通过下列途径解决：①双方协商；②向消费者协会、旅游投诉受理机构或者有关调解组织申请调解；③根据与旅游经营者达成的仲裁协议提请仲裁机构仲裁；④向人民法院提起诉讼。

协商、调解、仲裁和诉讼等途径具有不同特点，旅游者可以根据自身需要自愿选择适合的解决途径以维护自身合法权益。

（二）解决途径

1. 协商

协商，是指争议各方当事人在自愿、互谅的基础上，依照法律规定或者合同约定，直接进行谈判、磋商，相互作出一定让步，自行达成协议以解决纠纷的方法。在性质上，协商属于当事人自力救济的一种方式。协商解决争议，应遵循自愿、平等互利、协商一致及合法原则。协商方式解决纠纷的优点是手续简单、方式灵活、便利经济，适用于涉及标的不大、案情比较简单的争议。旅游者与旅游经营者发生纠纷后，往往首选协商的方式解决争议。同时，协商方式以自愿为基础存在一定的局限性。当争议各方利益分歧严重时，协议往往难以达成；协商结果往往取决于协商各方讨价还价的力量和实际需要，弱方利益维护困难；双方达成协议后，如一方故意毁约，协商结果不能申请强制执行，缺乏约束力。

2. 调解

调解，是指在第三方主持下，争议各方通过第三方的劝说、引导，在互谅互让的基础上达成协议，使纠纷得以解决的方法。调解有利于消除隔阂，防止矛盾激化，被实践证明是行之有效地解决旅游纠纷的方法。调解中，应当贯彻自愿、平等互利、合法的原则。与协商方式不同之处在于，调解是在第三方主持下进行的。同时，调解人可选择。《旅游法》第九十三条采取列举和指引相结合的方式规定，消费者协会、旅游投诉机构和有关调解组织在双方自愿的基础上，依法对旅游者与旅游经营者之间的纠纷进行调解。此外，法定的调解机构还有人民调解委员会、其他民间调解组织。在当事人自愿的基础上，双方都可以向上述调解组织提出调解申请。经人民调解委员调解并经人民法院司法确认的调解协议，具有法律效力；一般的调解协议，不具有法律强制力，由双方自愿履行，一旦当事人一方或者双方反悔，需要通过其他途径再行解决。

3. 仲裁

仲裁，是指由双方当事人将争议交付第三者居中评断并作出裁决，该裁决对双方当事人均具有约束力。仲裁机构是社会团体，它的公信力来自法律的认可、惯例的承认以及仲裁机构的专业性。

（1）仲裁采取“或裁或审”原则。即争议发生前或发生后，当事人有权选择解决争议的途径，或者双方达成仲裁协议，将争议提交仲裁解决，或者争议发生后向人民法院提起诉讼，通过诉讼途径解决争议。

（2）仲裁协议的特点。确定案件能否提起仲裁，前提是当事人之间是否存在仲裁协议。仲裁协议可以是一份独立的合同，亦可作为合同的一个条款。双方当事人可以在纠纷发生前预先订立仲裁协议，也可以在纠纷发生后再行订立仲裁协议。仲裁建立在自愿的基础上，当事人没有仲裁协议或仲裁协议无效，就只能向人民法院提起诉讼来解决纠纷。

（3）裁决效力。当事人依据仲裁协议向仲裁机构申请仲裁之后，仲裁机构则依照有关法律，对案件进行仲裁并作出仲裁裁决。仲裁实行“一裁终局”制度，即仲裁裁决一经作出，即行生效，当事人不得就同一纠纷再次申请仲裁或者向人民法院起诉。生效的仲裁裁决，可以向人民法院申请强制执行。

4. 诉讼

诉讼，是指人民法院和案件当事人在其他诉讼参与人的配合下，为解决纠纷依照法定程序进行的全部活动。在现代社会，诉讼是国家司法活动的重要内容，国家司法权通过诉讼活动得以实现，从而达到解决社会纠纷、实现法律正义的目的。

（1）诉讼必须具备法定条件。人民法院行使国家审判权审理民事案件，当事人及其他诉讼参与人为解决民事纠纷、保护合法权益而进行的全部活动，以及由此而产生的各种关系。提起民事诉讼必须具备的法定条件：原告是与本案有直接利害关系的旅游者；起诉有明确的被告；有具体的诉讼请求、事实和理由；起诉的案件属于人民法院受理民事诉讼的范围和受诉人民法院管辖。

（2）诉讼的法定效力。旅游者和旅游经营者是具有平等地位的民事主体，发生在双方之间的纠纷属于民事纠纷；纠纷发生后，旅游者或旅游经营者可以直接向人民法院提起民事诉讼，要求对方承担民事责任。人民法院作出的判决或裁定一经生效，由国家强制力保证其实施，具有最高的权威性和最终的决定力。

第二节　旅游投诉受理与处理制度

一、旅游投诉及其工作机制

为依法公正处理旅游投诉，保障各方主体的合法权益，1991 年 6 月，国务院旅游主管部门颁布了《旅游投诉暂行规定》。2010 年 5 月，国务院旅游主管部门颁布自同年 7 月 1 日起施行的《旅游投诉处理办法》。2013 年，《旅游法》将旅游投诉制度法律化，为通过投诉解决旅游纠纷提供了法律保障。

（一）旅游投诉的概念与特点

《旅游投诉处理办法》第二条规定，本办法所称旅游投诉，是指旅游者认为旅游经营者损害其合法权益，请求旅游行政管理部门、旅游质量管理机构或者旅游执法机构（以下统称“旅游投诉处理机构”），对双方发生的民事争议进行处理的行为。根据《旅游投诉处理办法》界定的旅游投诉概念，可知旅游投诉具有以下特点：投诉主体是旅游者；被投诉主体是旅游经营者；请求解决的纠纷属于民事争议；受理机关是旅游投诉处理机构；处理旅游投诉是旅游行政管理部门的具体行政行为。

(二)旅游投诉工作机制

1. **旅游投诉工作机制的特点**

旅游投诉工作机制是我国旅游纠纷处理与解决中相对完善的一项规章制度，是处理旅游纠纷五种方式（协商、调解、投诉、仲裁、诉讼）中最具旅游特色的一种。其特点是：旅游投诉工作机制是相关行政管理部门“共同处理”机制；是“依职履责”的处理机制；是“依法行政”处理机制；遵循“移送管辖”原则。各级旅游投诉处理机构，在旅游投诉工作机制中处于主导核心地位。

2. **建立旅游投诉工作机制的意义**

建立旅游投诉工作机制，有利于国家旅游行政机关更好地行使行政权力，公平合理地处理双方当事人的矛盾和纠纷，依法管理旅游行业，使旅游者“投诉无门”的问题得以解决；有利于及时保护旅游者的合法权益，维护我国旅游业的声誉和形象；有利于保护旅游经营者的合法权益，规范其经营行为，加强对其旅游服务质量的监督，维护旅游市场秩序，促进旅游业持续、健康发展。

二、旅游投诉处理机构

《旅游法》第九十一条规定，县级以上人民政府应当指定或者设立统一的旅游投诉受理机构。受理机构接到投诉，应当及时进行处理或者移交有关部门处理，并告知投诉者。

《旅游投诉处理办法》第二条规定的旅游投诉处理机构有：旅游行政管理部门；旅游质量监督管理机构；旅游执法机构。第三条规定，旅游投诉处理机构应当在其职责范围内处理旅游投诉。地方各级旅游行政主管部门应当在本级人民政府的领导下，建立、健全相关行政管理部门共同处理旅游投诉的工作机制。第四条规定，旅游投诉处理机构在处理旅游投诉中，发现被投诉人或者其从业人员有违法或犯罪行为的，应当按照法律、法规和规章的规定，作出行政处罚、向有关行政管理部门提出行政处罚建议或者移送司法机关。

为落实《国务院办公厅关于进一步优化地方政务服务便民热线的指导意见》（国办发〔2020〕53号）要求，优化整合文化和旅游系统政务服务便民热线，畅通举报投诉等各类诉求渠道，推动文化和旅游高质量发展，2021年印发的《文化和旅游部办公厅关于进一步优化文化和旅游系统政务服务便民热线的通知》提出，2021年底前取消“12301全国统一旅游资讯服务电话”号码，不再通过该渠道受理和转办各类旅游投诉，改由各地“12345政务服务便民热线”统一接听旅游投诉等电话。

三、旅游投诉管辖

（一）旅游投诉管辖的概念与原则

旅游投诉管辖，是指各级旅游投诉处理机构和同级旅游投诉处理机构之间受理旅游投诉案件的分工和权限。旅游投诉的管辖，不仅关系到案件的处理机构能否尽职尽责地行使职权，也关系到旅游者的合法权益能否得到及时、正确的保护，在整个投诉制度中占有重要位置。

确定旅游投诉的管辖主要遵循以下三个原则：一是效率原则。旅游投诉管辖的确定，应当便于旅游投诉处理机构迅速、及时地处理旅游投诉，既要使投诉方便、及时，也要使日常的旅游管理的有关情况能及时反馈；二是兼顾旅游行政管理部门的分工与案件性质的原则。县级以上旅游投诉管理机关要处理较多的旅游纠纷，而国家旅游投诉管理机关则要处理一些重要的、影响大的、性质恶劣的案件；三是原则性与灵活性相结合的原则。确定旅游投诉管理机关，既要明确实施主体，也要给旅游投诉管理机关在管辖上的机动性，使管辖能适应各种变化情况。

（二）旅游投诉管辖的划分

根据《旅游投诉处理办法》第五、第六、第七条的有关规定，我国各级旅游投诉处理机构管辖权的划分，主要包括以下四种：

1. 地域管辖

地域管辖，是指同级旅游投诉处理机构之间，横向划分各自处理旅游投诉案件的辖区权限，即确定旅游行政管理部门实施其行政权力的地域范围。地域范围是根据各级行政区划确定的。《旅游投诉处理办法》第五条第一款规定，旅游投诉由旅游合同签订地或者被投诉人所在地县级以上地方旅游投诉处理机构管辖。省级旅游投诉处理机构在本省行政区域内依法行使管辖权，县级旅游投诉处理机构在本县行政区域内依法行使管辖权。

一般来说，地域管辖以行为地作为确定管辖机关的标准。行为地是指旅游合同签订地或者侵权、违约行为发生时行为人所处的地域空间范围。它包括违法行为着手地、经过地、发生地和危害结果发生地，但并不排除在某些情况下以行为人住所地来确定管辖，这样符合处理投诉的效率原则。据此根据旅游活动的特点及法条规定的可操作性，《旅游投诉处理办法》确定了三个标准：旅游合同签订地、被投诉人所在地、损害行为发生地。

（1）合同签订地。旅游合同是旅游者与旅游经营者之间设立、变更、终止旅游权利义务关系的协议。一般来说，旅游合同签订地是旅游者和旅游经营者住所所在地。

（2）被投诉人所在地。旅游投诉中，被投诉人一般是旅行社，被投诉人所在地也就是旅行社主要办事机构所在地或主要营业场所所在地。

（3）损害行为发生地。损害行为发生地，是指导致投诉人人身、财产权利或其他权利受到损害的被投诉人的过错行为发生地。根据《旅游投诉处理办法》的规定，投诉案件的管辖，以一般地域管辖为主。需要立即制止、纠正被投诉人的损害行为的，应当由损害行为发生地的旅游投诉处理机构负责管辖。

2. 级别管辖

级别管辖，是指划分上下级旅游投诉处理机构之间对处理投诉案件的分工和权限。《旅游投诉处理办法》第六条规定，上级旅游投诉处理机构有权处理下级旅游投诉处理机构管辖的投诉案件。因此，国务院旅游主管部门领导下的旅游投诉处理机构，管辖在全国范围内有重大影响或者地方旅游投诉处理机构处理有困难的重大投诉案件，各类旅游质量投诉案件，重大的跨省、自治区、直辖市的旅游投诉案件。地方旅游投诉处理机构管辖本辖区内的旅游投诉案件，本地区重大的和跨地（州）、市的投诉案件及省级各部门的旅游企业的投诉案件。

3. 移送管辖

移送管辖，是指旅游投诉处理机构受理投诉后，发现本旅游投诉处理机构无权管辖该投诉案件，依据规定将其移送至有管辖权的旅游投诉处理机构审理。受移送的投诉机关认为，受移送的案件依照规定不属其管辖的，应当报请上级旅游投诉处理机构指定管辖，不得再移送。

4. 指定管辖

指定管辖，是指上级旅游投诉处理机构以决定方式指定下一级旅游投诉处理机构对某一投诉案件行使管辖权。《旅游投诉处理办法》第七条规定，发生管辖争议的，旅游投诉处理机构可以协商确定，或者报请共同的上级旅游投诉处理机构指定管辖。指定管辖实际上是赋予旅游投诉处理机构在受理投诉案件上具有一定的自由，以适应各种错综复杂的处罚情况，有利于解决重复管辖和管辖空白等问题。

（三）旅游投诉管辖权的转移

管辖权的转移是级别管辖中的特殊情况，具体是指上级旅游投诉处理机构有权管辖下级旅游投诉处理机构管辖的投诉案件；下级旅游投诉处理机构对其管辖的投诉案件，认为需要上一级旅游投诉处理机构管辖的，可以报请上级旅游投诉处理机构管辖。管辖权的转移与移送管辖最大的区别在于：管辖权的转移存在于有管辖权的旅游投诉处理机构因为某种原因将案件转至本无管辖权的旅游投诉处理机构管辖。

四、旅游投诉受理

（一）旅游投诉受理的概念与特点

旅游投诉受理，是指旅游投诉处理机构对投诉案件接受、审理的行为。具体而言，是指有管辖权的旅游投诉受理机构接到旅游投诉者的投诉状或者口头投诉后，经审查认定符合受理条件予以立案的行政行为。旅游投诉受理具有以下特点：一是受理应当符合旅游投诉的受理条件，并属于受理机关管辖。受理不是裁判，不要求对案情依法作出判断和决定；二是受理与否的决定是旅游投诉处理机构所作出的具体行政行为。投诉者如果认为不予受理的决定侵犯了自己的权利，可以向上级旅游投诉处理机构申请复议，也可以向人民法院提起行政诉讼。

（二）旅游投诉受理的范围与投诉时效

1. 受理范围

《旅游投诉处理办法》第八条规定，投诉人可以就下列事项向旅游投诉处理机构投诉：①认为旅游经营者违反合同约定的；②因旅游经营者的责任致使投诉人人身、财产受到损害的；③因不可抗力、意外事故致使旅游合同不能履行或者不能完全履行，投诉人与被投诉人发生争议的；④其他损害旅游者合法权益的。

《旅游投诉处理办法》第九条规定了不予受理的情形：①人民法院、仲裁机构、其他行政管理部门或者社会调解机构已经受理或者处理的；②旅游投诉处理机构已经作出处理，且没有新情况、新理由的；③不属于旅游投诉处理机构职责范围或者管辖范围的；④超过旅游合同结束之日 90 天的；⑤不符合本办法第十条规定的旅游投诉条件的；⑥本办法规定情形之外的其他经济纠纷。其中，属于第三项规定的情形的，旅游投诉处理机构应当及时告知投诉人向有管辖权的旅游投诉处理机构或者有关行政管理部门投诉。

2. 投诉时效

投诉时效，是指依照相关规定，投诉者在法定有效期限内不行使权利，就丧失了请求旅游投诉处理机构保护其合法旅游权益的权利。超过投诉规定的，旅游主管机关不予受理。当事人向旅游投诉处理机构请求保护合法权益的投诉时效期间为 90 天，从旅游合同结束之日起算。需要说明的是，旅游投诉只是处理旅游纠纷的一种途径，如果因为超过时效期间不能向旅游投诉处理机构提出投诉的，当事人还可以通过诸如协商、调解和诉讼等方式来解决纠纷。

（三）旅游投诉受理的构成要件

1. 实质要件

《旅游投诉处理办法》第十条规定，旅游投诉应当符合下列条件：一是投诉人与投诉事项有直接利害关系。直接利害关系，是指投诉人所主张的合法权益，应当是自己的或由自己支配的民事权利，而且该权益受到损害。与被投诉事项没有利害关系，不是适格的投诉者，无权向旅游投诉受理机构投诉。二是有明确的被投诉人。明确的被投诉人，是指投诉者应当向旅游投诉受理机构明确无误地提出损害其合法权益或者与其发生民事争议的当事人。不能提出被投诉人的，投诉程序不能继续。三是有具体的投诉请求、事实和理由。具体的投诉请求，是指投诉者要明确地向旅游投诉处理机构说明需要保护的合法权益的具体内容，诸如投诉者的哪些合法权益受到损害，被投诉者因此应当向其履行什么义务和承担哪些责任等。事实和理由是投诉者提出投诉请求的事情的实际情况和有关规定，诸如投诉者权益被损害的事情经过，损害的结果，投诉者得到赔偿的法律依据或者合同约定。只有具备了足够的、真实的事实和理由，投诉者的请求才能得到支持。

2. 形式要件

（1）旅游投诉形式。《旅游投诉处理办法》第十一、第十二条规定了旅游投诉的形式：一是书面形式。旅游者提起投诉，一般应当采取书面形式，一式两份。采用书面形式的投诉状应当载明规定的内容。二是口头形式。投诉事项比较简单的，投诉人可以采用口头形式。采用口头形式投诉的，由旅游投诉处理机构进行记录或者登记，并告知被投诉人。对于不符合受理条件的投诉，旅游投诉处理机构可以口头告知投诉人不予受理及其理由，并进行记录或者登记。

（2）投诉状应载明事项。向有管辖权的旅游投诉处理机构递交的投诉状，是投诉者在其合法权益受到损害或与他人发生民事争议时，向旅游投诉处理机构投诉，陈明事实和理由，要求旅游投诉受理机构处理上访的民事争议，维护其合法权益的一种书状。投诉状应载明以下事项：投诉人的基本情况，包括旅游投诉者的姓名、性别、国籍、通信地址、联系电话及投诉日期；被投诉人的名称、所在地；投诉的要求、理由及相关的事实根据。

（3）旅游诉求主要内容。旅游诉求，即投诉要求，也称请求事项，是投诉的目的和要求。要求事项由旅游争议的性质决定，诸如要求赔偿经济损失，要求追究违约责任等。要求事项为多项的，可分项列写。理由及相关事实根据是投诉状的重点部分，投诉者要写明权益被损害的时间、地点、方法、手段、情节、经过、后果等；与他人发生合同争议而投诉的，要写明合同的约定，对方当事人违约的事实、经过、后果等。写投诉要求时，要写明被投诉人的行为性质、对投诉人造成的损失、要求被投诉人承担责任的方式。

（四）旅游投诉受理依据与分类

1. 法律依据

《旅游法》第九十四条规定，旅游者与旅游经营者发生纠纷，旅游者一方人数众多并有共同请求的，可以推选代表人参加协商、调解、仲裁、诉讼活动。《旅游投诉处理办法》第十三条规定，投诉人委托代理人进行投诉活动的，应当向旅游投诉处理机构提交授权委托书，并载明委托权限。

2. 分类

（1）以投诉人的数量为依据，旅游投诉可以分为单独投诉和共同投诉两类。单独投诉，旅游投诉通常是单个的个体行为。投诉人 4 人以上，以同一事由投诉同一被投诉人的，为共同投诉。共同投诉可以由投诉人推选 1~3 名代表进行投诉。代表人参加旅游投诉处理机构处理投诉过程的行为，对全体投诉人发生效力，但代表人变更、放弃投诉请求或进行和解，应当经全体投诉人同意。

（2）以行为人行使投诉权为依据，旅游投诉可以分为亲自投诉和委托投诉两种。投诉人委托代理人进行投诉活动的，应当向旅游投诉处理机构提交授权委托书，并载明委托权限。

（五）旅游投诉处理机构的处置职责

《旅游投诉处理办法》第十五条规定，旅游投诉处理机构接到投诉，应当在 5 个工作日内作出以下处理：①投诉符合本办法的，予以受理；②投诉不符合本办法的，应当向投诉人送达《旅游投诉不予受理通知书》，告知不予受理的理由；③依照有关法律、法规和本办法规定，本机构无管辖权的，应当以《旅游投诉转办通知书》或者《旅游投诉转办函》，将投诉材料转交有管辖权的旅游投诉处理机构或者其他有关行政管理部门，并书面告知投诉人。《旅游投诉受理通知书》《旅游投诉不予受理通知书》以及《旅游投诉转办通知书》或者《旅游投诉转办函》均由国务院旅游主管部门统一制作。

五、旅游投诉处理

（一）旅游投诉处理的概念、调解原则与调解制度

1. 概念

旅游投诉处理，是指旅游投诉处理机构受理投诉案件后，调查核实案情、促进纠纷解决或作出调解处理的决定。

2. 调解原则

《旅游投诉处理办法》第十六条规定，旅游投诉处理机构处理旅游投诉，除本办法另有规定外，实行调解制度。旅游投诉处理机构应当在查明事实的基础上，遵循自愿、合法的原则进行调解，促使投诉人与被投诉人相互谅解，达成协议。

3. 调解制度

《旅游投诉处理办法》第二十五条规定，旅游投诉处理机构应当在受理旅游投诉之日起 60 日内，作出以下处理：一是双方达成调解协议的，应当制作《旅游投诉调解书》，载明投诉请求、查明的事实、处理过程和调解结果，由当事人双方签字并加盖旅游投诉处理机构印章；二是调解不成的，终止调解，旅游投诉处理机构应当向双方当事人出具《旅游投诉终止调解书》。调解不成的，或者调解书生效后没有执行的，投诉人可以按照国家法律、法规的规定，向仲裁机构申请仲裁或者向人民法院提起诉讼。《旅游投诉终止调解书》应当由国务院旅游主管部门统一制作。

4. 旅行社质量保证金划拨情形

《旅游投诉处理办法》第二十六条规定，在下列情形下，经旅游投诉处理机构调解，投诉人与旅行社不能达成调解协议的，旅游投诉处理机构应当作出划拨旅行社质量保证金赔偿的决定，或向旅游行政管理部门提出划拨旅行社质量保证金的建议：①旅行社因解散、破产或者其他原因造成旅游者预交旅游费用损失的；②旅行社中止履行旅游合同义务、造成旅游者滞留，而实际发生了交通、食宿或返程等必要及合理费用的。

（二）旅游投诉的处理程序

1. 立案

《旅游投诉处理办法》第十七条规定，旅游投诉处理机构处理旅游投诉，应当立案办理，填写《旅游投诉立案表》，并附有关投诉材料，在受理投诉之日起 5 个工作日内，将《旅游投诉受理通知书》和投诉书副本送达被投诉人。对于事实清楚、应当即时制止或者纠正被投诉人损害行为的，可以不填写《旅游投诉立案表》和向被投诉人送达《旅游投诉受理通知书》，但应当对处理情况进行记录存档。

2. 调查

（1）被投诉人。《旅游投诉处理办法》第十八条规定，被投诉人应当在接到通知之日起 10 日内作出书面答复，提出答辩的事实、理由和证据。

（2）投诉人和被投诉人。《旅游投诉处理办法》第十九条规定，投诉人和被投诉人应当对自己的投诉或者答辩提供证据。

（3）旅游投诉处理机构。《旅游投诉处理办法》第二十条规定，旅游投诉处理机构应当对双方当事人提出的事实、理由及证据进行审查。旅游投诉处理机构认为有必要收集新的证据，可以根据有关法律、法规的规定，自行收集或者召集有关当事人进行调查。同时，第二十一条规定，需要委托其他旅游投诉处理机构协助调查、取证的，应当出具《旅游投诉调查取证委托书》，受委托的旅游投诉处理机构应当予以协助。第二十二条规定，对专门性事项需要鉴定或者检测的，可以由当事人双方约定的鉴定或者检测部门鉴定。没有约定的，当事人一方可以自行向法定鉴定机构或者检测机构申请鉴定或者检测。鉴定、检测费用按双方约定承担。没有约定的，由鉴定、检测申请方先行承担；达成调解协议后，按调解协议承担。鉴定、检测的时间不计入投诉处理时间。《旅游投诉调查取证委托书》应当由国务院旅游主管部门统一制作。

3. 结案

《旅游投诉处理办法》第二十三条规定，在投诉处理过程中，投诉人与被投诉人自行和解的，应当将和解结果告知旅游投诉处理机构；旅游投诉处理机构在核实后应当予以记录并由双方当事人、投诉处理人员签名或者盖章。

（三）旅游投诉处理机构的工作职责

1. 公布旅游投诉信息

《旅游投诉处理办法》第二十七条规定，旅游投诉处理机构应当每季度公布旅游者的投诉信息。

2. 使用统一规范的旅游投诉处理信息系统

《旅游投诉处理办法》第二十八条规定，旅游投诉处理机构应当使用统一规范的旅游投诉处理信息系统。

3. 制作投诉档案和保管资料

《旅游投诉处理办法》第二十九条规定，旅游投诉处理机构应当为受理的投诉制作档案并妥善保管相关资料。

第三节 审理旅游纠纷案件适用法律的规定

一、法律适用

(一) 制定依据与适用范围

1. 制定依据

为统一法律适用及裁判尺度，指导各级人民法院准确、及时审理旅游纠纷案件，依法保护当事人合法权益，2010 年 11 月 1 日，最高人民法院颁布的《关于审理旅游纠纷案件适用法律若干问题的规定》(以下简称《规定》) 施行。《规定》就审判机关如何确认旅游活动中各个主体之间的权利、义务和法律责任等作出了明确规定，是我国第一个专门处理旅游民事纠纷的司法解释。结合《规定》实施以来的民事审判实践，为进一步正确审理旅游纠纷案件，根据《民法典》等有关法律规定，2020 年最高人民法院对《规定》进行了修正，同年 12 月 23 日审议通过，并于 2021 年 1 月 1 日起施行。

2. 适用范围

《规定》第一条明确指出：本规定所称的旅游纠纷，是指旅游者与旅游经营者、旅游辅助服务者之间因旅游发生的合同纠纷或者侵权纠纷。旅游经营者，是指以自己的名义经营旅游业务，向公众提供旅游服务的人。旅游辅助服务者，是指与旅游经营者存在合同关系，协助旅游经营者履行旅游合同义务，实际提供交通、游览、住宿、餐饮、娱乐等旅游服务的人 (不包括受旅行社委派的导游人员，以及公共交通提供者)。旅游者在自行旅游过程中与旅游景点经营者因旅游发生的纠纷，参照适用本规定。

(二) 适用条件与涉及内容

1. 适用条件

旅游纠纷案件的适用条件：旅游纠纷发生在旅游者与旅游经营者和旅游辅助服务者之间，其中一方必为旅游者；旅游纠纷发生在旅游活动过程中；旅游纠纷包括合同纠纷和侵权纠纷两种。旅游者享有违约之诉和侵权之诉的选择权，人民法院有根据旅游者选择案由基础上的决定权。

2. 涉及内容

旅游纠纷案件涉及的主要内容：合理界定旅游纠纷案件的受案范围；明确旅游者个人在集体旅游合同中的诉权；全方位维护旅游者的合法权益；合理界定旅游经营者的责任。

（三）个人诉权与诉讼地位

1. 集体旅游合同中的个人诉权

《规定》第二条明确了集体旅游合同中旅游者的个人诉权，即以单位、家庭等集体形式与旅游经营者订立旅游合同，在履行过程中发生纠纷，除集体以合同一方当事人名义起诉外，旅游者个人提起旅游合同纠纷诉讼的，人民法院应予受理。上述规定表明：一是单位、家庭等集体旅游合同中的任何一位游客，均可以自己的名义起诉；二是以家庭等集体形式签订的旅游合同，虽然合同仅有一名代表人签字，但该集体名单中的任何一人均视为旅游合同的当事人，合同对其均具有普遍法律约束力；三是人民法院在受诉时，如旅游集体提起以旅游经营者为被告的民事诉讼，人民法院作出的实体判决足以保护旅游集体每个组成人员的合法权益，该集体中的个体旅游者再提起诉讼的，人民法院应判决驳回诉讼请求。

2. 保险公司的诉讼地位

《规定》第五条规定了保险公司的诉讼地位，即旅游经营者已投保责任险，旅游者因保险责任事故仅起诉旅游经营者的，人民法院可以应当事人的请求将保险公司列为第三人。上述规定表明：一是保险公司可以第三人的身份参加诉讼，将保险公司列为第三人可以简化责任险的理赔程序和时间；二是关于“应当事人的请求”，旅游者和旅游经营者均可提出这种请求。

二、旅游者权益保护

（一）旅游经营者和旅游辅助服务者的义务

1. 安全保障

《规定》第七条规定，旅游经营者、旅游辅助服务者未尽到安全保障义务，造成旅游者人身损害、财产损失，旅游者请求旅游经营者、旅游辅助服务者承担责任的，人民法院应予支持。因第三人的行为造成旅游者人身损害、财产损失，由第三人承担责任；旅游经营者、旅游辅助服务者未尽安全保障义务，旅游者请求其承担相应补充责任的，人民法院应予支持。

2. 告知、警示

《规定》第八条第一款规定，旅游经营者、旅游辅助服务者对可能危及旅游者人身、财产安全的旅游项目未履行告知、警示义务，造成旅游者人身损害、财产损失，旅游者请求旅游经营者、旅游辅助服务者承担责任的，人民法院应予支持。

3. 个人信息保护

《规定》第九条规定，旅游经营者、旅游辅助服务者以非法收集、存储、使用、加工、传输、买卖、提供、公开等方式处理旅游者个人信息，旅游者请求其承担相应责任的，人民法院应予支持。

（二）保护旅游者合法权益的主要内容

1. 请求权竞合

《规定》第三条规定，因旅游经营者方面的同一原因造成旅游者人身损害、财产损失，旅游者选择请求旅游经营者承担违约责任或者侵权责任的，人民法院应当根据当事人选择的案由进行审理。

2. 格式条款

《规定》第六条规定，旅游经营者以格式条款、通知、声明、店堂告示等方式作出排除或者限制旅游者权利、减轻或者免除旅游经营者责任、加重旅游者责任等对旅游者不公平、不合理的规定，旅游者依据《消费者权益保护法》第二十六条的规定请求认定该内容无效的，人民法院应予支持。

3. 合同转让

《规定》第十条规定，旅游经营者将旅游业务转让给其他旅游经营者，旅游者不同意转让，请求解除旅游合同、追究旅游经营者违约责任的，人民法院应予支持。旅游经营者擅自将其旅游业务转让给其他旅游经营者，旅游者在旅游过程中遭受损害，请求与其签订旅游合同的旅游经营者和实际提供旅游服务的旅游经营者承担连带责任的，人民法院应予支持。

4. 转让合同的效力

《规定》第十一条规定，除合同性质不宜转让或者合同另有约定之外，在旅游行程开始前的合理期间内，旅游者将其在旅游合同中的权利义务转让给第三人，请求确认转让合同效力的，人民法院应予支持。因前款所述原因，旅游者请求旅游经营者退还减少的费用的，人民法院应予支持。

5. 单方解除合同

《规定》第十二条规定，旅游行程开始前或者进行中，因旅游者单方解除合同，旅游者请求旅游经营者退还尚未实际发生的费用，人民法院应予支持。

6. 公共交通工具延误

《规定》第十六条规定，因飞机、火车、班轮、城际客运班车等公共客运交通工具延误，导致合同不能按照约定履行，旅游者请求旅游经营者退还未实际发生的费用的，人民法院应予支持。合同另有约定的除外。

7. 证照纠纷

《规定》第二十一条规定，旅游经营者因过错致其代办的手续、证件存在瑕疵，或者未尽妥善保管义务而遗失、毁损，旅游者请求旅游经营者补办或者协助补办相关手续、证件并承担相应费用的，人民法院应予支持。因上述行为影响旅游行程，旅游者请求旅游经营者退还尚未发生的费用、赔偿损失的，人民法院应予支持。

8. 合同变更

《规定》第十五条第一款规定，旅游经营者违反合同约定，有擅自改变旅游行程、遗漏旅游景点、减少旅游服务项目、降低旅游服务标准等行为，旅游者请求旅游经营者赔偿未完成约定旅游服务项目等合理费用的，人民法院应予支持。

9. 惩罚性赔偿

《规定》第十五条第二款规定，旅游经营者提供服务时有欺诈行为，旅游者依据《消费者权益保护法》第五十五条第一款规定请求旅游经营者承担惩罚性赔偿责任的，人民法院应予支持。

10. 购物收费

《规定》第二十条规定，旅游者要求旅游经营者返还下列费用的，人民法院应予支持：①拒绝旅游经营者安排的购物活动或者另行付费的项目被增收的费用；②在同一旅游行程中，旅游经营者提供相同服务，因旅游者的年龄、职业等差异而增收的费用。

三、旅游经营者权益保护

（一）旅游经营者的责任界定

1. 旅游经营者连带责任

（1）擅自转团。《规定》第十条第二款规定，旅游经营者擅自将其旅游业务转让给其他旅游经营者，旅游者在旅游过程中遭受损害，请求与其签订旅游合同的旅游经营者和实际提供旅游服务的旅游经营者承担责任的，人民法院应予支持。

（2）挂靠承包。《规定》第十四条规定，旅游经营者准许他人挂靠其名下从事旅游业务，造成旅游者人身损害、财产损失，旅游者依据《民法典》第一千一百六十八条的规定请求旅游经营者与挂靠人承担连带责任的，人民法院应予支持。

2. 地接社违约

《规定》第十三条规定，签订旅游合同的旅游经营者将其部分旅游业务委托旅游目的地的旅游经营者，因受托方未尽旅游合同义务，旅游者在旅游过程中受到损害，要求作出委托的旅游经营者承担赔偿责任的，人民法院应予支持。

旅游经营者委托除前款规定以外的人从事旅游业务，发生旅游纠纷，旅游者起诉旅游经营者的，人民法院应予受理。

3. 自行安排活动

《规定》第十七条规定，旅游者在自行安排活动期间遭受人身损害、财产损失，旅游经营者未尽到必要的提示义务、救助义务，旅游者请求旅游经营者承担相应责任的，人民法院应予支持。同时，前款规定的自行安排活动期间，包括旅游经营者安排的在旅游行程中独立的自由活动期间、旅游者不参加旅游行程的活动期间以及旅游者经导游或者领队同意暂时离队的个人活动期间等。

4. 旅游者脱团

《规定》第十八条规定，旅游者在旅游行程中未经导游或者领队许可，故意脱离团队，遭受人身损害、财产损失，请求旅游经营者赔偿损失的，人民法院不予支持。

5. 物品保管责任

《规定》第十九条规定，旅游经营者或者旅游辅助服务者为旅游者代管的行李物品损毁、灭失，旅游者请求赔偿损失的，人民法院应予支持。同时列举了四种除外情形：①损失是由于旅游者未听从旅游经营者或者旅游辅助服务者的事先声明或者提示，未将现金、有价证券、贵重物品由其随身携带而造成的；②损失是由于不可抗力造成的；③损失是由于旅游者的过错造成的；④损失是由于物品的自然属性造成的。

6. “自由行”产品

《规定》第二十二条规定，旅游经营者事先设计，并以确定的总价提供交通、住宿、游览等一项或者多项服务，不提供导游和领队服务，由旅游者自行安排游览行程的旅游过程中，旅游经营者提供的服务不符合合同约定，侵害旅游者合法权益，旅游者请求旅游经营者承担相应责任的，人民法院应予支持。

（二）保护旅游经营者合法权益的主要内容

1. 第三人责任

《规定》第四条规定，因旅游辅助服务者的原因导致旅游经营者违约，旅游者仅起诉旅游经营者的，人民法院可以将旅游辅助服务者追加为第三人。

2. 免责情形

（1）旅游者未履行如实告知义务的。《规定》第八条第二款规定，旅游者未按旅游经营者、旅游辅助服务者的要求提供与旅游活动相关的个人健康信息并履行如实告知义务，或者不听从旅游经营者、旅游辅助服务者的告知、警示，参加不适合自身条件的旅游活动，导致旅游过程中出现人身损害、财产损失，旅游者请求旅游经营者、旅游辅助服务者承担责任的，人民法院不予支持。

（2）擅自脱团。《规定》第十八条规定，旅游者在旅游行程中未经导游或者领队许可，故意脱离团队，遭受人身损害、财产损失，请求旅游经营者赔偿损失的，人民法院不予支持。

3. 旅游经营者的合同转让权

《规定》第十条第一款规定，旅游经营者将旅游业务转让给其他旅游经营者，旅游者不同意转让，请求解除旅游合同、追究旅游经营者违约责任的，人民法院应予支持。这表明，《规定》并未禁止旅行社转团，但前提是，必须事先征得旅游者同意。

4. 要求支付合理费用权

（1）转让旅游合同。《规定》第十一条第二款规定，在旅游行程开始前的合理期间内，因旅游者将其在旅游合同中的权利义务转让给第三人的原因，旅游经营者请求旅游者、第三人给付增加的费用，人民法院应予支持。

（2）单方解除合同。《规定》第十二条规定，旅游行程开始前或者进行中，因旅游者单方解除合同，旅游者请求旅游经营者退还尚未实际发生的费用，或者旅游经营者请求旅游者支付合理费用的，人民法院应予支持。

随堂练

参考文献

［1］习近平．高举中国特色社会主义伟大旗帜 为全面建设社会主义现代化国家而团结奋斗［M］．北京：人民出版社，2022.

［2］本书编写组．党的二十大报告学习辅导百问［M］．北京：党建读物出版社，学习出版社，2022.

［3］中共中央关于认真学习宣传贯彻党的二十大精神的决定［N］．人民日报，2022-10-31（1）．

［4］胡和平．深入学习贯彻习近平新时代中国特色社会主义思想 努力创造人类文明新形态［N］．中国旅游报，2023-7-5（1）．

［5］胡和平．不断推动文化和旅游发展迈上新台阶［N］．人民日报，2021-2-8（8）．

［6］北京市习近平新时代中国特色社会主义思想研究中心．习近平新时代中国特色社会主义思想的重大意义［N］．人民日报，2019-8-27（9）．

［7］周峰，李宁．党的创新理论对丰富发展马克思主义的原创性贡献［N］．南方日报，2023-6-26（A11）．

［8］郭建宁，魏月妍．开辟马克思主义中国化时代化新境界［J］．中国高校社会科学，2023（1）．

［9］韩强．改革开放以来党的全国代表大会政治报告比较研究［J］．广西社会科学，2022（11）．

［10］黄承伟．中国式现代化的乡村振兴道路［J］．行政管理改革，2022（12）．

［11］周文彰，张时坤．中国式现代化道路的形成及其伟大意义［J］．行政管理改革，2022（12）．

[12] 吴昱 . 中国式现代化道路视域下的“人类文明新形态”四重维度特质[J]，湖南省社会主义学院学报，2022（6）.

[13] 孙林，黄日涵 . 政治学核心概念与理论 [M] . 天津：天津人民出版社，2017.

[14] 宪法学编写组 . 宪法学 [M] . 北京：高等教育出版社，2020.